Dinah Kohan
**Migration und Behinderung:
eine doppelte Belastung?**

Beiträge zur gesellschaftswissenschaftlichen Forschung

Band 28

Dinah Kohan

Migration und Behinderung: eine doppelte Belastung?

Eine empirische Studie zu jüdischen Kontingentflüchtlingen mit einem geistig behinderten Familienmitglied

CENTAURUS

Zur Autorin:
Dinah Kohan ist Dipl. Gerontologin und Koordinationsleiterin des Projekts „Menschen mit einer Behinderung" in der Zentralen Wohlfahrtsstelle der Juden in Deutschland e.V. in Frankfurt.

Bibliografische Informationen der Deutschen Nationalbibliothek
Die Deutsche Nationalbibliothek verzeichnet diese Publikation in der Deutschen Nationalbibliografie; detaillierte bibliografische Daten sind im Internet über http://dnb.d-nb.de abrufbar.

ISBN 978-3-86226-044-7

ISSN 0177-2740

Gedruckt auf säurefreiem und chlorfrei gebleichtem Papier.

Alle Rechte, insbesondere das Recht der Vervielfältigung und Verbreitung sowie der Übersetzung, vorbehalten. Kein Teil des Werkes darf in irgendeiner Form (durch Fotokopie, Mikrofilm oder ein anderes Verfahren) ohne schriftliche Genehmigung des Verlages reproduziert oder unter Verwendung elektronischer Systeme verarbeitet, vervielfältigt oder verbreitet werden.

© Centaurus Verlag & Media. KG, Freiburg 2012
www.centaurus-verlag.de

Umschlaggestaltung: Jasmin Morgenthaler
Satz: Vorlage der Autorin

Inhaltsverzeichnis

1. Einleitung 7

2. Forschungsstand: Migration und Behinderung 13

3. Sozialer und Historischer Rahmen 30
   3.1 Die Lebenssituation von Familien mit einem geistig behinderten Angehörigen 30
   3.2 Die Lebensverhältnisse in der ehemaligen UdSSR 48
   3.3 Jüdische Migranten aus der ehemaligen Sowjetunion 85

4. Empirie: Kontingentsflüchtlings-Familien 102
   4.1. Methodisches Vorgehen 102
   4.2 Qualitativer Empirieteil 114
      4.2.1 Fünf Fallanalysen 114
         4.2.1.1 Fallanalyse: Familie Pasternak 115
         4.2.1.2 Fallanalyse: Familie Kravitz 161
         4.2.1.3 Fallanalyse: Familie Romanow 196
         4.2.1.4 Fallanalyse: Familie Borenko 229
         4.2.1.5 Fallanalyse: Familie Tarassow 239
      4.2.2 Expertengespräche: Die Lebenssituation behinderter Menschen in der ehemaligen Sowjetunion 249
         4.2.2.1 Frau J., Lehrerin für Sonder- und Heilpädagogik 250
         4.2.2.2 Frau M., Mittegründerin einer Selbsthilfegruppe in Weißrussland 253
   4.3 Quantitative Analyse 260
   4.4 Resümee zum empirischen Teil dieser Arbeit 297

5. Integration der empirischen Ergebnisse in ein theoretisches Konzept 316

6. Schlusswort und Ausblick 340

7 Bibliographie 347

1. Einleitung

Die vorliegende Dissertation[1] beschäftigt sich mit einer Thematik, zu der sich bisher nur wenige empirische Untersuchungen finden lassen: Der Lebenssituation von Personen mit einem Migrationshintergrund, die eine geistige Behinderung aufweisen und ihren Angehörigen.

Dies ist bemerkenswert, denn in den letzten Jahren haben sich sowohl Wissenschaftler als auch die Öffentlichkeit vermehrt mit der Lebenssituation von Migranten[2] auseinandergesetzt. Auch existiert eine Vielzahl von Aufsätzen zum Leben von Familien mit einem behinderten Kind. Einzig in der Schnittmenge beider Forschungsfelder finden sich nur wenige Berichte und Analysen, da die Situation von Familien, die gleichzeitig einen Migrationshintergrund vorweisen und einen behinderten Angehörigen betreuen, bisher kaum erforscht wurde.

Für einen Menschen, der in ein anderes Land auswandert, bedeutet sein Entschluss einen Schritt in die Ungewissheit. Häufig muss er in seiner Heimat liebgewonnene Familienmitglieder, Freunde und eine ihm vertraute Umwelt zurücklassen. In der Fremde wird er häufig mit ihm ungewohnten Vorschriften und Gesetzen konfrontiert, die ihm verdeutlichen, dass er rechtlich nicht gleichgestellt und nicht unbedingt willkommen ist. Die Lebensbedingungen, insbesondere die Möglichkeit sei-

---

[1] An dieser Stelle möchte ich meinen beiden Betreuerinnen, Prof. Dr. Rottleuthner-Lutter und Prof. Dr. Friebertshäuser, herzlich für ihre engagierte Unterstützung danken. Auch danke ich den Gesprächspartnern, die ich im Rahmen des Projektes kennenlernte, für die vielen hilfreichen Hinweise: stellvertretend hierfür Felix Krasni, Dr. Michael Bader und Natalja Poltawez. Ein großer Dank geht an Dr. Alexandra Manzei, Marianne Schmitt-Wellbrock und Dr. Susanne Graf-Deserno, die einzelne Kapitel lasen und kritisch kommentierten. Dr. Johannes Twardella bin ich für den kontinuierlichen Austausch über diese Arbeit dankbar. Hannelore Hartwig und Heike Langholz danke ich für die hilfreiche Mitwirkung bei der Fertigstellung des Manuskriptes. Insbesondere gilt aber mein Dank meiner Familie für ihre Unterstützung: meinem Ehemann Stefan Döldissen für seine kritischen und weiterführenden Anmerkungen und meinen beiden Töchtern Jael und Nuria.
[2] Aus Rücksicht auf die Lesbarkeit verwende ich in dieser Arbeit nur die männlichen Formen. Selbstverständlich sind hier und im gesamten Text gleichermaßen auch Leserinnen angesprochen.

nen Lebensunterhalt zu sichern, erweisen sich häufig als sehr schwierig. Hinzu kommt, dass in jeder Gesellschaft für einen in ihr sozialisierten Menschen spezifische Wissens- und Erfahrungsbestände existieren, auf die er, ohne dass das dem Einzelnen bewusst ist, jederzeit zurückgreifen kann. Diese erst ermöglichen ein selbstverständliches Handeln innerhalb einer Gemeinschaft. Ein Mensch, der von einer Gesellschaft in eine andere migriert und die neuen Orientierungsschemata nicht kennt, erlebt eine Erschütterung seiner Wissensbestände selbst in alltäglichen Dingen (z.B. Einkauf, Behördengang).

Für den Soziologen Alfred Schütz stellt diese immer wieder auftretende Diskontinuitätserfahrung ein Kernerleben der Migration und damit eine Krise dar (Schütz 1972). Auch Angehörige, die ein geistig behindertes Kind betreuen, erleben häufig eine Vielzahl von Einschränkungen in ihrer Lebensführung.

Sie müssen ihr Leben gekonnt organisieren, um den erhöhten Betreuungsbedarf des behinderten Angehörigen sicherzustellen. Eine gesellschaftliche Anerkennung ihrer Leistungen bleibt ihnen meist versagt. Häufig müssen sie eigene Vorstellungen und Wünsche in ihren Lebensentwürfen zurückstellen, da sich diese mit der Versorgung ihres Angehörigen nicht in Einklang bringen lassen. Da einer selbstständigen Entwicklung ihrer Kinder Grenzen gesetzt sind, befinden sie sich gewissermaßen lebenslang in einer *„permanenten Elternschaft'*. Die Betreuung eines behinderten Familienmitgliedes, so unterschiedlich und facettenreich sie aussehen kann, bedeutet für eine Familie in der Regel eine Belastung.

Betrachtet man die beiden Aspekte *„Migration'* und *„Behinderung'* gemeinsam, verwundert es daher nicht, dass in der wenigen dazu vorhandenen Literatur immer wieder von einer doppelten Belastung gesprochen wird.

Die vorliegende Dissertation entstand im Rahmen eines dreijährigen Projektes, das von der Zentralwohlfahrtsstelle der Juden in Deutschland (ZWST e.V.)[3] von 2005-2008 durchgeführt wurde und an dem ich mit-

---

[3] Die Zentralwohlfahrtsstelle der Juden in Deutschland e.V. ist einer der sechs Träger der Liga der freien Wohlfahrtspflege und Mitglied der Bundesarbeitsgemeinschaft der freien Wohlfahrtspflege. Sie ist die Dachorganisation der jüdischen Gemeinden in Deutschland und gesamtverantwortlich für deren Unterstützung in Belangen der Sozialarbeit.

gearbeitet habe. Ziel des Projektes mit dem Titel ‚*Integration von jüdischen Menschen mit einer geistigen oder psychischen Behinderung*' war es, die Einbindung dieses Personenkreises (betroffene Familienmitglieder und ihre Angehörigen) in die jüdische Gemeinschaft in Deutschland und die bundesrepublikanische Gesellschaft voranzubringen. Aufgrund der seit 1990 möglichen Einwanderung von Juden aus der ehemaligen Sowjetunion in die Bundesrepublik handelt es sich bei ca. 90% der durch das Projekt Angesprochenen um russischsprachige Migranten, die erst seit wenigen Jahren in der Bundesrepublik leben.

Im Rahmen der Projektaufgaben, die vordergründig darin bestanden, einen Überblick über die Bedürfnisse dieser Gruppe zu gewinnen und für sie passende Angebote zu entwickeln, sammelte ich erste Erfahrungen mit dieser Personengruppe. Dabei fiel mir auf, dass viele Familien mit einem Angehörigen mit einer geistigen Behinderung – trotz ihrer auch schwierigen Lebenssituation, in der sie sich befanden – nicht unglücklich wirkten. Vielmehr machten sie auch einen zuversichtlichen Eindruck. Dies verwunderte mich: Ich hatte aufgrund ihrer Lebensverhältnisse mehr Traurigkeit und Hilflosigkeit erwartet. Mir schien eine ‚*doppelte Belastung*' *bei* genau diesem Personenkreis nicht per se gegeben. Für diese Beobachtung, der scheinbaren fehlenden Doppelbelastung bei Familien mit einem geistig behinderten Angehörigen, kann es verschiedene Erklärungen geben:

1) Meine Wahrnehmung dieses Personenkreises ist falsch: Tatsächlich sind die Betroffenen durch die Migration eindeutig zusätzlich belastet.
2) Meine Wahrnehmung dieses Personenkreises ist richtig: Die Betroffenen sind durch die Migration und ihre Behinderung nicht doppelt belastet, weil diese Behauptung nicht stimmt. Diese Personengruppe wäre dann ein Falsifikator für diese in der Literatur verschiedentlich vorzufindende Feststellung der Doppelbelastung.
3) Grundsätzlich kann von einer doppelten Belastung durch Migration und Behinderung gesprochen werden. Allerdings trifft bei genau der von mir beobachteten Personengruppe dieser Sachverhalt nicht zu.

Da es einleuchtend ist, dass die Mehrzahl der Familien mit einem Migrationshintergrund, die ein geistig behindertes Familienmitglied betreuen, doppelt belastet sind und ich gleichzeitig glaube, dass meine Wahrnehmung richtig ist und dieser Personenkreis nicht zwangsläufig doppelt belastet ist, war meine Neugier geweckt, diesem Widerspruch nachzugehen.

Ich habe mich daher entschieden, den oben genannten dritten Erklärungsansatz für die von mir nicht beobachtete Doppelbelastung im Rahmen der vorliegenden Dissertation anhand folgender Fragen zu untersuchen:

1) Welche Erfahrungen haben diese Familien in der Sowjetunion gemacht und können diese Aufschluss für ihr Verhalten nach der Migration in die Bundesrepublik geben?
2) Können objektive Fakten identifiziert werden, anhand derer sich dieser Personenkreis von anderen Migrantengruppen unterscheidet und die meine Beobachtung erklären?
3) Wie gestaltet sich die Lebenssituation dieser Personengruppe in der Bundesrepublik? Ist eine bestimmte Lebenshaltung erkennbar, die meine Beobachtung erklärt?
4) Wenn dies zutrifft und eine bestimmte Lebenshaltung identifiziert werden kann, lässt sich diese auch im Rahmen eines theoretischen Konzeptes erklären?

Die vorliegende soziologische Dissertation bildet den vier Jahre andauernden qualitativ orientierten Forschungsprozess in der Reihenfolge ab, wie er sich gestaltete. Zunächst wird mit Kapitel 2 bis Kapitel 3.3 eine Einführung in die Thematik gegeben, um den Leser an den Gegenstand heranzuführen und ihm die Ergebnisse des empirischen Teils besser zu vermitteln.

Kapitel 2. führt in den allgemeinen Forschungsstand zur Thematik ein. Der darauf folgende Abschnitt bildet einen sozialen und historischen Rahmen zur Arbeit, der sich in 3 Kapitel untergliedert. Kapitel 3.1 gibt einen allgemeinen Überblick zur Thematik *'Geistige Behinderung und die Lebenssituation von betroffenen Familien in der Bundesrepublik'*. Kapitel 3.2 gibt eine Einführung in die *'Lebenswelt der ehemaligen Sowjetunion'*, damit verständlich wird, unter welchen Bedingungen die in dieser Arbeit befragten Familien sozialisiert wurden. Dieses Kapitel nimmt im zweiten Abschnitt einen zentralen Raum ein. Kapitel 3.3 geht speziell auf die Gruppe der *jüdischen Migranten aus der ehemaligen*

Sowjetunion, sogenannte Kontingentflüchtlinge ein, um nachzuvollziehen, in welcher Hinsicht sich dieser Personenkreis von anderen Zuwanderergruppen unterscheidet.[4]

Kapitel 4 dieser Arbeit gliedert sich in einen Überblick über das methodische Vorgehen dieser Studie (Kapitel 4.1), dem ein qualitativer (Kapitel 4.2) und quantitativer Teil (Kapitel 4.3) folgt. Die Darstellung des mit qualitativen Forschungsmethoden arbeitenden Teils beinhaltet:

a) die Präsentation der fallrekonstruktiv ausgewerteten Interviews, die ich mit fünf Familien geführt habe und
b) die Wiedergabe der Aussagen zweier Expertinnen aus diesem Bereich.

Während der Arbeit an dem qualitativen Forschungsteil habe ich mich entschlossen, die hieraus gewonnenen Ergebnisse auch quantitativ zu überprüfen. Hierzu zog ich im Rahmen einer Sekundäranalyse einen Teil des Datensatzes heran, der im Rahmen der Projektarbeit mit diesem Personenkreis unabhängig von der Dissertation entstanden war. Ziel der Triangulation dieser beiden Methodenansätze war es, die Validität der Ergebnisse zu erhöhen.

Im Kapitel 5 dieser Arbeit ordne ich die aus der Empirie gewonnenen Ergebnisse in einen soziologischen theoretischen Rahmen ein. Bis kurz vor dem Abschluss der Auswertung der Interviews favorisierte ich keine Theorie bzw. verwarf zunächst passend scheinende Theorieansätze mehrfach. Erst während der empirischen Analysen erwies sich für mich ein Theorierahmen für die Erklärung der gewonnenen Erkenntnisse als

---

[4] Dies ist auch deshalb notwendig, da dieser Personenkreis bisweilen in Forschungsarbeiten nur allgemein der Gruppe der ‚*aus der Sowjetunion stammenden Personen*' zugeordnet und damit nicht differenziert genug betrachtet wird. Dies ist beispielsweise in der großangelegten Sinus-Studie, die die Milieus von verschiedenen Migrantengruppen untersucht, der Fall. Diese betrachtet diese Personengruppe nicht gesondert, sondern fasst sie zusammen mit den Aussiedlern unter der ‚*Gruppe Ex-Sowjetunion*' zusammen (Sinus Sociovision 2008: Zusammenfassung der Sinusstudie:3). Auch der Integrationsreport ‚*Schulische Bildung von Migranten in Deutschland*' spricht nur von russischen Schülern und unterscheidet diese Gruppen nicht (Siegert 2008:4). Da sich die Gruppen der Kontingentflüchtlinge und Aussiedler hinsichtlich verschiedener Merkmale wie z.B. Bildung und Herkunftsmilieu aber grundsätzlich unterscheiden, sind allgemeine Aussagen über die Gruppe der aus der ehemaligen Sowjetunion stammenden Personen nicht differenziert genug.

passend und plausibel: Es handelt sich dabei um das Habituskonzept von Pierre Bourdieu. Die sich aus dieser Arbeit ergebenden Schlussfolgerungen und deren Einbettung in weitere Forschungsgebiete werde ich in Kapitel 6 darstellen. Doch zunächst möchte ich in Kapitel 2 in den Forschungsstand zu dieser Thematik einführen.

2. Forschungsstand: Migration und Behinderung

Seit Mitte der 1980er Jahre sind verschiedene vor allem biographisch orientierte Forschungsprojekte durchgeführt worden, die die Perspektive des einzelnen Migranten, dessen Lebensgeschichte und Sichtweise wie auch den Umgang mit Krisen in das Zentrum ihrer Betrachtung stellen (beispielsweise Breckner 2005). Die Situation von Familien, die gleichzeitig einen Migrationshintergrund haben und einen behinderten Angehörigen betreuen, wurde bisher kaum erforscht.[5]

Dabei handelt es sich um ein aktuelles Thema, denn wie die Daten der Gesundheitsberichterstattung des Bundes zeigen, ist die Anzahl nichtdeutscher Menschen mit einer Behinderung in den letzten Jahren kontinuierlich gestiegen.

---

[5] Dies ergab eine Literaturrecherche im Herbst 2008. Dabei zeigte sich, dass insbesondere die Lebenssituation von Migranten mit einer ‚*geistigen Behinderung*' nur wenig erforscht ist, während sich zu der Thematik der ‚*psychischen Erkrankung*' bei Migranten mehr Aufsätze finden lassen.

Tabelle 1: Entwicklung 1985-2005: Behinderung bei nichtdeutschen Personen

Alter	Jahr				
	1985	1991	1997	2003	2005
Alle Altersgruppen	15.747	22.646	36.076	54.244	61.376
Unter 18 Jahre	4.808	4.855	5.488	5.427	5.140
18 bis unter 25 Jahre	1.874	2.789	3.461	3.621	3.668
25 bis unter 35 Jahre	1.652	2.636	4.894	6.793	7.202
35 bis unter 45 Jahre	1.977	2.947	3.806	6.854	8.124
45 bis unter 55 Jahre	2.323	4.356	7.557	9.819	10.146
55 bis unter 60 Jahre	957	2.066	4.429	7.781	9.571
60 bis unter 62 Jahre	403	619	1.524	2.833	3.417
62 bis unter 65 Jahre	495	610	1.595	3.511	4.166
65 Jahre und älter	1.258	1.768	3.322	7.605	9.942

Quelle: Gesundheitsberichterstattung des Bundes, Tabelle erzeugt unter http://www.gbe-bund.de im Mai 2009. Die Tabelle bezieht sich auf Personen nichtdeutscher Nationalität beider Geschlechter, die von den folgenden Behinderungen betroffen sind: Querschnittslähmung, zerebrale Störungen, geistig-seelische Behinderungen und Suchtkrankheiten.

Beispielsweise hat die Anzahl der Migranten mit einer Querschnittslähmung, zerebralen Störung, geistig-seelischen Behinderung oder Suchterkrankung zwischen 1985 und 2005 von 15.747 um ca. 400% auf 61.376 registrierte Personen zugenommen.[6] Diese Entwicklung zeigt, dass

---

[6] Zu diesem Bereich gibt es kaum Statistiken. Die Gesundheitsberichterstattung des Bundes gibt zwar Daten heraus, die einen Überblick über die Anzahl behinderter Migranten in der Bundesrepublik geben. Allerdings sind die Auskünfte hierzu nicht differenziert genug.
1) Beispielsweise sind alle Ausländer in der Kategorie ‚Nichtdeutsche' zusammengefasst, es erfolgt keine Differenzierung des Herkunftslandes.
2) Unterschiedliche Arten der Behinderung wie ‚geistig-seelische Behinderung', ‚Querschnittslähmung' und ‚Suchterkrankung' werden nur gemeinsam betrachtet.

> *„mit der demographischen Entwicklung die Zahl der behinderten Migrantinnen und Migranten deutlich zunehmen wird".*[7]

Während es insgesamt nur wenige Statistiken zu Migranten mit einer Behinderung gibt, ist der Anteil der ausländischen Schüler an Sonderschulen relativ gut erforscht und statistisch erfasst. Da die Schülerschaft von Sonderschulen oftmals als *'Behinderte'* oder *'Lernbehinderte'* klassifiziert wird, könnte angenommen werden, dass Statistiken aus diesem Bereich Rückschlüsse auf die Anzahl behinderter Migranten zulassen. Dies ist aber nicht der Fall.

Verschiedene Studien zeigen zwar, dass Kinder aus Familien mit Migrationshintergrund an Sonderschulen überrepräsentiert sind.

---

3) Zudem wurden nur die Personen erfasst, die einen Schwerbehindertenausweis besitzen, was die Repräsentativität der Daten weiter einschränkt.
Obwohl diese Statistik daher kritisch betrachtet werden muss, verdeutlicht sie dennoch, dass die Personengruppe der nichtdeutschen Personen mit einer Behinderung in den letzten Jahren stark angestiegen ist.

[7] S. http://www.integrationsbeauftragter.nrw.de/pdf/newsletter/infobrief0710.pdf: 5, Stand: Juli 2009.

Grafik1: Nichtdeutsche Schüler an Sonderschulen nach Bundesländern, 1998/99

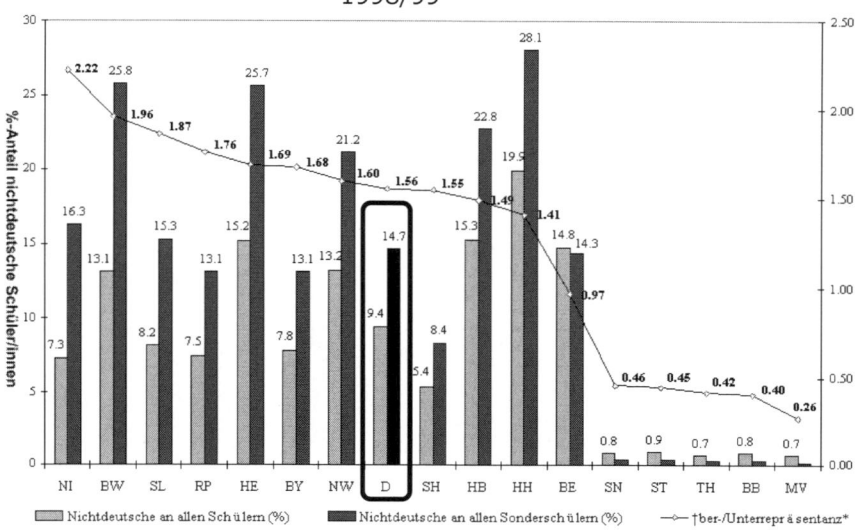

*Parität: Anteil nichtdeutscher Schüler an Sonderschulen gleicht dem Anteil an allen allgemeinbeildenden Schulen im Bundesland.
Quelle: Berechnungen auf der Basis von: KMK 2001 (b).

Quelle: Powell, Wagner 2001:18.

Während beispielsweise bis 1999 9,4 Prozentpunkte der Schüler aller Schulzweige nichtdeutscher Herkunft waren, betrug der Anteil ausländischer Schüler an Sonderschulen nahezu 15 Prozentpunkte (Grafik1).

Da aber häufig die mangelnde Beherrschung der deutschen Sprache der Hauptgrund für die Überweisung an eine Sonderschule ist und nicht eine Lernschwäche bzw. der sonderpädagogische Förderbedarf ist beispielsweise Graphik 1 in Hinblick auf die Anzahl von Schülern mit einer Lernschwäche nicht aussagekräftig. Statistiken wie diese, die die Anzahl der Kinder mit sonderpädagogischem Förderbedarf zeigen, weisen zwar auf den hohen proportionalen Anteil von Migranten an Sonderschulen hin, können aber keinen tatsächlichen Überblick über die Anzahl der Kinder mit einer Lernbehinderung geben. Allein für sich unter dem Aspekt ‚Lernbehinderung' betrachtet führen Sie dazu, dass der Anteil von lernbehinderten Kindern mit Migrationshintergrund zu hoch eingeschätzt wird.

Die unzureichende Datenlage zu dieser Thematik spiegelt wider,

> „wie wenig wir heute über den Personenkreis der von Behinderung betroffenen Migranten in Deutschland wissen und dass eher von einer Unterversorgung als von einer Versorgung im Gesundheitssektor gesprochen werden kann". (Kauczor 2005: 242).

Die zu diesem Thema vorhandene Literatur stammt meist aus der Sonder- und Heilpädagogik oder auch der Sozialarbeit und bezieht sich zum größten Teil auf Erfahrungen aus der Praxis mit Betroffenen (Kauczor 2002b, Hohmeier 2003). Dabei wird häufig auf verschiedene individuelle wie gesellschaftlich-strukturell bedingte Aspekte hingewiesen, die für die Situation der Betroffenen typisch sind und die sich von der Lage deutscher behinderter Menschen unterscheiden.

Im Folgenden stelle ich diese zentralen Aspekte vor, wobei ich mich hauptsächlich auf Menschen türkischer und italienischer Herkunft beziehe. Dabei bilden die Mitglieder dieser ethnischen Gruppen selbstverständlich keine geschlossene homogene Einheit, sondern weisen Unterschiede wie beispielsweise in der Bildung oder Schicht auf.[8]

<u>1) Die Rolle der Herkunft:</u>
Viele Arbeitsmigranten kommen aus ländlichen und strukturell schwach entwickelten Gebieten. Die Beziehungen der Dorfbewohner untereinander waren dort oft durch eine klare Rollenteilung und gegenseitige Hilfe gekennzeichnet. Daher war es in der Heimat durchaus selbstverständlich, dass ein behindertes Kind in den Alltag der Dorfgemeinschaft integriert und somit die ganze Familie unterstützt wurde (Lanfranchi 1988: 124).[9] Durch die Migration verliert eine Familie die-

---

[8] Der größte Teil der Literatur zu diesem Thema bezieht sich auf türkische Familien, da sie z.B. auch in den deutschen Beratungsstellen die Hälfte der Rat suchenden Familien ausmachen. Einzelne Aspekte, wie beispielsweise religiöse Motive, treffen hierbei natürlich nicht auf alle Betroffenen zu.

[9] Andrea Lanfranchi analysiert die Lage italienischer Gastarbeiterfamilien, die aus Süditalien in die Schweiz immigriert sind. Die von ihm unter anderem beschriebene Thematik ‚enger Familienbindungen' gilt in vielen Aspekten aber auch für türkische Familien aus ländlichen Gebieten. Beispielsweise schreibt Mustapha Ouertani über die Situation Behinderter im Islam „in einem solchen Familienverband, der trotz gesellschaftlicher Veränderungen ein bedeutendes

sen über Jahre gewachsenen Rückhalt. Eine vertraute Nachbarschaft wie auch die Großfamilie stehen in der Fremde häufig nicht mehr zur Verfügung. Kontakte in der neuen Heimat, meist urbanen Ballungsgebieten, müssen erst mühsam aufgebaut werden. Die Auseinandersetzung mit einem fremden Gesellschaftssystem stellt dabei eine zusätzliche Belastung dar.

Viele Arbeitsmigranten haben daher den Wunsch, die letzten Lebensjahre wieder in der Heimat zu verbringen. Häufig begründen sie ihr *‚Migrationsprojekt'* damit, möglichst schnell *‚viel'* Geld zu verdienen, um bald wieder zurückkehren zu können. Dafür arbeiten häufig auch Frauen, selbst wenn dies dem traditionellen Rollenverständnis widerspricht (Lanfranchi 1988: 127). Unter diesen Bedingungen stellt die Anwesenheit eines behinderten Angehörigen eine besondere Herausforderung dar, da dessen Betreuung zumeist von den weiblichen Familienmitgliedern erwartet wird. Hinzu kommt, dass im Selbstverständnis vieler Familien die Versorgung eines behinderten Familienangehörigen ausschließlich eine private Angelegenheit ist, die von der Verwandtschaft geleistet werden muss. Das Hinzuziehen fremder Hilfen, wie beispielsweise ambulanter Pflegedienste, kommt für sie häufig nicht in Frage, da die Familie als die ausschließliche Solidargemeinschaft betrachtet wird (Merz-Atalik 1997:18). Aus der Betreuung resultierende Mehrfachbelastungen müssen innerhalb der Familie getragen werden (Kauczor 2002: 60). Dabei ist es für eine türkische Familie in der Regel kaum vorstellbar, dass sie ihren Angehörigen in einem Heim bzw. einer Wohngruppe unterbringt: dies würde von Nachbarn wie auch Mitgliedern der Großfamilie als eine gegen das eigene kulturell vorherrschende Wertesystem verstoßende Normverletzung betrachtet werden.

2) Kulturspezifische Wahrnehmung von Behinderung:

Viele Familien aus der Türkei haben, insbesondere dann, wenn sie muslimisch gläubig sind, eine kulturspezifische Wahrnehmung von Behinderung bzw. Krankheit, die sich von in der Bundesrepublik vorherrschenden Erklärungsmustern unterscheidet. So haben beispielsweise viele

---

Maß an Stabilität bewahrte, bleibt auch der Behinderte ein integriertes Mitglied der Gemeinschaft. (...). Ein wichtiges Charakteristikum ist, dass Behinderte nicht räumlich von der sie umgebenden Gemeinschaft getrennt lebten, sondern das tägliche Leben der Großfamilie in allen Bereichen teilten."(Quertani 1994: 395).

türkische Migranten ein ganzheitliches Verständnis von Behinderung bzw. Erkrankung und betrachteten Behinderung in anderen Sinnzusammenhängen. Einer rein naturwissenschaftlich orientierten Medizin und ihrer Behandlung stehen sie daher häufig ablehnend gegenüber.[10] Daher nehmen oftmals kulturspezifische Deutungen einen wichtigen Platz gerade auch im Weltbild türkischer Migrantenfamilien ein (Merz-Atalik 1997: 16). So wird von Familien berichtet, die der Magie nicht abgeneigt seien und daher mystische Behandlungsmethoden bevorzugen, statt eine naturwissenschaftliche orientierte Therapie kontinuierlich zu verfolgen. Hinzu komme gerade bei gläubigen muslimischen Familien, dass sie die Geburt eines behinderten Kindes als ein gottgegebenes Schicksal bzw. als göttliche Prüfung verstehen, die akzeptiert werden sollte. Dementsprechend suchten sie Beratungsstellen nicht auf und nähmen Therapieangebote nicht wahr, da dies die Nichtakzeptanz des göttlichen Willens bedeuten würde (Hohmeier 2003: 25). Ein weiterer Grund für die in manchen Fällen anzutreffende mangelnde Bereitschaft an einer Therapie teilzunehmen liegt auch darin, dass diese oft einen mühsamen und langen Prozess darstellt, unangenehm erscheint und Behandlungserfolge nicht immer sofort sichtbar sind. Diese Problematik der mangelnden Bereitschaft werde dadurch verschärft, dass viele Ärzte den kulturellen Hintergrund einer Familie nicht oder nur unzureichend kennen, und daher nur schwer ein vertrauensvolles Verhältnis aufgebaut werden kann, dass aber gerade für eine langwierige Therapie notwendig wäre. Daher zeigt sich dann auch gerade in dem Bereich der Behandlung eine Modernitätsdifferenz zwischen Herkunfts- und Aufnahmegesellschaft:

> *„Migranten und Migrantinnen, die aus einer traditionalen Gesellschaft kommen, in der Behinderung nicht mit sozialer Exklusion verbunden ist, werden in modernen Gesellschaften*

---

[10] Häufig wird diese Haltung auch durch ein mangelndes Wissen über Körperorgane und ihre Funktionsweisen unterstützt. Beispielhaft berichtet Kerstin Merz-Atalik von einem türkischen Vater, der sich nach einer Augenoperation seines Sohnes weigerte, eine notwendige Brille anzuschaffen. Er war davon überzeugt, dass es ausreiche, wenn sich sein Sohn nur genug beim Sehen anstrenge. Auch erklärten einige Familien das Auftreten einer Erkrankung bzw. Behinderung eines Menschen dadurch, dass neidische oder eifersüchtige Menschen einen ‚bösen Blick' auf ihr Familienmitglied geworfen haben müssen (Merz-Atalik 1997:17).

mit Diagnose- und Behandlungskonzepten konfrontiert, für die zumindest in unserem Land medizinische, psychologische und pädagogische Behandlung und Förderung in der Regel nur im Zusammenhang mit Exklusion vorstellbar ist". (Kolb et al. 2004: 30)

3) Mangelnde Informationen über das Gesundheitssystem:
Häufig kommen Arbeitsmigranten aus einem Gesellschaftssystem, in dem es kein institutionell getragenes Unterstützungsnetzwerk mit verschiedenen Angeboten für Menschen mit Behinderung gibt. Einrichtungen wie Frühförderstellen und Beratungsstellen sind ihnen häufig fremd und sie erwarten diese auch nicht in der Bundesrepublik. Hinzu kommt, dass insbesondere Arbeitsmigranten meist aus bildungsfernen Schichten stammen und daher auch kaum gelernt haben sich Wissen anzueignen. Informationen über das deutsche Gesundheitssystem erreichen sie oft nicht. (Hohmeier, Jürgen 2003: 24).[11] Eine weitere Barriere im Zugang zum Angebot der verschiedenen Organisationen besteht darin, dass viele Familien aufgrund von Sprachschwierigkeiten Beratungsstellen nicht aufsuchen.

Neben diesen Gründen, die sich vornehmlich aufgrund der Struktur der Herkunftsgesellschaft erklären lassen, können aber auch generelle strukturelle Gegebenheiten der bundesrepublikanischen Gesellschaft identifiziert werden, die verdeutlichen, warum viele Familien mit einem Migrationshintergrund vorhandene Hilfsangebote nur unzureichend in Anspruch nehmen.

4) Soziale Ungleichheit:
Die Lebenssituation von Arbeitsmigranten und ihren Familien ist in zentralen Bereichen, wie beispielsweise Einkommen, Wohnen, Gesundheit[12]

---

[11] Mittlerweile versuchen verschiedene Projekte wie z.B. der *Infodienst Migration* der Bundeszentrale für gesundheitliche Aufklärung durch die Herausgabe muttersprachlicher Aufklärungsbroschüren genau dieses Informationsdefizit zu verringern.
[12] Bei Migranten kann ein größeres Erkrankungsrisiko und Sterblichkeitsrisiko als bei der vergleichbaren deutschen Bevölkerung festgestellt werden. Dies kann damit erklärt werden, dass sich ein großer Teil der Familienmitglieder aufgrund der Migrationssituation entwurzelt fühlt und daher auch verstärkt Identitätskrisen durchlebt. Zusätzlich führt die unsichere Zukunft gerade auch

und Zugang zu Bildungsangeboten, durch soziale Ungleichheit geprägt (Dt. Bundestag 2000: 200 ff.). Da viele Migranten häufig in niedrig qualifizierten Stellen im unteren Lohnsektor arbeiten, haben sie oft ein geringes Einkommen und sind überproportional in ungeschützten Beschäftigungsverhältnissen vertreten. Statistisch betrachtet sind ihre Wohnungen bezogen auf die Personenzahl schlechter ausgestattet als die ‚Durchschnittswohnung' eines Einheimischen, dennoch zahlen sie im Durchschnitt mehr Miete für den Quadratmeter.[13] Auch wenn sich die Schulsituation der Kinder mit einem Migrationshintergrund seit den 1980er Jahren insgesamt verbessert hat, sind sie im Schulsystem weiterhin überproportional in Sonderschulen wie Hauptschulen vertreten. Im Hinblick auf gesundheitliche Belange zeigt sich, dass Familien mit Migrationshintergrund zwar genauso oft medizinische Dienste in Anspruch nehmen, wie die einheimische Bevölkerung, allerdings Angebote zur Prävention und Rehabilitation – wie auch deutsche Familien aus sozial schwachen Schichten – weitaus weniger nutzen. So werden beispielsweise Angebote zu Früherkennungsuntersuchungen weniger in Anspruch genommen, was wiederum dazu führt, dass Chancen einer rechtzeitigen Behandlung nicht früh genug genutzt werden.

5) Unterstützungsangebote im Behindertennetzwerk:
Im Bereich der Wohlfahrtspflege, Kirchen, freien Initiativen wie auch staatlicherseits gibt es viele Unterstützungsangebote, die prinzipiell allen Menschen in der Bundesrepublik offen stehen. Allerdings ist das Unterstützungsnetzwerk in diesem Bereich sehr stark durch die Selbsthilfebewegung, die insbesondere Ideen aus dem skandinavischen und angelsächsischen Raum aufnahm, geprägt.[14] Schwerpunkte in der Arbeit mit behinderten Menschen lagen hierbei in den beiden Aspekten ‚Förderbarkeit von Menschen mit Behinderung' (insbesondere bis in die 1990er Jahre) und ‚Empowerment', d.h. die Befähigung zur Selbsthilfe (Kauczor 2002a:59). Damit wendete sich das Angebot im Behinderten-

---

bei ausländischen Familien verstärkt zu psychosozialen Belastungen (Lorenzkowski 2002: 56).
[13] „Ausländische Haushalte verfügen im Mittel über 21m^2 und 1,0 Räume je Person, deutsche über 33m^2 und 1,8 Räume je Person. Trotz der insgesamt schlechteren Wohnversorgung (Fläche, Ausstattung) lag die durchschnittliche Netto-Kaltmiete 1993 mit 9,82 DM/m^2 über dem Mietpreis der deutschen Haushalte mit 8,56 DM/m^2" (Dt. Bundestag 2000: 205).
[14] Dieser Aspekt wird in Kapitel 3.1 näher dargestellt.

sektor vornehmlich an deutsche Familien bzw. Familien aus dem westeuropäischen Kulturraum. Für die Arbeit mit anderen Migrantengruppen gab es offenbar auch lange keinen sichtbaren Bedarf, weil diese sich auch kaum an zuständige Stellen wendeten. Mittlerweile wird in den Einrichtungen des Behindertennetzwerkes realisiert, dass Familien aus anderen Kulturen aufgrund ihrer Sozialisation mit vielen Angeboten in dieser Form nichts anfangen können und einen anderen Unterstützungsbedarf haben.

6) Mangelnde Kultur- und Sprachkenntnisse in den Institutionen:
Nicht immer verfügen Institutionen über Mitarbeiter, die die nötigen zusätzlichen Sprachkenntnisse besitzen oder ziehen Dolmetscher zum Beratungsgespräch hinzu. Neben dem sprachlichen Defizit haben die Mitarbeiter der Beratungsstellen aber häufig auch nur wenig kulturbezogene Fachkenntnisse,[15] was eine notwendige Sensibilität für die Beratung ausländischer Familien erschwert (Kauczor 2003: 35). Daher kommt Sabine Kriechhammer-Yagmur, die Leiterin des Projektes ‚Interkulturelle Öffnung der Behindertenhilfe' des Paritätischen Wohlfahrtsverbands, 2007 zu der Feststellung:[16]

> "Anders als in anderen Feldern der sozialen Arbeit ist die Notwendigkeit interkultureller Öffnungsprozesse nur mühsam bis kaum vermittelbar. Die Haltung „Unsere Angebote stehen allen Menschen offen, man muss sie nur nutzen" ist wesentlich häufiger anzutreffen als die selbstkritische Frage, wie man Angebote umgestalten müsste, um sie für alle Menschen attraktiv und nutzbar zu machen."(Kriechhammer 2007:9).

---

[15] Hierbei kommt Jürgen Hohmeier anhand einer empirischen Studie zu dem Ergebnis, dass das Defizit in der Kenntnis anderer Kulturen weniger an einem Desinteresse der Mitarbeiter, als vielmehr an typischen institutionellen Mängeln läge: So zeigte sich beispielsweise in Nordrhein-Westfalen bei 26 Mitarbeiterinnen in 15 Frühförderstellen eine Diskrepanz zwischen Fortbildungsnachfrage und Angeboten. Eine Befragung im Sommer 1994 habe gezeigt, dass 80% der Mitarbeiterinnen sich Angebote in diesem Bereich wünschten, aber nur 7 von 26 Beschäftigten ein Angebot erhalten hätten, von denen dann letztendlich nur eine Mitarbeiterin dieses wahrgenommen hätte (Hohmeier 96: 242).
[16] Das Projekt ‚Interkulturelle Öffnung der Behindertenhilfe' wurde 2006-2008 von dem Paritätischen Wohlfahrtsverband durchgeführt und von Aktion Mensch gefördert (Kriechhammer 2007).

Allerdings kann gerade in den letzten Jahren in diesem Bereich eine Verbesserung der Situation beobachtet werden, es kann also zusammengefasst werden, dass sich bis jetzt der Behindertensektor mit Menschen aus anderen Kulturkreisen wenig auseinandergesetzt hat und kulturelle Aspekte untergeordnet bzw. kaum berücksichtigt wurden. Diese fehlende kultursensible Auseinandersetzung wird offiziell damit begründet, dass die Fallzahlen der Betroffenen zu gering sind. Wie allerdings Tabelle 1, S. 14 zeigte, stimmt diese Behauptung mit der Realität nicht überein, da die Anzahl behinderter Migranten kontinuierlich ansteigt. Als ein weiteres Argument für die mangelnde Auseinandersetzung wird angeführt, das die verfügbaren Ressourcen im Behindertensektor gebunden sind (Kauczor 2005: 246; Kriechhammer 2007:9). So findet sich zwar in der Bundesrepublik ein weit verzweigtes Unterstützungsnetz mit verschiedensten Angeboten einerseits für Menschen mit Behinderung und andererseits für Migranten, aber für Personen, die beiden Gruppen gleichzeitig angehören, sind nur wenige passende Angebote vorhanden. Dies ist umso bemerkenswerter, als sich häufig Beratungsstellen für Menschen mit Behinderung sowie für Migranten in gleicher Trägerschaft bzw. am gleichen Ort befinden, beispielsweise bei der Caritas.

Aufgrund dieses erheblichen Mankos im Behindertensektor entstanden in den letzten Jahren einige Initiativen, die eine Vernetzung beider Gruppen anstreben. So initiierte die Diplompädagogin Cornelia Kauczor eine Internetplattform *'Behinderung und Migration'*, die zum Austausch speziell für diese Personengruppe existiert (http://handicap-net.de). Der paritätische Wohlfahrtsverband widmet sich dem Thema im oben benannten Forschungsprojekt und verschiedene regionale Initiativen, meist angeregt durch Migrantenvereine, nehmen sich dieser Personengruppe in Kleinprojekten an.[17] Aber auch etablierte Selbsthilfegruppen geraten mittlerweile unter den Druck der Geldgeber, sich für Migranten zu öffnen, da diese das verlangen (Kriechhammer 2007: 10). Daher beginnt allmählich eine langsam und punktuelle längst überfällige Vernetzung zwischen Behindertennetzwerk und Migrantenberatung.

---

[17] Ein Beispiel hierfür ist das von Aktion Mensch geförderte Projekt *'Unterstützung und Betreuung von türkischen Familien mit behinderten Angehörigen'*, das im Hamburger Stadtteil Wilhelmsburg angesiedelt ist (BHH Post 2007). Auch der 1997 in Düsseldorf gegründete Verein *'Birlikte Yasam'* widmet sich der Lebenssituation türkischer Familien mit einem behinderten Angehörigen (http://handicap-net.de, Stand: März 2008).

Vor dem Hintergrund dieser Bedingungen ist es nachvollziehbar, dass die Tatsache ‚*Migrant und behindert zu sein*' als eine doppelte Belastung betrachtet werden muss:

> „*...lassen es plausibel erscheinen, dass ausländische Familien mit einem behinderten oder chronisch kranken Kind einer Doppelbelastung ausgesetzt sind, die sich einerseits aus der Migrationssituation und andererseits aus der Behinderung des Kindes ergibt. Die Familie hat sowohl die Anpassung an eine Umwelt, die von der des Herkunftslandes sehr verschieden ist, als auch die Bewältigung der durch die Behinderung des Kindes verursachten Anforderungen und Probleme zu leisten (...) Es lässt sich also konstatieren, dass eine Doppelbelastung bereits strukturell in der Lebenssituation angelegt ist.*" (Hohmeier, 2003: 25f.).

Allerdings, so sehr die Analyse der gesellschaftlichen Bedingungen, des kulturellen Hintergrundes und der oft schwierigen persönlichen Situation auf die betroffene Personengruppe zutrifft, es fällt auf, dass in der Fachliteratur nur wenige Autoren auch die Handlungsspielräume der Betroffenen thematisieren. Denn auch dieser Personengruppe stehen trotz schwieriger Lebensumstände individuelle Handlungsoptionen offen. So ist der Umgang einer Familie mit der Behinderung eines Familienmitgliedes kein zwangsläufiger Mechanismus. Daher kann auch beobachtet werden, dass sich das Verhalten von betroffenen Familien hinsichtlich der Inanspruchnahme von Beratung und Unterstützung unterscheidet (Kauczor 2002: 62ff).

Anhand ihrer eigenen langjährigen Erfahrungen in der Beratung mit betroffenen Familien entwickelte Cornelia Kauczor induktiv, d.h. aus dem Datenmaterial heraus, fünf Typen im Umgang mit der Behinderung (Kauczor 2005: 244ff):

<u>Typ 1 'Wir können alles alleine regeln'</u>
Diese Familien, die oft aus der ersten Einwanderergeneration stammen, erklären sich die Behinderung ihres Angehörigen vor allem mit magischen und mystischen Ursachen. Daher suchen sie auch in der Regel nicht von sich aus eine Beratungsstelle auf. Meist sind es Nachbarn oder

Bekannte, die sie, häufig wenn sie sich schon in einer sehr schwierigen Lebenslage befinden, auf Hilfsangebote aufmerksam machen.

Typ 2 ‚Aufopfernd'
Diese Familien arrangieren sich mit der Situation: die Pflege und Betreuung des Angehörigen werden allein in der Familie geregelt. Diese Familien leben oft isoliert, die Probleme der Familie bleiben verdeckt und die Familienmitglieder, die die Betreuung maßgeblich leisten, werden sehr belastet.

Typ 3 ‚Informationssammler'
Familien dieses Typs, die häufig über sehr gute Deutschkenntnisse verfügen, informieren sich eigenständig und umfassend. Oft nehmen sie keine weitergehende Unterstützung in Anspruch, weil sie negative Erfahrungen mit Fachkräften gemacht hätten. Aufgrund ihrer scheinbaren Ähnlichkeit zu deutschen Familien erleben sie im eigenen Kulturkreis durch Verwandte wie das Umfeld externe Zuschreibungen, die sie belasten.

Typ 4 ‚Verantwortung abgeben'
Hierbei handelt es sich um Eltern, die die Betreuung ihres Angehörigen im Familienverband gut geregelt haben, aber dennoch sehr belastet sind. Sie erhoffen sich von den Beratungsstellen, an die sie häufig von anderen vermittelt werden, eine grundlegende Lösung ihrer Probleme.

Typ 5 'Lehnt Behinderung ab'
Bei diesen Familien, die meist auch der ersten Einwanderergeneration angehören, wird die Behinderung des Angehörigen gesehen, jedoch nicht akzeptiert. Die betroffenen Kinder werden versorgt, aber nicht gefördert. Die Eltern nehmen keine Information über Unterstützungsmöglichkeiten in Anspruch und lehnen institutionelle Hilfe ab.

Cornelia Kauczor weist daraufhin, dass sich in der Praxis die Familientypen 1, 2 und 4 partiell überschneiden. Die beschriebenen Typen zeichnen sich vor allem dadurch aus, dass sie die Betreuung schwerpunktmäßig innerhalb der Familie organisieren und externe Hilfsangebote kaum annehmen. Lediglich Typ 3 weicht von diesem Muster ab, da diese Familien sich über Hilfsangebote gut informieren. Wie bereits unter dem Aspekt 'Kulturspezifische Wahrnehmung von Behinderung', S.18, ausgeführt, scheint vieles dafür zu sprechen, dass im Fall gläubiger Familien eine hinnehmende Haltung gegenüber dem behinderten Angehörigen auch in engen Zusammenhang mit zentralen Grundsätzen der islamischen Religion steht. So stellt die Hinnahme von ‚*Schicksalsschlägen*' als Wille Gottes einen zentralen Grundsatz dar. Daraus folgt konsequenterweise eine stärker hinnehmende Haltung gegenüber den Lebensereignissen.[18]

Eine weitere explizierte Analyse der Haltungen betroffener Familien findet sich bei Andrea Lanfranchi (Lanfranchi 2000: 143ff). Seine Erfahrungen beruhen auf der praktischen Arbeit mit italienischen Familien in der Schweiz, die vorwiegend aus ländlichen traditionellen Herkunftsgebieten stammen, deren Kinder die Sonderschule besuchen und die sich damit in einer vergleichbaren Situation befinden. In einer wissenschaftlichen Fallstudie legt er einen Schwerpunkt seiner Analyse auf das Handeln des Einzelnen, das durch die eigene Biografie geprägt ist und mitverantwortlich für eine gelingende Krisenbewältigung in der Migration ist.

Lanfranchi hat in seiner Beratungs-und Therapiepraxis festgestellt, dass gerade in *'Krisenzeiten'* Familien an tradierten Sinnstrukturen und Normalitätsentwürfen festhalten, statt sich auf die veränderte Lebenssituation einzulassen. Erklärt werden kann dies damit, dass gerade in einer belastenden Lebenssituation vertraute Lebensentwürfe der Familie Geborgenheit geben. Allerdings zeigt sich anhand der von ihm untersuchten Familien auch, dass diese auf ähnliche Anforderungen unterschiedlich reagieren. Aus dem empirischen Material leitete Lafranchi drei Idealtypen der Annäherung von Migranten an die moderne urbane Einwanderungsgesellschaft ab:

1) traditional-sklerosiert,
2) traditional-vorwärts gewandt und
3) traditional-rückwärts gewandt.

---

[18] Es würde den Rahmen dieses Kapitels sprengen, diese Thematik auch religionssoziologisch zu betrachten. Allerdings sei darauf verwiesen, dass sich Max Weber in seinen religionssoziologischen Schriften mit dem Zusammenhang zwischen verschiedenen Religionen und einer daraus resultierenden Lebensführung auseinandersetzt hat (Weber 1920).

Von diesen werden kurz der traditional-sklerosierte und der traditional-vorwärts gewandte Typ geschildert, da sie sich für eine Gegenüberstellung besonders gut eignen.

Das traditional-sklerosierte Orientierungsmuster:
Andrea Lanfranchi zeigt anhand der Fallgeschichte einer süditalienischen Familie auf, wie diese sich immer mehr in den häuslichen Rahmen zurückzieht und glaubt, dass ihre Tochter deshalb in die Lernbehindertenklasse gekommen ist, weil die Familie aufgrund ihrer ausländischen Herkunft diskriminiert wird. Dafür gibt es aber laut Lanfranchi keine objektiven Beweise, vielmehr ist die Haltung der Familien ein Beleg dafür,

> „wie nicht zu leugnende, punktuelle oder generalisierte Diskriminierungserfahrungen ins kollektive Bewusstsein ethnischer Gruppen einfließen und eine heteronomiebezogene Identitätsformation mitprägen" (Lanfranchi 2000: 150).

So werden Spannungen zur Außenwelt dadurch gemildert, dass der Zusammenhalt der Familie nach innen verstärkt und nach außen Feindbilder aufgebaut werden. Das Denken dieser Familie wird dabei vor allem durch externale Kontrollüberzeugungen[19] geprägt, das heißt, die äußere Umwelt wird für unvorhersehbar und unbeeinflussbar gehalten. Daraus resultiert, dass neue Lebensentwürfe kaum zugelassen werden können.[20]

---

[19] Der Psychologe Rotter entwickelte 1965 ein Konzept der internalen und externalen Kontrollüberzeugungen, dem bis heute in der Entwicklungspsychologie eine wichtige Bedeutung zukommt. So zeichnet sich nach Rotter eine Person mit einer vorwiegender internalen Kontrollüberzeugung dadurch aus, dass sie von ihren Zielen und der Möglichkeit der Veränderbarkeit ihrer Umwelt überzeugt ist. Ein Mensch mit vorwiegend externaler Kontrollüberzeugung hingegen geht davon aus, dass Ereignisse ohne seinen eigenen Einfluss geschehen und er darauf keinen Einfluss hat. (Amelang et al. 2006:420).
[20] Anhand der detaillierten Schilderung der Familiengeschichte lassen sich Lanfranchis Schlussfolgerungen nachvollziehen. Beispielhaft zeigt er für diese Familie auf, wie die Eltern auf die Frage nach einer eventuell zukünftigen Heirat ihrer Tochter reagieren. Für sie ist es selbstverständlich, dass die Tochter wenn sie verheiratet ist, mit ihrem Mann im Haus der Eltern in Süditalien wohnen wird. Eine eigenständige Lebensgestaltung der Tochter ist für die Eltern nicht thematisch.

Das Traditional-vorwärts gewandte Orientierungsmuster:
Im Gegensatz hierzu zeigt die Fallgeschichte einer anderen Familie in einer ähnlichen Lebenssituation, dass dort Lernschwierigkeiten der Tochter nicht mit einer Ausländerdiskriminierung erklärt werden. Die Haltung in dieser Familie ist vielmehr durch eine internale Kontrollüberzeugung geprägt. So glaubt diese Familie daran, dass sie die Lebensverhältnisse durch ihr eigenes Handeln mitgestalten kann. Dies ermöglicht es, ein Spannungsverhältnis zwischen Familie und Außenwelt aufrechtzuerhalten, das es den Familienmitgliedern erlaubt, sich auf eine veränderte Lebenspraxis einzulassen und somit auch offen für die Entwicklung von neuen Lebensentwürfen zu sein.[21]

Nach Lanfranchi gelingt es nur bei Familien des ‚traditional vorwärts gewandten Typus' trotz der durch die Migration entstandene Krise eine gelungene Balance zwischen innen und außen herzustellen und damit eine Öffnung nach außen zuzulassen, was zu einer Stabilität in der Krise führt. Dies erst ermöglicht eine Strukturtransformation, d.h. dass die Betroffenen ihr Verhalten nicht immer nach alten Mustern reproduzieren, sondern auch neue Einstellungen und Handlungsoptionen in Betracht ziehen können. Gelingt diese Balance zwischen innen und außen nicht, ziehen sich die Familienmitglieder in den Binnenraum der eigenen Familie zurück, und schotteten sich gegen alles ab, was fremd und bedrohlich erscheint.

Lafranchi zeigt damit deutlich, dass neben der wichtigen Bedeutung objektiv gegebener Faktoren, wie rechtlicher Benachteiligung und mangelnder gesellschaftlicher Partizipation von Migranten, auch der inneren Haltung von Familien, die ein Kind mit einer Lernschwäche aufziehen, eine zentrale Rolle bei der Bewältigung von Krisen zukommt.

> *„... der Aufbau starrer Feindbilder (in dem Aufnahmeland, Anm. d. Verf.) nicht nur mit realen Unrechtserfahrungen zu tun hat, sondern auch mit der Spezifität der lebensgeschichtlich geprägten Fallstruktur. Für die gelungene Gestaltung von Übergängen ist also beides unerlässlich: das Angenommenwerden im gesellschaftlichen Makrobereich und die*

---

[21] Auch bei dieser Familie wird die hypothetische Heiratsfrage gestellt. Hierbei zeigt sich, dass diese zweite süditalienische Familie im Gegensatz zur ersten keine Erwartungen an ihre Tochter hat und damit eine Offenheit gegenüber der zukünftigen Gestaltung von Paarbeziehungen zulässt.

Überwindung des fatalistischen Selbstverständnisses im Mikrobereich" (Lanfranchi 2000: 144).

Wie in diesem Kapitel aufgezeigt wurde, handelt es sich bei Familien mit einem Migrationshintergrund, die ein behindertes Kind betreuen, um eine bisher in der Öffentlichkeit wie Forschung stark vernachlässigte Personengruppe. Dies ist problematisch, da diese Gruppe einerseits professionelle Unterstützung benötigt und andererseits aus demografischen Gründen zunehmen wird. Die wenige Literatur zu diesem Gebiet thematisiert vor allem gesellschaftlich begründete Ursachen zu der Frage, warum diese Personengruppe bisher so wenig unterstützt wird bzw. Hilfsangebote nur wenig annimmt. Dies ist sehr wichtig, allerdings mangelt es an Forschungsarbeiten, die auch Haltungsmuster von Betroffenen näher betrachten. Dazu möchte die vorliegende Dissertation einen Beitrag leisten. Bevor ich aber die Betroffenen zu Wort kommen lasse, gebe ich in Kapitel 3.1 zunächst einen Überblick zur allgemeinen Situation von Familien mit einem behinderten Kind in der Bundesrepublik, um zu verdeutlichen, auf welche Paradigmen der Sonder- und Heilpädagogik die in die Bundesrepublik Eingewanderten treffen.

3. Sozialer und Historischer Rahmen

3.1 Die Lebenssituation von Familien mit einem geistig behinderten Angehörigen

Im folgenden Kapitel greife ich drei Teilaspekte aus der Sonder -und Heilpädagogik auf, die für ein besseres Verständnis des empirischen Teils dieser Arbeit notwendig sind.

1) Zunächst gehe ich auf die Schwierigkeiten bei der Definition des Begriffs ‚*geistige Behinderung*' ein.
2) Danach schließe ich einen historischen Exkurs an, der einen Überblick über die in der Bundesrepublik vorherrschenden Paradigmen in der Entwicklung in diesem Sektor gibt. Deren Kenntnis erscheint deshalb notwendig, da dadurch besser nachvollziehbar wird, mit welchen für sie teilweise ungewohnten Angeboten und Vorstellungen die aus der Sowjetunion stammenden Befragten bei ihrer Einwanderung nach Deutschland konfrontiert wurden.
3) Abschließend gehe ich auf die in der Literatur beschriebenen Umstände der Lebenssituation von Eltern und Geschwistern ein, um zu einem besseren Verständnis der Lebenslage der befragten Familien zu gelangen.

<u>1) Zum Begriff 'geistige Behinderung'</u>
Der Begriff ‚*geistige Behinderung*' ist sehr komplex und es existieren eine Vielzahl von Definitionen, die sich darum bemühen diesen schwierigen und nicht eindeutigen Begriff zu bestimmen. Hierbei setzen verschiedene Klassifikationssysteme unterschiedliche inhaltliche Schwerpunkte in ihren Definitionen.[22]

---

[22] Diese Arbeit geht nicht auf die Entwicklung und Bedeutung unterschiedlicher Klassifikationen wie beispielsweise die Internationale Klassifikation der Funktionsfähigkeit, Behinderung und Gesundheit (ICF), (Lindmeier 2007: 165), das Klassifizierungssystem der American Psychatric Association (APA) oder die Kriterien der American Association on Mental Retardation(AAMR) (Gusset-Bährer 2004: 6f.) ein. Auch werde ich nicht auf weitere medizinische Details wie beispielsweise die Definition der Schweregrade bei geistiger Behinderung einge-

Die gängigen medizinischen Klassifikationen gehen vom Vorhandensein folgender drei Kriterien als, damit von einer geistigen Behinderung gesprochen werden kann:

1) eine unterdurchschnittliche intellektuelle Leistungsfähigkeit
2) eine Störung, die vor dem 18. Lebensjahr begann
3) Probleme im adaptiven Verhalten (Anpassungsfähigkeit) wie beispielsweise in der Schule, im häuslichen Leben oder bei der Nutzung öffentlicher Verkehrsmittel (Gusset-Bährer 2004: 7).

Aus dem Blickwinkel einer vorwiegend medizinischen, am geistigen Defizit orientierten, Begriffsbestimmung ergibt sich daher, dass Menschen mit einer geistigen Behinderung aufgrund

„komplexer Dysfunktionen der hirnneuralen Systeme erhebliche Schwierigkeiten haben, ihr Leben selbstständig zu führen, und sie deshalb lebenslanger besonderer Hilfe, Förderung und Begleitung bedürfen" (Speck 2007: 136).

Problematisch an medizinisch orientierten Definitionsansätzen ist unter anderem, dass eine medizinische Diagnose nur bedingt etwas über die Kompetenzen eines bestimmten Menschen aussagt, da im Rahmen eines konkreten Behinderungsbildes häufig eine sehr große Variabilität herrscht. Personen mit dem gleichen Behinderungsbild können über unterschiedliche Fähigkeiten und Möglichkeiten verfügen aktiv am Leben teilzunehmen (Theiß 2005: 25).

Auch besteht bei einer rein medizinisch-psychiatrischen Kategorisierung die Gefahr, dass *'geistige Behinderung'* als ein bleibender Zustand und die betroffene Person primär als ein Objekt verstanden wird. Dadurch wird vernachlässigt, dass auch ein behinderter Mensch ein aktives Subjekt mit Potentialen ist und die Interaktion mit der Umwelt eine zentrale Rolle für seine Entwicklung spielt (Hinz 1996: 144 ff).

Besonders seit den 1990er Jahren bemüht man sich daher durch interdisziplinäre Ansätze darum, das Manko einer rein medizinischen Sicht-

---

hen. Genauere Ausführungen hierzu finden sich bei Brackhane 1988; Theiß 2005; Gusset-Bährer 2004.

weise in den Griff zu bekommen, indem *'geistige Behinderung'* als ein komplexer Zustand betrachtet wird, der maßgeblich durch soziale Faktoren wie die Beziehung zwischen einer Person und ihrer Umwelt bestimmt wird. Ein Beispiel hierfür ist die Erarbeitung der zurzeit gültigen und allgemein anerkannten Klassifikation ICF (Internationale Klassifikation der Funktionsfähigkeit, Behinderung und Gesundheit) der Weltgesundheitsorganisation (WHO). Diese rückt anstelle der konkreten Behinderung einer Person verschiedene Situationen des alltäglichen Lebens in den Vordergrund und beschreibt den Zustand einer Person mittels Kontextfaktoren, die in Umwelt und personenbezogene Faktoren eingeteilt sind. Dadurch werden die Partizipationsmöglichkeiten am alltäglichen Leben mitberücksichtigt (Lindmeier 2007: 165).[23]

Die Soziologie hat sich mit dem Thema *‚Behinderung'* grundsätzlich wenig beschäftigt: zum Teil wurde es der *‚Randgruppensoziologie'* zugeordnet, zum Teil der Soziologie des *‚abweichenden Verhaltens'*.[24] Dies lag unter anderem darin begründet, dass aus einer sozialwissenschaftlichen Perspektive *‚natürliche Merkmale'* von Personen keine Ausgangsbasis für eine Diskussion darstellen, sondern erst im Rahmen der Analyse interpretativer Deutungsmuster sozialer Akteure interessant werden.

Daher steht im Vordergrund einer soziologischen Betrachtungsweise nicht eine konkrete Behinderung, sondern vielmehr die Frage, inwieweit

---

[23] Die WHO-Definition unterscheidet zusätzlich zwischen Schädigung, Behinderung und Benachteiligung (Cloerkes 2007: 5). So wird unter *impairment* (Schädigung) eine Störung auf der organischen Ebene, unter *disability* (Behinderung) eine Störung auf der personalen Ebene (Bedeutung für einen konkreten Menschen) und unter *handicap* (Benachteiligung) die hieraus resultierenden Nachteile auf der sozialen Ebene verstanden. Dies kann an folgendem Beispiel verdeutlicht werden. *„Ein Kind wird gehörlos geboren (impairment). Das hat für seine elementare Lebensfähigkeit keine zwangsläufigen Folgen, kann jedoch dazu führen, dass es keine oder keine hinreichende Sprachkompetenz erwirbt; es wäre damit in der Verständigung und im Verständnis behindert (disability). Dies kann wiederum dazu führen, dass das betroffene Kind privat und/oder beruflich kein normales Leben führen kann, wie es seinen Interessen und Anlagen vielleicht entspräche (handicap)."* (Brackhane 1988: 24, zit. n. Cloerkes 2007:5). Allerdings wird auch an dieser Definition (ICF) von einigen Fachleuten kritisiert, dass sie stärker medizinische als soziale Aspekte berücksichtigt (Lindmeier 2007:167).
[24] Eine intensivere Auseinandersetzung mit dem Thema *‚Behinderung'* hat nur im Rahmen einer interaktionistischer Theorietradition in den 1960er und 1970er Jahre stattgefunden, wobei der Aspekt sozialer Zuschreibung in den Vordergrund gerückt wurde (Bendel 1999:301 ff).

diese das Ergebnis eines sozialen Bewertungs- und Abwertungsprozesses ist. So:

> *„(erscheint) Behinderung (nun) nicht als eine objektive Gegebenheit, auf die medizinische bzw. biologische Beschreibungen ebenso wie die Interaktionen des Alltags rekurrieren, sondern als ein im Rahmen kultureller Wissenssysteme hervorgebrachtes symbolisches Konstrukt" (Bendel 1999: 301ff).*

Aus diesem Blickwinkel gibt es daher auch keine objektive Behinderung, sondern vielmehr einen sozialen Kontext und bestimmte gesellschaftliche Erwartungshaltungen, die eine Person zu einem behinderten Menschen machen (Bendel 1999: 301ff). Diese soziologische Sichtweise wird von vielen in der Sonder- und Heilpädagogik Tätigen geteilt.

> *„Ausgehend von der Entstehung und Anwendung wie auch immer gearteter Kriterien für die Unterscheidung zwischen „behindert" und „nichtbehindert" ist in diesem Modell alles, was Menschen zu „behinderten Menschen" macht, Produkt eines je gegebenen sozialen Kontextes." (Felkendorff 2004: 4).*

In der Sonder -und Heilpädagogik zeigt sich die Akzeptanz dieser Annahme auch daran, dass sich seit den 1990er Jahren in der Bundesrepublik ein neuer Wissenschaftsansatz in diesem Feld etablierte: die Disability Studies.[25] Die Disabilities Studies kritisieren vorherrschende Normalitätsvorstellungen und greifen in ihren Argumentationen auf konstruktivistische Ansätze zurück. Diese zeichnen sich dadurch aus,

> *„dass sie das Verhältnis zur Wirklichkeit problematisieren, indem sie konstruktive Prozesse beim Zugang zu dieser behandeln" (Flick 2000: 150).*[26]

---

[25] Die *Disability Studies* wurden von dem behinderten Medizinsoziologen Irving K. Zola und dem ebenfalls behinderten Sozialwissenschaftler Michael Oliver gegründet und verbreiteten sich zunächst in den 1980er Jahren im angloamerikanischen Raum. (Waldschmidt 2004:1).
[26] Es gibt eine Vielzahl von konstruktivistischen Ansätzen, die sich zudem in den verschiedenen Disziplinen unterschiedlich entwickelten. Weitere Hinweise hierzu gibt Flick 2000: 150ff.

Allerdings stößt eine rein konstruktivistische Sichtweise in der Praxis ebenfalls auf Unverständnis, da sie aufgrund der Behinderung objektiv auftretende Schwierigkeiten ignoriert.[27]

Zahlreiche didaktische Konzepte innerhalb der Sonderpädagogik nehmen daher Bezug auf eine abgeschwächte Form des radikalen Konstruktivismus: den pädagogischen Konstruktivismus. Dieser wird insofern als fruchtbarer Ansatz betrachtet, da er das Lernumfeld und die Lernbedingungen des Einzelnen in den Vordergrund stellt und damit weniger die Eigenschaft (beispielsweise eine Behinderung) als vielmehr die Störung des Kommunikationsprozesses thematisiert. Alle Gesellschaftsmitglieder sind somit mitverantwortlich dafür, ob sie in ihren sozialen Interaktionen Behinderung konstruieren und damit auch neu herstellen (Nagode 2002: 69ff).

Zwar gelingt die Umsetzung des pädagogischen Konstruktivismus einigermaßen in den Bereichen Diagnostik und Beratung, in der Praxis des Unterrichts erweist er sich jedoch als handlungsuntauglich (Lelgemann 2004: 5). Daher wird mittlerweile auch in der wissenschaftlichen Diskussion innerhalb der Sonder- und Heilpädagogik die vorherrschende Dominanz des Konstruktivismus hinterfragt wie beispielsweise von den Herausgebern der Zeitschrift ‚Heilpädagogik online'.

„In der heilpädagogischen Fachliteratur ist etwa seit Beginn der 1990er Jahre ein Trend zu beobachten, Theorien auf der Grundlage des Konstruktivismus zu formulieren. Aus der Überzeugung heraus, dass es eine „objektive" Wirklichkeit nicht gibt, weil wir die Welt um uns herum nur durch den Filter unserer individuellen Wahrnehmung erkennen und dieses Erkennen von unseren jeweils unterschiedlichen Erfahrungen und Biographien abhängig ist, wir somit letztendlich auf dieser Basis unsere von Individuum zu Individuum unterschiedliche Wirklichkeit konstruieren, nimmt die Heilpädagogik immer

---

[27] Zu dieser Einsicht kam beispielsweise auch der britische Bioethiker und Behindertenaktivist Tom Shakespeare aus eigener Erfahrung. So organisierte er als einer der Direktoren des International Center for Life in Newcastle (Großbritannien) Gentechnikdebatten und koordinierte entsprechende Forschungsprojekte. Der kleinwüchsige Wissenschaftler propagierte ein rein soziales Modell von Behinderung. Als Tom Shakespeare aufgrund einer Erkrankung sechs Monate bettlägerig wurde, modifizierte er dieses und wies verstärkt auf die Bedeutung körperlicher Aspekte hin (Grode 2002: 4ff).

mehr Abstand davon, bestimmte Behinderungsbilder eindeutig zu beschreiben und zu kategorisieren. Der Konstruktivismus ist in seinen verschiedenen Schattierungen in unserem Fach absolut in." (Barsch et al. 2005: 80).

Abschließend kann festgehalten werden, dass konstruktivistische Ansätze in der Sonder- und Heilpädagogik mit einen Beitrag dazu geleistet haben einen Perspektivenwechsel zu ermöglichen. Dieser besteht darin den Blickwinkel von einer lange Zeit vorherrschenden rein medizinischen, defizitorientierten Sichtweise weg und hin zu einer Perspektive, die auch Kompetenzen anerkennt zu lenken. Allerdings scheinen diese Ansätze in der Praxis wenig geeignet, Lösungen und Handlungskonzepte für die Sonder- und Heilpädagogik bereitzustellen, da sie die

„Gefahren einer eher unsozialen Perspektive, die die Bedeutung einer differenzierten Beschreibung der sozialen Umgebung und signifikant Anderer abstreiten bzw. im Rahmen einer nur konstruktivistischen Theorie nicht differenziert genug erfassen können" (Lelgemann 2004: 14).

Nach diesem kurzen Abriss der wissenschaftlichen Diskussion zur Begriffsbestimmung von Behinderung soll im Folgenden ein historischer Überblick zur Behindertenpolitik seit den 1960er Jahren gegeben werden. Dies ist deshalb notwendig, da sie eine zentrale Rolle im Selbstverständnis der in diesem Bereich Tätigen (Mitarbeiter wie Angehörige) einnimmt und später im empirischen Teil dieser Arbeit deutlich werden wird, dass sich diese Entwicklung von den Erfahrungen russischer Migranten unterscheidet.

2)Historischer Exkurs zur Behindertenpolitik in der Bundesrepublik
Das im Dritten Reich durchgeführte Euthanasieprogramm an behinderten Menschen war lange ein heikles Thema, so dass auch im sonder- und heilpädagogischen Bereich bis in die 1960er Jahre der Wunsch vorherrschte, die Ereignisse nicht zu thematisieren um möglichst schnell zu einem *'normalen Alltag'* zurückkehren zu können. Insgesamt sind die Lebensverhältnisse behinderter Menschen in der ersten Zeit nach dem Krieg nur unzureichend dokumentiert, bekannt ist aber, dass die wenigen Erwachsenen mit einer geistigen Behinderung, die die Euthanasie

das Dritten Reiches überlebt hatten, vorwiegend in psychiatrischen Anstalten lebten (Droste 2000: 14ff).

In den 1960er Jahren beginnend, und insbesondere in den 1970er Jahren, entwickelte sich die Sonder- und Heilpädagogik in der Bundesrepublik auf eine für westeuropäische Länder typische Art und Weise, indem Ideen und Konzepte, die aus den skandinavischen Ländern kamen, in diesem Bereich eine zentrale Rolle einnahmen. Erstmals prägten verschiedene theoretische Paradigmen die praktische Arbeit wesentlich. Als ein zentrales Paradigma gewann zunächst das Normalisierungskonzept (Neumann 1999: 14ff) an Bedeutung. Dessen zentrales Ziel war es, die Umgebung und das soziale Umfeld eines behinderten Menschen so normal wie möglich zu gestalten und ihn am alltäglichen Leben aktiv teilhaben zu lassen. Kleinen familienähnlichen und teilstationären Einrichtungen sollte der Vorzug vor größeren Heimen gegeben werden. Damit zielte man vor allem auf eine strukturelle Veränderung der Lebensbedingungen der Betroffenen, die bis dahin durch das Anstaltsleben geprägt waren.[28] Mit den Jahren gewann das Normalisierungskonzept immer mehr an Bedeutung, woran auch die 1958 gegründete Elterninitiative *'Bundesvereinigung Lebenshilfe für das geistig behinderte Kind'* maßgeblich beteiligt war. Aufgrund des Engagements dieser Elterninitiative nahmen viele Eltern behinderter Kinder den stationären Lebensalltag ihrer Kinder nicht mehr nur passiv hin, sondern setzten sich aktiv für eine sinnvolle Lebensgestaltung ihrer Angehörigen ein. So wurden von Eltern kleine Wohneinrichtungen gegründet, in denen Menschen mit Behinderung in der Nähe ihrer Angehörigen statt in großen und abgelegenen Institutionen untergebracht werden konnten.[29] Bei vielen Ange-

---

[28] Das Normalisierungskonzept wurde in Fachkreisen zunächst kontrovers diskutiert. In Gegenpositionen wurde das Anstaltsleben als ein strukturierter, geschützter Lebensort favorisiert, wo es gerade für Menschen mit einer geistigen Behinderung möglich ist, nicht zu komplexe alltägliche Anforderungen erfolgreich zu bewältigen. Auch wurde am Konzept bemängelt, dass es Menschen mit einer geistigen Behinderung normalisieren wolle. Verschiedene Autoren verweisen darauf, dass hier eine Missdeutung vorliegt und die Verfechter des Konzepts dies nicht beabsichtigt hatten (Gröschke 2007: 242).

[29] Trotz der Popularität des Normalisierungskonzeptes gab es in der Bundesrepublik eine Kontinuität anstaltsorientierten Wesens und ein Interesse an diesem festzuhalten. Auch wohnte ein Großteil der erwachsenen Menschen mit Behinderung immer noch in institutionellen Einrichtungen. Die Bedingungen, unter denen diese Menschen in zumeist psychiatrischen Anstalten lebten, wurden auch in Fachkreisen als ausgesprochen schlecht bezeichnet. So kam eine

hörigen fand das Engagement dieser Elterninitiative eine große Zustimmung, was dazu führte, dass die Lebenshilfe innerhalb relativ kurzer Zeit einen hohen Mitgliederzuwachs verzeichnen konnte.[30] Neben der Schaffung konkreter Einrichtungen, an deren Errichtung die Lebenshilfe und kirchliche Träger am stärksten beteiligt waren, gewann die Lebenshilfe aber auch an politischem Gewicht. Zunehmend wurden die Eltern auch in Fachkreisen als Experten in eigener Sache betrachtet.[31] Als ein weiterer großer Erfolg der Elternselbsthilfebewegung kann die staatliche Anerkennung der Bildungsfähigkeit geistig behinderter Kinder 1965 im Rahmen des Gesetzes zur Vereinheitlichung des Sonderschulwesens betrachtet werden. Dies führte unter anderem zur Gründung von Sonderkindergärten, Sonderschulen sowie Werkstätten für geistig behinderte Menschen.

1984 stellte die Gründung der Elternbewegung ‚*Eltern gegen Aussonderung behinderter Kinder*' einen weiteren Meilenstein dar. In dieser Initiative versammelten sich bundesweit Selbsthilfegruppen, die eine integrative Erziehung forderten. Dies führte an vielen Orten zu heftigen Auseinandersetzungen mit professionell Tätigen, die den Eltern unter anderem eine mangelnde Verarbeitung ihrer Situation vorwarfen. Dennoch erreichten Angehörige, dass in einzelnen Bundesländern Schulgesetze integrationsfreundlich verändert und Einrichtungen für die Frühförderung[32] breit etabliert wurden (Schädler 2002: 75).

Sachverständigenkommission der Bundesregierung in ihrem Zwischenbericht zur Erarbeitung der Psychatrie-Enquete zu dem Ergebnis, „*dass eine sehr große Anzahl psychisch Kranker und Behinderter in den stationären Einrichtungen unter elenden, zum Teil als menschenunwürdig zu bezeichnenden Umständen leben müssen*". Die Psychatrie-Enquete von 1975 forderte die Dezentralisierung von großen Anstalten und unterstützte damit die Anliegen der Lebenshilfe (Schädler 2002: 59).

[30] Innerhalb der ersten sechs Jahre nach Gründung des Bundesverbandes wurden bereits 200 örtliche Vereinigungen gezählt (Bundesvereinigung Lebenshilfe, zit. n. Schädler 2002: 56).

[31] Verschiedene Autoren weisen aber darauf hin, dass Eltern nur unzureichend als Partner anerkannt wurden und werden. Dies habe seine Ursache zum einen darin, dass Behinderung lange Zeit aus einer defizitorientierten Sichtweise wahrgenommen und daher auch die Familie als vorrangig problembelastet und nicht kompetent genug betrachtet wurde (Seifert 2001: 247). Zum anderen sähen Professionelle durch zu viel Einflussnahme der Eltern auch ihre eigene Interessen bedroht (Cloerkes 2007: 85).

[32] Unter Frühförderung wird ein komplexes System verschiedenartiger Hilfen verstanden, „die darauf gerichtet sind, frühkindlichen Entwicklungsstörungen

Des Weiteren bewirkten wesentliche Änderungen des Bundessozialhilfegesetzes §3 BSHG seit Ende der 1970er Jahre und 1984, dass das Prinzip ‚*ambulant vor stationär*' für die künftige Gestaltung der Sozialhilfepraxis verbindlich wurde. Dadurch wurden der Aufbau ambulanter Dienste und damit die Versorgung in der häuslichen Umgebung erheblich gefördert. Es erfolgte eine weitere Deinstitutionalisierung, Dezentralisierung und Regionalisierung des Hilfesystems (Schädler 2002: 89). Insgesamt führte das dazu, dass mittlerweile eine Vielzahl von ambulanten Angeboten für diesen Personenkreis existiert, die neben der Teilhabe am gesellschaftlichen Leben auch die Möglichkeit zur individuellen Entwicklung umfassen (Bundesministerium für Gesundheit und Soziale Sicherung 2005).[33]

Anfang der 1980er Jahre entstanden zusätzlich zu den Elterninitiativen Selbsthilfegruppen, in denen sich allein behinderte Menschen engagierten. Einige dieser Gruppen nannten sich anfangs provokativ auch Krüppelbewegung und erregten mit verschiedenen spontanen Aktionen öffentliches Aufsehen. Die Mitglieder dieser Gruppen betrachteten die Ablehnung von Normen, die nichtbehinderte Menschen festgelegt hatten, als einen Akt der Befreiung (Cloerkes 2007: 83ff).[34] Typisch war und ist für diese Selbsthilfegruppen, dass sie sich für ihre eigenen Interessen ohne professionelle Unterstützung engagieren und ein weitgehendes Selbstbestimmungsrecht fordern, da sie sich als Experten in ei-

---

und ihren Auswirkungen auf die Entwicklungsbedingungen in einem Zusammenwirken von Experten und Eltern präventiv, beratend und therapeutisch zu begegnen, um die kindliche Entwicklung zu begünstigen" (Speck 1989: 13).

[33] Eine detaillierte Aufzählung und Kommentierung möglicher Leistungen nach dem BSHG (Bundessozialhilfegesetztes) ist nicht Gegenstand dieses Kapitels. Grob gegliedert lassen sich die Leistungen folgendermaßen unterteilen: medizinische Leistungen, berufsfördernde Leistungen und Leistungen zur allgemeinen sozialen Eingliederung. Letztere umfassen beispielsweise Hilfen zur Ermöglichung und Erleichterung der Verständigung mit der Umwelt, Hilfen zur Freizeitgestaltung und Teilnahme am gesellschaftlichen Leben und Hilfen zur Erleichterung des Haushalts. Allerdings wird ein Teil dieser Leistungen nicht selbstverständlich gewährt, vielmehr müssen sich Betroffene für deren Zusage bisweilen engagiert einsetzen.

[34] In der Nachfolge der Krüppelbewegung entstand die ‚*Independent-Living-Bewegung*' (in der Bundesrepublik: Interessenvertretung Selbstbestimmt Leben in Deutschland e.V. ISL), die ihre Wurzeln in der Frauen- und Farbigenbewegung der USA hatte und sich weniger radikal gab. Viele dieser Selbsthilfegruppen haben sich 1991 im Dachverband ‚*Selbstbestimmt leben*' zusammengefunden (Cloerkes 2007: 83ff).

gener Sache betrachten. Professionellem Personal gegenüber nehmen sie eine kritische Haltung ein. Diese Gruppen unterstützen den Gedanken der Disability Studies, da sowohl diese wie auch sie selbst vorherrschende Normalitätsvorstellungen kritisieren.

> *„Ähnlich wie bei der Frauen- und Geschlechterforschung handelt es sich zudem um einen Ansatz (bei den Disability Studies, Anm. d. Verf.), der eine emanzipatorische Zielrichtung hat. Seine Wurzeln sind eng mit Geschichte und Ansatz der internationalen Behindertenbewegung verknüpft. Zielsetzung ist es nicht nur, das medizinisch pädagogische Behinderungsmodell zu relativieren, sondern auch „peer research" zu betreiben: parteiliche Forschung für Behinderte von Behinderten." (Waldschmidt 2004:1).*

Sprecher autonom agierender Selbsthilfegruppen äußern häufig eine grundlegende Kritik an den bestehenden etablierten Selbsthilfeverbänden wie beispielsweise, dass deren Funktionäre die zu Betreuenden entmündigen und das Versorgungsdenken in den Vordergrund ihrer Arbeit stellen würden.

> *„Behindertenverbände und Behindertenbewegung bekämpfen einander, weil sie völlig unterschiedliche Vorstellungen von der Realisierung des gemeinsamen Zieles einer autonomen Lebensführung für alle Behinderten haben. Das bedeutet allerdings nicht, dass nicht frühere Kämpfer in der Behindertenbewegung zu Funktionären in Behindertenverbänden mutieren könnten, wenn sie in die Jahre gekommen sind" (Cloerkes 2007: 80).*

Insgesamt ist Verbänden[35] und autonom agierenden Selbsthilfegruppen gemeinsam, dass sie von Angehörigen bzw. Betroffenen gegründet

---

[35] Ein Beispiel hierfür ist die ‚*Bundesarbeitsgemeinschaft Selbsthilfe von Menschen mit Behinderungen und chronischen Erkrankungen und ihre Angehörigen*' (BAGH) mit ca. 95 Gruppierungen und ca. 1.000.000 Mitgliedern. Ein so großer Behindertenverband zeichnet sich durch eine recht große Distanz zwischen Betroffenen und Funktionären aus. Aufgrund seiner stärkeren Hierarchisierung und Bürokratisierung kann er nicht so flexibel wie kleine Gruppen handeln. Da-

wurden. Seit den 1960er Jahren konnten sie hierbei grundlegende Veränderungen in dem Sektor der Behindertenarbeit erreichen, da sie auf die Defizite der traditionellen Versorgungssysteme hinwiesen und reagierten.

Mit dem Auftreten der autonomen Selbsthilfegruppen gewannen seit den 1990er Jahren die Paradigmen der *Selbstbestimmung* und des *Empowerment* in der Sonder- und Heilpädagogik insgesamt eine immer stärkere Bedeutung. Auch diese sind als eine ablehnende Reaktion auf eine lange vorherrschende medizinorientierte Sichtweise zu verstehen, in deren Zentrum die Wahrnehmung von Defiziten und ihre Behandlung standen. Der mittlerweile in der Sonder- und Heilpädagogik zentrale und viel verwendete Begriff Empowerment bezeichnet die Befähigung der Betroffenen, sich für ihre eigenen Interessen einzusetzen.[36] Empowerment wird daher nicht nur als ein für die Praxis relevantes, sondern auch als politisches und gesellschaftskritisches Konzept betrachtet. Zunächst geht es dabei darum, das Selbstbewusstsein und Selbstbestimmungsrecht von Menschen mit Behinderung zu stärken, des Weiteren sollen die Einzelnen befähigt werden, sich in Selbsthilfegruppen politisch für ihre Interessen einzusetzen.[37]

Im vorangegangenen Abschnitt habe ich einen Überblick über die Vielfalt von Paradigmen und Initiativen im Behindertensektor geben, die die Entwicklung in der Bundesrepublik wesentlich prägten und prägen. Diese sind für einen Großteil der Migranten ungewohnt und fremd.

Abschließend möchte ich einen kurzen Überblick über grundsätzliche Aspekte der Lebenssituation von Familien mit einem behinderten Kind geben.

---

für wiederum wird er von der Politik als Gesprächspartner anerkannt (Cloerkes 2007: 79ff).

[36] Dies soll durch die Unterstützung von vorhandenen Kompetenzen erreicht werden. Beispielsweise ist demnach ein Mensch mit einer so genannten geistiger Behinderung, der sich seiner Schwächen (z.B. im Bereich der Kulturtechniken) bewusst ist und damit souverän umzugehen weiß (*„ich kann nicht lesen, aber ich verlaufe mich nicht in der Stadt"*) eine 'empowered person' (Theunissen 2002: 178).

[37] Allerdings merken Fachleute an, dass das *Empowerment* in der Realität noch zu wenig umgesetzt wird, da sich gezeigt habe, dass Betroffene hinsichtlich ihres Unterstützungsbedarfes nur unzureichend mitbestimmten könnten (Theunissen 2002: 179).

Die Lebenssituation von Eltern mit behinderten Kindern

Von den geschätzten 420.000 Menschen mit einer geistigen Behinderung in der Bundesrepublik sind etwa 185.000 im Kindes- und Jugendalter. Von diesen leben 160.000 (85%) bei den Eltern. Von den ca. 235.000 erwachsenen Menschen mit einer geistigen Behinderung wohnen noch etwa 140.000 (60%) bei ihren Eltern oder Angehörigen (Wagner-Stolp 2007: 2).

Familien mit einem geistig behinderten Angehörigen leisten somit auch dann noch den Hauptteil der Betreuung, wenn das betreffende Familienmitglied schon erwachsen ist.

Dennoch finden sich in der Fachliteratur nur wenige empirisch gesicherte Ergebnisse zur Lebenssituation von Eltern mit einem behinderten Kind (Cloerkes 2007: 280ff). Dabei wird häufig der Fokus auf die psychischen Belastungen, der diese Familien ausgesetzt sind, gelegt (Cholschreiber 1980: 501ff). So ergab meine Sichtung verschiedener Forschungsarbeiten, die bis zu den 1980er Jahren entstanden waren, dass viele Analysen zu dem Schluss kommen, Eltern mit behinderten Kindern hätten ein negatives Selbstbild (Christiansen-Berndt 1981: 12).[38]

Mittlerweile können die Ergebnisse dieser Arbeiten als teilweise überholt und nicht differenziert genug angesehen werden: so stellen auch verschiedene Autoren nun elterliche Kompetenzen und Ressourcen in das Zentrum ihrer Ausführungen (Seifert 2003; Halder 2003).

Eine realistische Schilderung sowohl schwieriger als auch gelingender Aspekte in der Lebenssituation dieser Familien nimmt Nippert anhand der Ergebnisse einer empirischen Studie vor (Nippert 1988). Dabei zeigt sie, dass Eltern in der Regel nach der Geburt einen Gefühlsprozess durchleben, an dessen Ende meist die Akzeptanz ihres Kindes steht. Häufig führt die Geburt eines behinderten Kindes zunächst zu einem Schock. Aus einer psychoanalytischen Perspektive kann dies damit erklärt werden, dass die Eltern mit der Geburt realisieren, dass der Wunsch sich im eigenen Kind wieder zu erkennen und auszuleben, nicht erfüllt werden kann. Die Angehörigen müssen daher bestimmte Wünsche und Vorstellungen hinsichtlich der Zukunft ihres Kindes aufgeben,

---

[38] Beispielsweise haben Psychologen wie Louis Leon Thurstone 1960 beschrieben, dass diese "Eltern feindselig, argwöhnisch, depressiv und im allgemeinen unglücklich waren. Nach Thurstone bräuchten sie oft Jahre, wenn nicht ein ganzes Leben, um mit der Situation fertig zu werden". (Christiansen-Berndt 1981:ebd).

was in vielen Fällen das Selbstwertgefühl zunächst erschüttert. Zudem müssten sie akzeptieren, dass sie gesellschaftlich erwartete Normen wie beispielsweise gesunde Kinder großzuziehen nicht erfüllen können. Hinzukommt, dass sich die individuelle Lebensroutine und die Planung der Zukunft grundlegend verändert. Dies hat häufig zur Folge, dass sich bei den Betroffenen zunächst ein Gefühl der Hilflosigkeit, Fremdheit, Einsamkeit und Orientierungslosigkeit einstellt.

Allerdings gelingt es vielen Familien im Laufe der Zeit einen normalen Umgang mit der Behinderung ihres Kindes zu entwickeln und einen positiven Zugang zu ihm zu gewinnen. Dadurch ist es ihnen auch möglich, die Betreuung des Kindes in ihren Lebensalltag zu integrieren und Lebenspläne, wenn sie der Situation angemessen sind, zu verwirklichen. Letztendlich sind daher auch Familien mit einem behinderten Kind in der Lage ein *'normales Leben'* wie andere Familien zu führen (Nippert 1988: 135ff).

Allerdings gibt es grundsätzliche Belastungen, die Familien mit einem geistig behinderten Angehörigen im Gegensatz zu anderen Eltern bewältigen müssen. Diese gestalteten sich, abhängig von der konkreten Lebenssituation und den daraus resultierenden Umständen einer Familie sehr unterschiedlich. In der Literatur werden häufig folgende Aspekte benannt:

1. Allgemein kommt es durch die Fürsorge für ein behindertes Kind zu einer erheblichen psychischen und physischen Arbeits- und Mehrbelastung innerhalb der Familie. Hierbei sind es insbesondere die Mütter, die aufgrund der neuartigen Familiensituation eigene Lebenspläne (wie beispielsweise beruflich tätig zu sein) nicht mehr verfolgen können.[39] Mütter stellen nach empirischen Studien in 90% der Fälle die Hauptbetreuungspersonen dar (Wachtel 2007: 112ff). Eine Folge hiervon ist, dass sie besonders unter ge-

---

[39] Auch das Normalisierungskonzept hat dazu beigetragen, dass Familien im Interesse ihrer Kinder sich stärker darum bemühten, diese zu Hause aufzuziehen. Für die Mutter bedeutet dies allerdings häufig auch, dass sie als *‚Hauptverantwortliche'* verstärkt psychischen und physischen Belastungen ausgesetzt ist (Hirchert 2005: 321ff).

sundheitlichen Problemen wie psychischen und physischen Erschöpfungszuständen leiden (Tatzer et al. 1985: 196).[40]
2. Verschiedene Autoren berichten, dass bei vielen betroffenen Familien eine Einschränkung sozialer Kontakte zu außerfamiliären Bekannten und Freunden stattfindet. Hieraus resultiert häufig eine gesellschaftlich isolierte Lebensgestaltung, worunter auch nichtbehinderte Geschwister besonders leiden (Brändle 1989: 197ff). Gleichzeitig haben Familien mit behinderten Kindern häufig mehr Kontakt zum Verwandtenkreis, da insbesondere Eltern und Schwiegereltern Unterstützung leisten (Schatz 1987: 243).[41] Für eine von den Eltern ausgehende Rückzugstendenz gegenüber der Umwelt werden vor allem zwei Gründe angeführt:
   a) Einerseits ist es aufgrund der eigenen Mehrfachbelastung für Familienmitglieder besonders schwierig außerfamiliäre Kontakte aufzubauen und aufrechtzuerhalten.
   b) Andererseits kennen diese Familien die gesellschaftlich existierenden Vorurteile gegenüber behinderten Menschen. Diese haben sie teilweise selber verinnerlicht, was sie darin hemmen kann, Aktivitäten über den engeren Familienkreis hinaus zu unternehmen.[42] Problematisch an einem Rückzug aus dem Bekannten- und Freundeskreis ist, dass Schuld- und Versagensgefühle der Eltern, die immer wieder auftreten können, dadurch kaum mehr in Gesprächen mit Außenstehenden thematisiert und relativiert werden können.
3. Häufig stellt die Geburt eines behinderten Kindes die Partnerschaft der Eltern vor neue Herausforderungen (Tatzer et al. 1985: 193ff), da das das Kind einen Großteil der Aufmerksamkeit

---

[40] Auch Klaus Brändle kommt in einer empirischen Untersuchung mit 32 betroffenen Familien aus Oberösterreich zu dem Ergebnis, dass insbesondere die Mutter die stärkste Belastung trägt (Brändle 1989: 194ff).
[41] Die Ergebnisse einer empirischen Studie, in der unter anderem 346 Familien mit behinderten Kindern postalisch befragt wurden, zeigten, dass *„Familien mit behinderten Kindern eine größere Tendenz zur innerfamilialen Orientierung"* haben. Etwa ein Drittel der Befragten fühlt sich von der eigenen Familie unterstützt (Schatz 1987: 243).
[42] Cloerkes weist in diesem Zusammenhang darauf hin, das das Ausmaß der Isolation sehr unterschiedlich ist und insbesondere von den Faktoren Schichtzugehörigkeit und Bildungsgrad der Eltern abhänge. So hätten Mittelschichteltern häufige und intensivere Kontakte zu Bekannten als Unterschichteltern (Cloerkes 2007: 300f.).

(insbesondere der Mutter) auf sich zieht.⁴³ Dabei können sich einerseits bereits bestehende Spannungen verstärken, andererseits kann ein behindertes Kind auch als ein besonderes Bindeglied dienen (Cloerkes 2007: 290ff).
4. In der Regel löst sich ein Kind allmählich von seinen Eltern und eröffnet damit auch seinen Eltern neue Freiräume. Dieser Prozess findet mit einem behinderten Kind nur sehr bedingt statt. Daher müssen sich seine Eltern damit abfinden, dass ihre Kinder sie im Alter nicht unterstützen und vermutlich auch keine Enkel gebären werden. Sie verbleiben somit dauerhaft in einem Zustand permanenter Elternschaft.
5. Verschiedene (insbesondere ältere) Forschungsarbeiten zeigen, dass in der Bevölkerung erhebliche Vorurteile und Negativeinstellungen gegenüber behinderten Menschen existieren (Christiansen-Berndt 1981: 25; Cloerkes 2007: 300).⁴⁴ Häufig wird dieser Personengruppe Ablehnung oder geheucheltes Mitleid entgegengebracht. Dies kann dazu führen, dass Eltern diese gesellschaftlich existierenden Vorurteile selber verinnerlichen und sie selbst erst überwinden müssen.⁴⁵

Die hier geschilderten Aspekte, die auf betroffene Familien unterschiedlich zutreffen können, sind nicht so sehr von dem tatsächlichen Ausmaß einer Behinderung, sondern vielmehr auch von sozialen Bedin-

---

[43] Klauß weist daraufhin, dass Eltern besonders während einer Trennung von ihren Kindern (beispielsweise Ferienaufenthalt) auffällt, welchen alltäglichen Belastungen sie ausgesetzt seien. Dann wird häufig deutlich, dass aufgrund der hohen Aufmerksamkeit, die das behinderte Familienmitglied fordert, Ehepartner oder Geschwister vernachlässigt werden (Klauß 1988: 111).

[44] Die Autorin Christiansen-Berndt gibt hierzu einen Überblick. Cloerkes beispielsweise erwähnt eine repräsentative Untersuchung von Bracken (1981) von 1000 Personen. Von diesen empfanden ca. 40% ein geistig behindertes Kind in ihrer Nachbarschaft als Störung (Cloerkes 2007: 300). Es finden sich kaum neuere Studien zu dieser Thematik.

[45] Dies trifft besonders auf Eltern geistig behinderter Kinder zu. So sind sie gezwungen ihr bisheriges gesellschaftlich vermitteltes Wertesystem, in dem Wissen und Leistung eine zentrale Rolle spielen, in Frage zu stellen. Hinzukommt, dass Menschen mit einer geistigen Behinderung sich auch in der ‚Behindertenszene' oft am unteren Ende einer Klassengesellschaft wiederfinden (Wagner-Stolp 2007:4).

gungen[46] und Einstellungen abhängig. Jedoch scheinen vor allem drei Faktoren für eine gelungene Integration der Behinderung in den Familienalltag wichtig:

1) Umfassende Informationen zu dem Behinderungsbild: Die Vermittlung dieser sollte mit einer professionellen fallspezifischen Betreuung einhergehen (Nippert 1988: 80).
2) Der Kontakt zu anderen Familien: Daher ist der Besuch von Angehörigen- oder Selbsthilfegruppen von zentraler Bedeutung.[47] Hilfreich ist hierbei insbesondere der Kontakt zu Familien, die die Situation aktiv positiv angehen (Nippert 1988: 114).
3) Das Problemlösungsvermögen einer Familie: Haltungen und Einstellungen der Herkunftsfamilie prägen entscheidend die Lebensmöglichkeiten des behinderten Menschen. Je mehr Selbstständigkeit und Autonomie eine Herkunftsfamilie ihrem Angehörigen zutraut, desto besser kann sich dieser entfalten (Rohleder 1977: 306ff)[48]. Cloerkes verweist darauf, dass insbesondere in Mittel-

---

[46] Ungünstige soziale und wirtschaftliche Verhältnisse wirken sich besonders negativ auf die Sozialisation eines behinderten Kindes aus. Beispielsweise kommt den Wohnverhältnissen eine zentrale Rolle zu, da sich Kinder mit einer geistigen Behinderung mehr zu Hause aufhalten und auch aufgrund möglicher Motorikstörungen mehr Platz als andere Kinder benötigten. Diese Problematik betrifft vor allem Familien der Unterschicht (Cloerkes 2007: 296ff).

[47] So zeigten die Ergebnisse einer empirischen Studie mit Eltern von Kindern mit einer genetisch bedingten Entwicklungsstörung, dass ein ausgeprägtes Bedürfnis nach Informations- und Gesprächsmöglichkeiten mit anderen betroffenen Eltern besteht (Sarimski 1996: 98f).

[48] Anhand der Ergebnisse eines empirischen Forschungsprojektes wurden 4 unterschiedliche idealtypische Lebensraumtypen für Menschen mit geistiger Behinderung konstruiert: 1) patriarchalisch/matriarchalisch behütender Lebensraum 2) patriarchalisch/matriarchalisch fordernder Lebensraum 3) partnerschaftlich schützender Lebensraum 4) partnerschaftlich fördernder Lebensraum. Hierbei geht Rohleder davon aus, dass ein Mensch mit einer geistigen Behinderung neben der sonderpädagogischen Förderung entscheidend vom primären Lebensraum der eigenen Familie geprägt wird und dieser für die Entwicklung von Kompetenzen mit verantwortlich ist. Auch Rosemarie Cholschreiber formuliert in diesem Zusammenhang die Verantwortlichkeit der Eltern für eine gelungen Entwicklung recht drastisch: "Die Beobachtung von gleichaltrigen Kindern mit vergleichbaren Schädigungen führt oft zur Feststellung erheblicher Unterschiede hinsichtlich ihrer Persönlichkeitsstruktur sowie ihrer sprachlichen, kognitiven, motorischen und sozialen Entwicklung. Nicht selten kommt es gerade bei behinderten Kindern zu reaktiven Verhaltensstörungen durch Fehleinstellungen und falsches Erziehungsverhalten der Eltern" (Cholschreiber 1980: 501).

schichten überbehütenden Verhaltensweisen typisch sind, die die Selbstständigkeit behindern (Cloerkes 2007: 295).

Neben den Eltern nehmen auch ‚*Geschwisterkinder von behinderten Kindern*' eine wichtige Position in der Familie ein, auch wenn sie in der Literatur vernachlässigt werden.

Geschwister von behinderten Kindern
Der überwiegende Teil der Autoren, die sich mit dieser Thematik beschäftigen, spricht von der *'Geschwisterproblematik'* (Cloerkes 2007: 293). Allerdings kommen verschiedene Studien zu sehr unterschiedlichen Ergebnissen. So meinen die einen, dass sich ein Teil der Geschwisterkinder permanent vernachlässigt und überfordert fühlt. Darauf reagierten sie mit Verhaltensstörungen, Depression und Aggression.[49] Auch empfänden sie häufig Wut und Eifersucht gegenüber ihren behinderten Geschwistern, was wiederum zu Schuldgefühlen führen könne. Geschwisterkinder seien daher einer mehrfachen emotionalen Belastung ausgesetzt, was ein Risikofaktor für psychische Störungen wäre.

Andere Studien wiederum betonen, dass Geschwisterkinder nicht überfordert bzw. vernachlässigt sind. Vielmehr könnte die Erfahrung mit einem behinderten Geschwisterkind soziale Kompetenzen fördern (Achilles 2003: 64). Auch verfügten sie in der Regel über ausreichend soziale Kontakte und würden keine negativen Erfahrungen mit der Umwelt machen. Nach Sichtung der Literatur kann daher festgestellt werden, dass sich sehr heterogene Untersuchungsergebnisse finden und die Forschung zu widersprüchlichen Ergebnissen hinsichtlich der Lebenslage von Geschwisterkindern kommt.

Allerdings gibt es ein paar grundsätzliche Aspekte, die generell für Geschwister von behinderten Kindern gelten und die aus Erfahrungsberichten von Kindern mit behinderten Geschwistern stammen:

1) So hätten die Eltern häufig weniger Zeit für die Geschwister, da das behinderte Kind mehr Aufmerksamkeit fordere. Geschwister-

---

[49] Monika Seifert gibt einen Überblick über diese Studien. Hierbei weist sie darauf hin, dass ein Großteil dieser Studien allerdings methodische Mängel wie z.B. fehlende Kontrollgruppen, Vernachlässigung sich gegenseitig beeinflussender dynamischer Faktoren in der Familie oder eine große Variabilität im Alter der befragten Geschwister aufweist (Seifert 1989: 13ff).

kinder müssten daher lernen eigene Bedürfnisse hinten anzustellen (Seifert 1989: 13).
2) Oft müssten Geschwisterkinder frühzeitig bei der Versorgung des behinderten Geschwisters helfen, was insbesondere für ältere Schwestern gelte.
3) Häufig komme es vor, dass Geschwisterkinder mit besonders hohen Erwartungen seitens der Eltern konfrontiert würden, die hoffen, dass sie die nicht erfüllten Erwartungen des behinderten Geschwisterkindes beispielsweise durch besonders gute Leistungen kompensieren.
4) Geschwisterkinder würden auch mit negativen Reaktionen der Umwelt konfrontiert und müssten sich mit dieser auseinander setzen.

Zentral scheint aber auch hier zu sein, dass die Schwere des Behinderungsbildes,[50] die Stellung in der Geschwisterreihe und elterliche Verhaltensweisen einen erheblichen Einfluss darauf haben, welche Erfahrungen ein Geschwisterkind macht (Cloerkes 2007: 293).

Insgesamt gilt, dass es verschiedene individuelle, familienspezifische und umweltbezogene Faktoren gibt, die maßgeblich beeinflussen, wie mit der Situation umgegangen wird. Letztendlich sollten die Geschwister wie auch die Eltern eigene Freiräume haben, in denen sie eigene Interessen ohne Schuldgefühle verfolgen können. Hierfür sind jedoch gute Umweltbedingungen (z.B. eine wohlwollende Nachbarschaft oder auch die Möglichkeit der stundenweisen Unterbringung des behinderten Kindes) notwendig.

Das vorliegende Kapitel 3.1 thematisiert zentrale Aspekte der Sonder- und Heilpädagogik in der Bundesrepublik, um einerseits zu verdeutlichen, mit welchen Voraussetzungen die untersuchte Personengruppe in diesem Sektor konfrontiert wird und andererseits einen Blick auf die psychische Problemlage betroffener Familien zu werfen. Die Kapitel 3.2 und 3.3 werden sich nun speziell mit der Lebenssituation russischer

---

[50] Insgesamt zeigt sich aber, dass die Schwere der Behinderung nur eine sehr untergeordnete Rolle für die Persönlichkeitsentwicklung der Geschwisterkinder spielt (Seifert 1989: 109).

Einwanderer befassen. Zunächst wird dazu im Folgenden eine Einführung in die Lebenswelt der ehemaligen Sowjetunion gegeben, damit verständlich wird, unter welchen Bedingungen die in dieser Arbeit befragten Familien sozialisiert wurden. Im Kapitel 3.3 werde ich mich speziell mit den jüdischen Einwanderern in der Bundesrepublik befassen.

3.2 Die Lebensverhältnisse in der ehemaligen UdSSR

Im Folgenden gebe ich einen Überblick über die strukturellen Bedingungen, unter denen die Menschen in der ehemaligen Sowjetunion lebten.

Da eine detaillierte Schilderung der Zustände in der ehemaligen Sowjetunion, die sich zudem seit 1986 in komplexen Transformationsprozessen befand, den Rahmen dieser Arbeit sprengen würde, wähle ich nur einige zentrale Gesichtspunkte aus, die für das spätere Verständnis der Interviews notwendig sind. Auf folgende Aspekte gehe ich genauer ein: *die Entwicklung der Sowjetrepubliken, die Lebensverhältnisse vor der Perestroika, die Zeit von Perestroika und Glasnost, die Sozialisation in der ehemaligen Sowjetunion, die Lage der Familien, das Gesundheitssystem und den Antisemitismus*. Diese Themen hängen teilweise miteinander zusammen, werden aber der besseren Übersicht halber nacheinander behandelt. Dabei ist zu berücksichtigen, dass die Sowjetunion ein sehr heterogenes Staatengebilde war und sich zudem die Verhältnisse in urbanen und ländlichen Regionen stark unterschieden. Zusätzlich stellt sich bei einer Beschreibung das Problem, dass sich die innen- und außenpolitische Ausrichtung der Sowjetunion beziehungsweise Russlands sowohl während der kommunistischen Herrschaft bis 1991 als auch während der danach einsetzenden Transformationsprozesse mehrfach stark veränderte.[51]

Ich werde meinen Schwerpunkt auf die Darstellung der Verhältnisse bis 1996 legen, da die von mir befragten Familien in diesem Zeitraum in der ehemaligen Sowjetunion lebten. Räumlich beschränke ich mich auf Russland, da es in der ehemaligen Sowjetunion das Machtzentrum des Staatenverbundes war. Ich gehe aber auch kurz auf die Frage nach den

---

[51] Die Literaturrecherche zu den verschiedenen Aspekten gestaltete sich sehr unterschiedlich: Während sich beispielsweise zur Perestroika eine große Fülle an wissenschaftlicher Literatur finden lässt, gibt es zum sowjetischen Gesundheitssystem nur wenig Material.

Nationalstaaten ein, da sich unter den befragten Familien auch jeweils eine aus der Ukraine und eine aus Aserbeidschan befinden.

Republiken in der ehemaligen UdSSR
Nach der Russischen Revolution 1917 lösten sich viele Völker von dem durch den Ersten Weltkrieg geschwächten Russischen Reich ab. Die Bolschewiki zwangen jedoch bereits abgespaltene Republiken, häufig auch gewaltsam,[52] wieder in das Staatengeflecht und verhinderten dadurch hinweg den geographischen Zusammenbruch. Schließlich wurde 1921 die Union der Sozialistischen Sowjetrepubliken gegründet (Moldenhauer /Stolberg 1993: 42).

Diese Union, die UdSSR, war bis 1991 ein Staatengebilde, das sich von Europa bis weit nach Asien hinein erstreckte. Mitte 1980 war es nach China und Indien und vor den USA mit 270 Millionen Einwohnern das drittgrößte Gebiet der Erde an Bevölkerungsstärke (Ruban 1983: 22). Insgesamt lebten in der ehemaligen Sowjetunion 140 Volksgruppen (Stölting 1990:15). Eine Volkszählung im Jahr 1979 ergab, dass sich etwa die Hälfte der Bevölkerung als zu den russischen Völkern zugehörig bezeichnete (Simon 1982: 26). Die Sowjetunion bestand insgesamt aus 15 Sowjetrepubliken (SSR),[53] die sich hinsichtlich ihrer Geschichte, Kultur, Sprache und wirtschaftlichen Stärke unterschieden. Einige Republiken (z.B. Estland, Lettland) waren und sind Industrienationen, andere, wie beispielsweise Turkmenistan, waren wirtschaftlich unterentwickelt. Bis zum Zerfall der Sowjetunion 1990 wurde der Staatenverbund zentralistisch von Moskau aus regiert, wo wichtige Entscheidungen in den Führungsetagen der Kommunistischen Partei (KPdSU) getroffen wurden. Hierbei war das

> „Fundament der sowjetischen Herrschaft (war) der Marxismus-Leninismus, eine umfassende und für alle verbindliche Weltanschauung, die beanspruchte, die umfassende Wahrheit über die Natur, die Geschichte und den Menschen zu kennen. Die

---

[52] Beispielsweise wurde in Georgien 1921 die herrschende Regierung gewaltsam abgesetzt.
[53] Die 15 Sowjetrepubliken (SSR) waren: Russische Föderation, Estland, Lettland, Litauen, Belorussland, Ukraine, Moldawien, Georgien, Armenien, Aserbaidschan, Turkmenistan, Tadschikistan, Usbekistan, Kasachstan und Kirgisien.

Sowjetideologie stellte die entscheidende Legitimierung der Herrschaft der KPdSU dar." (Simon 2002: 203).

Der sowjetische Staatenverbund trat nach außen als eine Föderation von verschiedenen gleichberechtigten autonomen Staaten auf, da jede Sowjetrepublik formell über eine eigene Verfassung und eigene Staatsorgane verfügte (Stölting 1990:16). Tatsächlich nahm jedoch Russland eine dominierende Rolle in dem Staatenverbund ein und unterband jegliche Versuche einzelner Republiken aus dem Verbund auszutreten. (Drobizeva 1998: 186).[54]

Die herausragende Rolle Russlands wurde unter anderem durch zwei wichtige Tatsachen gefestigt:

1) Russisch galt als die *'Sprache des Sozialismus'* und war die offizielle Amtssprache im ganzen Staatenverbund. Seit Ende der 1930er Jahre gab es in allen allgemeinbildenden Schulen der einzelnen Republiken einen verpflichtenden Russischunterricht. Mittlere Fachschulen und Hochschulen, auch in den peripher liegenden Gebieten, mussten den Lehrbetrieb auf Russisch umstellen. Damit ging einher, dass viele indigene Sprachen nicht mehr gepflegt wurden und die Kinder teilweise unter Zwang Russisch sprechen mussten. Gleichzeitig gewährleisteten zahlreiche russischsprachige Bildungs- und Kultureinrichtungen, dass jeder Russe überall im Staatenverbund kulturelles Leben in seiner Muttersprache antreffen konnte (Simon 1982: 30).
2) Viele Russen migrierten in andere, auch fern gelegene Republiken des Sowjetreiches. Diese Migration wurde durch finanzielle Anreize gefördert, da es ein Ziel staatlicher Politik war, die ethnische Zusammensetzung in den Republiken zugunsten der russischen Bevölkerung zu verändern, um die eigene Macht zu sichern (Simon 1982: 29).[55] Dabei nahmen die Russen als Fachkräfte in den

---

[54] Diese Unabhängigkeitsbestrebungen wurden aufs Schärfste mit der Begründung zurückgewiesen, dass der Nationalismus ein Produkt der kapitalistisch bürgerlichen Gesellschaft sei und sich nationale Gegensätze nur im Sozialismus lösen ließen (Simon 1982: 26ff).
[55] Daher konnte die Migration seit Ende der 1920er bis zum Ende der fünfziger Jahre die Zusammensetzung in den meisten national-territorialen Einheiten zunächst zu Gunsten der russischen Ethnie verändern. Seit den 1950er Jahren aber änderte sich die ethnische Zusammensetzung in den einzelnen Republiken

unterschiedlichsten Teilen der Sowjetunion Führungspositionen ein, auch fanden sie überall einen Arbeitsplatz, in dem sie in ihrer Muttersprache tätig sein konnten. Diese gut ausgebildeten Fachkräfte leisteten dadurch auch einen beachtlichen Wiederaufbau in den schwach entwickelten Republiken (Simon 1982: 30).

In den 1970er Jahren entstanden in den einzelnen Republiken, insbesondere den baltischen Staaten, vereinzelt nationale oppositionelle Bewegungen. Diese erhielten ab Mitte der 1980er Jahre, mit Beginn der Perestroika, weiteren Zulauf. Obwohl sie sich in ihrer politischen Herkunft und ihren Zielen häufig voneinander unterschieden, engagierten sich diese Gruppen gemeinsam für das Ziel der Unabhängigkeit von dem Staatenverbund (Simon 1982: 38). Hierbei waren die beiden bereits genannten, von der KPdSU selber vorangetrieben Faktoren dafür verantwortlich, dass der Niedergang der Sowjetunion beschleunigt wurde:

1) Mitte der 1970er Jahre war ein Gesetz erlassen worden, wonach in den einzelnen Republiken mit dem Russischunterricht bereits im Kindergarten, und damit zu einem Zeitpunkt, in dem Kinder ihre eigene Muttersprache noch nicht sicher beherrschen, begonnen werden sollte (Simon/Simon 1993: 132). Die nichtrussischen Sprachen sollten damit in den privaten Sektor verbannt werden. (Simon 1982: 34). Gegen diese stärker werdende Dominanz der russischen Sprachpolitik formierte sich in weiten Teilen der nichtrussischen Bevölkerung ein Widerstand.
2) Eine groß angelegte Bildungsinitiative und die Anleitung durch russische Facharbeiter seit den 1930er Jahren hatten zur Industrialisierung, Modernisierung und zum wirtschaftlichen Aufschwung der zentralasiatischen Republiken beigetragen. Seit den 1970er

---

zugunsten der einheimischen Bevölkerungsgruppen. So sanken bei den in Europa beheimateten slawischen und baltischen Völkern die Geburtenziffern ähnlich wie in den meisten westlichen Industrienationen, während sie bei den zentralasiatischen Völkern (z.B. Usbeken, Kasachen, Tadschiken) stieg. Dies führte dazu, dass das relative Gewicht der Russen in den einzelnen Republiken wie in der sowjetischen Gesamtbevölkerung abnahm. Ein Vergleich der Volkszählungen von 1959 und 1979 zeigt, dass der Anteil der Volksgruppen des slawischen Sprachraums von 77,1% auf 72,6% der Gesamtbevölkerung zurückgingen, während der Anteil der Völker im turko-mongolischen Sprachraum von 11,0% auf 14,7% der Gesamtbevölkerung anstieg (Ruban 1983: 22).

Jahren gab es jedoch eigene Intelligenz- und Führungseliten auch in diesen Republiken. Diese zahlenmäßig starke Bildungsschicht mit nationalem Selbstbewusstsein unterstützte das Bestreben oppositioneller Bewegungen, sich dem russischen Machtanspruch zu widersetzten (Simon 1982: 41). Diese Gruppen verstanden sich als emanzipatorische Befreiungsbewegung, da sie den Wunsch nach nationaler Selbstbestimmung mit dem Engagement für Menschenrechte verbanden (Drobizeva 1998: 199).

Mitte der 1980er Jahre wurde die politische Macht der KPdSU aufgrund der von Gorbatschow eingeleiteten Transformationsprozesse immer schwächer. Dies nutzen einzelne Republiken, um aus dem Staatenverbund auszutreten.[56] In den folgenden Monaten verstärkte sich die Krise, weitere Republiken erklärten ihre Unabhängigkeit und schließlich löste sich im Dezember 1991 die UdSSR auf. Im Folgenden sei nun auf die politischen und wirtschaftlichen Verhältnisse in Russland vor Beginn der Perestroika 1986 eingegangen.

Politische und Wirtschaftliche Verhältnisse vor der Perestroika
Im Gegensatz zu vielen anderen Ländern Mittel- und Osteuropas erhielt Russland erst 1906 die erste parlamentarische Verfassung (Simon 2000: 133ff).[57] Da die Bolschewiki mit der Russischen Revolution 1917 eine kommunistische Alleinherrschaft errichteten, lebten die Bewohner Russlands, historisch betrachtet, nur wenige Jahre in demokratischen Verhältnissen. Demokratische Grundprinzipien wie beispielsweise die Gewaltenteilung, Unabhängigkeit der Jurisprudenz und eine Parteienkultur, die sich gerade zu entwickeln begonnen hatten, wurden 1917 sofort unterdrückt (Simon 2000: 140).[58]

---

[56] Als erste Republik erklärte Estland im November 1988 seine Souveränität.
[57] Beispielsweise war das in Polen schon 1791 der Fall (Simon 2000: 133).
[58] Bemerkenswerterweise nutzen die Menschen, die der sogenannten intelligenten Schicht zugerechnet wurden, die kurze Phase von 1906 bis 1917 um die Demokratie voranzubringen. So gab es erste Ansätze für eine bürgerliche Gesellschaft: zahlreiche politische und nichtpolitische Vereinigungen wurden gegründet und die Pressefreiheit eingeführt. Die Machtübernahme der Bolschewiki 1917 führte zu einem erbitterten Bürgerkrieg von 1918 bis 1920 zwischen den Bolschewiki und ihren Gegnern, als deren Folge unter anderem die gewonnenen bürgerlichen Freiheiten wieder unterdrückt wurden.

Von 1917 bis 1991 beherrschte die KPdSU das gesellschaftliche Leben der Sowjetunion. Um die Macht zu sichern, schufen Lenin und Trotzki, die herausragenden Führer der Bolschewiki, gleich zu Beginn der 1920er Jahre autoritäre Strukturen in der Partei und dem Staat wie beispielsweise die berüchtigte Geheimpolizei (Moldenhauer/Stolberg 1993: 14ff.).

„Sie (die Partei) war in alle Organisationen des Staates, der Wirtschaft, der Armee und der Bildung eingedrungen, bildete dort mit ihren Parteikomitees den „führenden Kern" (...) Hunderttausende von Schlüsselstellungen in allen Bereichen konnten nur mit der Zustimmung der zuständigen Parteikomitees und in aller Regel nur mit Mitgliedern der kommunistischen Partei besetzt werden." (Simon/Simon 1993: 71).

Ein ausgefeiltes System der Personalpolitik stellte sicher, dass vorwiegend loyale Parteimitglieder in die Sowjetelite aufstiegen. Vor allem Seilschaft, Verwandtschaftsverhältnisse und Korruption entschieden über den beruflichen Werdegang. Tendenziell waren dabei Nichtparteimitglieder der KPdSU, ca. 90 % der Bevölkerung, vom gesellschaftlichen Erfolg ausgeschlossen (Simon 1982: 206).

Die Generalsekretäre der Partei regierten autokratisch: Ihre Entscheidungen prägten die Lebensverhältnisse der Bevölkerung wesentlich. Beispielsweise kamen in den 1930er Jahren während der Regierungszeit Stalins bei den so genannten *‚großen Säuberungen'* Millionen von Menschen um. Viele unschuldige Menschen aus allen Teilen der Gesellschaft, insbesondere auch Kritiker des Regimes, Aktive aus der Wirtschaft und Wissenschaft wurden verhaftet, verbannt und umgebracht (Moldenhauer/Stolberg 1993: 57ff.).[59] Der Staatssicherheitsdienst

---

[59] Auch viele einfache Bauern starben. Stalin wollte die Industrialisierung des Landes entscheidend voranbringen, um die Überlegenheit des kommunistischen Reiches gegenüber dem Kapitalismus zu beweisen. Dafür war seiner Ansicht nach die Kollektivierung der Landwirtschaft erforderlich, um produktiver arbeiten zu können. So wurden gegen den Willen der Bauern kleine Höfe zu großen Betrieben zusammengelegt. Statt für ihr eigenen Verbrauch mussten sie jetzt für den Staat Erträge erwirtschaften. Viele Bauern wehrten sich gegen diese Zwangskollektivierung. Die Folge war, dass sie umgebracht oder in Arbeitslager deportiert wurden. Infolgedessen lagen große Teile der Landwirt-

(NKWD) erzeugte eine Stimmung der permanenten Angst: Kreativität und Eigeninitiative in der Bevölkerung verstummten für Jahrzehnte (Moldenhauer/Stolberg 1993: 69ff.).

Nach Stalins Tod 1953 wurde Nikita S. Chruschtschow Generalsekretär: Die Ära unter ihm, eingeleitet mit dem 20. Parteitag 1956, wurde als sogenannte ‚Tauwetterperiode' bezeichnet. Während unter Stalin der Aufbau der Schwerindustrie zu Lasten der Lebensverhältnisse der Bevölkerung betrieben worden war, war nun die Verbesserung der Lebensbedingungen ein erklärtes Ziel der Politik (Ruban 1983: 25). Reformen steigerten die Produktivität der Landwirtschaft und Lebensmittelindustrie. Verschiedene Bereiche der Politik wurden liberalisiert (beispielsweise die Kulturpolitik) und hunderttausende Menschen 1956/57 aus den in der Stalin-Ära geschaffenen Straflagern freigelassen (Moldenhauer/Stolberg 1993: 132ff.). Ab Mitte der 1950er Jahre bis in die 1970er Jahre erlebte Russland einen wirtschaftlichen Aufschwung.

Die Mehrheit der Bevölkerung lebte in einfachen, aber sicheren Lebensverhältnissen, da es genug Arbeitsplätze gab und Güter wie Grundnahrungsmittel subventioniert wurden (Ruban 1983: 27).[60]

Auch zu Beginn der Amtszeit Leonid Breschnews, die von 1965-1975 dauerte, verbesserte sich die Lebensmittelversorgung: Der Verbrauch von ernährungsphysiologisch wertvollen Nahrungsmitteln wie Fleisch, Milch, Gemüse und Obst nahm zu (Ruban 1984: 17ff), auch wenn in einzelnen Regionen bisweilen Engpässe auftraten. Im Bereich der Konsumgüterindustrie, die im Vergleich zu anderen osteuropäischen Ländern ein vernachlässigter Bereich war, wurde die Produktion gesteigert. Während 1965 nur 11% der Haushalte einen Kühlschrank besaßen, waren es 1982 immerhin 89% (Ruban 1984: 20ff.).[61]

---

schaft brach, so dass Hungersnöte entstanden, denen hundert Tausende Menschen zum Opfer fielen.

[60] So entsprach die Arbeitszeit- und Urlaubsregelung mit einer durchschnittlichen Urlaubsdauer von ca. 21,6 Tagen durchaus dem Niveau westlicher Industrieländer.

[61] Andere Konsumgüter wie Fernsehgeräte zeigten ähnliche Steigerungsraten. Die Steigerung in der Produktion von Konsumgütern war deshalb notwendig geworden, da sich die ursprünglichen Pläne der sowjetischen Planungszentrale, ‚Abteilung Planung des Lebensstandard', als nicht realistisch erwiesen hatten. Diese war davon ausgegangen, dass mehrere Familien einen Kühlschrank bzw. eine Waschmaschine gemeinsam nutzen würden, was die Familien jedoch nicht wollten. Allerdings zeichneten sich die Konsumgüter auch dadurch aus, dass sie eine schlechtere Qualität als andere Waren aus dem Ostblock besaßen. Dies

Mitte der 1970er Jahre stagnierte der wirtschaftliche Aufschwung, in den frühen 1980er Jahren kam es zu einer Versorgungskrise. Die sowjetische Planwirtschaft, die sich durch Schwerfälligkeit, Zentralismus und ein Übermaß an Bürokratie auszeichnete, konnte in einer immer komplexer werden Weltwirtschaft nicht mehr mithalten. Hinzu kam, dass die Wirtschaft nach administrativ-parteilichen statt leistungsmäßig–ökonomischen Prinzipien organisiert war, und sich daher Leistung für die Menschen nicht lohnte. Seit Mitte der 1970er Jahre stagnierte nach inoffiziellen Berechnungen russischer Ökonomen das Bruttosozialprodukt (Simon 2002: 204).[62]

"Im 1961 verabschiedeten Programm der KPdSU hatte es geheißen, die kommunistische Gesellschaft werde in ihren Grundzügen im Jahre 1980 Realität sein. Tatsächlich trat zu diesem Zeitpunkt die Sowjetideologie und mit ihr das gesamte Sowjetsystem in seine endgültige Krisenperiode ein. Es scheint, dass um 1980 immer mehr Menschen ihre miserablen Lebensverhältnisse mit Kommunismus identifizierten und daraus den Schluss zogen, dass von hier keinerlei Zukunftsperspektiven mehr zu erwarten waren." (Simon 1993: 22).

Die dem eigenen System gegenüber skeptische Haltung wurde auch dadurch verstärkt, dass die Bevölkerung Anfang der 1980er Jahre durch den besseren Empfang ausländischer Nachrichtensendungen mehr Informationen über die sowjetischen Propagandalügen erhielten (Simon 1993: 29).[63]

Die grundsätzlichen strukturellen Schwächen der sowjetischen Planwirtschaft,[64] in der wirtschaftliche Effizienz eine untergeordnete Rolle spielte, ließen sich nicht mehr verbergen. Dennoch wurden keine grundlegenden Reformen eingeleitet, Russland stagnierte. Die Endphase der

---

war allgemein bekannt. (Hinweis von Felix Krasny, Mitarbeiter bei der ZWST, der in der Sowjetunion aufwuchs, 2008).

[62] „1985 mußten Sowjetbürger zehnmal länger als Amerikaner für die gleiche Menge Fleisch arbeiten, 18-25-mal länger für Bananen und Orangen, aber auch bis zu achtmal länger für Brot." (Simon 1993:50 u.109).

[63] Während 1950 nur etwa 8% der Bevölkerung der UdSSR ausländische Nachrichtensender empfangen konnte, waren es in den siebziger Jahren bereits 50%.

[64] Hierzu existiert eine Vielfalt an detaillierter Literatur wie z.B. Osterkamp 2002; Aganbegyan 2002.

Ära Breschnew war, auch aufgrund seiner langandauernden Krankheit, durch Immobilismus und Handlungsunfähigkeit gekennzeichnet (Simon 1993: 30). Eine schlechte Arbeitsmoral, Misswirtschaft und Korruption waren in der Bevölkerung weit verbreitet. 1985, nach Breschnews Tod und der kurzen Amtszeit zweier weiterer Generalsekretäre, wurde Michail Gorbatschow Generalsekretär der KPdSU.

Bevor ich auf die Regierungszeit Gorbatschows eingehe, gebe ich zunächst einen kurzen Exkurs zur Wohnungssituation in Russland während dieser Zeit, da diese auch in den erhobenen Interviews ein Thema ist.

Wohnungssituation
Neben der Konsumgüterindustrie war auch der Wohnungsmarkt ein vernachlässigter Bereich. Wohnungen konnten nicht privat erworben beziehungsweise gesucht werden, sie wurden nur vom Staat vergeben. Allerdings waren die Mieten in der ehemaligen Sowjetunion weltweit die niedrigsten: insgesamt musste ein Haushalt nur ca. 4% seines Gesamteinkommens für Miete einschließlich Nebenkosten aufwenden (Bessonova 1992: 278). Da viele Menschen vom Land in die Stadt abwanderten, um einen Ausbildungs- oder Arbeitsplatz zu finden, herrschte in den Großstädten ein großer Wohnungsmangel. So war es durchaus üblich, dass in so genanntem „Kommunalnaja Kvartira" vier bis fünf fremde Familien zusammen lebten. Dabei hatte jede Familie ein eigenes Zimmer, Bad und Küche teilte sie sich mit den anderen Parteien (Somlai 1997: 71). Hieraus resultierende Probleme waren zwar allgemein bekannt, wurden aber nicht öffentlich diskutiert, auch gab es keine offiziellen Wohnungsstatistiken (Kasakewitsch/Zeidler 1985: A232 ff).[65] In den 1950er Jahren hatten nur 30% der Familien eine eigene Wohnung, mit Beginn der 1980er Jahre wohnten immerhin 70-80% der Familien in einer eigenen Wohnung (Ruban 1983: 26).[66]

---

[65] Eine 1984 in einer russischen Zeitung abgedruckte Leserbriefdiskussion zur Wohnungsproblematik war eine große Ausnahme. Sie war möglich geworden, weil der damalige Generalsekretär Juriy W. Andropow mehr Offenheit propagiert hatte. Bewohner berichteten in Leserbriefen von äußerst schwierigen Wohnverhältnissen in den Gemeinschaftswohnungen. Diese traten besonders dann auf, wenn fremde Familien zusammenwohnten, in denen auch ein krankes, Unruhe erzeugendes Familienmitglied lebte.
[66] Etwa 40% aller Familien lebten in ihrer Wohnung unter schlechten Bedingungen, d.h. beispielsweise ohne Kanalisation, Zentralheizung oder Bad (Neufeld 1992: 1051).

Nach dem Wohnungsrecht hatte in den 1980er Jahren jede Person einen Anspruch auf ca. 5-8 Quadratmeter Wohnfläche, wobei sich der Mindestanspruch nach regionalen Gegebenheiten unterschied (Bessonova 1992: 280ff).

In der Regel betrug die Wartezeit für eine Wohnung etwa 8-10 Jahre. Angehörige bestimmter privilegierter Berufe (z.B. Militär) konnten häufig schon nach 4 Jahren mit einer eigenen Wohnung rechnen (Ruban 1984: 22).[67] Aufgrund dieser Umstände existierte ein Schwarzmarkt, auf dem Wohnungen als *'harte Währung'* gehandelt wurden (Bessonova 1992: 279).

Perestroika und Glasnost

Wie bereits oben beschrieben, wurde Mitte der 1980er Jahre die wirtschaftliche Lage immer schwieriger. Ein zentraler Grund hierfür war, dass sich die Produktion in vielen Betrieben als unrentabel erwies, während gleichzeitig zu viele Arbeiter in ihnen beschäftigt waren. Neben der Planwirtschaft existierte zudem eine so genannte *'Schattenwirtschaft'*, in der schätzungsweise 20 Millionen Sowjetbürger arbeiteten, die Einnahmen erwirtschafteten, ohne dass der Staat daran beteiligt war. Der seit 1979 geführte Afghanistankrieg, der sowohl menschliche Opfer als auch hohe Staatsausgaben mit sich brachte und dessen Sinn der Bevölkerung immer schwerer vermittelbar war, trugen weiter zu einer pessimistischen Stimmung bei (Simon/Simon 1993: 110).[68]

Gorbatschow erkannte die Notwendigkeit, Reformen einzuführen: *Perestroika* (Umgestaltung) und *Glasnost* (Offenheit) wurden die entscheidenden Schlüsselbegriffe in der Zeit von 1986 bis 1991, in der er Generalsekretär der KPdSU war.

Unter Perestrojka wurde der grundlegende Umbau von Wirtschaft und Gesellschaft verstanden. Glasnost bezeichnete eine größere Trans-

---

[67] Die Wohnungssituation war regional sehr unterschiedlich: In manchen Städten betrug die durchschnittliche Wartezeit 20 Jahre (Kalinina 1992: 250).
[68] Die Autoren Simon/Simon schreiben hierzu: „Die sowjetische Führung hat niemals realistische Zahlen zum Militärhaushalt veröffentlicht. Nach den Schätzungen amerikanischer Nachrichtendienste wurden in der Sowjetunion zu Beginn der siebziger Jahre 12-14 Prozent und Mitte der achtziger Jahre 15-17 Prozent des Bruttosozialprodukts für militärische Zwecke aufgewendet; in den USA betrugen die analogen Aufwendungen in den achtziger Jahren sechs Prozent des amerikanischen Bruttosozialproduktes".

parenz bei politischen und wirtschaftlichen Entscheidungen (Moldenhauer/Stolberg 1993: 211).

1987 begannen Politiker und Publizisten öffentlich die Defizite des staatssozialistischen Modells zu kritisieren, ein bisher unmöglicher Vorgang. Gorbatschow selbst forderte den Abbau des bürokratischen Verwaltungsapparates, den er als ein wichtiges Hemmnis bei der Durchsetzung der Reformen ansah (Temkina/Grigor'ev 1997: 14). Seine Ansätze trafen jedoch auf Widerstände innerhalb der KPdSU, da viele Mitglieder der Nomenklatur ihre Macht gefährdet sahen (Simon/Simon 1993: 61).

Gleichzeitig geriet Gorbatschow durch die öffentliche Thematisierung der misslichen Zustände unter Handlungsdruck, denn nun mussten sich die Verhältnisse entscheidend verändern. Sein Handeln war allerdings weiterhin

> „...auf Verbesserungen und Erneuerungen am alten System gerichtet. Gorbatschow hielt strikt an den Säulen des Sowjetsystems fest, zu denen für ihn vor allem der Leninismus als politische Weltanschauung, das Machtmonopol der kommunistischen Partei und die zentrale Planwirtschaft mit dem Monopoleigentum an den Produktionsmitteln gehörten" (Simon/Simon 1993: 32ff).

Gorbatschows Haltung gegenüber Reformen wird als ambivalent beschreiben.

So wurden durch die Perestroika zwar viele Veränderungen in Gang gesetzt, allerdings erfolgte die Umsetzung nicht rechtzeitig und konsequent genug. Obwohl die Planwirtschaft zusammenbrach, versuchten die Regierenden an ihr festzuhalten. Sie ließen keinen konsequenten Übergang zur Marktwirtschaft zu (Simon/Simon 1993: 114).[69] Dies führte zu einem beispiellosen sozioökonomischen Absturz (Steiner/Jadow

---

[69] Ein Beispiel hierfür ist das Unternehmensgesetz von 1987, das für zahlreiche Staatsbetriebe galt. Ihnen wurde mehr Selbstständigkeit und Eigenverantwortung eingeräumt, die zentrale Planung sollte nur noch Orientierungsdaten liefern. Allerdings konnten die Ministerien als Vorgesetzte Teile des Betriebsgewinns einziehen, um damit unrentable Betriebe zu subventionieren. Damit wurden die verkündeten Prinzipien Rentabilität und Gewinn als Orientierungsgrößen wieder außer Kraft gesetzt.

1999: 12).[70] So sank die Industrieproduktion von 1989 bis 1996 um mehr als die Hälfte, d.h. auf 42,3% des Wertes von 1989. Die landwirtschaftliche Produktion sank im gleichen Zeitraum auf 60% des Wertes von 1989 (Osterkamp 2002: 217).[71] Das reale Bruttosozialprodukt betrug 1999 in Russland 57,6% des Wertes von 1989. Da große Teile der Produktion nicht rentabel waren und für den Sozialismus typische Überinvestitionen abgebaut werden mussten, wurden viele Menschen aus der unwirtschaftlichen Staatsproduktion entlassen. Die Arbeitslosenquote entwickelte sich von gemessenen 0% im Jahr 1990 auf 10,1% im Jahr 1996 (Osterkamp 2002: 225).

Als 1991 die Preise freigegeben wurden, verstärkte eine rapide Inflation die ungleichen Lebensverhältnisse in der Bevölkerung. Insbesondere für staatliche Angestellte wie für in der Landwirtschaft Beschäftigten verschlechterte sich die Situation. 1990 lebte etwa ein Drittel der Menschen am Existenzminimum oder darunter (Simon/Simon 1993: 51).

„Seit 1989 war die Versorgung mit Grundnahrungsmitteln und alltäglichen industriellen Konsumgütern in immer mehr Städten und Regionen der Sowjetunion nicht mehr gesichert. Von der Versorgungskrise waren insbesondere die russischen Großstädte betroffen, die zuvor jahrzehntelang von der sowjetischen Verteilungswirtschaft relativ bevorzugt behandelt worden waren (...) Besonders hart betroffen von der Versorgungskrise waren Rentner, Studenten und kinderreiche Familien. Während nach einer Untersuchung in der Sowjetunion 1983 90 Prozent der Grundnahrungsmittel im Allgemeinen erhältlich waren, fiel dieser Anteil 1989 auf 22 Prozent und Mitte 1990 auf nur noch 11 Prozent. (...) Seit 1990 bestand eine beinahe flächendeckende und generelle Rationierung fast aller Konsumgüter." (Simon/Simon 1993: 117).

---

[70] Dieser Absturz wurde auch dadurch vorangetrieben, dass der Rat für gegenseitige Wirtschaftshilfe (RGW), in dem die osteuropäischen Länder zusammengeschlossen waren, zusammenbrach (Brezinski 2000: 167).
[71] Aber auch schon 1989 lagen aufgrund der unproduktiven Bewirtschaftung in der kollektivierten Landwirtschaft die Hektarerträge für Getreide und Kartoffeln nur bei einem Drittel/der Hälfte der Werte von den USA beziehungsweise Westeuropas.

Einhergehend mit den wirtschaftlichen Transformationsprozessen kam es innerhalb der Kommunistischen Partei zu Auseinandersetzungen zwischen Reformern und Konservativen. Im August 1991 putschen reaktive Kräfte, die den alten Zustand der Sowjetunion wiederherstellen wollten. Boris Jelzin, der noch radikalere Reformen als Gorbatschow gefordert hatte, gelang es mit der breiten Unterstützung der Bevölkerung diesen schlecht vorbereiteten Putsch zu vereiteln. Als Folge dieser Ereignisse trat Gorbatschow ab, Jelzin wurde Russlands neuer Präsident (Moldenhauer/Stolberg 1993: 240).

„Mit dem Scheitern der Gorbatschow-Politik und der Diskreditierung des Sozialismus vollzog sich ein Wechsel des ideologischen Paradigmas vom Kommunismus zum Anti-Kommunismus. Die Vorstellung von der „Erneuerung" der sowjetischen Gesellschaft wurde durch radikale Sozialismus-Kritik (...) abgelöst" (Temkina/Grigor'ev 1997: 10).

Massive Parteiaustritte an der Basis hatten mittlerweile zu einer solchen Schwächung der kommunistischen Partei geführt, dass sich der Parteienapparat auflöste. Boris Jelzin verbot die kommunistische Partei auf dem Territorium Russlands.

In den Jahren 1992-1996 erwies sich die wirtschaftliche Lage aufgrund der durch die Perestroika begonnenen Umstrukturierungsprozesse als besonders schwierig. Dazu trugen auch Jelzins radikale Reformen bei, die auf den Prinzipien der Marktwirtschaft beruhten und die Bevölkerung zunächst stark belasteten. So wurden unter anderem die Landwirtschaft privatisiert und die Lebensmittelpreise freigegeben. Daraus resultierte eine Hyperinflation: 1992 betrug die Inflationsrate 2.500%. Damit hatte sich das Preisniveau im Vergleich zum Vorjahr versechsundzwanzigfacht (Osterkamp 2002: 220).

Insgesamt erwiesen sich im Vergleich zu anderen osteuropäischen Staaten in Russland die einsetzenden Umstrukturierungsprozesse als besonders schwierig und langwierig,

„da die Voraussetzungen für die Transformation schlechter waren und die zunächst eingeleiteten Transformationsschritte ab 1992 kontraproduktiv für die wirtschaftliche Entwicklung waren und zu einer erheblichen Umverteilung der Einkommen

und Vermögen im Lande geführt haben bzw. zu einer drastischen Reduzierung des Lebensstandards der Masse der Bevölkerung." (Brezinski 2000: 179ff).[72]

Diese schwierigen wirtschaftlichen Verhältnisse führten auch dazu, dass

„ein Teil der Menschen die alte Ordnung, die alten Werte und Institutionen ablehnte, andere dagegen hielten an ihnen fest oder glaubten jedenfalls an die Möglichkeiten eines erneuerten Sozialismus. Durchgängig und typisch für die ganze Gesellschaft waren Orientierungslosigkeit, Frustration und ein tiefer Pessimismus" (Simon/Simon 1993: 65).

Verschiedene empirische Umfragen aus dieser Zeit belegen die weit verbreitete Unzufriedenheit der Gesellschaft.[73] Einhergehend mit den

---

[72] Brezinski weist darauf hin, dass andere osteuropäische Staaten (z.B. Polen, Litauen, Slowakei), deren Volkswirtschaften aufgrund der Transformationsprozesse auch starke Schwankungen in den makroökonomischen Daten aufzeigten, schon ab 1992 bereits wieder den Wert von 1989 bzw. noch höhere Werte erreicht hatten. In Russland hingegen setzte die positive Entwicklung erst später und auf einem sehr niedrigen Niveau ein. (Brezinski 2000: 167). So erholte sich die russische Wirtschaft erst in den Jahren 1999-2001 wieder (Aganbegyan 2002: 24).

[73] Beispielsweise führte das Allunionszentrum zum Studium der öffentlichen Meinung (WZIOM) im November 1994 eine umfangreiche Untersuchung zur Thematik ‚Der sowjetische Mensch' durch. Grundlage war eine repräsentative Stichprobe von ca. 3000 Personen aus der Stadt- und Landbevölkerung. Nach der Beurteilung verschiedener Perioden des 20. Jahrhunderts befragt, fällt auf, dass nur 16% der Interviewten aussagten, die Perestroika brachte mehr Gutes als Schlechtes. Fast die Hälfte der Befragten (47%) meinte, sie hätte mehr Schlechtes hervorgebracht. Im Vergleich hierzu wurden die Perioden unter Chruschtschow und Breschnew jeweils mit 33% bzw. 36% als positiv beurteilt und nur von 14% bzw. 16% der Befragten als negativ eingeordnet. Lediglich die Diktatur Stalins wurde ähnlich negativ wie die Perestroika beurteilt. Neben dieser auffallend negativen allgemeinen Beurteilung der Perestroika gaben bei differenzierter Nachfrage 53% der Interviewten an, dass die mit der Perestroika eingezogene Meinungs- und Pressefreiheit nützlich war. Ein knappes Drittel der Befragten (29%) betrachtet die Einführung des Mehrparteiensystems als positiv, für ein weiteres Drittel (33%) brachte sie jedoch mehr Schaden als Nutzen. Insgesamt wird der Zerfall der UdSSR von 75% der Interviewpartner als schädlich angesehen. (Lewada 1999: 54ff). Auch 2003, knapp 10 Jahre später, zeigen die Ergebnisse einer weiteren landesweiten Studie des Institutes für komplexe Sozialforschung der russischen Akademie der Wissenschaften (IKSI RAN), dass der überwiegende Teil der Bevölkerung unzufrieden mit den

schwierigen Lebensverhältnissen nahm in dieser Zeitspanne insbesondere die Kriminalität zu und die Lebensverhältnisse wurden unsicherer. Dies wiederum hatte eine Rückwirkung auf die politische Kultur: Die Schwäche des Staates als zentrales gesellschaftliches Thema wurde intensiv diskutiert (Temkina/Grigor'ev 1997: 39).

Die seit 1986 einsetzenden gesellschaftlichen Umwälzungen hatten zwar vielfältige demokratische Ansätze hervorgebracht und die Gesellschaft grundlegend verändert, aber auf eine intensive soziale und politische Mobilisierung der Jahre 1988 bis 1991 folgte eine Vertrauenskrise gegenüber den demokratischen Verhältnissen.[74] Hinzu kam, dass die Schicht der sowjetischen intellektuellen Elite, die Bildung und Kultur verkörperte, zerfiel. Der Niedergang dieser Schicht hatte auch Auswirkungen auf die Einstellungen breiter Teile der Bevölkerung. Ohne gewohnte vorgegebene Ziele, ohne allgemein anerkannte Führer und Symbole fühlten sich viele Menschen in politischer, kultureller und sozialer Hinsicht besonders desorientiert. Frustration und politische Apathie machten sich daher weiter breit (Gudkow/Dubin 1996: 74ff). Auch wurden

„Demokratie und Demokraten im russischen Diskurs hauptsächlich assoziiert mit dem Verfall jeder Autorität, mit Chaos und Unordnung, mit der Kriminalisierung des Alltags und der Politik" (Simon 2000: 150).

Daher wünschte sich ein nicht geringer Teil der Bevölkerung – in der Hoffnung, dass sich so die Lebensverhältnisse bessern würden – eine autoritäre Führungspersönlichkeit als Präsidenten. Diese weit verbreitet

---

Lebensumständen ist. So ist eines der zentralen Ergebnisse, dass *„die Unmöglichkeit, sich effektiv vor Risiken selbst in den wichtigsten grundlegenden Lebenssphären zu schützen, die mit dem eigenen Überleben, der Gesundheit, der Arbeit oder dem Wohlergehen der Lieben verbunden sind, zur alltäglichen Realität des gegenwärtigen Leben in Russland zählen und dass dies eine Ursache für die Unzufriedenheit praktisch aller Schichten der Bevölkerung mit der gegenwärtigen Lage darstellt".* (Institut für Komplexe Sozialforschung der Russischen Akademie der Wissenschaften (IKSI RAN) 2003: 20).

[74] So wird die russische Bevölkerung zwar als politisch passiv bezeichnet, gleichzeitig aber meldeten beispielsweise 1995 mehr als 250 politische Parteien, Gruppierungen und Vereinigungen den Wunsch an, sich an den Parlamentswahlen zu beteiligen. Dabei bewarben sich mehr als 15.000 Kandidaten um 450 die Sitze in der Duma. So gibt es basisdemokratische Aktivitäten, an denen tausende von Bürgen beteiligt sind. (Simon 2000: 135).

Haltung wurde auch dadurch unterstützt, dass Russland auf eine nur wenig verwurzelte demokratische Kultur zurückblicken konnte und seine Bewohner sehr lange in streng hierarchischen Verhältnissen lebten, in denen sie eigene Meinungen und Wünsche unterordnen mussten. Daher zeigt sich in Russland seit der Perestroika ein gesellschaftlich widersprüchliches Bild. Offiziell befindet es sich auf den Weg in eine Demokratie, gleichzeitig regiert ein autoritärer Präsident. Zentrale Ministerien wie das Verteidigungsministerium, das Innenministerium sowie Sicherheitsdienste und das Auswärtige Amt sind ihm direkt unterstellt. Dem Parlament wird eine untergeordnete Rolle zugewiesen, ein unabhängiges Justizwesen befindet sich noch im Aufbau und die Arbeit der Opposition wird behindert. Für Parteien ist es schwierig Fuß zu fassen, daher sind auch zahlreiche Abgeordnete der Duma parteilos. Auch kann sich die in Demokratien selbstverständliche Gewaltenteilung nicht durchsetzten, denn ein Parlament, das die Regierung kontrollieren würde, wäre für russische Verhältnisse etwas völlig Neues. In der Gesellschaft herrscht ein weit verbreiteter politischer Konsens darüber, dass nur ein starker Staat in der Lage sei, Kriminalität zu beseitigen sowie Ordnung und Wohlstand zu sichern.

Verschiedene Autoren weisen darauf hin, dass die Abhängigkeit des Menschen vom Staat ein wesentliches Merkmal der russischer Kultur und Mentalität ist (Simon 2000:141; Temkina/Grigor'ev 1997: 28).[75] Um im Folgenden die Haltung der in der ehemaligen Sowjetunion aufgewachsenen Menschen besser zu verstehen, gehe ich nun auf die Sozialisation in der Sowjetunion ein.

<u>Sozialisation in der SU</u>
Der staatlich organisierten Erziehung der Kinder, der *'Erschaffung eines neuen kommunistischen Menschen',* wurde ein sehr hoher Stellenwert beigemessen, da man davon ausging, dass sich die Persönlichkeit eines

---

[75] Gerhard Simon verweist an anderer Stelle aber auch darauf, dass *'die geringe Verrechtlichung'* insbesondere in Zeiten der Not und Bedrohung auch Vorteile hat. „*Die russische Gesellschaft verfügt über ein erstaunliches Potential an Überlebensfähigkeit, weil Spontanität und Improvisation eine Anpassung an die täglich neuen Schwierigkeiten möglich machen, die sich jeder Verrechtlichung entziehen. In der Not auf Vertragstreue zu pochen oder auf seinen Rechten zu bestehen, erscheint als Donquichotterie. (...) Sich der „normalen" Ordnung zu entziehen wird zur Voraussetzung zum Überleben.*" (Simon 2000: 15).

neuen Staatenbürgers in den ersten Lebensjahren herausbildet. Ab 1917 wurde ein staatliches System der Vorschulerziehung geschaffen, das

> *„voll und ganz den Interessen der Werktätigen und den Aufgaben der kommunistischen Erziehung der heranwachsenden Generation entsprach"* *(Saporoshez/Markowa 1980: 7).*

und Lenin zufolge als Keim des Kommunismus galt. Bereits 1919 wurden auf dem VIII. Parteitag der KPdSU Ziele und Aufgaben der gesellschaftlichen Vorschulerziehung festgelegt. Die Erziehung der Kinder hatte demzufolge nach einem Plan, der vom Institut für Vorschulerziehung der Akademie der Pädagogischen Wissenschaften der UdSSR festgelegt worden war, zu erfolgen. Der Tagesablauf war genau geregelt, schon im frühen Alter erhielten die Kinder Unterricht in Musik, bildnerischem Gestalten und Sport.

Dabei bildete die Erziehungsarbeit in den Krippen und Kindergärten eine Verbindung zum Alltag der sowjetischen Menschen (Saporoshez/Markowa 1980: 12). Kinder sollten zur Arbeitsfreude erzogen werden und insbesondere für die Gemeinschaft wichtige Eigenschaften wie ‚*einträchtig spielen'* und ‚*arbeiten zu können'* herausbilden. Besonderer Wert wurde auf die sittliche Erziehung gelegt, worunter insbesondere auch die Fähigkeit '*sich im Kollektiv gut zu verhalten'* gehörte.

Obwohl die Kindereinrichtungen einen hohen Stellenwert im offiziellen gesellschaftlichen Leben einnahmen, bestand – berücksichtigt man die Tatsache, dass ca. 80% der Frauen im gebärfähigen Alter arbeiteten – in den Jahren 1950-1978 ein Mangel an Betreuungsplätzen. Dieser wurde zwar im Laufe der Jahre behoben, aber auch 1987 konnten nur 70% aller Stadtkinder und 39% aller Landkinder[76] in einer Kleinkinderkrippe bzw. einem Kindergarten unterkommen (Kussmann 1991: 226).

Große Bedeutung wurde auch der Schulbildung beigemessen.

Zu Beginn des 20 Jahrhunderts waren ca. 60% der Bevölkerung Analphabeten (Ruban 1983: 30). Kurz nach der Russischen Revolution wurde in einer großangelegten Bildungsinitiative in allen Republiken der Sowjetunion die Schulpflicht eingeführt. Bereits wenige Jahrzehnte spä-

---

[76] Insbesondere auf dem Land waren Kinderkrippen knapp. So wurde beispielsweise für Lettland berichtet, dass auf dem Land 20% der Kinder unbeaufsichtigt blieben, wenn die Mütter zur Arbeit gingen und keinen Betreuungsplatz hatten (Schönfelder 1990: 233).

ter nahmen Bildung und Lernen in der sowjetischen Gesellschaft einen hohen Stellenwert ein.[77] Hierbei wurde den Schülern viel Disziplin abverlangt:

> *„Die sowjetische Schule ist im großen und ganzen ziemlich streng gegenüber Schülern jedes Alters. Während des Unterrichts herrscht in den ersten Klassen gewöhnlich eine recht straffe Disziplin. Die Kinder sagen kein Wort, ohne vorher die Hand gehoben und die Erlaubnis zum Sprechen erhalten zu haben".*
> *(Initiative für den Bund Sozialistischer Lehrer und Erzieherinnen (BSLE) 1977:57.)*

Die Schüler wurden zudem bereits während der Schulzeit durch einen polytechnischen Unterricht und praktische Übungen in Betrieben mit der Praxis des Arbeitslebens konfrontiert. Diese staatlich organisierte Erziehung, die schon bei den Kleinkindern begann, trug dazu bei, dass sich im gesellschaftlichen Bewusstsein das Bild des 'Sowjetmenschen' herausbildete. Breite Teile der Bevölkerung waren stolz darauf – trotz der Unzufriedenheit mit den herrschenden Verhältnissen – dem Sowjetvolk anzugehören. Der Sowjetmensch vereinte idealerweise folgende Eigenschaften und Fähigkeiten:

> *„[E]rstens die Aneignung der Ziele und Prinzipien der kommunistischen Ideologie und deren Priorität vor anderen sozialen und persönlichen Interessen, zweitens die Akzentsetzung auf die Arbeit zum Wohl der Gesellschaft als den höchsten Sinn des Lebens und als Mittel zur Entwicklung der individuellen Fähigkeiten, drittens die Aneignung der Prinzipien der Kollektivität, der Solidarität und des Internationalismus als Grundnormen der Wechselwirkung mit anderen Menschen"*
> *(Andreewa 1999: 69).*

---

[77] So zeigte eine Bevölkerungsumfrage, dass quer durch alle Schichten in der Erziehung der Kinder der Aspekt *‚gute Ausbildung'* eine absolute Priorität einnimmt (Institut für Komplexe Sozialforschung der Russischen Akademie der Wissenschaften (IKSI RAN) 2003: 30).

Für viele Menschen war daher das Sowjetvolk, der Zusammenschluss der Sowjetmenschen, jene soziale Gruppe, mit der sie sich identifizierte.[78]

So zeigen beispielsweise die Ergebnisse einer empirischen Untersuchung, dass

> *„den Russen ein hoher Grad von Kollektivismus, der Orientierung auf die Erfüllung der gesellschaftlichen Normen, Erfordernisse, Vorschriften eigen ist und zum anderen sind sie weniger als der Durchschnittseuropäer bestrebt, ihre soziale Schicht zu verlassen, das „Ich" dem „Wir" entgegenzustellen, ein individuelles (oder Kleingruppen) Modell des sozialen Seins auszuprägen" (Doktorow 1999: 375).*[79]

Die oben geschilderte Haltung weiter Teile der Bevölkerung, die durch die Sozialisation in den staatlichen Kinderbetreuungseinrichtungen gefördert wurde, ist die Grundlage einer so genannten Konsenskultur, die bereits vor der Russischen Revolution weit verbreitet war (Simon 2000: 143ff). Sie hat ihre Wurzeln in der bäuerlichen Gemeinschaft, in der die Unterordnung individueller Bedürfnisse unter die Interessen des Kollektivs für das Überleben der Mitglieder notwendig war. Auch die russisch-orthodoxe Kirche unterstützte diese Haltung. Die Bolschewiki konnten daher mit ihrer Ideologie darauf aufbauen, dass ein breiter gesellschaftlicher Konsens darüber herrschte, dass die Bedürfnisse des Einzelnen

---

[78] Der Zusammenbruch der Sowjetunion stürzte daher viele, insbesondere ältere Menschen, in eine Identitätskrise, da sie ihr Selbstverständnis aus der Zugehörigkeit zu dem Sowjetvolk bezogen.

[79] Zu diesem Ergebnis kommt das internationalen Projekt `Hoffnung auf Wandel in Europa`, das seit 1989 mehrere Jahre lang vom ‚Internationalen Forschungsinstitut für sozialen Wandel` (RISC) durchgeführt wurde. Die Ergebnisse der bereits in Fußnote 73, S.61 erwähnten Studie ‚*Der sowjetische Mensch*' von 1994 weisen daraufhin auf, dass sich die oben beschriebene am Kollektiv orientierte Haltung in den letzten Jahren geändert hat und auch in Russland Einstellungen zugenommen haben, die sich stärker an persönlichen und individuellen Aspekten orientieren. Die Studie von 1994 ist in weiten Teilen eine Replikation einer auch vom WZIOM-Zentrum durchgeführten Studie aus dem Jahre 1989. Ein Vergleich der Ergebnisse zeigt, dass 5 Jahre später die ‚*nationale Verantwortung*' der Menschen geschwächt ist, und sich grundsätzlich weniger Menschen für ihr Land, die Regierung und den Betrieb verantwortlich fühlen (Lewada 1999: 60).

den Interessen dem Kollektives untergeordnet werden müssen. Typisch für diese Konsenskultur war und ist, dass unterschiedliche Ansichten und Widersprüche erst gar nicht erst zugelassen werden. Sie steht damit im Gegensatz zu einer demokratischen Streitkultur.

Nichtsdestotrotz hat es auch in der Sowjetunion bereits seit Beginn der 1970er Jahre Oppositionelle gegeben, die trotz harter Strafen widersprachen und gesellschaftliche Zustände kritisierten.

Die andere, stillere und ungefährliche Möglichkeit, sich dem allgemeinen Konsens zu entziehen, bestand im Rückzug in die Familie. Sie bot Schutz und Unterstützung und hatte für die Menschen in der Sowjetunion in der Regel eine herausgehobene Bedeutung.

<ins>Familien in der Sowjetunion</ins>
Bis zum Beginn des 20. Jahrhunderts lebten in den vorwiegend ländlichen Gegenden Russlands Familien in mehreren Generationen zusammen.[80] Durch die nach 1917 von den Bolschewiki erzwungene Zwangskollektivierung der Bauernhöfe wurde der Prozess der Kleinfamilienbildung beschleunigt, weil viele Großfamilien ihren Besitz verloren und sich die einzelnen Familienmitglieder eine neue Heimat suchen mussten. Dies führte dazu, dass Familien auseinandergerissen wurden. Hinzu kam, dass durch die insbesondere seit den 1930er Jahren vorangetriebene Industrialisierung und Modernisierung viele Menschen ihre ländliche Heimat verließen und sich in den Städten niederließen, was unter anderem auch zu einer kontinuierlichen Senkung der Geburtenrate führte (Titma/Saar 1999: 221). Daher wurde ähnlich wie in westlichen Industrieländern die Kernfamilie mit einem Ehegatten und 1-2 Kindern die vorherrschende Lebensform.[81] Gleichzeitig wohnten angesichts der ver-

---

[80] In einem ausführlichen familiensoziologischen Aufsatz gibt Rene König einen historischen Überblick über die Entwicklung der russischen Familie seit dem Mittelalter. Hierbei weist er daraufhin, dass sich die Großfamilie bereits vor der Russischen Revolution in einem Entwicklungsprozess hin zur Kleinfamilie befand, der durch die politischen Ereignisse von 1917 nur beschleunigt wurde (König 1946/1974: 127). Auch Manfred Füllsack weist daraufhin, dass zu Beginn des 19.Jahrhunderts die durchschnittliche russische Familie noch aus 25-30 Personen bestand, allerdings durch zaristische Reformen und die einsetzende Industrialisierung gegen Ende des 19. Jahrhunderts auf 7-8 Personen zurückging (Füllsack 1996: 98ff).

[81] 1939 betrug die mittlere Familiengröße in der Sowjetunion 4,1 Personen, 1989 lag sie bei 3,2 Personen. Allerdings gestalteten sich die Familienverhältnisse in den einzelnen Republiken sehr unterschiedlich. Während im euro-

breiteten Wohnungsnot Großeltern und Kinder häufig in einer kleinen Wohnung zusammen, beispielsweise lebten 1993 48,7% der Russen zusammen mit den Eltern oder anderen Verwandten (Füllsack 1996: 98).

Um die Lebensverhältnisse russischer Familien besser nachvollziehen zu können, sei im Folgenden zunächst auf die Situation der Frauen eingegangen.

Die sowjetische Verfassung verpflichtete jeden Bürger zu gesellschaftlich nützlicher Arbeit. Derjenige, der nicht arbeitete, nahm die Stellung eines Außenseiters ein und musste neben der gesellschaftlichen Ächtung auch mit weitreichenden finanziellen Nachteilen rechnen. So waren zusätzlich zum Lohn viele Vergünstigungen, wie beispielsweise Kuraufenthalte, Eintrittskarten für das Theater, kostenlose Fahrkarten usw., an einen Arbeitsplatz gebunden (Füllsack 1996: 106). Da aufgrund der vorangetriebenen Industrialisierung insbesondere bis in die 1970er Jahre viele Arbeitskräfte gesucht wurden, war Teilzeitarbeit in der Sowjetunion nicht üblich. Hinzu kam, dass zwei Gehälter notwendig waren, um den Lebensstandard einer Familie zu sichern. Daher arbeiteten in der ehemaligen Sowjetunion bis zur Perestroika 80% aller Frauen im gebärfähigen Alter (Kussmann 1991: 226). An den folgenden drei Aspekten lässt sich zeigen, dass sowohl die berufliche als auch private Lebenspraxis für Frauen besonders schwierig zu bewältigen war.[82]

1) Frauen waren meist in schlechter bezahlten Berufen wie z.B. in der Textilindustrie, Gastronomie (Ruban 1986: 124) oder im Gesundheitswesen tätig (Kussmann 1991: 226). Hinzu kam, dass sie trotz guter Schulbildung häufig in schlechtere Tarifgruppen eingeteilt bzw. beruflich niedrig qualifiziertere Arbeiten als Männer ausführen mussten. Häufig leisteten sie auch schwere körperliche Arbeit. Es wird angenommen, dass 30-50% solcher Arbeiten

---

päischen Teil der Sowjetunion ähnliche Tendenzen wie in Westeuropa sichtbar waren, so z.B. eine stärkere Streuung des Heiratsalters, mehr Scheidungen und Familien mit nur einem Elternteil, heirateten Familien in den asiatischen Republiken früher und zogen mehr Kinder auf (Füllsack 1996: 98).

[82] Allerdings stellte die berufliche Emanzipation für Frauen auch insbesondere in einigen asiatischen Republiken des Sowjetreichs eine Befreiung dar. Denn hier hatte im Gegensatz zum russischen Kerngebiet das Familienoberhaupt eine sehr viel stärkere Verfügungsgewalt über die Ehefrau und Kinder, was seit der Russischen Revolution offiziell nicht mehr rechtens war (König 1946/1974: 131ff).

in der Industrie und 90% in der Landwirtschaft von Frauen ausgeführt wurden. Dennoch betrug Anfang der 1980er Jahre das Durchschnittseinkommen der Frauen nur 60-65% des Einkommens der Männer (Ruban 1986: 124).[83] Daher scheint es nicht verwunderlich, dass die russische Soziologin Zaslavskaya Anfang der 1980er Jahre anhand empirischer Studien zu dem Schluss kam, dass 40% aller Frauen ihre Berufstätigkeit wegen Unzufriedenheit aufgäben, wenn es ihre finanzielle Situation erlauben würde (Kussmann 1991: 226). Allerdings kommen andere Umfragen auch zu dem Schluss, dass die große Mehrheit der Frauen ihre Berufstätigkeit und die dadurch gewonnene Unabhängigkeit positiv beurteilte (Ruban 1983: 232).

2) Kinderunterbringung: Trotz eines staatlich ausgebauten Betreuungssystems erwies sich die Unterbringung der Kinder in der Praxis nicht immer als leicht. Zwar konnten die Mütter bei der Erkrankung ihres Kindes aufgrund einer gesetzlichen Regelung zu Hause bleiben, aber der Arbeitgeber sah dies nicht gern, weil eine am Arbeitsplatz fehlende Frau die Erfüllung der vorgegebenen Arbeitsnormen gefährdete. Daher hatten berufstätige Mütter besonders häufig berufliche Konflikte mit Vorgesetzten auszutragen (Turenko 1983: A261ff).[84]

3) Sowjetische Frauen haben in der Regel alle Tätigkeiten, die im Rahmen von Hausarbeit und Kindererziehung anfielen, allein er-

---

[83] Elizabeth Brainerd kommt anhand weiterer empirischer Daten zu anderen Zahlen. Vor der Perestroika betrug demnach das Durchschnittseinkommen von Frauen in Russland 80,30% des von Männern, während es nach der Perestroika nur noch 67,9% waren. Im Vergleich zu den anderen osteuropäischen Ländern wie z.B. Polen stiegen die weiblichen Löhne von 71,8% des männlichen Durchschnittsgehaltes vor der Perestroika auf 81,2 % danach. In den USA beträgt das Durchschnittseinkommen von Frauen ca. 70% des von Männern (Brainerd 2000: 148).

[84] Über dieses öffentlich kaum thematisierte Problem berichtete eine Moskauer Literaturzeitung, indem sie in einem Artikel verschiedene Leserbriefe Betroffener abdruckte. Dort berichteten Mütter von schlechten Bedingungen in den Kinderkrippen, die zu der Erkrankung ihres Kindes beitrugen. So betreuten allgemein nur wenige Erzieher zu viele Kinder, ein eng vorgegebener Aktivitätenplan stresste Erzieher und Kinder. Auch förderten mangelnde hygienische Bedingungen die Erkrankung eines Kindes. Dieser Zeitungsartikel berichtete auch von einem Experiment in dem betriebseigenen Kindergarten einer Chersoner Textilfabrik. Dort erhielten die Erzieher eine Prämie, wenn der Krankheitsstand der Kinder in ihrer Gruppe eine bestimmte Höhe nicht überstieg.

ledigt (Liegle 1979: 474)[85]. Dies lag vor allem darin begründet, dass russische Männer ein traditionelles Rollenverständnis von Familie haben und sich für die Hausarbeit nicht zuständig fühlten. Diese Haltung galt für alle sozialen Schichten und war sowohl in der jüngeren als auch älteren Generation zu finden (Somlai 1997: 72). Zu der Doppelbelastung in Beruf und Familie kam für viele Frauen erschwerend hinzu, dass die Beschaffung grundlegender Nahrungsmittel und Konsumgüter sehr aufwendig war. So standen die Menschen für Lebensmittel und andere Güter des täglichen Bedarfs in der Regel stundenlang an. Aufgrund dieser Gegebenheiten hatten Frauen ein Drittel weniger Zeit als Männer (Ruban 1983: 126).[86]

Angesichts der vorherrschenden Doppelbelastung in Beruf und Familie verwundert es nicht, dass Frauen mit ihrer Lebenssituation häufig unzufriedener waren als Männer (Ruban 1986: 122),[87] zumal ihre Ehemänner dieser Problematik meist mit einer weit verbreiteten männlichen Ignoranz begegneten. Diese Insensibilität gegenüber der weiblichen Mehrfachbelastung wurde dadurch verstärkt, dass es insbesondere in den Jahren nach dem Krieg einen großen Frauenüberschuss gab und es daher für Frauen schwieriger war, einen Ehemann zu finden. Dennoch wurden trotz der für Männer demographisch günstigen Bedingungen 60% aller Scheidungsanträge von Frauen eingereicht. Ein wesentlicher Grund hierfür war, dass Frauen aufgrund ihrer materiellen Unabhängigkeit selbstbewusster den Schritt aus der Ehe wagen konnten als nichtberufstätige Frauen (Ruban 1983: 23). So stieg die Scheidungsrate in Russland relativ stark an. Während 1950 nur 3% aller Ehen geschieden wurden, waren es 1980 schon 34% (Ruban 1986: 62).[88]

---

[85] Eine Untersuchung bei 427 Moskauer Familien zeigte, dass 70-75% der Frauen die ganze Last der Haushaltsführung alleine tragen und sich nur in 20-25% der Fälle der Ehemann beteiligte.
[86] Dies zeigte eine Studie von Patreschew aus dem Jahr 1982. Allerdings nutzen Frauen im Allgemeinen ihre Zeit aktiver. Sie sahen seltener fern und schliefen weniger (Ruban 1983:126).
[87] Verschiedene Umfragen belegen, dass Frauen in der Ehe unzufriedener waren, da ihre Ehemänner wenig aktiv und hilfsbereit waren.
[88] Manfred Füllsack gibt für das Jahr 1979 sogar eine Scheidungsrate von 43% an (Füllsack 1996: 101). Seit 1917 hat sich die Gesetzgebung für Scheidungen wesentlich verändert. So war direkt nach der Russischen Revolution die Erklä-

Häufigste Gründe für eine Ehescheidung waren:[89]

1) Alkoholismus des Mannes
2) ein anderer Partner
3) Soziale Konflikte.

Der Aspekt der sozialen Konflikte bei der Ehescheidung gewann nach der Perestroika insbesondere auf dem Land an Bedeutung. Eine typische Familienkonstellation zu Sowjetzeiten in ländlichen Gegenden bestand darin, dass der Mann einer Tätigkeit als Kolchosearbeiter nachging, während seine Frau als Lehrerin arbeitete. Solange der Mann aus ideologischen Gründen besser entlohnt wurde, erwies sich der Bildungsunterschied als unproblematisch. Erst als nach der Perestroika die Entlohnung neu geregelt wurde, und Männer ihre finanziell besser gestellte Position verloren, verstärkten sich Konflikte zwischen Ehepaaren (Füllsack 1996: 102).[90]

Eine wichtige Rolle bei der Bewältigung des Alltagslebens nahmen die Großmütter ein. Da Frauen mit 55 Jahren pensioniert wurden und zudem sowjetische Frauen relativ jung ihre Kinder gebaren (Titma/Saar 1999: 229) waren Großmütter in aller Regel auch im Ruhestand noch relativ jung und rüstig. Da viele Familien das staatliche Krippensystem

---

rung allein eines Ehepartners ausreichend, um geschieden zu werden. Der Ehepartner wurde über die Scheidung lediglich informiert. Im Jahr 1936, als sich abzeichnete, dass ein drohender Krieg viele Tote bringen würde, wurde die Scheidung (wie auch die bis dahin leicht mögliche Abtreibung) erschwert, da die Geburt vieler Kinder wieder gefördert werden sollte (König 1946/74: 160).

[89] Allerdings bedeutete eine Ehescheidung nicht, dass die Ehepartner von nun an getrennt lebten. Die Wohnsituation insbesondere in den Großstädten war mitunter so prekär, dass es auch noch 1995 häufig vorkam, dass geschiedene Ehepartner weiter zusammen in einer Wohnung lebten und versuchten, sich mit Trennwänden etc. zu behelfen (Füllsack 1996: 102).

[90] In einer empirischen Studie konnte für den Zeitraum von 1967-2004 gezeigt werden, dass die Perestroika einen Einfluss auf das Scheidungsverhalten hatte. So zeigten sich bis zur Perestroika hinsichtlich der Scheidungsrate in den einzelnen Berufsgruppen keine Unterschiede. Nach der Perestroika reichten Frauen, die in privaten Unternehmen arbeiteten, die Scheidung öfter ein als diejenigen, die weiterhin im öffentlichen Dienst arbeiteten. Eine Erklärung hierfür ist, dass die höheren Anforderungen in privaten Unternehmen (z.B. unregelmäßige Arbeitszeiten), das Eheleben stärker belasten. Gleichzeitig verfügten die Frauen dort über ein höheres Einkommen, das ihnen ermöglichte, ein eigenständiges Leben wagen zu können (Muszynska 2008: 194).

kritisch einschätzten, versuchten sie die Erziehung ihrer Kinder bis zum 4. Lebensjahr durch Familienangehörige zu Hause zu organisieren (Füllsack 1996: 98). Großmütter wurden daher in die Betreuung der Kinder gern eingespannt (Meischner 1997: 269). So zeigen russische Großmütter im internationalen Vergleich Spitzenwerte hinsichtlich der Betreuungsleistung ihrer Enkelkinder. Nach einer internationalen Studie betreuen 40% der russischen Großmütter ihre Enkelkinder, während dies in der BRD nur 30% tun. Dabei zeigen die Ergebnisse, dass russische Großmütter auch mehr elterliche und häusliche Pflichten wie beispielsweise die Hausaufgabenbetreuung übernehmen, während deutsche Großmütter hauptsächlich bei Freizeitaktivitäten aktiv sind (Meischner 1997: 267ff.)

Die Großeltern hatten in der Familie eine wichtige Funktion, da unter den schwierigen Lebensbedingungen ein gut funktionierendes familiäres Netzwerk von herausragender Bedeutung war und ist.[91] Die Beziehung zwischen den Generationen wird dabei als besonders eng[92] beschrieben, wobei davon ausgegangen werden kann, das diese nahen Beziehungen nicht immer spannungsfrei blieben (Meischner 1997: 269).

Neben dieser praktischen gegenseitigen Unterstützung maßen die einzelnen Familienmitglieder der Familie aber auch vor allem deshalb eine herausragende Bedeutung bei, weil sie eine Sphäre des Privaten und des Vertrauten gegenüber dem Staat darstellte und damit eine Rückzugsmöglichkeit bot (Ruban 1986: 113).

Mit Beginn der Perestroika veränderte sich insbesondere die Lage der Familien. Viele Frauen wurden arbeitslos, auch sanken ihre Löhne im

---

[91] Ludwig Liegle hat in einen interkulturellen Vergleich zwischen China und der Sowjetunion gezeigt, dass sich, trotz der in beiden Staatengebilde vorherrschenden sozialistischen Ideologie, das Familienleben unterschiedlich gestalte. In China half und kontrollierte sich ein tiefverwurzeltes Nachbarschaftssystem untereinander. So wurde gerade die Kinderbetreuung gemeinschaftlich geregelt. In Russland hingegen herrschte unter den Nachbarn ein großes Misstrauen. Eine Nachbarschaftskontrolle konnte sich dort nicht etablieren. Die Gründe hierfür lagen unter anderem in einer europäischen Kulturtradition, die eine individualisierte Lebensweise bevorzugt und die Familie als zentralen Rückzugspunkt betrachtet (Liegle (1979): 474f.). Weiterhin muss berücksichtigt werden, dass durch die ‚großen Säuberungen' unter der Bevölkerung ein großes Misstrauen entstanden war, da häufig aus dem unmittelbaren Umfeld die Gefahr der Denunziation gedroht hatte.
[92] So konsultierten die Kinder ihre Eltern grundsätzlich bei wichtigen Entscheiden wie z.B. der Berufs- oder Partnerwahl (Ruban 1986: 117).

Vergleich zu denen der Männer stärker. Gleichzeitig stiegen die Lebenshaltungskosten, oft reichten die Einkommen nicht mehr aus, um eine Familie zu ernähren. Familien und Rentner gehörten daher zu der von den Transformationsprozessen am stärksten betroffenen Personengruppe. So lebten 1994 32% der Familien unter der Armutsgrenze (Zdravomyslova 1996: 55).

Allerdings wurden durch die in den 1990er Jahren andauernden schwierigen wirtschaftlichen Verhältnisse und die gesellschaftliche Instabilität der äußere Zusammenhalt der Familienmitglieder auch untereinander gestärkt.[93]

> „Die Privatisierung des Lebensstils wird zwischen 1985 und 1995 zu einer der wichtigsten und bekanntesten Wandlungstendenzen der gesellschaftlichen Situation in Russland. (...) Die immer stärker bemerkbare Konzentration auf das Familienleben und auf die persönlichen Beziehungen ist bei der überwiegenden Mehrheit eng verbunden mit dem Versuch, unter Krisenbedingungen zu überleben." *(Zdravomyslova 1996: 56).*

Ähnlich wie in westlichen Industrieländern stehen daher in der Wertehierarchie der einzelnen

> „nicht gesamtgesellschaftliche Werte an oberster Stelle, sondern Vorstellungen über privates Glück und Selbstentfaltung im Rahmen von Familie und Arbeit sowie gesicherte Existenz" *(Zdravomyslova 1996: 56).*

Hierbei spielte auch eine wichtige Rolle, dass die verstärkte Hinwendung zum Familienleben, und der damit verbundene sogenannte Anstieg `sozialer Apathie` gegenüber Fremden, auch als eine Gegenbewegung gegen die traditionellen Werte der russischen Intelligenz aufgefasst werden können (Zdravomyslova 1996: 56).

---

[93] So sank nach 1986 die Scheidungsrate. Allerdings war generell ab 1988 aufgrund der schwierigen Verhältnisse auch ein Rückgang der Eheschließungen und der Geburtenrate zu verzeichnen. 1991 nahm die Scheidungsrate wieder zu.

Abschließend kann daher festgestellt werden, dass auch in der sozialistischen Gesellschaft die Kernfamilie vorherrschend war und ist.

"In der strukturellen Analyse erweist sich der dominante Familientyp in den kapitalistischen wie sozialistischen Gesellschaften als identisch, identisch sind auch die Funktionen: die Differenzen liegen einzig und allein in den verschiedenen Wertsystemen" (König 1946/1974: 177).

Allerdings gewinnen neben der klassischen Kernfamilie auch andere Familientypen immer mehr an Bedeutung, was sich auch daran ablesen lässt, dass trotz eines allgemeinen Geburtenrückgangs die Geburtenrate von unehelichen Kindern steigt (Füllsack 1996: 99).[94]

Das Gesundheitssystem
Ich möchte nun auf das Gesundheitssystem näher eingehen, da dieses für die Versorgung eines behinderten Angehörigen von wichtiger Bedeutung war.

Die Russische Revolution hatte für die soziale Situation der Menschen vor allem zwei positive Folgen:

a) eine verbesserte Bildung durch eine intensive staatliche Bildungsinitiative und
b) eine bessere Gesundheitsversorgung durch den relativ zügigen Aufbau eines allen zugänglichen Gesundheitssektors (Ruban 1983: 31), der die Gemeinschaft stärken sollte.

Daher wurde auch in der Gesetzgebung der UdSSR zum Gesundheitsschutz im Jahr 1969 unter anderem festgehalten:

"Besonders der Sowjetmensch ist verpflichtet, seine Gesundheit nicht nur im eigenen Interesse zu schützen, sondern auch im Interesse der Gesellschaft und der Sache. Die Vernachlässigung der eigenen und fremden Gesundheit (...) sind

---

[94] In der Zeit von 1980 bis 1987 betrug der durchschnittliche Geburtenzuwachs 13,5%. Außereheliche Geburten nahmen in diesem Zeitraum sogar um 34% zu. Nach der Perestroika verminderten sich die ehelichen Geburten um 31%, die unehelichen um nur 9%.

mit den Interessen des Staates unvereinbar." (Müller-Dietz 1986: 142).[95]

So nahmen eine systematische Gesundheitserziehung und aufwendige Reihenuntersuchungen breiter Bevölkerungsgruppen (z.B. ganzer Betriebsbelegschaften) bis Mitte der 1980er Jahre einen hohen Stellenwert in der medizinischen Versorgung ein.

In der Literatur finden sich unterschiedliche Einschätzungen des sowjetischen Gesundheitswesens, so verweisen die Autoren auch auf regional große Unterschiede. Gleichzeitig war die Situation den Quellen zufolge auch sehr von der jeweiligen historischen Periode abhängig. Beispielsweise wird darauf hingewiesen, dass die Sowjetunion bereits in den 1980er Jahren beachtliche Erfolge in der Bekämpfung verschiedener Erkrankungen wie Pest, Pocken und Poliomyelitis erreicht hatte (Müller-Dietz 1986: 147) bzw. die Lebenserwartung von durchschnittlich 44 Jahren im Jahre 1926 auf 70 Jahre im Jahre 1971 angestiegen war (Ruban 1983: 32). Andere Autoren wiederum betonen, dass insgesamt betrachtet die Standards des Gesundheitssystems verglichen mit den propagierten Zielen niedrig waren (Äslund 2002: 316).

Häufig wird auch das verhältnismäßig geringe Budget für das Gesundheitswesen im Staatshaushalt betont. 1990 betrug der Anteil der Aufwendungen im Gesundheitswesen am Bruttosozialprodukt in Russland nur 2,6%, während er in der tschechischen Republik bei 5,9% und in Bulgarien bei 5,1% lag. Ähnlich niedrig war er lediglich in Armenien (mit 2,7%) oder Rumänien (mit 2,9%) (Äslund 2002: 321; Schönfelder 1990: 233).

Grundsätzlich war das sowjetische Gesundheitssystem vollständig verstaatlicht und alle Leistungen waren frei zugänglich. Die Behandlungen in der dem Wohnort am nächsten gelegenen Poliklinik waren kostenlos, aber eine freie unentgeltliche Arztwahl war nicht möglich. In den größeren Städten gab es kostenpflichtige staatliche Polikliniken, die Patienten unter besseren Bedingungen behandelten (Heinz Müller-Dietz 1986: 146).

---

[95] Daher konnten an sich freie Leistungen aus erzieherischen Gründen eingeschränkt werden, wenn sich Personen nicht an diese Verpflichtung hielten. Dies konnte beispielsweise bei Alkoholikern der Fall sein.

Die hygienischen Verhältnisse in den Krankenhäusern waren schwierig. Viele Kliniken befanden sich in einem nicht renovierten Zustand, etwa ein Drittel der Stationen mit über drei Millionen Krankenhausbetten verfügte weder über einen Wasseranschluss noch einen Zugang zur Kanalisation. Auch mangelte es an grundlegenden Utensilien wie einfachsten Medikamenten, Einwegspritzen und Verbandsmaterial (Schönfelder 1990: 232).[96] Weit verbreitet waren lange Wartezeiten und unfreundliches Personal. Nach Aussage einer sowjetischen Zeitung verbrachten 1989 Ärzte durchschnittlich ca. 85% ihrer Arbeitszeit mit Verwaltungstätigkeiten. Neben den bürokratischen Verhältnissen lag dies auch darin begründet, dass die ehemalige Sowjetunion gemessen mit anderen Staaten eine große Anzahl an Ärzten hatte, gleichzeitig aber nur über wenig Pflegepersonal verfügte (Müller-Dietz 1986: 145).[97] Aufgrund der geringen Löhne[98] erwartete das Personal von den Angehörigen der Patienten Zuwendungen (materieller und nichtmaterieller Art). Wennleich der Arztbesuch kostenfrei war, mussten die Patienten doch die Kosten für Medikamente und verschriebene Heilbehandlungen selbst tragen und die Verwandten mussten für stationär Aufgenommene Lebensmittel mitbringen (Füllsack 1996: 109).

Allerdings zeigten sich regional große Unterschiede: Während in Moskau manche Krankenhäuser nicht genug ausgelastet waren, waren in anderen Regionen die Kliniken überfüllt (Schönfelder 1990:233ff).[99]

Aufgrund einer alarmierend hohen Säuglingssterblichkeit und einer sehr geringen Lebenserwartung, den zentralen Indikatoren einer Gesundheitsstatistik, wurden die Zustände im Gesundheitswesen seit der Mitte der 1970er Jahre zunehmend thematisiert.

---

[96] Beispielsweise deckte die pharmazeutische Industrie Ende der 1980er Jahre nach Angaben eines sowjetischen Experten nur 45% des benötigten Bedarfs.
[97] 1983 hatte die Sowjetunion 40,4 Ärzte pro 10.000 Einwohner.
[98] Im Jahr 1983 betrug das monatliche Durchschnittseinkommen der sowjetischen Werktätigen 182 Rubel. Im Gesundheitswesen Beschäftigte, zumeist Frauen, verdienten durchschnittlich nur 130,5 Rubel. Altgediente Chefärzte verdienten mit durchschnittlich 225,8 Rubeln so viel wie ein Schiffer (Müller-Dietz 1986: 144ff).
[99] Beispielsweise war die durchschnittliche Verweildauer mit 16,7 Tagen pro Krankenhausaufenthalt im Jahre 1986 relativ hoch. Dies wurde mit der schlechten Organisation der Kliniken erklärt: So kam es immer wieder vor, dass Kranke in eine falsche Abteilung eingeliefert wurden und viel Zeit bis zur eigentlichen Behandlung verging.

1) Seit Beginn der 1970er Jahre sank die Lebenserwartung kontinuierlich und war im Vergleich zu anderen Industrienationen auffallend niedrig. Hatte sie 1972 für Männer noch bei 67,1 und für Frauen bei 74,4 Jahren gelegen, betrug sie 1987 nur noch 65,1 Jahre für Männer und 73,8 Jahre für Frauen. Von 1989 bis 1998 sank sie für Männer noch einmal um drei Jahre von 64,4 auf 61,3 Jahre (Äslund 2002: 318; Müller-Dietz 1986: 148). Vermutlich lag ein wesentlicher Grund hierfür im weit verbreiteten Alkoholkonsum. So waren 1980 nach einem unveröffentlichten Bericht der Akademie der Wissenschaften der UdSSR fast 17% der Bevölkerung alkoholabhängig.
2) Auch die Säuglingssterblichkeit war auffallend hoch. Laut Untersuchungen stieg die Kindersterblichkeit zwischen 1971 und 1976 von 22,9 auf 35,6 je 1000 Geborene an. Die Reaktion der zuständigen Regierungen auf diese Entwicklung beschränkte sich darauf, seit 1974 keine nach Altersgruppen gegliederten Mortalitätszahlen mehr zu veröffentlichen. Erst nach dem Amtsantritt Gorbatschows wurde zugegeben, dass die Sowjetunion neben Afrika zu den Ländern mit der niedrigsten Lebenserwartung und höchsten Kindersterblichkeit gehörte (Müller-Dietz 1986: 147).

Die Gründe für die Säuglingssterblichkeit lagen allerdings nicht primär im Gesundheitswesen.

a) Sie erklärten sich vor allem durch einen mangelnden Mutterschutz. So musste ein Großteil der Frauen noch während der Schwangerschaft zum Teil unter sehr harten Bedingungen arbeiten. Schwangere wurden unvermindert für schwere körperliche wie gesundheitsschädliche Tätigkeiten eingesetzt, Arbeitsschutzvorschriften wurden häufig nicht eingehalten (Schönfelder 1990: 233).[100]
b) Da aufgrund nicht vorhandener Verhütungsmittel Abtreibungen sehr verbreitet waren, hatte eine sowjetische Frau in der Regel 6-

---

[100] Als 1981 ein einjähriger Mutterschaftsschutzurlaub eingeführt wurde, führte diese Maßnahme in Lettland zu einer Verringerung der Kindersterblichkeit um 25%. Allerdings nahm nur etwa die Hälfte der Mütter den Mutterschutzurlaub in Anspruch, weil das Mutterschaftsgeld sehr knapp bemessen war und die finanziellen Einbußen zu hoch für sie waren. Schönfelder 1990: 233.

8 Eingriffe hinter sich (Müller-Dietz 1986: 148). Da diese Interventionen aber nicht immer fachmännisch ausgeführt wurden, kam es hierdurch häufig zu Komplikationen während späterer Geburten, die sich in einem Anstieg der Kindersterblichkeit ausdrückten.
c) Ein weiterer Grund für die Kindersterblichkeit lag in der mangelhaften Aufbereitung des Trinkwassers.

Das Gesundheitswesen war und ist in der Sowjetunion ein Bereich, der im Gegensatz zu anderen Bereichen von der Privatisierung erst relativ spät tangiert wurde. Daher veränderte sich mit der Perestroika im staatlichen Bereich nicht viel. Bürokratismus und Korruption sind deshalb nach wie vor weit verbreitet und gerade der Pharmaziemarkt ist besonders anfällig für kriminelle Machenschaften (Äslund 2002: 323). Zugleich entstanden jedoch viele neue private Praxen und Kliniken, deren Leistungen allerdings für einen Großteil der Bevölkerung nicht bezahlbar sind.

<u>Antisemitismus in der ehemaligen UdSSR</u>
Zum Abschluss dieses 3. Hauptkapitels gehe ich nun auf den Aspekt Antisemitismus in der ehemaligen UdSSR ein, da es sich bei den in dieser Arbeit befragten Personen ausschließlich um jüdische Migranten handelt und dieser Gesichtspunkt auf die Lebensbedingungen wie auch daraus resultierende Haltungen einen Einfluss hatte.[101]

<u>Antisemitismus vor der russischen Revolution 1917</u>
Bis zum 18. Jahrhundert lebten nur wenige Juden in Russland. Erst durch die Aufteilung des polnisch-litauischen Großreiches zwischen Preußen, Österreich und Russland (1772, 1793 und 1795) stieg der jüdische Bevölkerungsanteil auch in Russland stark an. In dem Russland nun neu zugeschlagenen Gebiet, dem Landgürtel von Litauen über Weißrussland bis zum Schwarzen Meer, lebten viele Juden (Boysen 1992: 13). Zunächst waren diese in ihren Rechten anderen Bevölkerungsgruppen gleichgestellt. Jedoch trat bereits 1791 eine Beschrän-

---
[101] Allerdings birgt die folgende kurze Darstellung die Gefahr, der Differenziertheit des Themas nicht genügend gerecht zu werden. Denn gerade hier gilt, dass es sich um ein äußerst komplexes Thema handelte, das sich zudem in den einzelnen Sowjetrepubliken sehr unterschiedlich gestaltete.

kung des Siedlungsrechtes für Juden in Kraft, die bewirkte, dass sich Juden nur in den innerrussischen Provinzen, dem sogenannten Ansiedlungsrayon, niederlassen durften. Dies führte zu Zwangsaussiedlungen aus anderen Gebieten. Die einheimische Bevölkerung lehnte die sich in ihrer Religion, Tradition, Kultur und Sprache von der russischen Bevölkerung unterscheidende jüdische Minderheit zunehmend ab. Auch führte der Anstieg an russisch national gesinnten Kräften zu einer gesellschaftlich weit verbreiteten judenfeindlichen Stimmung. Daher kam es ab 1880 vermehrt zu Pogromen gegen Juden. Allein zwischen Oktober 1905 und September 1906 fanden annähernd 650 Pogrome statt (Boysen 1992: 14). Diese häufig spontanen und unorganisierten Angriffe wurden vornehmlich von wirtschaftlich benachteiligten Wander- und Eisenbahnarbeitern ausgeführt. Ihre Opfer waren meist arme Juden: in der Regel handelte es sich um einfache Handwerker, die keine wirtschaftliche Konkurrenz darstellten, aber ein gutes Feindbild abgaben. Örtliche Ordnungshüter duldeten diese Überfälle und griffen nicht ein und Gruppen der jüdischen Selbstwehr, die sich allmählich gebildet hatten, wurden entwaffnet. Dies führte dazu, dass sich die Angreifer in der Rechtmäßigkeit ihrer Taten bestärkt sahen (Boysen 1992: 27ff).[102]

Diese bedrohlichen Lebensumstände führten dazu, dass sich zunehmend auch Juden, die bisher kaum politisch aktiv waren, in sozialrevolutionären Kreisen engagierten. So unterstützen verhältnismäßig viele Juden die Bolschewiki, die Wegbereiter und Sieger der Oktoberrevolution; auch waren einige wichtigen Weggefährten Lenins, wie beispielsweise Leo Trotzki, Juden.

Antisemitismus nach der russischen Revolution 1917
Mit der russischen Revolution 1917 verbesserte sich zunächst die Lebenssituation der Juden in der neu gegründeten Sowjetunion. Lenin setzte sich für die Gleichberechtigung der Juden ein. Nach seinem Tod 1927 veränderte sich allerdings mit dem Machtantritt seines Nachfol-

---

[102] In diesem Zusammenhang sei auf eine Kontroverse innerhalb der Geschichtswissenschaften hingewiesen: Bis Ende der 1960er Jahre gingen Historiker von einer weitgehenden Beteiligung und Verstrickung des Staates an diesen Pogromen aus. Nach 1970 stellten viele Historiker eine umfassende aktive Beteiligung des Staates immer mehr in Frage. Vielmehr argumentierten sie nun, dass innerhalb der zentralen Regierungskreise verschiedene Interessenkonflikte vorlagen und daher eine zentrale Regierung über die Ereignisse keine Kontrolle mehr hatte.

gers Stalin die Situation. Unter den Opfern der großen stalinistischen Säuberungswellen in den 1930er Jahren, von denen Intellektuelle, Wissenschaftler und Künstler besonders betroffen waren, fanden sich viele Juden.[103] Jüdische Einrichtungen wurden, da sie als ‚*bourgeois*' oder ‚*anti-revolutinonär*' galten, verboten (Kuchenbecker 1992: 55).

Gleichzeitig wurde 1934 – parallel zur Politik der Vernichtung jüdischer Kultur und der Unterdrückung vieler jüdischer Intellektueller – im Osten der Sowjetunion eine autonome jüdische Provinz errichtet: Birobidzan. Dadurch sollte einer verarmten jüdischen Schicht, die vor dem Krieg in den sogenannten Shtetln[104] gelebt hatte, die Möglichkeit gegeben werden, als Bauern in einer eigenen Kolonie zu leben.[105] Das stalinistische Regime wollte damit demonstrieren, dass Vorwürfe des Antisemitismus nicht gerechtfertigt waren und die Juden sogar über ein eigenes autonomes Gebiet verfügten. Faktisch wohnten und wohnen bis heute in Birodbizan jedoch nur wenige Juden, da die Provinz an der chinesischen Grenze ein rohstoffarmer und unattraktiver Ort ist.

Nach 1940 nahm der staatlich organisierte Antisemitismus zu; er verbarg sich hinter der Kampagne ‚*Kampf gegen den Kosmopolitismus*'. Kosmopolitisch waren beispielsweise Eigenschaften wie ‚*Zugehörigkeit zum Weltbürgertum*' oder ‚*mangelnde Loyalität zur Sowjetunion*'. Letzteres wurde Juden besonders häufig vorgeworfen; Kosmopolit wurde daher zu einem Negativsynonym für Jude (Kuchenbecker 1992: 44).

Des Weiteren kam hinzu, dass der Staat Israel, dessen Gründung 1948 von der UdSSR zunächst unterstützt worden war, sich im Gefolge des Koreakrieges 1950 politisch immer mehr an die USA annäherte. Die hieraus resultierende Entfremdung der Sowjetunion von Israel und die gleichzeitig immer stärkere Hinwendung zu den arabischen Staaten führten dazu, dass zu der antijüdischen Kampagne des Kosmopolitismus noch eine weitere des Antizionismus hinzukam (Kuchenbecker 1992: 46).

---

[103] Beispielsweise wurden die Mitglieder des Jüdischen Antifaschistischen Komitees (JAK) beschuldigt, zugunsten der USA und Großbritanniens Spionage zu betreiben. Dabei hatten sie zunächst mit Billigung Stalins Kontakte zu westlichen jüdischen Organisationen aufgenommen, um weitere Unterstützer im Kampf gegen das Nazi-Deutschland zu gewinnen. Die Mitglieder des JAK, allesamt Wissenschaftler und Künstler, wurden erschossen.
[104] Dies sind Siedlungen mit einem hohen jüdischen Bevölkerungsanteil.
[105] Auch ehemalige Bundisten (jüdische Partisanen) und linke Zionisten hatten die Idee dieser Kolonie als Kern einer zukünftigen Sowjetrepublik favorisiert (Kuchenbecker 1992: 47).

Die letzten Herrschaftsjahre Stalins, 1948-1953, waren von einer offenen antisemitischen Politik geprägt. Dies führte beispielsweise dazu, dass auch in der jüdischen autonomen Provinz Birobidzan die jüdische und hebräische Sprache nicht mehr gesprochen werden durfte, letzte verbliebene jüdische Gotteshäuser und andere Institutionen geschlossen und jüdische Zeitschriften und Theater verboten wurden (Kuchenbecker 1992: 48). Juden durften nach einer gegen Ende des Zweiten Weltkrieges erlassenen Verfügung weder eine zivile noch militärisch verantwortliche Position (z.B. Parteiposten) bekleiden (Juchneva 1993: 3). Auch wurde ihnen eine Zugangsbeschränkung zu den Universitäten auferlegt, im Berufsleben wurden sie benachteiligt.

Nach Stalins Tod besserte sich unter Chrustschow kurzzeitig die Lebenssituation für Juden. Doch gegen Ende der 1960er Jahre setzte erneut eine großangelegte antizionistische Kampagne ein, in deren Folge Juden insbesondere in der Wissenschaft, Kultur und Bildung diskriminiert wurden.[106]

Die in der Öffentlichkeit weit bekannten Kampagnen des ‚Antikosmopolitismus' und ‚Antizionismus' führten vor allem dazu, dass bis zur Perestroika ein staatlicher, gleichzeitig aber im Verborgenen stattfindender und offiziell nicht thematisierter, Antisemitismus vorherrschte.

<u>Antisemitismus nach der Perestroika</u>
Mit Beginn der Perestroika 1986 veränderte sich die Situation für die Juden erst einmal zum Positiven (Juchnova 1993: 10ff). Gorbatschow hob etliche Beschränkungen und Verbote auf, die die Ausübung der jüdischen Religion behindert oder unmöglich gemacht hatten. In der Folge führte dies zu einer Wiederbelebung und Aufleben der jüdischen Kultur. In großen Städten wie beispielsweise St. Petersburg bildete sich ein jü-

---

[106] Dies sei beispielhaft anhand unveröffentlichter Materialien eines Doktor der mathematischen Wissenschaften verdeutlicht: So betrug in den Jahren 1964 und 1965 der Anteil der an der mechanisch-mathematisch Fakultät zugelassenen jüdischen Studenten der Moskauer Universität ca. 25%. In den Jahren 1978, 1979 und 1980 sank er auf 0,5%. Die Aufzeichnungen belegen, dass die Bewerber ihre Religion angeben mussten, und während von allen nicht jüdischen Bewerbern 85% aufgenommen wurden, waren es bei den jüdischen Bewerbern nur 16%. Über die Diskriminierung jüdischer Mathematiker in der Sowjetunion wurde auch in ausländischen Zeitungen berichtet, beispielsweise anlässlich des Internationalen Mathematiker Kongresses 1978 in Helsinki (Juchneva 1993: 5ff).

disch kulturelles Leben, d.h. es erschienen wieder jüdische Zeitungen und Zeitschriften, es entstanden jüdische Schulen und Kulturzentren. Jüdische Organisationen aus Israel und Amerika, die nun Kontakt zur jüdischen sowjetischen Gemeinschaft aufnehmen konnten, unterstützten diesen Wiederaufbau. Mit der Wiederherstellung der diplomatischen Beziehungen zu Israel 1991 wurde auch die antiisraelische Propaganda eingestellt.

Die Politik von Glasnost führte allerdings auch dazu, dass sich aufgrund der aufgehobenen Pressezensur und zugelassener Bürgerrechte radikale nationalistisch und antisemitisch gesinnte Gruppierungen bilden konnten, deren rassistisches Gedankengut sich zunehmend ungehindert verbreitete.

„Die antisemitische, regierungsfeindliche und verfassungsfeindliche Propaganda wird gegenwärtig (1997) in Rußland von mehr als 50 extremistischen Organisationen und ungefähr 300 (nach anderen Angaben 400) Periodika betrieben. Im Jahre 1989 gab es (nur) 30 bis 35 solcher Zeitschriften" (Mannteufel: 1999, A157).[107]

Rechtsextreme Gruppierungen bildeten paramilitärische Verbände, traten in der Öffentlichkeit massiv auf, beleidigen ihre Opfer mit antisemitischen Parolen und verübten Brandanschläge und andere Gewalttaten. Wenn überhaupt, wurden sie dafür nur milde bestraft.[108]

Der Antisemitismus nach der Perestroika wird in der Literatur unterschiedlich bewertet:

Einige Autoren (beispielsweise Juchneva 1993, Ryvkina 1997) kommen zu dem Schluss, dass es in Russland zwar einige extrem auftretende antisemitische Gruppierungen gibt, aber diese doch nur eine Minderheit in der Gesellschaft darstellen. Insgesamt wäre der Antisemitismus in der russischen Gesellschaft kaum verbreitet und es gäbe andere Be-

---

[107] In einem 1991 veröffentlichten Artikel der Zeitung ‚*Evrejskaja gazeta*' wurden 45 russische Zeitungen und Zeitschriften als antisemitisch bezeichnet. 1995 waren es bereits 150. Auch weist der Autor darauf hin, dass nicht nur extreme Gruppierungen, sondern auch kirchliche Zeitschriften seit 1988 antisemitische Artikel verbreiteten und auch innerhalb der russisch-orthodoxen Kirche (ROK) Belege für deren antisemitische Haltung zu finden sind (Messmer 1998: 11ff).
[108] Weitere Details hierzu finden sich bei Juchneva 1993: 13ff.

völkerungsgruppen, wie beispielsweise die Zigeuner, die noch unbeliebter seien (Juchneva 1993: 18ff).[109] So verweist Juchneva auch darauf, dass auf einer in Berlin stattfinden Konferenz *'Antisemitismus in Europa'* im September 1992 festgestellt wurde, dass der Stand des Antisemitismus in Russland im Vergleich zu anderen Ländern (z.B. Polen) einer der niedrigsten in Europa sei.

Vyacheslav Likhachev[110] kommt anhand empirischer Studien zu anderen Ergebnissen und verweist auf einen in der postsowjetischen Gesellschaft existierenden Antisemitismus. Beispielsweise zeigt sich das an einer vielfältigen antisemitischen Presse. Allerdings beschreibt auch er, dass die Rechte mittlerweile in viele kleine Gruppierungen aufgesplittert und somit geschwächt ist. Hinzu kommt, dass diese Gruppen häufig von ungeeigneten Anführern geleitet werden und auch die russische Regierung selbst viele antidemokratische Positionen übernommen hat, so dass der Einfluss rechter Gruppen in der Gesellschaft geschwächt ist (Likhachev 2006: 108ff.).

Ein anderer Autor, wie beispielsweise Markus Manthyl, beurteilt die Lage hinsichtlich des Antisemitismus in der Post-Sowjetunion durchaus problematischer und kritischer. Er weist daraufhin, dass mit der Perestroika zwar offiziell der staatlich organisierte Antisemitismus geendet hat, dies aber in der Praxis nicht zutrifft. So findet man auf höchster

---

[109] Die Autorin begründet ihre Erkenntnis mit den Ergebnissen einer Bevölkerungsumfrage, die im Oktober 1990 in 24 Regionen der Sowjetunion zum Thema *'Das Verhältnis der Bevölkerung der UdSSR zu den Juden und das Problem des Antisemitismus in der UdSSR'* vom *'Allunionszentrum zur Erforschung der öffentlichen Meinung'* (VCIOM) durchgeführt wurde. Diese zeigten, dass nur ein vergleichsweise geringer Teil der Bevölkerung antisemitische Ressentiments hätte. Auch Rochalina V. Ryvkina verweist auf die Ergebnisse einer repräsentativen Umfrage von 1995, die zeigen würden, dass in der breiten Bevölkerung kaum Antisemitismus existiere. In diesem Zusammenhang betont die Autorin, dass nicht die russische Gesellschaft an sich antisemitisch ist, sondern sich vielmehr aufgrund der gesellschaftlichen Verhältnisse extreme Positionen leichter durchsetzen können und der Staat zu schwach ist, sich Extremposition zu widersetzen (Ryvkina 1997: 20ff).

[110] Der Autor kommt zu dem Schluss, dass Ergebnisse öffentlich durchgeführter Meinungsumfragen seit 1990 zeigen, dass antijüdische Einstellungen weit verbreitet sind. So teilen zwischen 35-52% der Befragten antisemitische Ansichten teilen. Er beruft sich dabei auf Ergebnisse der Studien von Lev Gudkov, einem in diesem Themengebiet arbeitenden prominenten Soziologen (Likhachev 2006: 23ff).

politischer Ebene bekennende Antisemiten, dieser Zustand hat sich in der Zeit nach der Perestroika sogar verschärft (Mathyl 1999: 63).[111]

Beispielsweise sind in den regulär vertretenen Parteien antisemitische Äußerungen durchaus hoffähig. Antidemokratische und nationalistische Strömungen haben an Einfluss gewonnen. Ein Beispiel hierfür ist die ‚*Russische Nationale Einheit*', eine faschistische Gruppierung mit Sektencharakter. Diese Organisation wurde vom Staat toleriert und unterstützt, so dass sie sich mit staatlicher Unterstützung leicht zu einer antisemitischen Kraft entwickeln konnte (Mathyl 1999: 68).[112]

Insgesamt kann man daher beobachten, dass die Schärfe der antisemitischen Propaganda in den GUS-Staaten[113] zugenommen hat.

Nach dem Zerfall der Sowjetunion nutzen viele Juden die Möglichkeit zu emigrieren.[114] Zwischen den späten 1980er und späten 1990er Jahren wanderten etwa 60-70% der sowjetischen Juden aus. Die Mehrheit emigrierte nach Israel (zwischen 1 und 1,1 Millionen), vierhunderttausend Juden wanderten in die USA und ca. zweihunderttausend in die Bundesrepublik aus. Von allen russischsprachigen Juden auf der Erde leben demnach noch etwa 35% in der ehemaligen Sowjetunion,[115] 40-45% in Israel, 10-12% in den USA und 7-8% in Deutschland (Ben Rafael et al. 2006: 3). Auf die letztgenannte Gruppe, die in der Bundesrepublik lebenden so genannten ‚*jüdischen Kontingentflüchtlinge*', gehe ich im nun folgenden Kapitel 3.3 ein, mit dem ich meine Betrachtungen des Forschungskontextes abschließe.

---

[111] So kann eine Person beispielsweise gleichzeitig Mitglied in der 1993 neu gegründeten kommunistischen Partei der Russischen Föderation und einer faschistischen Organisation sein.
[112] So regierten Ende der 1990er Jahre in einigen Provinzen Gouverneure, die bekennende Antisemiten sind. Beispielsweise hatte im Kuban-Gebiet der Gouverneur der Region ungehindert antisemitische Reden gehalten.
[113] Als GUS-Staaten wird die Gemeinschaft unabhängiger Staaten, zu der sich die verschiedenen Nachfolgestaaten der Sowjetunion nach dem Dezember 1991 zusammengeschlossen haben, bezeichnet.
[114] Eine empirische Untersuchung, die von der Russischen Akademie der Wissenschaften durchgeführt wurde, nennt folgende Gründe für die Ausreise:
1) die schwierigen Verhältnisse in der GUS,
2) die damit verbundene unsichere Zukunft der eigenen Kinder,
3) der vorherrschende Antisemitismus (Ryvkina 1997: 20).
[115] Bei der großen Migrationswelle sind vor allem ältere russische Juden zurückgeblieben. Die Daten des 1994 erhobenen russischen Mikrozensus zeigen, dass das Durchschnittsalter in der jüdischen Bevölkerung bei 52,8 Jahren liegt, während es in der russischen Bevölkerung 36,1 Jahre beträgt (Ryvkina 1997: 9).

3.3 Jüdische Migranten aus der ehemaligen Sowjetunion

Da die in dieser Dissertation betrachtete Personengruppe außerhalb von Fachkreisen weitgehend unbekannt ist, werde ich in diesem Unterkapitel gesondert auf sie eingehen. Es werden die *‚Anfänge der Einwanderung'* (Historischer Rückblick), die *‚rechtliche Situation der Befragten'*, *‚soziostrukturelle Merkmale'* und ihre *‚berufliche Situation'* näher beleuchtet. Abschließend folgt ein Exkurs zum *‚Einwanderungsdiskurs'*.

Historischer Rückblick
Im Sommer 1990 konnten jüdische Bürger aus der Sowjetunion erstmalig unbürokratisch in die DDR einreisen und dort ein Bleiberecht für vorerst fünf Jahre erhalten (Harris 1998: 122ff). Diese Regelung war von der letzten, demokratisch gewählten, Regierung der DDR unter Lothar de Maizière gemeinsam mit Mitgliedern des so genannten *‚Runden Tischs'* angeregt worden (Bundesamt für Migration und Flüchtlinge 2005(a): 4).
Wie kam es dazu?

1990 bekannte sich die damalige DDR-Regierung unter Ministerpräsident Modrow erstmals zu einer historischen Verantwortung für den Holocaust (Fügner 2005: 12). Bis zu diesem Zeitpunkt hatte die DDR weder die NS-Verbrechen an Juden offiziell anerkannt noch eine Entschuldigung abgegeben und sich damit jahrzehntelang der moralischen und finanziellen Verantwortung gegenüber den Opfern entzogen. Ein offizieller Grund für die Nichtanerkennung war,

> *„daß sich die DDR – anders als die Bundesrepublik – völkerrechtlich nicht als Nachfolger des deutschen Reiches gesehen hatte und demnach auch nicht für die Konsequenzen einer Rechtsnachfolge einzustehen hatte"* (Eichhofer 2002: 6).

Aufgrund der nun eingestandenen historischen Verantwortung entschied die erste demokratisch gewählte Regierung der DDR, ausreisewillige Juden schnell und unbürokratisch aufzunehmen (Fügner 2005: 12), da im Gefolge der Perestroika in verschiedenen GUS-Staaten verstärkt Antisemitismus auftrat und über diesen auch in der Presse berichtet wurde (Becker/Körber 2001: 426ff).

Die westdeutschen Kultusminister standen der von der Volkskammer beschlossenen Regelung der Aufnahme sowjetischer Juden zunächst skeptisch gegenüber. Als sich aber auch einzelne Vertreter der jüdischen Gemeinschaft für die Einwanderung einsetzten (Harris 1998: 126ff), stimmten sie zu. Geregelt wurde die Aufnahme durch das Gesetz über Maßnahmen für im Rahmen humanitärer Hilfsaktionen aufgenommene Flüchtlinge (HumHAG), dem so genannten Kontingentflüchtlingsgesetz (Bundesamt für Migration und Flüchtlinge 2007: 7).[116] Die Bundesrepublik war damit das einzige westeuropäische Land, das Juden aus der ehealigen Sowjetunion einen besonderen Flüchtlingsstatus zusprach (Harris 1998: 139).

Neben dem Wunsch, den von der Verfolgung Bedrohten zur Hilfe zu kommen, spielte bei der Aufnahme russischer Juden jedoch auch eine wichtige Rolle, dass durch die Einwanderung die jüdischen Gemeinden in Deutschland erhalten und gestärkt werden sollten. Diese verzeichneten aufgrund des allgemeinen Geburtenrückgangs und durch Eheschließungen mit nichtjüdischen Partnern seit Jahren einen kontinuierlichen Mitgliederschwund unter den alteingesessenen Mitgliedern.[117]

Schließlich regelte die Ministerpräsidentenkonferenz des Bundes und der Länder am 9.1.1991 die Aufnahmepraxis für russische jüdische Auswanderer: Fortan wurden die Betreffenden nach dem so genannten ‚Königsteiner Schlüssel' auf die einzelnen Bundesländer verteilt. Dieser wird von der Bund-Länderkommission für Bildungsplanung und Forschungsförderung jährlich aufgestellt und basiert auf dem Steueraufkommen und der Bevölkerungszahl eines Bundeslandes.[118]

---

[116] Aufgrund des Gesetzes über Maßnahmen für im Rahmen humanitärer Hilfsaktionen aufgenommene Flüchtlinge vom 22. Juli 1980 (HumHAG) können Flüchtlinge aufgenommen werden, ohne dass sie ein Asylverfahren durchlaufen müssen. Sie erhalten damit im Sinne der Genfer Flüchtlingskonvention die rechtliche Stellung von Flüchtlingen (Fügner 2005: 38). Die Aufgenommenen können Start- und Eingliederungshilfen beantragen, die in der Bundesrepublik Asylberechtigten gewährt werden (Eichhofer 2002: 7).

[117] Nach der Halacha, der jüdischen Gesetzespraxis, gelten nur die Kinder einer jüdischen Mutter als jüdisch. Das bedeutet, dass Kinder von jüdischen Männern, die mit einer Frau, die nicht zum Judentum übergetreten ist, verheiratet sind, nicht der jüdischen Gemeinschaft angehören können.

[118] Beispielsweise wurde 2005 der größte Teil der jüdischen Zuwanderer gemäß diesem Schlüssel Nordrhein-Westfalen (25,9%) und Bayern (19,5%) zugewiesen (Bundesamt für Migration und Flüchtlinge 2007: 7ff).

Als problematisch für die Aufnahmepraxis erwies sich, dass die Zugehörigkeit zur jüdischen Gemeinschaft unterschiedlich definiert werden kann. In den GUS-Staaten war es üblich, denjenigen als jüdisch zu bezeichnen, der ein jüdisches Elternteil hatte. Traf dies zu, erhielt der Betreffende in seinem Pass einen Vermerk der jüdischen Religionszugehörigkeit. Die deutschen Botschaften in der Sowjetunion akzeptierten diesen Eintrag als Grundlage für die Erteilung der Ausreisepapiere in vor 1990 ausgestellten Dokumenten. Auch nichtjüdische Ehepartner sowie minderjährige Kinder konnten daher mit in die Bundesrepublik aufgenommen werden (Bundesamt für Migration und Flüchtlinge 2005(a): 6).

Nach der jüdischen Gesetzeslehre (Halacha) ist jedoch nur diejenige Person jüdisch, die von einer jüdischen Mutter abstammt. Die jüdischen Gemeinden in der Bundesrepublik nehmen daher auch nur denjenigen als Mitglied auf, auf den dieser Sachverhalt zutrifft. Von den bis 2004 eingewanderten rund 200.000 Kontingentflüchtlingen wurden aus diesem Grund nur 80.000 Personen, ca. 40% aller jüdischen Zuwanderer, Mitglied einer jüdischen Gemeinde (Migration und Bevölkerung 2005: 3).

Zusätzlich zu der ursprünglich überschätzen Aufnahme von Einwanderern durch die jüdischen Gemeinden zeigte sich, dass jüdische Zuwanderer gemessen an anderen Teilen der Bevölkerung überproportional oft auf staatliche Unterstützung wie Arbeitslosengeld und Sozialhilfe angewiesen waren.[119.]

Am 1.1.2005 wurde das so genannte Kontingentgesetz aufgehoben[120] und am 24.6.2005 änderte die Innenministerkonferenz das Aufnahmeverfahren für jüdische Zuwanderer aus der ehemaligen Sowjetunion: Die Aufnahmebedingungen für diese Personengruppe wurden erschwert (Bundesamt für Migration und Flüchtlinge 2005(b): 46). Die Rechtsstellung der bereits anerkannten Personen tangierte diese Gesetzesänderung jedoch nicht.

Bewerber für eine Ausreise mussten nun folgende Aufnahmebedingungen erfüllen und entsprechende Nachweise erbringen:

---

[119] Dies erklärt sich auch dadurch, dass es im Vergleich zu anderen Ausländergruppen überproportional viele ältere Zuwanderer gibt (Gruber/Rüßler 2002: 4).
[120] Zu diesem Termin trat das neue Zuwanderungsgesetz in Kraft.

a) den Nachweis elementarer Deutschkenntnisse,
b) den Nachweis der Möglichkeit zur Aufnahme in eine jüdische Gemeinde im Bundesgebiet und
c) das Vorhandensein einer Sozial-Integrationsprognose, die die Fähigkeit zur eigenständigen Sicherung des Lebensunterhaltes bestätigt.[121]

Weiterhin gelten bei dieser Zuwanderung keine zahlenmäßige Begrenzung der Zuwanderer oder eine zeitliche Beschränkung der Aufenthaltsdauer. Opfer nationalsozialistischer Verfolgung werden auch bei Nicht-Erfüllung der genannten Bedingungen aufgenommen (Bundesamt für Migration und Flüchtlinge 2005(b): 47). Die nichtjüdischen Ehepartner, ca. 70% der betreffenden Zuwanderer, werden allerdings fortan nach für sie geltenden ausländerrechtlichen Regelungen behandelt und damit schlechter gestellt.

Israel hat die Einwanderung der sowjetischen Juden nach Deutschland von Beginn an kritisiert, da aus einer israelischen Perspektive vorrangig Israel das Einwanderungsland für von Antisemitismus bedrohte Juden aus aller Welt ist (Harris 1998: 139). Auch erscheint es aus historischen Gründen besonders prekär, dass sowjetische Juden Deutschland Israel als neue Heimat vorzogen.[122] Dennoch wurde Deutschland nach Israel und den USA das wichtigste Einwanderungsland für russische Juden (Bundesamt für Migration 2005: 4). Nach Angaben des statistischen Büros der Jewish Agency in Israel wanderten im Jahr 2002 und den folgenden Jahren sogar mehr sowjetische Juden nach Deutschland als in

---

[121] Laut dem Working Paper 8 (2007) des Bundesamtes für Migration und Flüchtlinge wird diese Prognose vom Beirat ‚jüdische Zuwanderung' erstellt, dem Vertreter des Bundes, der Länder, des Zentralrates der Juden, der Union der progressiven Juden und des Bundesamts für Migration und Flüchtlinge angehören (Bundesamt für Migration und Flüchtlinge 2007: 7). Dies ist heute nicht mehr so: Eine mündliche Nachfrage bei der Zentralwohlfahrtsstelle der Juden in Deutschland e.V. ergab, dass allein das Bundesamt für Migration und Flüchtlinge diese Sozialprognose erstellt, da jüdische Organisationen der Erstellung einer Sozialprognose kritisch gegenüber stehen (Stand: September 2009).
[122] Zudem konnten sowjetische Juden seit Beginn der 1970er Jahre nach Israel auswandern und waren daher aus einer israelischen Perspektive keine Flüchtlinge. Daher werden auch russische Juden, die aus Israel einreisen wollen, nicht als Kontingentflüchtlinge in der Bundesrepublik aufgenommen (Eichhofer 2002: 12).

die USA oder nach Israel aus (Ben-Rafael et al. 2006: 93).[123] Allerdings ist seit 2005 mit In-Kraft-Treten des neuen Einwanderungsgesetzes eine rückläufige Migration russischer Kontingentflüchtlinge zu beobachten. Hierfür gibt es neben den nun erschwerten Einwanderungsbedingungen weitere Ursachen:[124]

1) Die meisten interessierten Ausreisewilligen waren bis zu diesem Zeitpunkt bereits ausgewandert.
2) Die wirtschaftliche Situation in den GUS-Staaten hat sich seit 1995 stabilisiert. Gleichzeitig wurde unter den Ausreisewilligen in diesen Staaten bekannt, dass sich die berufliche Integration in der Bundesrepublik für Auswanderer als schwierig erweist.
3) Durch das Engagement insbesondere amerikanischer jüdischer Organisationen wurde die jüdische Gemeinschaft in der ehemaligen Sowjetunion nachhaltig gestärkt. In verschiedenen großen Städten entstanden nach der Perestroika jüdische Gemeindezentren mit einem vielfältigen Angebot für ihre Mitglieder. Dies führte zu verstärken sozialen Kontakten innerhalb der Gemeinschaft, die viele Gemeindemitglieder aneinander binden.
4) In den häufig konfessionell gemischten Ehen erhält der nichtjüdische Ehepartner nach der Neuregelung der Einwanderungsgeetze eine schlechtere Rechtsstellung. Daher stehen diese Ehepartner einer Ausreise auch kritischer gegenüber.

<u>Die rechtliche Situation der Zuwanderer</u>
Die Zuwanderung der jüdischen Kontingentflüchtlinge, wie im übrigen auch der russischen Aussiedler, unterscheidet sich von der anderer Einwanderergruppen dadurch, dass nicht der Einzelne den individuellen Nachweis von Verfolgung bzw. Gründe für die Einwanderung geltend machen muss, sondern aufgrund seiner Zugehörigkeit zu einem Kollek-

---

[123] Dies hat verschiedene Ursachen. Bereits 1989 wurden in den USA starke Einwanderungsrestriktionen für jüdische Migranten eingeführt und die Familienzuführung erschwert. Gegen ein Leben in Israel sprechen laut einer Befragung unter jüdischen Zuwanderern in Hannover der andauernde Nahostkonflikt und das mediterrane Wetter (Fügner 2005: 29f).
[124] Laut Aussage eines für die Anerkennung der Ausreisepapiere zuständigen Mitarbeiters bei der Zentralwohlfahrtsstelle der Juden in Deutschland e.V. (Stand: September 2009).

tiv anerkannt wird.[125] Jüdische Kontingentflüchtlinge (wie auch Aussiedler) unterscheiden sich daher von anderen Migrantengruppen durch ihren vergleichsweise guten rechtlichen Status, der sich auch mit der Gesetzesänderung von 2005 nicht änderte.

Weiterhin erhalten die Zuwanderer eine unbeschränkte Aufenthaltserlaubnis und können entsprechend den gesetzlichen Regelungen nach acht Jahren die Einbürgerung beantragen. Sie erhalten zudem eine uneingeschränkte Arbeitserlaubnis und es stehen ihnen verschiedene berufliche Eingliederungshilfen wie beispielsweise Deutschkurse zu. Diese Personengruppe hat außerdem einen verbrieften Anspruch auf fast alle Sozialleistungen wie z.B. Sozialhilfe, Wohngeld und Erziehungsgeld. Allerdings existiert kein Rentenanspruch: Ihre Beschäftigungszeiten im Herkunftsland werden nicht anerkannt (Rüßler 2000: 268f).

<u>Soziostrukturelle Merkmale der Personengruppe</u>
Russische jüdische Kontingentflüchtlinge sind eine äußerst heterogene Gruppe, deren Mitglieder aus mehr als 76 verschiedenen Staaten kommen (Bundesamt für Migration und Flüchtlinge 2007: 10).[126]

Da allerdings nach deutschem Recht in der amtlichen und behördlichen Statistik ausländische Personen nur nach Staatsangehörigkeit klassifiziert werden und das Merkmal ‚*jüdische Religionszugehörigkeit*' nicht gesondert ausgewiesen wird, sind über jüdische Zuwanderer nur wenige Daten vorhanden. Die Forschungsgruppe des Bundesamtes für Migration und Flüchtlinge führte daher von 2005-2006 das wissenschaftliche Projekt ‚*Zuwanderer aus Russland und anderen GUS-Staaten – Jüdische Zuwanderer*' durch (Bundesamt für Migration und Flüchtlinge 2007: 13ff),[127] dessen Ergebnisse aufgrund der Stichprobenziehung al-

---

[125] Hierbei sei angemerkt, dass die Aufnahme der jüdischen Emigranten verfassungsrechtlich nicht ganz unbedenklich ist, da diese Aufnahmepolitik im Widerspruch zu Artikel III des Grundgesetzes steht, welcher eine Benachteiligung oder Begünstigung von Personen aufgrund der Abstammung oder Religion verbietet (Eichhofer 2002: 1ff). Allerdings kann eine solche Ungleichbehandlung gerechtfertigt werden, wenn sie dazu dient, einen Ausgleich für Verfolgung und Diskriminierung in der Vergangenheit herzustellen (Eichhofer 2002: 14ff).
[126] Diese Zahl basiert auf dem Ausländerzentralregister von 2005 und bezieht sich auf die Kontingentflüchtlinge, die von 1991 bis 2005 eingereist sind.
[127] Für die Auswertung wurden unter anderem Akten aller nach Bayern im Jahre 2005 eingereisten Kontingentflüchtlinge untersucht. Dies sind etwa 20% aller jüdischen Zuwanderer aus diesem Jahr. Es handelt sich hierbei um Perso-

lerdings nur für Bayern repräsentativ sind. Es kann aber angenommen werden, dass diese Daten auch für andere Bundesländer typisch sind, da die Zuwanderung nach dem Königsberger Schlüssel und damit gleichmäßig auf alle Bundesländer erfolgt.

Die Auswertung der Daten führte zu folgenden Erkenntnissen:

1) Bei der Einwanderung nimmt der Erhalt des Familienverbundes eine herausragende Rolle ein. So migrieren Familien im Sinne der ‚ethnischen Migration' mit der ganzen Familie in die Bundesrepublik. Die Zuwanderer siedeln sich bevorzugt an den Orten an, wo schon Familienmitglieder leben. Das Ziel ist dauerhaft in der neuen Heimat zu bleiben.[128]

2) Aufgrund der Migration im Familienverband, der die Großeltern mit einschließt, ist diese Personengruppe im Durchschnitt älter als andere Einwanderungsgruppen. Das Durchschnittsalter, ausgedrückt als Medianalter[129], lag im Jahr 2005 bei 42 Jahren.

3) Die Einwanderung von Frauen und Männern ist ausgeglichen. Sie steht dazu im Gegensatz zu der ursprünglichen Arbeits- und Asylmigration, die männlich dominiert ist. Bei dieser wanderten häufig zuerst die Männer aus (z.B. bei türkischen Migranten), und die Familie folgt oft erst Jahre später.

4) Eine gesonderte Analyse aller nach Nordrhein-Westfalen jüdischen Zugewanderten sowjetischer Herkunft ergab, dass 98% von ihnen aus Großstädten kommen (Gruber 2000: 13). Auch hier kann angenommen werden, dass dieses Ergebnis typisch für russische Kontingentflüchtlinge ist.[130]

---

nenbögen, die bei der Ankunft in Deutschland für jeden Zugewanderten ausgestellt werden.

[128] Im Ausreiseantrag kann angegeben werden, ob in der Bundesrepublik schon Verwandte leben. In der Regel wird dies bei der Zuweisung in ein Bundesland berücksichtigt

[129] Dies bedeutet, 50% der Zuwanderer sind jünger bzw. gleich 42 Jahre alt und 50% der Zuwanderer sind gleich bzw. älter 42 Jahre.

[130] In diesem Merkmal unterscheiden sich die Kontingentflüchtlinge von den Aussiedlern, denn letztere stammen zumeist aus ländlichen Regionen. Viele von ihnen waren während des 2. Weltkrieges in von der Metropole weit entfernten ehemaligen Sowjetrepubliken wie Kasachstan und Sibirien zwangsangesiedelt worden(Rosenthal 2005: 313).

5) Hinsichtlich der Religion zeigt sich, dass ein relativ hoher Anteil der Zuwanderer eine nicht jüdische Abstammung angibt bzw. sich keiner Religion zugehörig fühlt. So zeigen sich bei 32% der Akten, dass die betreffende Person weder als Volks- noch Religionszugehörigkeit ‚jüdisch' angegeben hatte. Dies weist auf eine hohe Anzahl konfessionell gemischter Ehen hin.
6) Die Zuwanderer haben im Vergleich zu anderen Ausländergruppen wie auch Einheimischen ein überdurchschnittlich hohes Niveau der Berufs- und Bildungsqualifikation.[131] Beispielsweise hat ein Großteil der Zugewanderten einen wissenschaftlichen Beruf[132] erlernt und ausgeübt. Dies weist auf eine große berufliche Kompetenz der jüdischen Zuwanderer hin, die im Folgenden näher beleuchtet werden soll.

<u>Berufliche Situation</u>
Mindestens 50% der jüdischen Zuwanderer sind Hochschulabsolventen.[133] Viele von ihnen können auf eine langjährige erfolgreiche Erwerbsbiographie in ihrer Heimat zurückblicken. Meist handelt es sich um Personen, die in der früheren Sowjetunion als Ingenieure, Naturwissenschaftler oder Ärzte tätig waren (Rüßler 2000: 270). Auch ein

---

[131] Im Gegensatz dazu haben andere Arbeitsmigranten häufig eine niedrige bzw. keine Berufsqualifikation, da sie gerade auch für niedrig qualifizierte Tätigkeiten angeworben wurden. Für eine ausführliche, detaillierte Analyse der Berufsstruktur siehe: Working Paper 8 des Bundesamtes für Migration (Bundesamt für Migration 2007: 22ff.).
[132] Während anhand des Allbus (Allgemeine Bevölkerungsumfrage der Sozialwissenschaften) 2004 in der Gruppe der 18-60-jährigen Ausländer insgesamt 8% als ausgeübten Beruf ‚*Wissenschaftler*' angaben und in der Gruppe der 18-60-jährigen Deutschen dies auf knapp 15% zutraf, kann anhand der Auswertung der bayerischen Daten davon ausgegangen werden, dass 29% der jüdischen Zuwanderer in ihrer Heimat als Wissenschaftler arbeiteten (Bundesamt für Migration 2007: 28 ff.). Allerdings müsste für eine valide Aussage genau konkretisiert werden, wie im Allbus 2004 und im benannten Projekt des Bundesamtes für Migration ‚*Wissenschafter*' definiert wird.
[133] Diese Angaben beruhen auf Daten der Landesstelle für Aussiedler, Zuwanderer und ausländische Flüchtlinge in Unna-Massen (LUM) und beziehen sich nur auf jüdische Kontingentflüchtlinge aus Dortmund (Rüßler 2000: 270ff). Sie können aber, ähnlich den Daten aus Bayern, als typisch für jüdische Kontingentflüchtlinge in Deutschland aufgefasst werden. Sabine Gruber kommt anhand ihrer Daten aus einem Forschungsprojekt der Universität Dortmund zu teilweise anderen Zahlen; so sind nach ihren Aussagen sogar zwei Drittel der Zuwanderer Hochschulabsolventen (Gruber 2000: 13).

großer Teil der Frauen arbeitete in der Heimat in hoch qualifizierten Positionen. Vor diesem Hintergrund verwundert es, dass Personen dieser Gruppe im Vergleich zu anderen Migrantengruppen überdurchschnittlich häufig arbeitslos sind. So ermittelte das Zentrum für Weiterbildung der Universität Dortmund anhand einer Studie im Jahre 1999 eine Arbeitslosenquote von über 40% (Gruber 2000: 14).[134] Hierfür geben die Forschenden verschiedene Ursachen an:

1) Ein Hauptgrund liegt in den mangelnden Deutschkenntnissen. Gerade in einem qualifizierten Beruf ist es häufig notwendig, sich fehlerfrei ausdrücken zu können. So haben die meisten Zuwanderer zwar Deutschkenntnisse in Sprachkursen erworben, diese reichen aber häufig nicht für die Anforderungen, die ein anspruchsvoller Beruf stellt.
2) Ein Großteil der in der Sowjetunion erworbenen Berufsqualifikationen wird in der Bundesrepublik nicht anerkannt. Obwohl die Ausbildung gerade im mathematischen und naturwissenschaftlichen Bereich teilweise besser und fundierter als zum Beispiel in der Bundesrepublik war, werden auch naturwissenschaftliche Hochschulabschlüsse, wenn überhaupt, oft nur als Fachhochschulabschlüsse anerkannt. Zudem dauert die Anerkennung bis zu drei Jahre (Gruber 2000: 13).
3) Weiterhin ist das relativ hohe Durchschnittsalter für diese Einwandergruppe ein wichtiger Hinderungsgrund für den Eintritt in das Arbeitsleben. Fast 50% der bis Ende 1999 eingewanderten Kontingentflüchtlinge hatten bereits das 45. Lebensjahr überschritten (Rüßler 2000: 270).
4) Viele Zuwanderer haben aufgrund ihrer Sozialisation und Lebenserfahrung in der Sowjetunion ein Auftreten und eine innere Haltung, die bei der Arbeitssuche hinderlich erscheinen. So wird diese Personengruppe als eher passiv geschildert, sie wartet eher auf die Angebote der institutionellen Hilfe, als selbst aktiv zu werden. Eine in westlichen Gesellschaften für ein erfolgreiches Berufsleben notwendige aktive Haltung wie eine angemessene

---

[134] Zwischen 1999 und 2001 wurde an der Universität Dortmund eine Untersuchung zur beruflichen Integration jüdischer Kontingentflüchtlinge in Nordrhein-Westfalen durchgeführt (Gruber/Rüßler 2002: 46).

Selbstdarstellung, ein sich ‚durch das Leben Boxen' wie auch die Durchsetzung eigenen Positionen gegenüber Konkurrenten ist dieser Personengruppe daher eher fremd (Gruber 2000: 14).

Für die in der Regel hoch qualifizierten Zuwanderer stellt es eine schwere Niederlage und einen zugleich eklatanten Bruch in der eigenen Biographie dar, zu erkennen, dass sie in der Regel in dem erlernten Beruf nicht, oder nur niedriger qualifiziert arbeiten können.[135]
Denn:

„Die Eingliederung der Zuwanderer in das Beschäftigungssystem der Aufnahmegesellschaft ist aber für den Prozeß der sozialen Integration ein grundlegender Indikator. (...)Er ist aber auch psychologisch grundlegend: Im Sinne einer Bestätigung des Selbstwertgefühls und des Gefühls der Zugehörigkeit zur Aufnahmegesellschaft. Und er hat eine sozial-integrative Funktion: Als Einstieg in das Rollengefüge und Statussystem der Aufnahmegesellschaft und damit gegebenen Möglichkeiten verstetigter und gleichzeitig „normalisierter" Interaktionen und Kommunikationen. Auch für die jüdischen Zuwanderer (gleich welchen Geschlechts) ist, so die These, die (adäquate) Teilhabe am (regionalen) Arbeitsmarkt ein Anliegen erster Priorität." (Rüßler 2000: 271).

Da die meisten Zuwanderer am Arbeitsleben nicht angemessen teilnehmen können, haben viele Ältere, wenn überhaupt, nur die Möglichkeit Tätigkeiten ehrenamtlich oder im Rahmen von Ein-Euro-Jobs auszuführen. Nicht zuletzt diese Tatsache führt nach Ansicht erfahrener Sozialarbeiter und Psychologen dazu, dass ein großer Teil der Zuwanderer unter psychischen und psychosomatischen Störungen leidet (Ben-Rafael et al. 2006: 98).

---

[135] Es gibt aber auch Beispiele gelungener Integration. So führte die Otto-Benecke-Stiftung 2008 in Brandenburg ein Ärzteintegrationsprojekt durch, bei dem unter anderem russische Kontingentflüchtlinge dabei unterstützt wurden, wieder in ihrem ursprünglichen Beruf als Arzt zu arbeiten (Frankfurter Allgemeine Zeitung vom 18.4.09: 3).

Allerdings zeigt sich auch, dass jüngeren Einwanderern und insbesondere den in der Bundesrepublik Aufgewachsenen der Einstieg in das Berufsleben aufgrund ihrer Bildung sehr gut gelingt.[136]

Abschließend möchte ich auf den sowohl in der bundesrepublikanischen Gesellschaft als auch in der jüdischen Gemeinschaft existierenden Diskurs zur ‚*russischen Einwanderung*' eingehen.

Diskurs über die Einwanderung
Anfang der 1990er Jahre herrschte in der Bundesrepublik ein breiter gesellschaftlicher Konsens, die Immigration sowjetischer Juden uneingeschränkt zuzulassen. Begründet wurde dies damit, dass man sich eine Renaissance des ‚*deutsch-jüdischen Geisteslebens*' erhoffte, das durch den Nationalsozialismus zerstört worden war. Politiker wie auch weitere Repräsentanten der Gesellschaft fühlten sich zudem aufgrund einer historischen Verantwortung verpflichtet, der Zuwanderung der in der Sowjetunion von Antisemitismus bedrohten Juden zustimmend gegenüber zu stehen (Becker/Körber 2001: 426ff.). Als allerdings Mitte der 1990er Jahre vermehrt Nachrichten über gefälschte Einreisepapiere jüdischer Migranten an die Öffentlichkeit gelangten, änderte sich das Meinungsbild in den Medien. Autoren verschiedener Zeitungsartikel unterstellten nun vermehrt wirtschaftliche Interessen als den Haupteinwanderungsgrund der Zuwanderer und stellten somit die ursprüngliche Begründung der Auswanderung, den Antisemitismus in den GUS-Staaten, in Frage.[137]

Auch innerhalb der jüdischen Gemeinschaft war der Diskurs über die Einwanderung von Ambivalenz geprägt.

1) Zunächst hatten viele jüdische Gemeinden die Neueinwanderung mit der Hoffnung verbunden, ihre religiöse Identität zu stärken.

---

[136] Dies berichteten verschiedene Kontingentflüchtlinge in persönlichen Gesprächen. Aber auch anhand der Auswertung verschiedener Datensätze aus der amtlichen Schulstatistik, repräsentativer Surveys und Schulleistungsstudien wie PISA, zeigt sich, dass aus der Sowjetunion stammende Schüler neben polnischen und kroatischen relativ erfolgreich im bundesrepublikanischen Schulsystem abschneiden (Siegert 2008: 4).

[137] Franziska Becker und Karen Körber haben durch die Analyse von 500 Zeitungs- und Zeitschriftenartikeln seit 1990 diesen Wandel in der Einstellung gegenüber russischen Kontingentflüchtlingen analysiert (Becker/Körber 2001: 425ff).

Doch die überwiegende Mehrheit der Einwanderer hat aufgrund ihrer säkular geprägten Sozialisation in der ehemaligen Sowjetunion nur wenig religiöse Bindung bzw. nur wenig Wissen über die jüdische Religion. Die Zugewanderten begreifen unter jüdischer Identität vor allem die Zugehörigkeit zu einem europäischen, nichtreligiösen kulturellen Judentum. Insbesondere religiöse Funktionsträger, die gehofft hatten, dass das orthodox religiöse Leben durch die Einwanderung gestärkt werde, wurden daher zunächst enttäuscht.

2) Die Aufnahmepolitik der jüdischen Gemeinden konfrontiert die jüdische Gemeinschaft mit der Frage,[138] wie der Umgang mit Einwanderern, die keine matrilineare jüdische Abstammung vorweisen, nichtjüdischen Ehepartnern und Kindern, die allein von einem jüdischen Vater abstammen, zu gestalten ist. Dabei zeigt sich in der Praxis ein sehr heterogener Umgang mit dieser Personengruppe: In manchen Städten nehmen sie an verschiedenen Aktivitäten des Gemeindelebens teil, in anderen Städten bleiben sie davon ausgeschlossen.[139]

3) In verschiedenen jüdischen Gemeinden verändern die Zuwanderer durch ihre zahlenmäßige Übermacht die Gemeindearbeit in den demokratisch gewählten Gemeinderäten. Hierdurch kam es in manchen Gemeinden, wie beispielsweise in Berlin, auch zu Konflikten (Berliner Zeitung vom 1.9.2005).[140] Auch äußerten ei-

---

[138] Beispielsweise kritisierten 2004 die *‚Union der progressiven Juden'* in Deutschland und der *‚Jüdische Kulturverein Berlin'* in einem Brief an den damaligen Innenminister Otto Schily, dass der Einwanderungsstatus allein durch halachische Gesetze und damit eine rein matrilineare Bestimmung des Judentums definiert werden (Ben-Rafael et. al. 2006: 104).

[139] Um Mitglied einer jüdischen Gemeinde zu werden, müssten die Betroffenen zum jüdischen Glauben übertreten. Dies gestaltet sich, abhängig von den je konkreten gegebenen Bedingungen, unterschiedlich schwierig.

[140] Dies könne nach Ansicht verschiedener Informanten auch erklären, warum Konflikte zwischen Alteingesessenen und Zuwanderern in den jüdischen Gemeinden bisweilen eskalieren: Aufgrund eines Gefühls des von der Gesellschaft Ausgeschlossen-Seins würden Einzelne versuchen, ihre Minderwertigkeitsgefühle gegenüber den gut etablierten Alteingesessenen durch ein unangemessen dominantes Auftreten in den jüdischen Gemeinden zu kompensieren. Zu diesem Ergebnis kamen die Autoren einer empirischen Studie, in der mittels Experteninterviews Sozialarbeiter, Psychologen und Funktionsträger in den jüdischen Gemeinden zur Situation russischer Kontingentflüchtlinge befragt wurden (Ben-Rafael et al. 2006: 98).

nige Zuwanderer öffentlich Kritik am jüdischen Etablissement. So warfen 2004 mehrere Zugewanderte in verschiedenen Briefen alteingesessenen Vertretern des Zentralrats der Juden in der ‚Yevrjeyskaya Gazeta'[141] die Vernachlässigung der sozialen Integration der russischen jüdischen Zuwanderer vor. Michail Goldberg, der Chefherausgeber, schrieb dazu:

> "From the general media information, I only learn about one major activity (of the council) the fight against anti-Semitsm (...) That's the only sphere, in which the Central Council is busy. This is not enough." (Ben-Rafael et al. 2006: 103ff).

4) Für die alteingesessenen Mitglieder bringt die Zuwanderung Veränderungen im jüdischen Gemeindeleben mit, die sie nicht nur positiv beurteilen. Während die meisten Alteingesessenen die jüdischen Gemeinden vor allem aus religiösen und kulturellen Motiven aufsuchten, wenden sich die Zuwanderer häufig auch an die Sozialabteilungen der jüdischen Gemeinden, um Unterstützung bei der Integration in die bundesrepublikanische Gesellschaft zu finden (z.B. Arbeitsplatzsuche, Wohnungssuche). Dies wird von einigen Alteingesessenen jedoch so aufgefasst, als ob die Zuwanderer vor allem Hilfeleistung in Anspruch nehmen wollen, ohne zum Gemeindeleben beizutragen. Hinzu kommen nicht zuletzt auch durch die unterschiedliche Sozialisation soziokulturelle Unterschiede zwischen den Gruppen zu Tage, die dazu führen, dass bisweilen starke Differenzen zwischen Alt[142]- und Neumitgliedern spürbar werden. So unterscheiden sich die verhältnismäßig gut in der bundesrepublikanischen Gesellschaft integrierten Alteingesessenen häufig in zentralen Aspekten wie beispielsweise Lebensstil

---

[141] Es handelt sich um eine monatlich in russischer Sprache erscheinende Zeitung, die sich vorrangig an jüdische Leser wendet.

[142] Hierbei muss berücksichtigt werden, dass auch die Alteingesessenen keine homogene Gruppe darstellen. Ihre direkten Vorfahren sind oft osteuropäischer (insbesondere polnischer oder rumänischer) und deutscher Herkunft. Hinzukommen nach Deutschland eingewanderte Israelis, die sich von der Gruppe der Alteingesessenen aber ebenfalls unterscheiden. Gemeinsam ist all diesen Personen eine meist langjährige Vertrautheit mit dem Leben in einem demokratisch und kapitalistisch geprägten Gesellschaftssystem, was für die sowjetischen Zuwanderer nicht gilt.

und persönliche Einstellungen von den russischen Einwanderern.[143]

Aufgrund der Einwanderung ist die Mitgliederzahl der jüdischen Gemeinden in Deutschland von 29.089 im Jahr 1990 auf 107.677 im Jahr 2005 angestiegen; ca. 90% aller Gemeindemitglieder sind nun Zugewanderte aus der ehemaligen Sowjetunion. So sind laut einer unveröffentlichten Mitgliederstatistik der Zentralwohlfahrtsstelle der Juden in Deutschland (ZWST e.V.) von den insgesamt 107.677 Gemeindemitgliedern nur noch 9977 Alteingesessene. Das entspricht einem prozentualen Anteil von 9,26%.

---

[143] Dies zeigt sich beispielsweise in der Begehung von Feiertagen. Für viele in der Sowjetunion Sozialisierte sind bestimmte Feiertage wie der 1. Mai, der Internationale Frauentag am 8.März und der Tag des Sieges am 8.Mai sehr wichtig. Manchen Alteingesessenen jedoch scheint es befremdlich, dass diese Tage für die Zugewanderten anscheinend eine größere Bedeutung als die jüdischen Feiertage haben. Vor dem Hintergrund vieler Biografien ist dies aber verständlich. In der Bundesrepublik lebt ein großer Teil der Zugewanderten von der Sozialhilfe und damit in Abhängigkeit von dem deutschen Staat. Am 8. Mai können sich diese Personen aber als Sieger über Deutschland fühlen, da ja an diesem Tag die Rote Armee, und damit Angehörige des sowjetischen Volkes, dem sie sich zugehörig fühlen, Deutschland besiegte. Daher hat dieser Tag für die Stärkung ihres Selbstwertgefühls eine wichtige Bedeutung (Hinweis von Julia Bernstein, die zu der Thematik ihre Dissertation verfasste, während einer Diskussion September 2009) Auch der Dokumentarfilm ‚Mazel Tov' (2009) behandelt diese Thematik.

Grafik 2: Entwicklung der Gesamtmitgliederzahl in den jüdischen Gemeinden mit und ohne Zuwanderung von 1990-2005

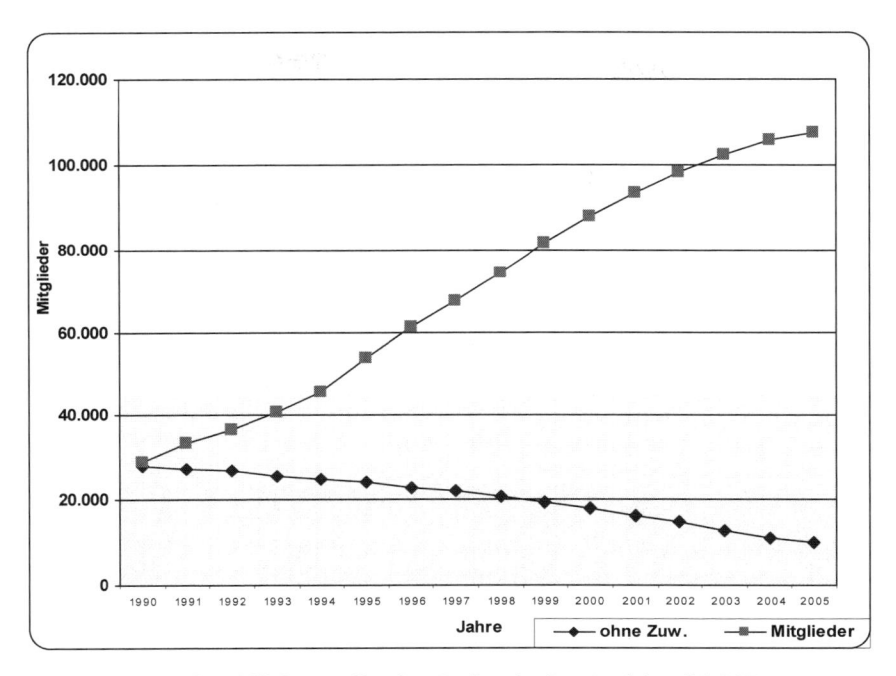

Quelle: Zentralwohlfahrtstelle der Juden in Deutschland 2005

Graphik 2 verdeutlicht eindrücklich, wie die Zukunft der jüdischen Gemeinden ohne die Einwanderung ausgesehen hätte: die Anzahl der alteingesessenen Mitglieder nahm kontinuierlich ab.

In vielen Städten vervielfachte sich die Mitgliederzahl in den Gemeinden binnen weniger Jahre: Gerade in den neuen Bundesländern[144] wie auch in Städten mit ländlichem Umfeld entstanden neue Gemeinden und damit verbunden verschiedenste Einrichtungen wie jüdische Kindergärten und Schulen. So schreibt die Frankfurter Allgemeine Zeitung 2008:

---

[144] So hatte es 1989 in der ganzen DDR zusammen weniger als 500 Mitglieder der jüdischen Gemeinschaft gegeben (Ben-Rafael et al. 2006: 96). Seit 1990 kamen allein nach Brandenburg rund 7500 russische Kontingentflüchtlinge, von denen nach Schätzungen etwa 3500 geblieben sind (Fügner 2005: 61).

„Das jüdische Leben in Deutschland erlebt dank der Zuwanderung von den rund 200.000 Juden aus Osteuropa und der ehemaligen Sowjetunion seit 1989 eine Renaissance. Die überalterten Gemeinden sind gewachsen, und nach wie vor werden neue Gemeinden gegründet" (FAZ, 29.2.2008: 5).

Dabei tragen die Zuwanderer nicht nur zur Stärkung von jüdischen Institutionen bei, sondern gründen und engagieren sich auch in eigenen russischsprachigen Kultur- und Kunstzirkeln außerhalb des Gemeindelebens, um sich in diesen gleichzeitig mit russischer und jüdischer Kultur auseinander zu setzen. Ein Beispiel hierfür ist die Situation in Bremen, das 1990 nur 150 jüdische Gemeindemitglieder und 12 Jahre später, 2002, bereits 1160 Mitglieder zählte. Hier gründeten jüdische Zuwanderer, unter anderem der ehemalige Direktor eines Theaters in Moskau, auf dem Bremer UniversitätsCampus ‚*The Russian Theater School'*. Dieses Theaterensemble besteht aus deutschen Studenten, jüdischen Kontingentflüchtlingen sowie russischen Aussiedlern und gibt Vorstellungen auf öffentlichen Plätzen sowie in verschiedenen jüdischen Gemeinden (Ben-Rafael et al. 2006: 101ff).

Im Rahmen der soziologischen Mirationsforschung lässt sich insgesamt die Migration der jüdischen Zuwanderer besonders gut unter den theoretischen Gesichtspunkten des neueren Ansatzes der transnationalen Migration fassen. Typisch hierfür ist, dass im Gegensatz zu früheren Migrationsbewegungen, die unidirektional, das heißt als einmaliger Wohnortwechsel definiert werden, bei der transnationalen Migration die Einwanderer eine Verbindung zwischen Herkunfts- und Einreisegesellschaft aufrechterhalten. So entstehen innerhalb des geographisch-politischen Raumes, in dem sie nun leben, ethnisch-kulturelle soziale Räume, die einen starken Bezug zur Heimat haben (Haug 2000: 30).

Abschließend kann festgestellt werden, dass trotz gewisser Integrationsschwierigkeiten sowohl Funktionsträger als auch Mitglieder der jüdischen Gemeinden mittlerweile anerkennen,[145] dass die sowjetischen

---

[145] Nach meinen Beobachtungen trifft die beschriebene negative Stimmung der Alteingesessenen gegenüber den Zuwanderern, wie sie in dem Aufsatz von Becker/Körber geschildert wird, aktuell nicht zu. Auch gestaltet sich die Situation in den verschiedenen Gemeinden sehr unterschiedlich: In manchen gelang die Integration recht gut, in anderen ist es schwieriger. Vieles weist daraufhin,

Zuwanderer die jüdische Gemeinschaft der Bundesrepublik in den letzten 20 Jahren nachhaltig verändert haben und entscheidend dazu beigetragen haben, dass Deutschland mittlerweile mit ca. 100 Gemeinden die drittgrößte jüdische Gemeinschaft in Europa nach England und Frankreich darstellt.

Mit diesen Überlegungen möchte ich den gesamten Abschnitt 3 zum *Sozialen und Historischen Rahmen*' beenden. Ich habe diese Informationen an den Anfang meiner Arbeit gesetzt, da dies zum besseren Verständnis der nachfolgenden Kapitel notwendig ist. Im folgenden Teil dieser Arbeit, Abschnitt 4, stelle ich meine empirische Untersuchung zum Thema vor. Hierzu wende ich mich zunächst dem methodischen Vorgehen meiner Studie zu.

---

dass sich die Differenzen mit der Zeit vermindern und die Kinder der Zuwanderer recht gut integriert werden können. Beispielsweise zeigen die Ergebnisse einer empirischen Studie mit 363 jüdischen Zuwanderer in verschiedenen deutschen Städten über ihr Selbstbild, dass mit abnehmenden Alter die Bereitschaft sich mit der deutschen Kultur auseinander zu setzten steigt. Je jünger die Personen sind, desto besser sprechen sie deutsch und desto leichter können sie sich integrieren (Ben-Rafeael et al. 2006: 171). In dem Sinne scheint mir auch die folgende Aussage von Judith Kessler, Chefredakteurin der Gemeindezeitung *Jüdisches Berlin*' und Verfasserin verschiedener Aufsätze über die russischen jüdischen Einwanderer, überholt: "There is no real spirit of belonging together.(...) Non-Russians and Russians have very little in common [...] they are different worlds, and they are no serious efforts to unite" (Ben-Rafael et al. 2006: 107).

4. Empirie: Kontingentsflüchtlings-Familien

Anhand der Ergebnisse des empirischen Teils dieser Dissertation möchte ich die beiden aufgeworfenen Hauptfragestellungen

1) ‚Wie gestalteten sich die Lebensbedingungen für die untersuchte Personengruppe in der ehemaligen Sowjetunion?' und
2) ‚Mit welcher Haltung bewältigen die befragten Familien ihr Leben in der Bundesrepublik?'

beantworten. Bevor ich die Ergebnisse hierzu präsentiere, möchte ich zunächst das methodische Vorgehen der Studie schildern.

Dazu gebe ich einerseits einen Überblick über das ZWST-Projekt ‚*Integration von Menschen mit einer geistigen oder psychischen Behinderung*' und andererseits das Forschungsdesign, die Auswahl der Fälle, die Datenerhebung und –auswertung im Rahmen der Doktorarbeit. Abschließend diskutiere ich die Rolle des Forschers in dem Untersuchungsfeld.

4.1. Methodisches Vorgehen

Projektbeschreibung
Die Zentralwohlfahrtsstelle der Juden in Deutschland (ZWST e.V.)[146] führte, gefördert durch Aktion Mensch, vom April 2005 bis März 2008 das Projekt ‚*Integration von Menschen mit einer geistigen oder psychischen Behinderung in das jüdische Gemeindeleben*' durch. Anlass für die Durchführung war die Tatsache, dass sich die jüdische Sozialarbeit der Nachkriegszeit vorwiegend der Jugend- und Seniorenarbeit sowie der Integration russischer Kontingentflüchtlinge gewidmet hatte. Menschen mit einer Behinderung waren bis zu diesem Zeitpunkt, 2004, von

---

[146] Die Zentralwohlfahrtsstelle der Juden in Deutschland e.V. ist einer der sechs Träger der Liga der freien Wohlfahrtspflege und Mitglied der Bundesarbeitsgemeinschaft der freien Wohlfahrtspflege. Sie ist die Dachorganisation der jüdischen Gemeinden in Deutschland und gesamtverantwortlich für deren Unterstützung in Belangen der Sozialarbeit.

der jüdischen Wohlfahrtspflege nicht thematisiert worden. Daher kannten selbst langjährig erfahrene Sozialarbeiter der jüdischen Gemeinden kaum betreffende Personen und deren Bedürfnisse.
Daher entschloss sich die ZWST e.V. zu der Initiierung dieses Projektes[147] und führte in dessen Rahmen:

a) verschiedene regionale und überregionale Informationsveranstaltungen sowie Bildungsurlaube für den betroffenen Personenkreis und ihre Angehörigen durch. Des Weiteren förderte sie die Bildung von regionalen Selbsthilfegruppen innerhalb der jüdischen Gemeinden.
b) eine wissenschaftliche Begleitstudie zur Lebenslage der betroffenen Personengruppe und ihrer Anbindung an die jüdische Gemeinschaft durch.[148]

Etwa sechs Monate nach dem Beginn meiner Mitarbeit in diesem Projekt entschloss ich mich dazu, eine Dissertation zu dieser Personengruppe und ihrer Lebenssituation zu schreiben. Ich nahm die Menschen, die ich kennen gelernt hatte, als eine sehr lebendige Gruppe wahr, in der sowohl die behinderten Menschen als auch ihre Angehörigen per se keinen unglücklichen Eindruck machten. Dies überraschte mich und erschien mir einer Untersuchung wert. Zu diesem Zeitpunkt hatte ich noch keine Fragestellung entwickelt, da mir die Personengruppe so fremd war, dass ich mich ihr erst einmal annähern musste. Dies wirkte sich unmittelbar auf das von mir gewählte Forschungsdesign aus, das ich im Folgenden beschreiben möchte.

---

[147] Gleichzeitig bot sich für die jüdische Gemeinschaft hierdurch auch die Gelegenheit, die durch den Nationalsozialismus unterbrochene Tradition jüdischer Wohlfahrtspflege, die sich vor 1933 gerade auch um Mitglieder mit einer geistigen Behinderung intensiv gekümmert hatte, anzuknüpfen. So hatte es zu Beginn des 20 Jahrhunderts in der Berliner Region verschiedenste jüdische sozialpädagogische, heilpädagogische und pädiatrische Einrichtungen, die eine sehr gute Reputation genossen, gegeben. Beispielsweise hat die israelitische Erziehungsanstalt für geistig zurückgebliebene Kinder in Beelitz von 1907 bis 1942 sowohl im In- wie Ausland durch neuartige Konzepte in der Heilpädagogik und ihren charismatischen Leiter Sally Bein einen großen Bekanntheitsgrad erreicht (Paetz1996: 311ff).
[148] Bader/Kohan 2011.

Forschungsdesign

Da das Untersuchungsfeld ‚*Russischsprachige Kontingentflüchtlinge mit einem geistig behinderten Angehörigen*' weitgehend unbekannt war und es noch unerforscht ist hat die vorliegende Studie einen explorativen Charakter.

Die oben benannten Fragestellungen mussten im Verlauf des Forschungsprozesses[149] zunächst entwickelt werden, bevor sie anschließend untersucht werden konnten. Das Forschungsdesign gliedert sich in zwei Abschnitte, da ich mich dem Untersuchungsfeld mit Methoden der qualitativen und quantitativen Sozialforschung näherte:

1) Qualitative Forschung: Zuerst führte ich unstrukturierte Interviews in fünf Familien, die ein Mitglied mit einer geistigen Behinderung betreuen und analysierte diese. Anschließend befragte ich zusätzlich vier Expertinnen aus dem Bereich der Sonder- und Heilpädagogik, die bereits in der Sowjetunion im Rahmen ihrer beruflichen Tätigkeit mit dem betroffenen Personenkreis gearbeitet hatten, um die aus den Interviews gewonnenen Aussagen aus einer weiteren unabhängigen Perspektive zu betrachten.[150]
2) Quantitative Forschung: Mittels einer Sekundäranalyse mit einem verkleinerten Datensatz aus dem Projekt habe ich den Versuch unternommen, zentrale aus den Interviews gewonnene Erkenntnisse an Hand einer statistischen Analyse zu überprüfen.

Die Methoden der qualitativen Sozialforschung zeichnen sich dadurch aus, dass

---

[149] Daher stellt sich in dieser Arbeit der Forschungsprozess nicht als ein linearer Prozess sondern vielmehr als ein zirkuläres Modell dar, bei dem sich im Prozess der Datengewinnung und -auswertung Vorannahmen auch als nur vorläufig erweisen können und daher gegebenenfalls revidiert werden müssen (Flick 1996: 61).

[150] Da vor der Perestroika über die Lebenslage behinderter Menschen kaum öffentlich diskutiert oder geschrieben wurde, konnte ich nur auf wenig Literatur zu dieser Thematik zurückgreifen. Diese Information ergab sich aus Vorgesprächen mit mehreren bereits in der Ex-Sowjetunion arbeitenden Sozialarbeiterinnen.

„sie den Forschungsgegenstand möglichst weitgehend in dessen eigenen Strukturen, in dessen Einzigartigkeit und Besonderheit versteht und erfaßt" (Flick 1995: 149).

Hierbei liegt die Stärke qualitativer Methoden darin die soziale Wirklichkeit zu erfassen, statt sie an von außen vorgegebene Schemata anzupassen. Für die Forschungsarbeit bedeutet das, dass der Forscher sein theoretisches Vorwissen möglichst zurückstellen und dem Untersuchungsfeld mit dem Prinzip der Offenheit und einer Haltung gleichschwebender Aufmerksamkeit begegnen sollte (Flick 1995: 429).

Ein weiterer wichtiger Bestandteil des qualitativen Teils – neben den geführten Interviews – sind Elemente aus der ethnographischen Forschung.

Meine Mitarbeit in dem Projekt ermöglichte es mir, an verschiedenen Orten zu unterschiedlichen Zeiten den betroffenen Personenkreis zu beobachten. In Feldnotizen hielt ich dabei Ereignisse und Begebenheiten, die mir bemerkenswert schienen, fest. Diese zusätzlichen Informationen stelle ich in den Fußnoten dar, da ich sie nicht mit den Erkenntnissen aus den Interviewinterpretationen vermischen möchte. Bei der Auswahl der Anmerkungen beschränke ich mich auf die Informationen, die einen unmittelbaren Bezug zu den Interviewthemen haben, da die Analyse der Interviews den Schwerpunkt meiner Arbeit bildet.

Bei der Auswertung der qualitativen Interviews zeichneten sich fünf Haupt Erkenntnisse ab, die in fast allen Gesprächen thematisch waren und auch durch andere Personen, die zu dem untersuchten Personenkreis gehören, aber nicht interviewt wurden, bestätigt wurden. Ich entschloss mich daher während der Auswertung des qualitativen Teils eine zusätzliche Überprüfung der Ergebnisse durch eine statistische Analyse mit einem bereits vorhandenen Datensatz vorzunehmen, um insbesondere zu überprüfen, ob die aus den Interviews gewonnenen Ergebnisse auch auf Betroffene, die wenig oder kein deutsch sprechen, zutreffen.

Der mir aufgrund der Projektarbeit zugängliche Datensatz erlaubte es, Methoden der qualitativen und quantitativen Sozialforschung zu verbinden. Die so mögliche Triangulation[151] trägt dazu bei, zu validen Er-

---

[151] Unter der Triangulation wird die *„Kombination von Methodologien bei der Untersuchung desselben Phänomens"* verstanden (Denzin, 1970: 291. zit. n. Flick 1995:432).

gebnissen zu kommen, denn durch die Kombination verschiedener Datenerhebungs- und Auswertungsmethoden zu verschiedenen Zeiten und Orten lassen sich Ergebnisse besser bestätigen oder widerlegen (Flick 1995:432 ff).

<u>Auswahl der Interviewpartner</u>
Durch meine Mitarbeit im Projekt lernte ich im Verlauf von vier Jahren ca. 130 russischsprachige Familien, die einen geistig oder psychisch behinderten Angehörigen betreuen, kennen.

Für die Dissertation schränkte ich den zu befragenden Personenkreis ein:

So konzentrierte ich mich auf die Familien, die einen geistig behinderten Angehörigen versorgen. Hierbei handelt es sich meist um Familien, die häufig bei der Geburt von der Behinderung ihres Kindes erfahren haben und daher über eine jahrzehntelange Erfahrung im Umgang mit ihren Familienmitgliedern verfügen. Dies war mir wichtig, denn ein zentrales Anliegen dieser Arbeit ist es, auch Informationen zu dem Umgang mit dieser Personengruppe aus der Zeit der ehemaligen Sowjetunion zu erhalten.

Ich beschränkte den Personenkreis auf Menschen mit einer *‚geistigen Behinderung'* auch deshalb, weil ich nur bei dieser Personengruppe beobachtete, dass *‚Behinderung und Migration'* anscheinend keine doppelte Belastung darstellen. Die Gruppe der psychisch Erkrankten und ihrer Angehörigen machte hingegen einen ganz anderen, viel unglücklicheren Eindruck auf mich. Bei einer Beschäftigung mit diesem Personenkreis wären weitere Fragestellungen aufgetaucht, die den Rahmen dieser Arbeit gesprengt hätten. So zeigte sich beispielsweise in Gesprächen mit Familienangehörigen von psychisch Erkrankten, dass die Erkrankung häufig erst während der Migration aufgetaucht oder sich in Folge dieser verschlimmert hatte. Dies war bei den Menschen mit einer geistigen Behinderung in der Regel nicht der Fall.

Von den ursprünglich 130 Familien bildeten daher nur etwa 60[152] Familien die Grundgesamtheit für meine Gespräche.

---

[152] Die restlichen 70 Familien betreuten ein Familienmitglied mit einer psychischen oder anderen Behinderung.

Da ich kein russisch spreche, reduzierte sich die Zahl der möglichen Interviewpartner auf etwa 15 Familien, da allein diese auch über gute deutsche Sprachkenntnisse verfügten. Denn ich beschränkte mich auf deutschsprachige Familien, da ich den Erzählfluss in den Interviews nicht unterbrechen wollte und daher keinen Dolmetscher heranziehen wollte. Unter den 15 potentiell in Frage kommenden Familien bemühte ich mich darum 4 möglichst unterschiedliche Fälle hinsichtlich der Ausbildung, Herkunft der Angehörigen bzw. Behinderungsbildes und Lebenssituation des behinderten Familienmitgliedes auszuwählen. Als fünften Fall habe ich eine Familie ausgesucht, die nur russisch spricht, um sie mit den anderen Fällen zu kontrastieren.[153]

Für die Auswahl der Familien orientierte ich mich an der Methode des theoretischen Samplings. Das theoretische Sampling geht induktiv-deduktiv vor und folgt damit einer anderen Logik als das herkömmliche statistische Sampling: Die Datenerhebung erfolgt mehrmals, wobei nach jedem Forschungsschritt jeweils neu festgelegt wird, welcher Fall als nächster ausgewählt wird. Fallauswahl und -auswertung stehen daher in einem engen Zusammenhang. Das Ziel hierbei ist, auch bei einer kleineren Anzahl von Befragten eine möglichst breite theoretische Vielfalt von Antworten und somit auch Erkenntnissen zum Gegenstand zu erhalten. Das Verfahren erhebt dabei nicht den Anspruch, Aussagen im Sinne einer statistischen Repräsentativität zu geben (Wiedemann 1995: 441f.).

Für die Fallauswahl erwies sich als schwierig, dass viele Eltern getrennt leben[154] und in diesen Fällen nur das Interview mit einem Elternteil möglich war. In zwei Familien interviewte ich auch jeweils ein Geschwisterteil. Die behinderten Menschen wurden nicht befragt. Zum einen war dies aufgrund mangelnder Sprachkenntnisse nicht möglich, zum anderen stand im Fokus meiner Untersuchung die Sichtweise der Angehörigen.

Mein erstes Interview führte ich mit einer Familie, die sich sehr prägnant zur Thematik äußern konnte. Eine erste grobe Interviewauswertung ergab, dass die Integration des behinderten Angehörigen als auch der Familie gelungen schien. Deshalb wählte ich die zweiten Inter-

---

[153] In diesem Fall wie auch im Interview mit der 2. Expertin, Frau M., bemühte ich einen Dolmetscher.
[154] Siehe auch nähere Informationen hierzu im quantitativen Teil, S. 114ff.

viewpartner so aus, dass sie sich von der vorhergegangenen Familie dadurch unterschieden, dass die Integration des Familienmitgliedes mit einer Behinderung nicht gelungen schien. Auch diesen Fall analysierte ich grob, um anhand der Auswertung weitere Erkenntnisse zu erhalten und die nächsten beiden Fälle möglichst kontrastiv auszuwählen. Abschließend entschloss ich mich mit Unterstützung einer Dolmetscherin eine nur russisch sprechende Familie zu interviewen, um zu überprüfen, ob sich die aus dieser Interviewanalyse gewonnenen Erkenntnisse von den anderen Fällen wesentlich unterschieden.

Datenerhebung
In jeder Familie habe ich jeweils zwei Angehörige getrennt voneinander interviewt.[155] Durch das getrennte Gespräch war es möglich, Gemeinsamkeiten und Unterschiede zwischen den Familienmitgliedern in Bezug auf den Umgang mit ihrem behinderten Familienmitglied herauszuarbeiten und familiäre Handlungsmuster zu erkennen. Die Gespräche führte ich als unstrukturierte Interviews, die durchschnittlich 90-180 Minuten dauerten, durch. Als Einstieg berichtete ich von dem Anliegen der Doktorarbeit und ihrer Thematik und bat anschließend die Befragten frei erzählen. Wenn es für das Verständnis des Kontextes erforderlich war, fragte ich nach, war im Übrigen jedoch zurückhaltend, um den Redefluss meiner Gesprächspartner nicht unnötig zu stören. Sofern verschiedene Aspekte nicht bereits im Interview angesprochen worden waren, sprach ich sie abschließend mithilfe eines teilstrukturierten Fragebogens an. Alle Interviews wurden vollständig transkribiert. Die hier angewandte Interviewtechnik beinhaltet sowohl Aspekte des narrativen als auch des problemzentrierten Interviews. Das narrative Element zeigte sich darin, dass die Interviewpartner nach einer Eingangsfrage im Hauptteil des Interviews über weite Strecken von eigenen Erlebnissen berichteten (Hermanns 1995: 183). Dabei wurde deutlich, dass lebensgeschichtliche Zusammenhänge in den Interviews immer thematisch waren.

Das ‚problemorientierte Interview' verbindet

„eine sehr lockere Bindung an einen knappen, der thematischen Orientierung dienenden Leitfaden mit dem Versuch, den

---

[155] Eine Ausnahme bildet das Interview mit der russischsprachigen Familie Tarassow, die gemeinsam interviewt werden wollte.

Befragten sehr weitgehende Artikulationschancen einzuräumen und sie zu freien Erzählungen anzuregen" (Hopf 1995: 178).

Datenauswertung

Zur Datenauswertung zog ich das Verfahren der *‚objektiven Hermeneutik'* (Oevermann 1993) heran.[156]

Dieses Interpretationsverfahren, das allein aus der Rekonstruktion des Materials das Wesentliche erschließt und nicht vorab gebildete Kategorien an den Interviewtext legt, erschien mir am erfolgversprechendsten. Im Mittelpunkt dieser Methode steht die Fallrekonstruktion: Der einzelne Fall bleibt dabei in seiner Gesamtgestalt und Besonderheit erhalten. Im Gegensatz hierzu werden beispielsweise bei einem subsumptionslogischen Verfahren wie der Inhaltsanalyse Kategorien gebildet, einzelne Textstellen des Textes aus dem Gesamtzusammenhang herausgenommen und den verschiedenen Kategorien zugeordnet (Rosenthal 2005: 56). Der Text als Ganzes bleibt dabei nicht erhalten.

Ziel der objektiven Hermeneutik ist es über die Interpretation von Texten (z.B. Interviews), die als ein Protokoll der sozialen Wirklichkeit betrachtet werden können (Wernet 2006: 12), latente Sinnstrukturen im Handeln der Befragten aufzudecken, die den Handelnden nicht bewusst sind. Diese latenten Strukturen können erschlossen werden, weil die *‚objektive Hermeneutik'* davon ausgeht, dass das soziale Handeln von Menschen regelgeleitet ist und nach Regeln erfolgt, die den Mitgliedern einer Gesellschaft bekannt sind (Wernet 2006: 13). Im Rahmen einer Fallanalyse wird daher aus einer strukturtheoretischen Perspektive analysiert, wie ein Individuum, das sich im Laufe seines Lebens naturgemäß immer aufs Neue mit lebenspraktischen Anforderungen auseinander setzten muss, Entscheidungsprozesse gestaltet. Dabei können sich diese immer wieder ähnlen (Reproduktion) oder auch neuartig gestalten (Transformation). Die Herausarbeitung dieser den besonderen Fall kennzeichnenden Struktur ist das Anliegen der Fallrekonstruktion (Hildenbrand 1995: 257).

---

[156] Über die detaillierte Vorgehensweise der *‚objektiven Hermeneutik'* gibt Wernet einen ausgezeichneten Überblick (Wernet 2006).

Da das Verfahren die Rekonstruktion latenter Sinnstrukturen verfolgt, wird während der Analyse die subjektive Perspektive der Handelnden nicht ungeprüft übernommen. So ist

„Die Differenz zwischen der Ebene der objektiven latenten Sinnstrukturen und der Ebene der subjektiv-intentionalen Repräsentanz [ist] für die objektive Hermeneutik entscheidend." *(Oevermann u.a. 1979: 380, zit.n. Wernet 2006:18).*

Eine der zentralen Anforderungen dieses Analyseverfahrens, das methodisch kontrolliert vorgeht, ist das sequenzanalytische Vorgehen (Wernet 2006: 27). Daher wird während der Interviewanalyse zunächst der Beginn eines Interviews betrachtet. Anschließend werden zentrale Stellen, die für die Beantwortung der Fragestellungen wichtig sind, analysiert.
Die konkrete Interpretationsarbeit erfolgt in drei Schritten.

1) Zunächst werden an ausgewählten Interviewstellen im Gedankenexperiment verschiede Geschichten, die zu der Textstelle passen könnten, gebildet.
2) Anschließend werden Lesarten zu den Geschichten entwickelt, um die fallspezifische Textbedeutung der Geschichten zu explizieren.
3) Abschließend werden die gebildeten Lesarten mit der vom Interviewten gemachte Äußerung konfrontiert und analysiert (Wernet 2006: 39).

Meine Arbeit orientierte sich an der Methode der *‚objektiven Hermeneutik'*, ich habe diese jedoch nicht im strengen Sinne angewendet. Ein Grund dafür besteht darin, dass ich mein Thema bereits vorab definiert und eingegrenzt hatte. Die bei einem strengen Vorgehen notwendige umfangreiche Bildung von Lesarten hätte an manchen Textstellen zu weit von der mich interessierenden Fragestellung weggeführt. Auch konnte beispielsweise das Prinzip der *‚Wörtlichkeit'* (Wernet 2006:23) aufgrund der in einer für die Befragten fremden Sprache geführten Interviews nur schwer angewendet werden.
Bei der Auswertung der Interviews kristallisierten sich fünf Schwerpunkte heraus, die von den Befragten wiederholt thematisiert wurden.

Am Ende des empirischen Teils, 4.5 gebe ich diese Schwerpunkte zusammenfassend wieder und gehe auf sie ein.

Rolle des Forschers
Meine Mitarbeit und Eingebundensein in diesem Projekt führte

> *„zu einer Gratwanderung zwischen Nähe und Distanz, zu der es gehört, die Perspektiven der Untersuchungspersonen übernehmen zu können, aber gleichzeitig als Zeuge der Situation Distanz zu wahren. Ohne Nähe wird man von der Situation zu wenig verstehen, ohne Distanz wird man nicht in der Lage sein, sie sozialwissenschaftlich zu reflektieren."* (Przyborski, Wohlrab-Sahr 2008: 60).

In meinem Forschungskontext war die Problematik des *‚going native'* besonders virulent. Unter diesem aus der Feldforschung bekannten Terminus wird verstanden, dass sich der Forscher in unzulässiger Weise mit den Beforschten identifiziert (von Wolffersdorff-Ehlert 1995: 388) und damit seine Distanz zum Forschungsfeld einbüßt. Da ich mich sowohl in der Rolle des Forschers als auch der Projektmitarbeiterin befand, war die Gefahr eines Distanzverlustes zum Forschungsgegenstand besonders groß. Daher bemühte ich mich darum, eine Trennung zwischen Projektarbeit und Forschungsarbeit zu wahren und zu vermitteln.

So führte ich alle Interviews außerhalb der Projektarbeitszeit in den Wohnungen der Interviewpartner durch. Hierbei sicherte ich Diskretion und Anonymität der Gesprächssituation zu, was auch deshalb möglich war, da ich im Rahmen des Projektes lediglich koordinierte, informierte und eine wissenschaftliche Erhebung durchführte. Zu keinem Zeitpunkt entschied ich über Vergünstigungen bzw. Erleichterungen für den betreffenden Personenkreis. Des Weiteren bemühte ich mich um eine Diskussion und Reflexion der Problematik des *‚going native'* im Gespräch mit wissenschaftlichen Kollegen und innerhalb von Kolloquien, in denen ich regelmäßig die Ergebnisse dieser Arbeit zur Diskussion stellte.

Insgesamt ergaben sich aus meiner Einbindung in das Feld Vor- und Nachteile.

1) Als **Vorteil** erwies sich, dass ich seit 2005 kontinuierlich und umfangreich mit Betroffenen zu tun hatte und dadurch etwa 60 Fa-

milien, die ein Familienmitglied mit einer geistigen Behinderung betreuen, näher kennen lernte. Der Rahmen der Projektarbeit erleichterte mir die Auswahl geeigneter Interviewpartner, zumal im Vorfeld der Interviews ein Kontakt und Grundvertrauen aufgebaut werden konnten.

2) Ein weiterer **Vorteil** war, dass ich die Befragten auch in anderen Kontexten als der Interviewsituation wieder traf und dadurch meine Eindrücke von ihnen ergänzen konnte.

3) Des Weiteren war es von **Vorteil**, dass ich aufgrund meiner Mitarbeit im Projekt mehrere Gespräche mit verschiedenen Personen (Sozialarbeiter, Psychiaterin), die professionell mit diesem Personenkreis arbeiteten, führen konnte und dadurch wertvolle Informationen erhielt.

4) Ein **Nachteil** ist, dass ich aufgrund fehlender Russischkenntnisse keine russisch sprechenden Familien befragen konnte, sondern mich bei den Interviewpartnern auf diejenigen beschränken musste, die einigermaßen gut deutsch sprachen. Dadurch besteht die Gefahr verzerrte Ergebnisse zu erhalten. Es ist denkbar, dass sich die ausgewählten Familien auch in anderen Merkmalen – z.B. Ehrgeiz – von den nicht deutschsprechenden Familien unterscheiden. Um diese Problematik abzumildern interviewte ich zum Schluss eine nur russisch sprechende Familie mit Unterstützung einer Dolmetscherin und überprüfte einen Teil der Ergebnisse statistisch anhand eines Datensatzes zu einer größeren russischsprachigen Personengruppe, die nur über wenige Deutschkenntnisse verfügt. .

5) Die fehlenden russischen Sprachkenntnisse und meine Unkenntnis über das Forschungsfeld können jedoch auch als ein **Vorteil** betrachtet werden. Sie ermöglichen es mir, die Ereignisse aus einer fremden Perspektive zu betrachten und so Sachverhalte als bemerkenswert wahrzunehmen, die einem Vertrauten selbstverständlich erschienen wären.

6) Während meiner Mitarbeit im Projekt nahm ich bereits zahlreiche typische Probleme dieses Personenkreises – auch aufgrund meiner Gespräche mit Kollegen – wahr. Für die spätere Interpretation der Interviews ist dies als **Nachteil** zu werten, da ich mich während der Analyse darum bemühen musste, diese Kenntnisse auszublenden um offen und unvoreingenommen an die Auswer-

tung zu gehen. Da die Ergebnisse der Analyse methodisch kontrolliert gewonnenen werden sollten, durften sie nicht vorschnell aufgrund von Hintergrundwissen, das ich im Projekt erlangt hatte, zustande kommen.
7) Gleichzeitig erwiesen sich die Gespräche mit weiteren Betroffenen und Experten von **Vorteil**, da sich dadurch bestätigte, dass die in den Interviews herausgearbeiteten Aspekte auch für andere Personen wichtig waren. Die Interviewergebnisse decken sich größtenteils mit den Thematiken der Projektarbeit. Dies wiederum spricht für valide Ergebnisse im Sinne einer kommunikativen Validierung (Flick 1995: 168).[157]

Nachdem ich das methodische Vorgehen der Studie vorgestellt habe, folgt nun der zweite Abschnitt des empirischen Teils, Kapitel 4.2, in dem ich mein Thema mit den Methoden der qualitativen Sozialforschung erschließe.

Dafür präsentiere ich zuerst die Fallanalysen der fünf befragten Familien, Kapitel 4.2.1 und anschließend die Ergebnisse der beiden Experteninterviews, Kapitel 4.2.2.

---

[157] Bei der kommunikativen Validierung werden im Gespräch mit Betroffenen die Interviewergebnisse diskutiert und damit ihre Angemessenheit überprüft.

4.2 Qualitativer Empirieteil

4.2.1 Fünf Fallanalysen

Herkunftsregionen der fünf befragten Familien

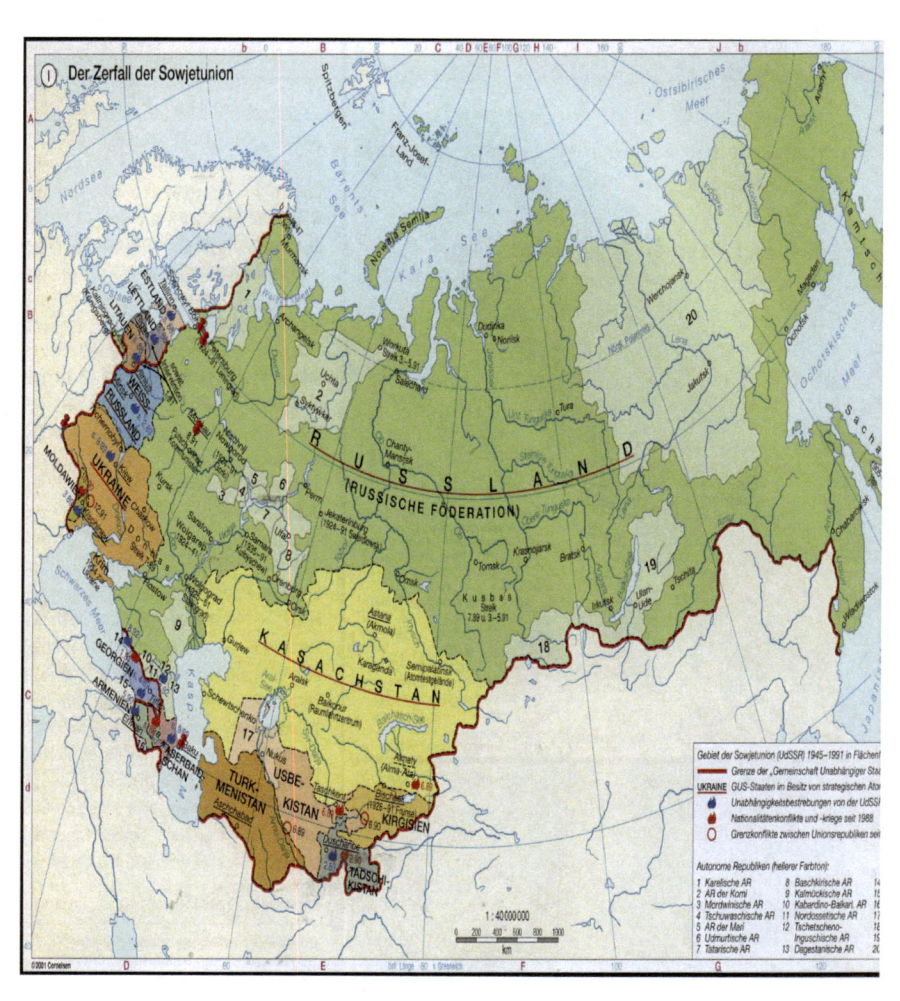

Quelle: Putzger, Historischer Weltatlas (2001):192

4.2.1.1 Fallanalyse: Familie Pasternak

> „Ja, und, ähm ... na ja... dann, äh, wir haben alles Mögliches versucht, (...) für diese Zeit und für unsere Verhältnisse, ähm, alle Mögliches, was damals gab. Medikamente, Massagen, (...) Physiotherapie und alles Mögliches. "

<u>Gesprächssituation: Interview mit Mutter und Bruder im Frühjahr 2007</u>
Frau Pasternak und ihren geistig behinderten Sohn Wladimir lernte ich auf einer vom ZWST-Projekt organisierten mehrtägigen Bildungsfreizeit im Herbst 2006 kennen. Frau Pasternak machte einen zurückhaltenden Eindruck und ging mit ihrem Sohn sprachlich recht liebevoll um, wie eine russischsprachige Betreuerin berichtete. Gegen Ende der Bildungsfreizeit fragte ich Frau Pasternak, ob sie bereit wäre, einige Monate später ein Interview im Rahmen einer Doktorarbeit durchzuführen. Frau Pasternak willigte ein, einige Monate später wurde ein Gesprächstermin telefonisch verabredet. Auch Wladimirs Zwillingsbruder Stanislaw war bereit, sich interviewen zu lassen.

Zwei Wochen nach dem Telefonat fand das Interview in einer kleinen Wohnung am Rande einer mittelgroßen Stadt statt (die Innenstadt liegt etwa 10 Minuten Busfahrt entfernt). Frau Pasternak lebt mit ihren beiden Söhnen in einer ca. 70m² großen Dreizimmer-Wohnung in einer kleinen Siedlung des sozialen Wohnungsbaus. Das Wohngebiet liegt nahe eines britischen Militärareals, es sind keine Läden oder sonstige Einrichtungen in der Nähe sichtbar. Etwa 5 Minuten Fußweg von ihrer Wohnung entfernt lebt ihre über 70 jährige Mutter in einer eigenen Wohnung.

Zunächst unterhielten sich Frau Pasternak und ich bei einer Tasse Tee über aktuelle Ausstellungen in den Museen der Stadt und die Wohnbedingungen in der Gegend. Nach etwa 10 Minuten kam der zweitgeborene Zwillingsbruder in das Zimmer rein, mit ihm war das Interview im Anschluss an das Interview mit der Mutter verabredet.

Nach Ende des ca. zweistündigen Interviews mit Frau Pasternak und einer längeren Pause, in der sie von ihrer aktuellen Arbeitssituation erzählt, begann das Interview mit Stanislaw.

Während des einstündigen Interviews war dessen Bruder Wladimir mittlerweile aus der Behindertenwerkstatt nach Hause gekommen. Er saß in seinem Zimmer, schrieb etwas auf Russisch und hörte russische

Musik. Frau Pasternak und ich gingen nach dem Interview mit dem Bruder in die Küche. Auch die Großmutter, die in der Nähe wohnt, war zu Besuch gekommen.

Darstellung der Fallgeschichte
Frau Pasternak emigrierte mit ihrer Mutter und den beiden Zwillingssöhnen Wladimir und Alexander 1996 von St. Petersburg in die Bundesrepublik.

Sie selber wurde 1955 in einem kleinen Ort an der Grenze zwischen Russland und China geboren. Ihr Vater, Diplomingenieur an einer Militärakademie, war dorthin von Leningrad (dem heutigen St. Petersburg) in den 50er Jahren versetzt worden. Ihren Mann, der 1947 in einem mittelrussischen Ort geboren worden war, hatte sie in St. Petersburg kennen gelernt und 1981geheiratet. Ihr Ehemann arbeitete in der ehemaligen Sowjetunion als Ingenieur, sie hat ein Biologiestudium abgeschlossen.

1981 werden die Zwillinge Wladimir und Alexander geboren, Frau Pasternak ist damals 26 Jahre alt. Der erstgeborene Sohn Wladimir ist aufgrund eines Sauerstoffmangels während des Geburtsvorgangs geistig behindert, zudem haben seine Bewegungen aufgrund einer spina bifida starke spastische Züge.[158] Wladimir hält sich in seiner Kindheit auf Frau Pasternaks Initiative hin mehrmals in verschiedenen Krankenhäusern auf, dort erhält er Massagen und weitere physiotherapeutische Anwendungen, die die Familie privat bezahlt. Im Kleinkindalter besucht Wladimir einen Sonderkindergarten für behinderte Kinder, wo er bis zum siebten Lebensjahr bleiben kann. Um im Kindergarten ihres Sohnes arbeiten zu können, absolviert Frau Pasternak eine einjährige Zusatzausbildung als Krankenschwester. Gleichzeitig unterrichtet sie halbtags an einer Berufsschule Biologie. Als ihr Sohn acht Jahre ist, muss sie ihn zu sich nach Hause nehmen, da es damals in ganz St. Petersburg nur eine Schule für Kinder mit einer Behinderung gibt, und in diese auch nur diejenigen aufgenommen werden, die gewisse Tätigkeiten- wie z.B. eine Jacke zuzuknöpfen- selbsttätig verrichten konnten. Sie wird bis zu

---

[158] Bei der Spina bifida handelt es sich um eine angebliche Spaltbildung in der Wirbelsäule, die unterschiedliche Formen annehmen kann. Die Symptome sind Sensibilitätsstörungen, neurogene Blasenentleerungsstörungen, Lähmungen oder trophische Störungen (Pschyrembel, Medizinisches Wörterbuch 1994).

ihrer Migration in die Bundesrepublik nicht mehr arbeiten gehen, weil sie ihren Sohn zu Hause betreuen muss.

Da ihr damaliger Ehemann sehr viel arbeitet und kaum zu Hause ist betreut sie die Kinder alleine. Aufgrund der allgemeinen Wohnungsknappheit wohnt die vierköpfige Familie die ersten drei Jahre mit den Eltern des Ehemannes in einer Zwei-Zimmer-Wohnung. Nicht nur die enge räumliche Situation ist belastend, auch das Verhältnis zur Schwiegermutter ist gestört. Diese gibt ihr indirekt die Schuld für die Behinderung des erstgeborenen Sohnes und schlägt der Familie vor, ihn in ein Heim zu geben. Frau Pasternak möchte das nicht. Sie flieht aus der häuslichen Enge, indem sie häufiger mit ihren Kindern zu ihren einige hundert Kilometer entfernt lebenden Eltern reist. Nach zwei Jahren kauft sich die Familie mit Unterstützung ihrer Eltern eine kleine Zwei-Zimmerwohnung, ein Zimmer erhält Alexander, das andere Zimmer teilen sich die Eltern mit dem behinderten Wladimir.

Als der Ehemann aufgrund der Perestroika seine Arbeit verliert, wird die wirtschaftliche und gesellschaftliche Lage für die Familie immer schwieriger. Die Eltern können ihre Kinder kaum ernähren, hinzukommt, dass Frau Pasternak weder mit Wladimir stundenlang im Geschäft für Lebensmittel anstehen noch ihn aufgrund der zugenommenen Straßenkriminalität (Wohnungseinbrüche etc.) zu Hause allein lassen kann. Frau Pasternak versucht die schwierigen Lebensverhältnisse zu meistern, auch engagiert sie sich in einer kleinen Selbsthilfegruppe mit anderen Familien, die ebenfalls ein behindertes Kind haben. Die Gruppe unternimmt regelmäßige Aktivitäten wie beispielsweise Theaterbesuche und Ausflüge. 1993 empfiehlt ihr in die Bundesrepublik eingewanderter Bruder aufgrund der schwierigen Verhältnisse auch dorthin auszuwandern. Innerhalb eines Jahres wird der von ihr gestellte Ausreiseantrag genehmigt, sie kann einreisen. Der mittlerweile 49jährige Ehemann kommt einige Monate später nach. Da er aber in Deutschland sowohl sprachlich wie beruflich nicht zu recht kommt, pendelt er so oft zwischen der Sowjetunion und der Bundesrepublik, dass er aufgrund gesetzlicher Regeln seine Aufenthaltsgenehmigung wieder verliert. Er versucht in der Sowjetunion ein Geschäft aufzubauen, was ihm nicht gelingt. Frau Pasternak trennt sich von ihm, 1997 wird die Ehe geschieden, kurze Zeit später heiratet er erneut. Auch seine 2. Ehe scheitert, er wird nach relativ kurzer Zeit wieder geschieden.

Frau Pasternak baut sich in der Bundesrepublik relativ schnell einen Bekanntenkreis auf. Sie arbeitet mit Unterbrechungen als biologisch technische Assistentin.

Ihr Sohn Wladimir kann mit 14 Jahren erstmalig eine Sonderschule besuchen, mittlerweile arbeitet er in einer Behindertenwerkstatt. Ihr Sohn Alexander erwirbt die Hochschulreife und beginnt ein Studium der Wirtschaftswissenschaften.

<u>Analyse des Interviewtextes mit Frau Pasternak:</u>

Das Interview begann folgendermaßen:

Int.: *Gut, ...also warum ich heute hier bei Ihnen bin, ist...ich schreibe eine Doktorarbeit über die Situation von russischen Migranten, die ein Kind mit Behinderung haben. Und mich interessiert die Frage, wie ist es gewesen in der ehemaligen Sowjetunion, was haben Sie für Erfahrungen gemacht? Wie ist es für Sie gewesen, als Sie nach Deutschland gekommen sind? Was hat sich verändert? Wie sehen Sie jetzt die Situationen, das Verhältnis zu Ihrem Kind jetzt? Also einfach so;... wie war es, wie ist es jetzt? Also, am besten, Sie fangen einfach an zu erzählen, so ...*

Die Interviewerin stellt viele Fragen auf einmal. Dies ist ein nicht gelungener Interviewanfang, weil die Befragte nicht weiß, auf welche Frage sie zuerst antworten soll. Zudem stellt die Aufforderung einfach zu erzählen einen Widerspruch zu den dann doch einzeln aufgezählten konkreten Fragen dar. Teilweise haben die einzelnen Fragen auch einen abstrakten Charakter wie z.B. die Frage nach dem Verhältnis einer Mutter zu ihrem Kind. Diese Frage ist zu diesem Zeitpunkt, dem Beginn eines Interviews, viel zu früh gestellt, vielmehr ist es naheliegend, dass die Mutter zuerst über konkrete Situationen mit ihrem Kind berichten wird.

Int.: *...wie es war, als Sie in der Sowjetunion, als Sie Ihre Kind... Ihr Kind bekommen haben... es waren ja Zwillinge, glaube ich?*

Gleichzeitig beantwortet die Interviewerin Fragen, die sie gestellt hat, selber. Das verweist darauf, dass die Interviewerin bereits über Hintergrundwissen zur befragten Familie verfügt und diese Fragen stellt, um das Interview beginnen zu lassen.

Frau Pasternak: Ja.
Int.: Also, dass Sie einfach so erzählen, ja...
Frau Pasternak: Ach ... Ehrlich gesagt, ich habe ganz traurige Erfahrung zu erzählen ... diese Krankenhaus, wo ich meine Kinder geboren habe, gebären habe, und dann, in Krankenhaus, wo ich permanent mit mein Kind gewesen bin.

Gleich zu Beginn ihrer Erzählung thematisiert Frau Pasternak, dass ein trauriges Erlebnis in ihrer Lebensgeschichte eine zentrale Erfahrung darstellt. Der Umstand, dass sie sich nach der Geburt mit einem ihrer Kinder in zwei Krankenhäusern aufhielt und negative Ereignisse erlebte, verweist daraufhin, dass ihr Kind einer besonderen Betreuung bedurfte und sich hierbei von einer ‚normalen' Geburt unterschied. Die ‚traurige Erfahrung', die sie zu Beginn einführt, erwähnt sie in Zusammenhang mit der Geburt ihrer Kinder, was für sie besonders schmerzlich sein dürfte.

Frau Pasternak: Und, äh ... das war alles meistens ziemlich traurig. Die schlimmste. weil, zuerst das war meistens außergewöhnlich und, ähm ... man hat immer jemanden Schuld gegeben, ja? Mir als Mutter, oder, irgendwie, meine Verwandtschaft, die vielleicht... das geerbt haben... Und das war immer so ... ungemütlich.

Obwohl das Traurige und Außergewöhnliche an der Geburt noch nicht eingeführt wurde, thematisiert sie es; auch das impliziert – wie bereits oben erwähnt –, dass ihr bewußt ist, dass die Interviewerin den Sachverhalt kennt.

Wichtig sind für sie die Schuldzuweisungen durch die anderen, weil sie das Schlimmste und ungemütlich sind. Die anderen haben ihr aktive Schuld an einem angedeuteten Gendefekt ‚das geerbt haben' zugewiesen. Unter ‚man' versteht sie wahrscheinlich das ärztliche und pflegerische Personal, da dieses zuerst Kontakt mit dem Neugeborenen hatte. Gleichzeitig drückt sie durch ihre sprachliche Formulierung ‚man hat gegeben' aus, dass sie selber sich schuldlos fühlt.

Int.: Wie war's denn konkret? Also, Sie haben Ihre Kinder gekriegt; wussten Sie schon vorher, dass...

An dieser Stelle fragt die Interviewerin konkret nach, um das Interviewthema, Geburt eines geistig behinderten Kindes, explizit einzuführen und um die von Frau Pasternak geschilderte Erfahrung zu konkretisieren.

Frau D.: Nein, das wusste ich nicht, dass ich zwei Kinder habe. Ich ... bis, bis, äh, letzte Minute, man, vielleicht vor einer Stunde, dann hat man gewusst, dass ich Zwillinge habe.

Ihre Aussage weist darauf, dass in den 1980er Jahren in dem Krankenhaus, indem sie gebar (eine Uniklinik einer Großstadt) aufgrund ungenügender pränataler Diagnostik die Risikogeburt nicht erkannt wurde.
Frau Pasternaks Unkenntnis über die Geburtssituation bzw. Zustand des Embryos/der Embryonen ist wichtig für ihr eigenes Verständnis über die Schuldzuweisung. Denn, angenommen, sie hätte über die Behinderung ihres Kindes Bescheid gewusst, hätte sie sich mit der Schuldzuweisung der anderen auseinandersetzen müssen. Dann hätte sie eine Entscheidung für bzw. gegen die Schwangerschaft treffen und auch begründen müssen (zumindest vor ihrem Ehemann). Dies gilt insbesondere vor dem Hintergrund, in dem es keine gesonderte Unterstützung für behinderte Kinder gab und diese Kinder einen schwierigen gesellschaftlichen Status hatten. Da sie aber selber von der Situation überrascht wurde, kann sie nach ihrer Ansicht keine „*Schuld*" treffen.

Frau Pasternak: Und dann hat man wahrscheinlich diese, die ganze Geburt, äh, Verfahren falsch geführt. Weil sie nicht gewusst haben, dass ich zwei Kinder habe.

Frau Pasternak benennt die Problematik der Geburt: Aufgrund der langen Unkenntnis über die Zwillingsgeburt hat das medizinische Personal vermutlich nicht angemessen gehandelt. Es ist denkbar, dass die Behandelnden nicht schnell genug alle nötigen Schritte einleiteten und sich hieraus eine Folge von Geburtskomplikationen ergab, die zu der geistigen Behinderung des Erstgeborenen führte. Auffallend an der Aussage ist, dass die Ärzte eine Stunde vor der Geburt Bescheid wussten, und dann wiederum die Geburt falsch führten, weil sie nicht Bescheid wussten. Gedankenexperimentell würde ‚nicht gewusst haben' einen Vorgang charakterisieren, bei dem nach der Geburt des ersten Kindes überraschend ein zweites erscheint. Aber das Wissen eine Stunde zuvor stellt in diesem Sinne keine Überraschung dar.

In diesem Fall wäre die von anderen an sie gerichtete Schuldzuweisung (genetische Ursache) ungerechtfertigt, da die Ursache für die Behinderung in einem medizinischen Fehlverhalten begründet liegt. Auch trifft auf Frau Pasternak eine andere Schuld, z.B. grob fahrlässig Anweisungen missachtet zu haben, nicht zu: darauf gibt es keinen Hinweis.[159]

Auffallend ist Frau Pasternaks passive, unbeteiligte Ausdruckweise ‚Verfahren falsch geführt'. Ein Grund für diese Externalisierung eines Vorganges, der ja ihren eigenen Körper entscheidend betrifft, könnte der Umstand sein, dass sie sich dem ganzen Prozedere ausgeliefert fühlte und daher das Gefühl hatte, den Geburtsvorgang nicht beeinflussen zu können.[160]

Frau Pasternak: *Und, erste Kinder wurde Wladimir geboren, und er wurde mit Mangel-, äh, Sauerstoff geboren, (...) das heißt Asphyxie,*

Auffallend ist, dass Frau Pasternak einerseits diese Geburt im Ganzen, die doch ein entscheidendes Ereignis ihres Lebens darstellt, relativ ungenau schildert, andererseits wiederum für Detailaussagen treffende Fremdwörter wie Asphyxie wählt. Dadurch entsteht der Eindruck, als nähme sie eine reservierte Perspektive ein und wirke geradezu unbeteiligt an diesem Ereignis. Allerdings kann ihre Haltung auch dadurch erklärt werden, dass sie wahrscheinlich als Biologin stärker naturwissenschaftlich orientiert und weniger emotional agiert.

---

[159] Gedankenhypothetisch wäre eine grob fahrlässige Missachtung ärztlicher Anordnungen beispielsweise, wenn die Gebärende kurz vor der Geburt ohne Rücksprache mit dem medizinischen Personal starke Schmerzmittel einnähme und damit den Geburtsvorgang gravierend behindert.

[160] Zwar ist der Geburtsvorgang gewissen biologischen Gesetzmäßigkeiten unterworfen, dennoch hat auch die Gebärende durch das Einsetzten bestimmter Atemtechniken oder die Wahl von Geburtsstellungen die Möglichkeit, diesen Vorgang mit zu beeinflussen.

Frau Pasternak: *…und dann wurde diese Rehamaßnahme durchgeführt. Und, weil das ist wahrscheinlich mehr als 10 Minuten Dauer, das hat er nachher Kinderlähmung und verschiedene frühkindliche Probleme bekommen.*

Frau Pasternak meint vermutlich, dass ihr Sohn 10 Minuten keinen Sauerstoff bekam und infolgedessen eine Reanimation durchgeführt wurde. Allerdings besteht kein Zusammenhang zwischen der Reanimation und dem Auftreten der Kinderlähmung.[161] Auch ist der Begriff frühkindliche Probleme wieder ausgesprochen ungenau, auffallend ungenau für eine Mutter, die über ihr Kind berichtet und sich explizit ausdrücken kann. Unklar bleibt auch, ob die Probleme auf dem Sauerstoffmangel oder anderen Ursachen beruhen.

Frau Pasternak: *…Und zweite war Alexander.*
Int.: *Und er war gesund?*
Frau Pasternak: *Ja, ich hoffe es! Ich weiß es nicht! (lacht) Genug Erfahrung! … Und, äh, das wurde mir nix gesagt, was ist mit Kinder passiert ist.*

Mit dem Ausdruck ‚*wurde mir nix gesagt, was ist mit Kinder passiert ist*' kritisiert Frau Pasternak das Personal im Krankenhaus, denn zu Recht erwartet sie als Mutter über den Zustand ihrer Kinder informiert zu werden.

Die mangelnde Information durch das Personal kann darin begründet liegen, dass dieses zum einen sich im Umgang mit dieser Situation un-

---

[161] Nach den Aussagen einer russischen Psychiaterin, die mehrere Jahre sowohl in der Sowjetunion als auch der Bundesrepublik praktizierte, geben die Angehörigen von behinderten Kindern häufig fälschlicherweise den Begriff Kinderlähmung statt spina bifida an. Die Symptome sind sehr ähnlich. Für die Diagnose spina bifida spricht:
a) Es gibt keine logische Erklärung dafür, warum bei dieser Geburt plötzlich eine Kinderlähmung auftreten sollte. Für eine spina bifida hingegen sprechen mehrere medizinische Gründe, deren Auftreten laut ärztlicher Aussage in dieser Fallgeschichte wahrscheinlich ist.
b) Die UDSSR hatte als eines der ersten Länder weltweit schon in den 1960er Jahren flächendeckende Schutzimpfungen gegen Kinderlähmung durchgeführt. Daher galt sie auf ihrem Gebiet als ausgerottet (Müller-Dietz 1986: 147).

sicher fühlt und von daher einer Auseinandersetzung mit den Eltern aus dem Weg gehen möchte.[162]

Zum anderen ist auch denkbar, dass tatsächlich ein ärztlicher Fehler vorliegt, dessen Folgen dem Personal unangenehm sind. Da es sich mit ihnen nicht auseinandersetzten möchte bzw. kann, thematisiert es diese nicht. Hinzukommt, dass in einem großen Betrieb wie einem Krankenhaus das Personal in der Regel mit der Aufrechterhaltung der alltäglichen Routine beschäftigt ist und für komplizierte Gespräche die Zeit fehlt.

Im Folgenden sollen an weiteren Textstellen zentrale Themen des Interviews wie ‚Umgang mit Behinderung in der Sowjetunion auf institutioneller Ebene‘, Umgang mit Behinderung im Bekanntenkreis‘, Migration in die Bundesrepublik‘ und ‚Berufliche Situation‘ aufgezeigt und analysiert werden.

<u>Umgang mit Behinderung in der Sowjetunion auf institutioneller Ebene</u>
Im Anschluss an die bereits erwähnten Textstellen fährt Frau Pasternak fort.

Frau Pasternak: *Und wir, nach sieben Tage, Kinder wurden in Kinderkrankenhaus verlegt, und aus Grund, als sie klein waren, und so. Aber niemand hat mir gesagt, dass meine Kinder oder mein behinderter Sohn eine neurologische Symptom hat.*

Die Verlegung in ein Kinderkrankenhaus bestätigt, dass die Geburtskomplikationen unvorhergesehen auftraten, sonst wäre Frau Pasternak vermutlich von Beginn an in einem Krankenhaus mit einer Kinderstation aufgenommen worden. Auch an dieser Stelle fällt wiederum auf, dass sie Fachbegriffe wie ‚*neurologisches Symptom*' korrekt benennt, aber die konkrete Situation dennoch auffallend unklar bleibt.

---

[162] Die Thematisierung der Geburt eines behinderten Kindes scheint eine grundlegende Schwierigkeit für das Personal auf einer Geburtsstation zu sein. Eine empirische Untersuchung in der Bundesrepublik, bei der Interviews mit 114 Familien mit einem behinderten Kind durchgeführt wurden, zeigte Folgendes auf: Für viele Mütter war es eine typische Situation, dass das Personal im Kreissaal nach der Geburt ausweichend reagierte. So wurde gut einem Drittel der Frauen (n=44) gesagt, dass sie ein gesundes Kind geboren hätten. Auch in den darauffolgenden Tagen erfuhren nicht alle Eltern von der Behinderung ihres Kindes (Nippert 1996: 30).

Int.: *Sie dachten, das ist alles in Ordnung?*
Frau Pasternak: *Ich dachte, das ist alles in Ordnung! Und dann, weil sie so kleine waren, dann bin ich, dann hab ich auch Erlaubnis bekommen, in Kindkrankenhaus zu bleiben. Und als ich erste Mal mein Kind aus diesem, wie heißt das, das war... ähm...*
Int.: *... Brutkasten! Oder...*
Frau Pasternak: *.... ich habe sie in Brutkasten gesehen, obwohl das mir verboten wurde.*

In den 1980er Jahren war die Trennung von Müttern und Kindern durchaus üblich, da die Krankenhäuser in der Regel nur darauf eingerichtet waren, Kranke aufzunehmen.[163] Dass Frau Pasternak eine Sondererlaubnis erhält, um ihre Kinder zu sehen, spricht dafür, dass das Personal auf ihren Fall individuell einging. Frau Pasternak besuchte ihre Kinder, die im Brutkasten lagen, obwohl das verboten war. Das spricht dafür, dass sie selbstbewusst handelte und sich durch äußere Vorgaben nicht von eigenen Zielen abhielten ließ.

Frau Pasternak: *Dann hab ich Kontakt mit einer Krankenschwester aufgenommen und habe sie gefragt, ob sie meine Kinder mir zeigen kann. Und das find ich auch irgendwie erniedrigend. Ich war eine Mutter! Und da wurde mir gesagt, dass Kinder in Brutkasten liegen, und ich darf nicht hin! Und dann hab ich ein Kontakt ziemlich privat mit einer Krankenschwester aufgenommen, weil Ärzte das verboten haben. Und dann bin ich in diesem, äh, Zimmer gegangen, nach meine Kinder zu gucken.*

Anhand der Schilderung wird deutlich, dass Frau Pasternak sich über die Regeln des Krankenhauses hinweg setzt und auf indirektem Weg darum bemüht ihre Kinder zu sehen. ‚Kontakt aufgenommen' bedeutet vermutlich, dass sie sich der Krankenschwester gefällig zeigte. Aus verschiedenen Möglichkeiten, die sie in dieser Situation hat, wählt sie diejenige, die am erfolgversprechendsten für sie und ihre Kinder ist. Alternativ wäre auch denkbar gewesen, dass sie sich beschwert, aber vermutlich wäre sie damit in dem stark reglementierten sowjetischen Gesundheits-

---

[163] Im Experteninterview mit Frau. M., S. 253ff., wird speziell dieser Aspekt thematisiert.

system nicht weiter gekommen. Eine andere denkbare Handlungsweise wäre auch gewesen, zu resignieren und sich den Bestimmungen zu unterwerfen.

Frau Pasternak: *(...) das hab ich irgendwie gefühlt, das etwas Komisches ist. Und dann hab ich, äh, Kinderärztin gefragt „Was hat er denn?" „Na, das kommt alles weg! Das ist alles ok!" Und diese ‚alles ok!' vom Kinderärztin, hab ich erste zwei Jahre gehört. „Sie sind Zwillinge! Er muss sich ... etwas später entwickelt!" Und „Das wird alles ok!" Zwei Jahre lang hat nie ein Arzt mir was gesagt!*

Da ein Arzt in den ersten zwei Lebensjahren die Behinderung von Wladimir bemerkt haben müsste, würde eine bewusste Desinformation gegenüber Frau Pasternak einen Verstoß gegen eine die ärztliche Aufklärungspflicht darstellen. Denn die Eltern müssen den Zustand des Kindes kennen, um angemessen handeln zu können und eine bestmögliche Behandlung und Förderung des Kindes zu erreichen. Allerdings gab es in der ehemaligen Sowjetunion kaum Möglichkeiten der Frühförderung, so dass die Ärzte eventuell davon ausgingen, dass eine Beschwichtigung weniger belastend für die Eltern ist und eventuell vertrauten sie darauf, dass sich Wladimir noch entwickeln würde.

Frau Pasternak: *Aber natürlich ... äh ... hmmm ... man braucht nicht, äh, klug zu sein, das sehen, dass ein Kind sich normal entwickelt, und andere gar nix. ... Und... und dann, mit sieben Monaten, ich habe gedacht „Da stimmt was nicht! Wir gehen ins Krankenhaus!" Und dann haben meine Kinder Massage bekommen, irgendwelche Medikamente... und ... das waren solche Umstände, dann wahrscheinlich niemand vom Deutschland das ... vorstellen kann, was für Kinder.. hmmm.... Kinderkrankenhaus gewesen ist.*
Int.: *Wie meinen Sie das?*
Frau Pasternak: *Ja... das war alles... nicht so... voll hygienisch. Da war, waren solche ... Verhältnisse zwischen, äh, Patienten und Ärzte, das man immer Schmiergeld kriegen, äh, bringen soll oder irgendwelche Geschenke und so weiter. Und wenn man das nicht gewusst hat, dann ... konnte man zwei, drei Monate Massage abwarten oder irgendwelche Medikamente nicht kriegen, und alles, was dazu gehört.*

Die Krankenversorgung in der Sowjetunion scheint schwierig zu sein, so herrschen schlechte hygienische Verhältnisse und für eine Behandlung ist die Bestechung des Personals notwendig.[164] Allerdings sind bisher in Frau Pasternaks Erzählung keine Anhaltspunkte für eine systemimmanente schlechtere Behandlung gegenüber Menschen mit Behinderung auffindbar. Dies wäre der Fall, wenn nur behinderte Menschen unzutreffend behandelt würden. Dies trifft in diesem Fall aber nicht zu: die schwierigen Umstände in den Krankenhäusern müssen die meisten Patienten ertragen. Auch gibt es in dem Interviewtext bisher keinen Hinweis darauf, dass die Ärzte ihre Kinder aufgrund von Vorurteilen schlechter behandelten als andere Patienten.

Frau Pasternak: *Und was noch hinterher mich immer ... hm... krank gemacht hat, dass sie, äh, dürfen zum Beispiel mein Kind nehmen und in Studentensaal bringen, weil Studenten als mich nicht nachzufragen, und dann nachzeigen, was mein Kind hat oder nicht hat. Und dann muss ich hinterherfahren. ... Und das war viele solche Situation, wo ich mich demütigend gefühlt habe. Ich und mein Kind.*

Bei dem Krankenhaus, in dem ihre Kinder lagen, handelt es sich vermutlich um ein Universitätsklinikum, da ein naher Kontakt zu Studenten bestand. Vor diesem Hintergrund scheint besonders klärungsbedürftig, warum das Personal nicht ausreichend auf die schwierige Geburtssituation vorbereitet war. Denn im Gegensatz zu einem dörflichen Krankenhaus müsste diese Einrichtung über mehr Know How verfügen.

Int.: *Und haben Sie da irgendwas sagen können, jemanden? Gab es die Möglichkeit?*
Frau Pasternak: *Nicht wirklich. Ich ... weil du hast immer so Angst gehabt, dass nachher das Kind wird ... geht nicht behandelt.*

Deutlich wird, dass sie sich der Willkür des Personals ausgesetzt fühlte, da sie sich aus Sorge um die Kinder nicht beschweren konnte. An dieser wie auch schon vorhergehenden Textstellen zeigt sich, dass ihre individuellen Rechte und Bedürfnisse in verschiedenen Situationen nicht genügend berücksichtigt wurden; dieser Zustand könnte systemimmanent

---

[164] Siehe auch Kapitel 3.2 dieser Arbeit zum Gesundheitssystem.

sein. Die Erfahrung in diesem Krankenhaus stünde dann stellvertretend für den Umgang mit individuellen Bedürfnissen in dem sowjetischen Gesellschaftssystem.

Frau Pasternak: *Und, äh, obwohl so... offiziell das klingt / Kind ... alles wie bei allen, ja? Er hat Platz zwar in Kinderkrippe ge, gekriegt, aber nicht in normale Kinderkrippe, sonder in, äh, für Behinderte. Sonderkinderkrippe. Und dann dürfte ich auch nicht mit.*

Ihr Kind wird in einer Sondereinrichtung untergebracht. Sprachlich erweckt sie durch den Ausdruck *(aber nicht in normale Kinderkrippe)* den Eindruck, als hätte man ihr Kind abgeschoben; es scheint sie zu kränken, dass ihr Kind nicht in eine reguläre Einrichtung gehen darf. Jedoch spricht zunächst die Aufnahme in einer Sonderkrippe nicht für eine systemimmanente schlechtere Behandlung von behinderten Menschen. Und auch die Tatsache, dass sie als Mutter nicht in der Einrichtung bleiben darf, ist durchaus gerechtfertigt und sinnvoll, da grundsätzlich gilt, das eine Trennung von Eltern und Kindern während des Tagesaufenthaltes in allen Kindereinrichtungen erwünscht ist, da Kinder durch eine außerfamiliäre Umwelt angeregt werden sollen. Daher erscheint ihr Anliegen, mitgehen zu wollen, erst einmal begründungspflichtig. Eine Erklärung hierfür könnte darin liegen , dass sie sich die ersten Monate immer wieder als ungerechtfertigt von ihrem Kind getrennt fühlte (beispielsweise darf sie es auf der Säuglingsstation nicht sehen, das Kind wird ohne ihre Kenntnis den Studenten in dem Hörsaal gezeigt). Den Besuch eines Kindergartens könnte sie daher subjektiv als Kontinuität dieses „Ausgeschlossen seins" empfinden, dass sie seit der Geburt erlebte. Da sie in den bisherigen Situationen des Ausschlusses immer wieder aktiv ihrem Kind ‚nachreiste' (auf die Säuglingsstation, in den Hörsaal) und sich nicht abweisen ließ, erscheint nach dieser Lesart der Wunsch auch im Kindergarten bei ihrem Kind zu bleiben, als subjektiv nachvollziehbar und konsequent.

Frau Pasternak: *Ich hab falsche Ausbildung gehabt, und dann sollte ich ein Jahr noch zusätzlich zu meiner Studiengang Krankenschwester lernen, und dann darf ich mit ihm zusammen arbeiten. Nicht in seiner Gruppe, sondern irgendwo in der Nähe sein.*

Selbst wenn Frau Pasternak eine passende Ausbildung für die Arbeit in einer Kindereinrichtung hätte, erklärt dies – abgesehen von ihrem subjektiven begründbaren Empfinden nicht- nicht, warum sie die ganze Zeit mit ihrem Kind zusammen sein möchte: Dies wäre objektiv nur gerechtfertigt, wenn die Situation in den Kinderkrippen so katastrophal wäre, dass sie ihren Sohn dort nicht ungeschützt zurücklassen kann.

Mehrere Zeilen später berichtet Frau Pasternak, dass sie in der Einrichtung in einer anderen Kindergruppe als Erzieherin arbeitete und begründet dies folgendermaßen:

Frau Pasternak: *Nein. Nicht in der gleichen. Aber ich konnte immer, äh, nachgucken (lacht). Ich habe immer so eine jüdischen Mamagefühls (lacht), dass ich immer dabei sein sollte, dass ich ihn nicht immer allein lassen darf und so weiter.*

Frau Pasternak begründet ihren Wunsch nicht mit konkreten schlechten Erlebnissen, die das rechtfertigen würden, sondern mit einer allgemeinen engen Bindung an ihn. Erstmalig und im Gesamtinterview einmalig begründet sie ein Verhalten mit ihrer jüdischen Herkunft. Das Synonym *jüdischen Mamagefühls* steht hierbei für eine besonders enge Beziehung zwischen Mutter und Kind, die durch eine Überversorgung und Überhütung des Kindes charakterisiert ist.[165]

Frau Pasternak: *Und, äh ...(...) keine Hilfe. Keine, überhaupt. Ich habe keine Möglichkeit, um irgendwie .. Sozialamt oder... eine Hilfe zu beantragen. Das gibt es ... gab es nicht.*
Int.: *Also Sie konnten Ihr Kind nur irgendwie in ne Kinderkrippe geben, das war alles?*
Frau Pasternak: *Ja, das war alles. Und weil ich nicht arbeiten konnte, dann haben wir immer mit Regel Probleme ... finanzielle Probleme gehabt.*

Weiterhin thematisiert Frau Pasternak die schwierige materielle Situation, da sie nicht arbeiten gehen konnte, weil sie sich überwiegend um

---

[165] In der Literatur ist dieser Ausdruck Gegenstand zahlreicher Anekdoten. Zu dieser Thematik existiert auch eine Dissertation: Herweg, Rachel Monika 1993: Die jüdische Frau als Mutter-ein Bild im Umbruch? Zur historischen Stellung und Funktion der Mutter in der jüdischen Familie, Verlag Hänsel Hohenhausen.

Wladimir kümmern musste. Da es in der ehemaligen Sowjetunion keine institutionellen Hilfen für Familien mit einem behinderten Kind gab, ist es für die Familie schwierig, die Kinder allein mit einem Gehalt großzuziehen.

Frau Pasternak: *...(...) Ja, und, ähm ... na ja... dann, äh, wir haben alles Mögliches versucht, äh, unsere Kindersituation zu helfen. Ich weiß nicht ... acht oder zehn Aufenthalte in Krankenhaus, wo Kinder mit diese Problematik behandelt wurde, mit alles Mögliches, äh, für diese Zeit und für unsere Verhältnisse, ähm, alle Mögliches, was damals gab. Medikamente, Massagen, (...). Physiotherapie und alles Mögliches. Und dann bin ich paar Mal nach Moskau gefahren ... um Ergotherapie zu bekommen. Aber da muss ich selber bezahlen. Obwohl angeblich in ... ehemaliges Sowjetunion alles kostenlos (lacht). Medizin war auch kostenlos. Aber ich musste die Leute alles bezahlen.*

Frau Pasternak entwickelt eine sehr aktive Haltung und investiert viel Energie und Geld in die Behandlung ihres Kindes. Es wird ersichtlich, dass sie um eine bestmögliche Förderung ihres Sohnes bemüht ist.

Die Gesundheit ihrer Kinder besitzt für sie Vorrang, notfalls stellt sie eigene Bedürfnisse hinten an. Spätestens an dieser Textstelle wird deutlich, dass sie ihren Ehemann nicht erwähnt. Denn da die Familie nur über ein Gehalt verfügt, wird er vermutlich zu der Situation/Ausgaben auch eine Meinung haben. Auch an dieser Textstelle, wie schon zuvor, wird deutlich, dass das sowjetische Gesundheitssystem in der Versorgung seiner Bürger starke Lücken aufwies; es bot keine Behandlung bzw. Förderung behinderter Kinder an.

Frau Pasternak: *Und dann, als er acht Jahre geworden ist, da ... seine ... Zustand, seine ... körperliche ... war nicht genug, um in eine Schule ihn zu bringen. Er konnte sich selber nie besinnen. Und obwohl wir in große Stadt ... fünf Millionen Bewohner ... gewohnt haben, das gab nur eine Schule für behinderte Kinder. Und er durfte nicht hin.*

Dass es in einer Millionenstadt wie St. Petersburg nur eine Schule für Kinder mit einer Behinderung gibt, unterstützt die bereits gewonnene Erkenntnis, dass das gesellschaftliche System sich kaum um die Situation der betroffenen Familien und ihrer Kinder kümmerte, und grundsätzlich ihrem Schicksal überlies.

Int.: ... *in Sankt Petersburg haben Sie gewohnt, es gab nur eine Schule für Kinder mit Behinderung, und Sie durften nicht hin? Warum nicht?*
Frau Pasternak: *Weil sie... die Kinder dürfen diese Schule hin, die selbst sich bedienen.*
Int.: *Ah, die selbst sich anziehen können..*
Frau Pasternak: *... anziehen, knopfen, Reißverschluss zumachen, und alles Mögliches.*

Die bisher interpretierten Interviewstellen zeigen, dass sich öffentliche Institutionen kaum um die Integration der Betroffenen bemühten. Zwar konnte Frau Pasternak ihr Kind in einem Sonder-Kindergarten unterbringen, aber ein Schulbesuch war nicht mehr möglich. Denn lediglich die „leichteren" Fälle erhielten die Erlaubnis eine Schule zu besuchen, die anderen waren auf sich allein gestellt.

Allerdings ist insgesamt erkennbar, dass diese Kinder nicht systematisch gesondert benachteiligt oder geschädigt wurden. Vielmehr ist der staatliche Umgang mit ihnen durch eine Nichtversorgung und allgemeines Desinteresse gekennzeichnet.

Im Folgenden soll anhand einzelner Interviewpassagen aufgezeigt werden, wie auf der persönlichen Ebene Freunde und Fremde mit Familie Pasternak umgingen.

<u>Umgang mit Behinderung in der Sowjetunion im Bekanntenkreis</u>

Int.: *(...) wie sind Bekannte, Freunde, äh, damals umgegangen, als jemand bemerkt hat, dass ihr Sohn, der eine Sohn so krank... äh behindert ist?*
Frau Pasternak: *(...) gute Freunde (...). fast niemand hat uns gezeigt, dass wir, ähm... abgrenzen sollen. Wenn dann sollen, ja? Hat niemand nach uns gezeigt. Zum Beispiel, wenn wir zu einer Party eingeladen wurde, wo andere Kinder auch waren, dann, dann hab ich auch ihn hin mitgenommen.*

Der Bekanntenkreis integriert Wladimir. Im Anschluss an diese Passage erzählt Frau Pasternak, dass ihre Familie Mitglied in einem Kanuverein war, und sie daher zusammen mit Bekannten und Freunden gemeinsam einige Wochenenden mit Kanufahrten verbrachten. Sie waren die einzige Familie mit einem behinderten Kind. Während dieser Ausflüge waren die anderen Teilnehmer hilfsbereit, wechselten sich z.B. auch im Tragen von Wladimir ab und behandelten die Familie wie jede andere. Es finden sich in ihrem Interview keine Textstellen, die auf eine Unsicherheit, Ignoranz oder Missachtung von Freunden gegenüber Wladimir schließen lassen.

Frau Pasternak: *Zum Beispiel, ich sage mal so; vom unserer Freunde habe ich niemals schiefe, äh... an, an sie gekommen. Ja, dass mich jemand schief angeguckt... nein! Das war vom andere Leute in, äh... Kinderhof, oder Schulhof, oder irgendwo, ja?*
Int.: *Also, von Fremden dann?*
Frau Pasternak: *... von Fremden. Und, ähm, man hat sogar manchmal geschämt, sich mit Kind... gut... irgendwo wegzugehen, ja. Und, äh... das hat man immer so eine Gefühl, dass man Schuld hat*

Hingegen wird anhand dieser Textpassage ersichtlich, dass fremde Personen die Behinderung als einen Makel ansahen. Hierin zeigt sich eine anscheinend in der Gesellschaft allgemein verbreitete negativ gleichgültige Haltung gegenüber Menschen mit Behinderung. Allerdings ist auch denkbar, dass die Leute Wladimir anguckten, weil sie Kinder mit einer Behinderung nur selten sahen, und diese daher was Besonderes darstellten. Frau Pasternak hätte diese Blicke dann subjektiv als Missachtung interpretiert, obwohl dies objektiv nicht so gemeint war. Weiterhin sind ihre Schuldgefühle erneut thematisch: auch wenn sie zu Beginn des Interviews aussagte, dass die Schuldzuweisungen durch die anderen nicht gerechtfertigt seien, empfindet sie aufgrund der Haltung ihrer Umwelt doch Schuldgefühle. Auch an anderen Stellen im Interview berichtet Frau Pasternak erneut von Schuldgefühlen. So machte ihr insbesondere ihre Schwiegermutter starke Vorwürfe wegen der Geburt von Wladimir[166].

Im Folgenden werden Textstellen vorgestellt, die sich mit der Situation ihres Sohnes in der Migration auseinandersetzen.

---

[166] Ihre Schwiegermutter behauptete, dass Frau Pasternak während der Schwangerschaft und Geburt etwas falsch gemacht habe.

Situation in der Bundesrepublik

Frau Pasternaks existenzielle Situation verbessert sich mit der Migration, sie lernt deutsch, und schildert, dass ihr die Heimleitung des Übergangwohnheimes wie auch andere Personen bei der Integration helfen.

Frau Pasternak: Ja, dann, dann, dann... Wladimir ist in einer Schule gegangen.
Int.: Nur eine, ähm... reguläre Schule oder...?
Frau Pasternak: Nein, nein, nein. Für behinderte Kinder. Er ist zuerst zu A.B. Schule gegangen, aber das hat mit ihm nie geklappt. Und dann hat es zum .... wurde versetzt in andere Schuljahr. Und, ähm... was sag ich äh... das war auch viel Schwierigkeiten denn... er war noch nicht in einer Schule. (...) Die ganze Umgebend war fremd. Er konnte nicht sprechen, wegen seiner Sprachbehinderung, (...) Ja. Und das ist klug, dass wir eine Sprachtherapeutin gehabt haben, die auch, ähm... ihm mit russische Bildern, (...) Und das hat er gute Kontakte zu dieser Sprachtherapeutin..

Erstmals geht ihr Sohn im Alter von 14 Jahren in eine Schule. Da er die letzten Jahre zu Hause verbrachte und keine Einrichtung besuchte, fällt ihm der Schulbesuch zunächst schwer. Hinzukommt, dass er sich in einer vollkommen fremden Umgebung, deren Sprache er nicht beherrscht, zurechtfinden muss. Allerdings gelingt es nach der Versetzung in eine andere Schule, dass er die neue Schule zufrieden stellend besuchen kann. Dieser Fortschritt wird auch durch die Hilfe einer empathischen, auf ihn eingehenden Sprachtherapeutin[167], erreicht.

Wieder erweist sich Frau Pasternaks Handeln als erfolgsorientiert. Indem sie nicht aufgibt und sich um weitere Fördermöglichkeiten bemüht, gelingt der Schulbesuch. Alternativ denkbar wäre beispielsweise auch gewesen, dass sie nach dem ersten misslungenen Schulversuch aufgibt und ihren Sohn nicht mehr in die Schule schickt.

Frau Pasternak: Und, äh, als wir angefangen, in... mit... in viele Aktivitäten mitzumachen und teilzunehmen, das war auch für mich so ei-

---

[167] Die Sprachtherapeutin spricht kein russisch, arbeitet aber während der Therapiesitzungen mit Bildern, die sie von einem Besuch aus der Sowjetunion mitgebracht hat.

ne... große Wunder, weil ich ja nie gedacht habe, dass mein Sohn irgendwann Fahrrad fahren wird oder diese, ähm, wie heißt diese kleine...? Kettcar?
Int.: Kettcar, ja!
Frau Pasternak: Ja. Oder, ähm... Wir machen Reiten Therapie! Oder wir fahren Kanu! Wir haben letzte Jahr diese Kurs gemacht, Kanu fahren.

Frau Pasternak nutzt die institutionellen Angebote. Da es in der ehemaligen Sowjetunion keine organisierten Freizeitangebote für Menschen mit Behinderung gab, ist sie über die sich jetzt auftuenden Möglichkeiten erfreut.

Frau Pasternak: Ja! Das ist über eine Eltern-Behinderten..., für Behinderte Kinder... er hat in Werkstatt so eine Freizeit Angebot. Und in Schule hat er auch gehabt! Und er hat ganz liebe Lehrer gehabt. Er hat mit... damals, ich war alleine, hab kein Auto gehabt. Ich muss nach dieser Aktivität immer mein Kind abholen, und weil ich kein Auto gehabt hab, hab ich immer zu diesem Lehre gesagt, „Wir nehmen nicht teil." Und dann hat er gemerkt, dass etwas stimmt nicht, hat mir geschrieben, „Frau Pasternak, Grund dabei, dass Sie kein Auto haben? Ich bringe Wladimir nach Hause selber." Und das finde ich ziemlich... so menschlich, und so...(...)
Frau Pasternak: Ja. ... Ja, und ich sage mal so. Ich habe von Krankenkasse so viele Sachen als Hilfe bekommen, für Toilette, für Badesitz, und, äh..., sogar diese Dreirad...

Aus Frau Pasternaks Schilderung wird ersichtlich, dass sich für ihren Sohn insbesondere im Hinblick auf zwei Aspekte die Situation entscheidend verbessert hat. Zum einen findet er im Vergleich zu seiner Heimat in der Bundesrepublik sehr gute Unterstützungsleistungen und Angebote für Menschen mit Behinderung vor.
Zum anderen trifft er aber auch immer wieder auf einzelne Betreuer und Lehrer, die individuell und die konkrete Situation der Familie berücksichtigend auf ihn eingehen um eine Beziehung zu ihm und seinen Eltern herzustellen.

Int.: *Hm, ..und das war in der Sowjetunion gar nicht...*
Frau Pasternak: *Nein, nein.*
Int.: *Und wie waren in der Sowjetunion, wie waren die Erzieher zu ihm im Kindergarten?*
Frau Pasternak: *Ach, unterschiedlich, unterschiedlich. Je nachdem, was für menschliche Eigenschaften jemand hat. Diejenigen, die, äh... normale Menschen sind, haben versucht, immer für Kinder zu machen. Man, man sagt mir, dass jemand, der grausam, es gibt Leute, die ganz einfühlsam sind, vor allem zu Behinderte, und aus diese Möglichkeit, sie haben, sie haben alles, mit Herz, mit Liebe, mitgebracht. Aber... nur diese Umstände, diese Armut... ja... weil Kinder nichts können*

In Folgenden schildert Frau Pasternak differenziert, dass die Situation in der Sowjetunion zwar insgesamt schlechter war, sich aber auch im jeweils konkreten Fall Menschen unterschiedlich verhielten. So sagt sie nicht generell aus, dass die Erzieher liebloser gewesen wären. Allerdings sind die gesellschaftlichen Bedingungen, unter denen die Kinder aufwuchsen – fehlende finanzielle Mittel, ein nicht existierendes Unterstützungsnetzwerk – sehr viel schwieriger gewesen. Dementsprechend waren auch die Handlungsmöglichkeiten der Betreuer eingeschränkter.

<u>Berufliche Situation von Frau Pasternak</u>
Frau Pasternak hatte in der Sowjetunion ein Biologiestudium absolviert, konnte jedoch wegen fehlender Betreuungsmöglichkeiten für ihren behinderten Sohn nicht in ihrem Beruf arbeiten.

Im Interview schildert sie eindrücklich, wie sie nach ihrer Ankunft in der Bundesrepublik in intensiver Eigeninitiative deutsch lernte. Beispielsweise verabredet sie mit einer anderen Zuwanderin regelmäßige Termine, zu denen beide nach dem Unterricht zusätzlich in einer Bibliothek lernten. Aufgrund ihrer guten Deutschkenntnisse wird ihr schließlich von der örtlichen Volkshochschule eine Stelle in einem zeitlich befristeten Projekt angeboten, in dem sie andere Migranten bei der Integration unterstützen soll. Nachdem die Finanzierung dieses Projektes ausgelaufen ist, findet sie in Selbstinitiative eine Praktikumsstelle in einem Labor und absolviert dort –trotz Hochschulabschlusses in Biologie- eine reguläre Ausbildung als biologisch-technische Assistentin. Schließlich nimmt sie 70 km von ihrem Wohnort entfernt eine Stelle an und macht mit 47 Jahren den Führerschein, um sich ein Auto zu kaufen, damit sie ihre Arbeitsstelle erreichen kann.

Int.: *Äha, ...aber, aber wie haben Sie das gemacht? Also, Sie haben gearbeitet, hatten so ne lange Fahrtzeit, und... was war mit Ihren Kindern? Wer hat das...?*
Frau Pasternak: *Kinder? Kinder waren schon... mein Gott, sie waren schon, äh, ziemlich groß. Alexander ist schon, äh, war doch in de Schule, hat Abi gemacht. Und er hat mir viel geholfen. Nach Schule er sollte Wladimir vom Behinderten-Transport abholen, nach Hause bringen, und dann... meine Mama war noch fitter als jetzt, und sie hat mir geholfen mit Haushalt, so etwas, ja?*

Indem Frau Pasternak auch ihren behinderten Sohn Wladimir als groß bezeichnet, erkennt sie an, dass auch er trotz seiner Behinderung eine Entwicklung durchmacht und selbständiger wird. Vor dem Hintergrund, dass Wladimir vermutlich für gewisse grundlegende Aktivitäten des täglichen Lebens wie ‚*sich waschen*‘, ‚*Auf Toilette gehen*‘ lebenslang fremde Hilfe benötigen wird, ist ihre Aussage erst einmal bemerkenswert, da sie in gewissen Widerspruch zu der objektiven Situation steht. Hierbei sind zwei Lesarten denkbar:

Frau Pasternak erkennt, dass ihr älterer Sohn in verschiedenen Bereichen wie beispielsweise Schulbesuch, Werkstattbesuch selbstständiger wird und sich daher auch der Aufwand ihrer Betreuung reduziert.

Frau Pasternak möchte ihre längere Abwesenheit während des Tages rechtfertigen und baut mit dieser Erklärung eventuell aufkommenden Schuldgefühlen vor. Sie vernachlässigt ihren Sohn, um eigene Lebenswege zu gehen.

Aus der bisherigen Interviewanalyse wird ersichtlich, dass Frau Pasternak ihren behinderten Sohn in verschiedensten Situationen gefördert hat. Daraus folgt, dass sie an eine Verbesserung seiner Lebenssituation und auch an eine den Umständen angemessene selbstständige Lebensführungen glaubt. In diesem Sinne ist er jetzt wirklich ‚*größer*‘ geworden. Daher scheint die erste Lesart zu zutreffen. Hingegen scheint die Aussage der zweiten Lesart, eine Vernachlässigung ihres Sohnes, nicht zuzutreffen. Denn die bisherige Analyse zeigte, dass Frau Pasternak selbst unter weitaus schwierigeren Bedingungen grundsätzlich immer im

Interesse ihres Kindes/Kinder gehandelt hat. Allerdings ist denkbar, dass sie Schuldgefühle entwickelt hat, da ihr Sohn, nachdem er die letzten Lebensjahre immer zu Hause gemeinsam mit ihr verbracht hat, nun relativ viel Zeit außer Haus ohne sie ist. Indem sie aussagt, dass er ‚ziemlich groß' *ist,* ist es ihr möglich, aufkommende Schuldgefühle zu verdrängen.

Damit Frau Pasternak arbeiten gehen kann, werden ihre Mutter und ihr jüngerer Sohn in die Versorgung von Wladimir eingebunden. Für den damals 21 jährigen Bruder bedeutet dies eine Belastung, da er zum einem mit den Vorbereitungen für das Abitur beschäftigt ist und zum anderen wahrscheinlich anderen altersgerechten Interessen nachgehen möchte. Auch ist die Mit-Versorgung seines Bruders eine kontinuierliche tägliche Verpflichtung, die ihn in einer selbst gewählten Lebensführung einschränkt (beispielsweise spontane Verabredungen zu treffen).

Frau Pasternak: *Und, äh, das war so, dass... ich habe Pflegedienst gehabt für morgen früh für Wladimir, und nachmittag komm Mama oder Alexander wechsel... wechselweise. Und dann, äh, ich war zu Hause um sechs Uhr. Das heißt, dass sie mit Wladimir so ein halbe Stunde... jemand, entweder meine Mama oder Alexander geblieben sind. Und dann ... hab ich zweite Schicht gehabt (lacht). Ja, das war ziemlich anstrengend. Das war ... so elf Stunde unterwegs, und dann also weg von meiner Familie, und dann noch drei, vier Stunde zu Hause, und Wochenende verbring... hab ich verbracht noch für... äh... etwas mit Haushalt... zu kriegen, hinzukriegen, und für paar Tage was zu kochen... Ja... das war ziemlich anstrengend.*

Aus Frau Pasternaks Schilderung wird deutlich, dass sie ihren Alltag sehr strukturiert und diszipliniert organisiert hat. Da Wladimir aufgrund der Arbeitszeiten in der Behindertenwerkstatt einen längeren Zeitraum außerhäuslich betreut wird (nach ihren Angaben bis eine halbe Stunde vor ihrer Ankunft zu Hause), hält sich die Belastung für die Großmutter und den Bruder in Grenzen. Sie selber hat kaum Freizeit, da sie die Berufsarbeit, lange Anfahrzeit und die Organisation/Versorgung des eigenen Haushaltes vollständig in Anspruch nehmen. Dennoch nimmt sie diese Mühen auf sich, weil sie ihre Arbeit interessant findet und ihr Arbeitsteam gut harmoniert. Weil auch dieses Projekt von der Deutschen Forschungsgemeinschaft nur befristet gefördert wurde, wird sie erneut arbeitslos werden.[168] Anhand verschiedener Textstellen wird eine sehr aktive Lebenshaltung Frau Pasternaks bezüglich der Arbeitsuche ersichtlich. Auf Grund eines staatlich organisierten Unterstützungsnetzes in der Bundesrepublik (Werkstatt, Fahrdienst) ist es ihr erst jetzt in der Migration möglich, einer beruflichen Tätigkeit nachzugehen. Sie begreift die institutionelle Unterstützung als eine Chance, um eigene Berufswünsche zu verwirklichen und nutzt diese. Ihre Familie unterstützt ihren Wunsch, arbeiten zu gehen, indem sie bei der Versorgung von Wladimir verlässlich und kontinuierlich mithilft.

Obwohl Frau Pasternak wahrscheinlich unter anderen Bedingungen aufgrund ihrer Eigeninitiative und Disziplin eine berufliche Karriere als Biologin gemacht hätte, macht sie keinen verbitterten Eindruck. In späteren Textstellen im Interview schildert sie, dass sie Wladimirs Existenz nicht nur als eine Belastung sondern auch als gewisse Bereicherung empfindet. So gingen sie gemeinsam am Wochenende viel in die Natur, um Pferde zu füttern.

Befragt danach, was sich nun grundlegend in ihrem Verhältnis zu ihrem Sohn in der Bundesrepublik geändert habe, antwortet Frau Pasternak abschließend, dass sie hier ihre Schuldgefühle wegen Wladimirs Behinderung verloren habe. So hätten ihr in der ehemaligen Sowjetunion andere Menschen, insbesondere ihre Schwiegermutter, immer wieder zu erkennen gegeben, dass sie für ihre Lebenssituation selber verantwortlich sei. Dies hätte bei ihr starke Schuldgefühle hervorgerufen. Hingegen hätten sie in der Bundesrepublik Berufskollegen und Freundinnen bestärkt und gegenüber ihr und ihrem Sohn eine Wertschätzung gezeigt, die es ihr erst ermöglicht hätte, ohne Schuldgefühle zu leben.

Nachdem zentrale Stellen des Interviews mit Frau Pasternak dargestellt wurden, sollen im Folgenden analysierte Ausschnitte aus dem Interview mit dem Bruder Alexander wiedergegeben werden.

Vorab sei aber auf die Interviewsituation hingewiesen, da die Interaktion zwischen dem Interviewten und der Interviewerin an einigen Stel-

---

[168] Im Anschluss an das Gespräch berichtet sie von ihren vergeblichen Versuchen wieder eine Arbeit zu finden, Diese werden auch deshalb erfolglos bleiben, weil sie in einer infrastrukturell schwachen Region mit einer relativ hohen Arbeitslosenquote lebt und auch im Alter von über 50 Jahren auf dem Arbeitsmarkt als schwer vermittelbar gilt. Allerdings bemüht sie sich darum in der ortsansässigen jüdischen Gemeinde ein Angebot für behinderte Menschen aufzubauen. Zurzeit gibt sie privat einem Geschäftsmann Russischunterricht.

len thematisch sein wird. Deren Analyse wird in der Interpretation einen größeren Raum einnehmen, da auch anhand dieser die Haltung des Bruders von Wladimir ersichtlich wird.

<u>Vorbemerkung zu dem Interview mit Wladimirs Bruder Alexander</u>
Zwei Wochen vor dem Interview hatte ich telefonisch nachgefragt, ob Herr Pasternak zu einem Interview im Rahmen einer Doktorarbeit bereit wäre. Er hatte direkt zugesagt, und angekündigt, dass er viel erzählen werde und ich viel Zeit mitbringen solle. Darüber informiert, dass das Interview im Rahmen der Datenerhebung zu einer Dissertation stattfindet und alle Daten des Interviews anonymisiert werden, hatte er geäußert,

> *„das ist möglich solch eine Doktorarbeit bei den Soziologen zu schreiben, die Interviews könnten ja alle erfunden sein, gibt es keinen der das nachprüft?"*

Bereits beim Telefonat war vereinbart worden, dass das Interview mit Herrn Pasternak im Anschluss an das Interview mit der Mutter durchgeführt werden würde. Nachdem ich zwei Wochen später angereist war, und Frau Pasternak mich begrüßt hatte, erzählte Herr Pasternak, dass er mit seinem Bleigewehr in der letzten Zeit viel in seinem Zimmer rumgeschossen hätte. Vor zwei Tagen sei er morgens mit Nasenblutungen aufgewacht, hätte nichts dagegen unternommen, und wolle aber nun – Freitagmittag – in der Ambulanz eines nahegelegenen Krankenhauses diese Beschwerden abklären lassen. Mutter und Sohn scherzen über die Situation. Er schlägt vor, direkt in die Ambulanz zu fahren, während seine Mutter das erste Interview durchführe.

Eine Stunde später wird er zurückkommen. Da er in der Ambulanz noch mindestens drei Stunden warten müsste, hat er zunächst beschlossen, das Interview durchzuführen und später noch einmal in die Ambulanz zu fahren. Nach dem Ende des Interviews mit seiner Mutter und einer halben Stunde Pause, in der Frau Pasternak und ich uns über ihre aktuelle Arbeitssituation unterhalten haben, interviewe ich den Zwillingsbruder. Er liegt dabei auf der Couch und hat sich zwanglos ausgestreckt, was mich in der Gesprächssituation irritiert.

Analyse des Interviewtextes:
Das Interview begann folgendermaßen:

> **Int.:** Ok, ja. Also, soll ich noch mal... Ich sag Ihnen noch mal kurz... genau... was ich Ihnen schon am Telefon gesagt hatte. Dass, dass ist für eine Doktorarbeit... ich schreibe eine Doktorarbeit. Ich mache Interviews mit Familien, die aus der Sowjetunion kommen, und wo es ein Kind gibt, das eine geistige oder psychische Behinderung hat. Und es geht mir einfach darum, zu erfahren: wie ist die Situation für Sie gewesen, in der Sowjetunion, mit Ihrem Bruder? Wie ist sie jetzt, hier in Deutschland? Und ich inter... interviewe immer mehrere Personen aus einer Familie, um zu sehen; gibt es vielleicht unterschiedliche Sichtweisen und Perspektiven? Also, vielleicht hat Ihre Mutter eine andere Sichtweise als Sie. Und das will ich auch herausarbeiten und... Alle Daten sind natürlich völlig anonym. Es erscheint nur Herr X aus Stadt Z. Ja? Mehr werde ich über Sie nicht sagen, ja? ... Ja und, würde Sie bitten, einfach... Erzählen Sie mir einfach... Wie, ja... wie's... erinnern Sie sich an die Zeit, als Sie ein Kind waren? Wie war's für Sie, ein Bruder zu haben, der behindert war?

Die Einleitung des Interviews ist aus verschiedenen Gründen missglückt:

a) Sie ist unkonkret, statt einer direkten Nachfrage, auf die der Interviewte antworten könnte, wird er mit verschiedenen Informationen und Aufforderungen überhäuft.
b) Sie ist langatmig; indem die Interviewte darauf hinweist, dass sie noch mal wiederholen wird, was sie dem Befragten schon am Telefon sagte, wird sein Interesse zuzuhören nachlassen.
c) Die letzte Interviewfrage, die im Gedächtnis des Befragten noch am meisten präsent ist, ist zu offen und unkonkret.[169] (‚Erzählen Sie mir einfach... Wie, ja... wie's... erinnern Sie sich an die Zeit, als Sie ein Kind waren?' Wie war's für Sie, ein Bruder zu haben, der behindert war?)

---

[169] Dies kann auch anders diskutiert werden. Gerhard Riemann wies in einem Rahmen eines Workshops, bei dem dieses Interview vorgestellt wurde, daraufhin, dass mit der Technik des narrativen Interviews, das eine sehr offene Fragestellung präsentiert, der Befragte vermutlich mehr erzählt hätte.

Insgesamt ist diese ganze Einleitung um ein Vielfaches länger als die Antwort, die der Befragte auf den nächsten Seiten geben wird.

Herr Pasternak: *Das war für mich ja normal……. (sehr lange Pause).*

Diese Antwort ist korrekt, denn da Herr Pasternak mit der Behinderung seines Bruders von Geburt an aufgewachsen ist, stellt sie für ihn nichts Außergewöhnliches dar. Da er diese Behinderung ständig im Alltag erlebt, ist sie für ihn selbstverständlich. Deutlich zeigt sich, dass er als ein Familienmitglied die Gegebenheiten aus einer anderen Perspektive als ein Außenstehender betrachtet. Dass er hier so knapp antwortet, obwohl er sicherlich mehr zu berichten hätte, drückt einen gewissen Unwillen gegen den Interviewanfang, das Interview oder die Interviewerin aus. Es deutet sich hier schon eine kritisch konfrontative Haltung insgesamt an, die sich in weiteren folgenden knappen Antworten zeigen wird.

Int.: *Mhm. ... Äh... Also Sie sind irgendwie... ich nehme an, in den Kindergarten gegangen, oder, Sie sind ... wenn Sie sich erinnern... Versuchen Sie sich zu erinnern... einfach so...*

Die Interviewerin stellt keine konkrete Nachfrage, sondern hofft ihn durch die Stichwortgabe ‚Kindergarten' zu weiteren Äußerungen bewegen zu können.
Dies wirkt in dieser Situation planlos und hilflos.

Herr Pasternak: *Ja, ja…ich kann mich erinnern, aber was möchten Sie denn genau wissen? Das war für mich normal!*

Herr Pasternak erkennt die Problematik der Interviewführung. Er insistiert auf genaue Nachfragen, vermutlich weiß er genau, was die Interviewerin erfahren möchte. Er scheint aber nicht daran interessiert, nur im Sinne einer höflichen Kommunikation zu antworten. Die Einleitung des Interviews ist missglückt, sie kann aber weder wiederholt noch behoben werden.

Int.: *Ich möchte einfach von Ihnen wissen, will wissen, wie weit Sie sich zurück erinnern können... Sie sind in einen Kindergarten gegangen, und Sie haben ge.. ge... ge... gemerkt, Ihr Bruder ist behindert ... es* *war für Sie... Sie haben doch gemerkt, äh... die andern Kinder waren anders...*

Erneut unternimmt die Interviewerin einen Versuch ihn zum Reden zu bewegen und wirkt dabei langsam etwas ungeduldig.

Herr Pasternak: *Ich habe das schon vor dem Kindergarten bemerkt.*

Wieder antwortet Herr Pasternak korrekt und sachgemäß, denn tatsächlich wird er die Behinderung seines Bruders schon früher bemerkt haben. Gleichzeitig signalisiert er durch seine knappe und distanzierte Antwort, dass er die Gesprächsführung für unprofessionell hält und daher nicht näher darauf eingehen möchte.

Denkbar ist auch, dass ihn die Thematik des Interviews, die Behinderung seines Bruders, nicht interessiert und er lieber über ein anderes Thema im Interview sprechen möchte.

Int.: *Vor dem Kindergarten, ja.*
Herr Pasternak: *Ich konnte einfach ihn und mich vergleichen. Da sah ich, dass er schwächer war. Und dass er sich... anders bewegen... konnte. ...*

Herr Pasternak führt nun erstmalig selber einen Begriff in das Interview ein: ‚*schwächer*'.

Vermutlich meint er damit die geistige Behinderung seines Bruders. Herr Pasternak benennt diese nicht aber konkret, sondern umschreibt sie. Indem er seinen Bruder als schwächer bezeichnet, erlebt er sich gleichzeitig als stärker. Dabei ist die Behinderung der Bezugspunkt, und seine Stärke bezieht sich in diesem Fall sowohl auf eine geistige wie körperliche Überlegenheit. Gleichzeitig impliziert die Tatsache, dass er stärker ist, dass er auf seinen Bruder im Rahmen der Familiensolidarität Rücksicht nehmen muss. Dafür muss es als Familienmitglied gegebenenfalls auch eigene Interessen hinten anstellen. Wahrscheinlich wird der behinderte Bruder die Aufmerksamkeit der Eltern stärker auf sich ziehen, der nichtbehinderte Bruder wird stärker auf sich allein gestellt sein. Dies birgt für Alexander die Chance, ein größeres Autonomiepotential entwickeln zu können.

Herr Pasternak: *Aber, ähm... Was sollte ich denn Ihrer Meinung nach bemerkt haben?*

Herr Pasternak signalisiert erneut, dass er auf die an ihn gerichteten Fragen nicht eingehen möchte. Statt eine Antwort zu geben stellt er selber eine provokative Frage. Auch drückt seine Nachfrage erneut aus, dass er die Frage der Interviewerin für zu unkonkret hält.

Int.: *Tja... Ich... ich... ich wollt' eigentlich nur wissen... ob's*
Herr Pasternak: *...wie es für mich war...*
Int.: *... wie's für Sie war!*
Herr Pasternak: *Es war für mich normal...ich kannte ja nichts anderes, von meinen Bruder.*
Int.: *Und dann sind Sie in den Kindergarten gekommen, dann haben Sie aber gesehen, die andern Kinder war'n schon anders, oder...?*

Erneut wirkt die Reaktion ungeschickt. Herr Pasternak hat bereits die Nachfrage nach dem Kindergarten mehrmals zurückgewiesen, auch hat er die Thematik ‚*Behinderung*' nicht in das Gespräch eingeführt, dennoch kommt die Interviewerin erneut hierauf zurück. Der Interviewerin scheint der Kindergarten als Inbegriff *‚der ersten sozialen Umwelt*' wichtig; doch da die Frage nach dem Kindergarten nicht von Herr Pasternak eingeführt wurde, kann er sie ignorieren. Es wäre hilfreicher und angemessener gewesen, wenn die Interviewerin auf den vom Befragten selber eingeführten Begriff ‚*Schwäche*' eingegangen wäre, denn eine solche Nachfrage hätte er nur schwer zurückweisen können.[170]

Herr Pasternak: *....(lange Pause) ja, ich bin in den Kindergarten gekommen, und ich sah, dass die anderen Kinder anders sind. Jeder auf seine Art... anders. Als ich anders, als meine Mutter anders, als mein Bruder anders, als mein Vater anders, als mein Nachbar, anders als*

---

[170] Diese Textstellen können allgemein ein gutes Beispiel für die Problematik von außen eingeführter Begrifflichkeiten in einem Interview belegen. Auch wenn sie sachlich angebracht in dem Kontext sind, können sie von dem Befragten leicht zurückgewiesen werden, weil sie nicht als seine eigene Fragestellung akzeptiert werden. Hingegen kann bei Sprachausdrücken, die der Befragte selber ins Interview eingebracht hat, angenommen werden, dass der Befragte sie auf Nachfrage weiter ausführen kann.

mein Vetter, anders als sonst jemand. Ich wiederhol' noch mal... ich musste nicht ins Kindergarten, äh, gehen, um festzustellen, dass mein Bruder behindert ist. Ich, äh... habe das schon vorher gewusst.

Sachlich hat Herr Pasternak mit seiner Aussage Recht, dass jeder Mensch individuell ist. Dennoch ist zu überlegen, warum er auf eine so deutliche und unhöflich Art und Weise demonstriert, dass er die Interviewerin für unfähig hält. Sein sprachlicher Ausdruck, die genaue Ausführung des *‚jeder ist anders'*, seine Aussage *‚ich wiederhol noch mal'* drückt aus, dass er die Fragen der Interviewerin für dumm und unangemessen hält.

Herr Pasternak: *Seh'n Sie...*

Herr Pasternak geht jetzt dazu über, die Interviewerin zu belehren. Er deckt Schwachstellen in der Interviewführung auf und drückt damit aus, dass er die Interviewführung selber in die Hand nehmen sollte. Sein Verhalten spricht dafür, dass es sich bei ihm um eine geistig wache Person handelt, die sich gegen die Aufoktroyierung von Interviewfragen, die ihm nicht passen, wehrt und deren Beantwortung er verweigert. Er passt sich also nicht ohne weiteres in ein vorgegebenes Schema ein.

Herr Pasternak: *...wenn man in der Familie, ähm... ein Familienangehörige hat, der anders ist, angenommen, er hat... andere Hautfarbe! Oder er hätte, äh... vier Pfoten! ... Wenn man damit aufwächst, ist das ja normal! Es ist ja nicht gewöhnungsbedürftig!*

Bis zu dieser Textstelle hat Herr Pasternak nicht immer höflich, aber inhaltlich korrekt, auf die ungeschickte Interviewführung reagiert. Nun reagiert er nicht nur mit einer Belehrung, sondern antwortet inhaltlich unkorrekt, in dem er für diese Thematik unangemessene Beispiele vorbringt, die sogar bisweilen frech wirken. Seine Antwort mit den ‚vier Pfoten!` wirkt arrogant und übermütig und seine bisher berechtigte Kritik am Interview droht nun in das nicht mehr Ernsthafte zu kippen, da seine Äußerung überzogen wirkt.

Gleichzeitig zeigt diese Stelle auch, dass er die Normalität der Lebenssituation seines Bruders erneut bekräftigen möchte. Insofern kann sie auch als ein Akt der Solidarität mit seinem Bruder aufgefasst werden. Er verwehrt sich gegen die eingeführte Kategorisierung ‚behindert' und damit, dass sein Bruder als Exot betrachtet wird.

Denkbar ist auch, dass er, der ja Wochen vor Beginn des Interviews am Telefon ausgesagt hatte, er habe viel zu erzählen, sich dem Gespräch auch deshalb verweigert, weil er über andere Themen sprechen möchte. Diese könnten sein: Die Migration mitten in der Pubertät; der Vater, der schon in der Sowjetunion ständig abwesend war und nach der Migration nicht mehr in Erscheinung tritt; und seine Mutter, die durch die Betreuung seines Bruder bzw. ihre Arbeit sehr eingebunden ist. Es ist anzunehmen, dass ihn auch belastet, dass sein behinderter Bruder immer im Zentrum des Interesses steht. Dieser Umstand wiederholt sich in der Gesprächssituation des Interviews: die Interviewerin spricht mit ihm, ist aber vordergründig an der Lebenssituation seines Bruders interessiert.

Herr Pasternak: *Erst, äh... wenn erst, äh... ich... nach einiger Zeit neue Erfahrungen sammeln musste, womit ich nicht aufwuchs, dann ich... würd' ich mir Gedanken machen. Da es für mich selbstverständlich war, dass... darüber machte ich mir keine Gedanken... keine Gedanken.*

An dieser Textstelle zeigt sich, dass der von außen eingebrachte Begriff Kindergarten, wie bereits diskutiert, zwar problematisch war, aber doch ein passendes Beispiel darstellt. Denn der Kindergarten ist in der Regel der erste soziale Ort, in der ein Kind mit neuen und außerhalb der Familie stattfindenden Ereignissen konfrontiert wird. Indem Herr Pasternak jetzt selber aussagt, dass er sich über seinen Bruder erst in einer solchen neuartigen Situation Gedanken machen würde, bestätig er im Nachhinein indirekt, dass die Nachfrage nach dem Kindergarten sachlich doch gerechtfertigt war, denn eine erste solche neuartige Situation ist der Kindergarten. Indirekt widerspricht sich Herr Pasternak damit, da er in den vorangegangenen Textstellen die Thematisierung des Kindergartens mehrmals abgelehnt hatte. An dieser Textstelle wird deutlich, dass Herr Pasternak nicht vorrangig um eines sachlichen Widerspruchs willen (also weil beispielsweise der Aspekt ‚Kindergarten' unsinnig und falsch gewesen wäre) kritisiert, sondern vorrangig aus dem Grund, dass er einen Gefallen daran gefunden hat, die Schwächen der Interviewführung aufzuzeigen. Wenn er mit seiner Aussage *‚nach einiger Zeit neue Erfahrungen sammeln musste', ‚womit ich nicht aufwuchs, dann ich...*

würd' ich mir Gedanken machen', nicht den Kindergarten meint, müsste er genauer explizieren, wo dieser Ort sein könnte. An dieser Stelle versäumt die Interviewerin genauer nachzufragen, denn da er diesen neuen Aspekt in das Gespräch eingebracht hat, wäre er in der Begründungspflicht.

Int.: *Mhm. Und ham... haben Sie sich aber irgendwie Gedanken darüber gemacht, wie Sie gesehen haben, wie andere mit ihm umgegangen sind? Also, für Sie war es normal. Aber für andere... Die, äh... haben... haben wahrscheinlich irgendwie reagiert. Wie... wie ham Sie das gesehen?*

An dieser Interviewstelle beginnt die Interviewerin nicht mehr nach den persönlichen Erfahrungen von Herrn Pasternak zu fragen, sondern ihn als Beobachter hinsichtlich der Interaktion zwischen seinem Bruder und anderen Menschen zu befragen.

Herr Pasternak: *(überlegt) Na ja... Sehen Sie...(lange Pause) Ich kann mich an keine besonderen Reaktionen erinnern! ... Ich hatte kein, äh... Reaktion wie Mitleid oder wie, äh... Reaktion wie ... äh.... wie Sadismus oder sonst was. Seh'n Sie... das alles hab ich eigentlich nicht beobachtet! Hätte ich eine... besondere Reaktion beobachtet, dann wär' es mir aufgefallen! Aber das ist das mir das ziemlich oft eigentlich so was auffällt. Die Sache ist, dass ich, äh... äh.. Wladimir, also mein Bruder, äh... nicht irgendwie... als etwas gewöhnungsbedürftig betrachtet habe. Und er war für mich nie gewöhnungsbedürftig.*

Herr Pasternak sagt aus, dass er nichts bemerkt habe, insgesamt bleibt sein Aussage unspezifisch und unkonkret. Auffallend ist, dass er die Spannbreite Sadismus bis Mitleid benennt. Bis zu dieser Textstelle wollte er nicht näher auf Fragen eingehen, jetzt antwortet er länger, auch äußert es sich gegen Ende der Aussage persönlich, obwohl nach seiner persönlichen Meinung nicht gefragt wurde. Es hat den Anschein, dass jetzt, nach dem er seine Scharfsinnigkeit während der Interviewführung demonstrieren konnte, sein Widerstand gegen das Gespräch nachlässt. Und auch die Interviewerin scheint begriffen zu haben, dass sie dass Insistieren auf den Aspekt ‚Behinderung' nicht voranbringt.

In dem Interaktionsfluss des Interviews beginnt jetzt eine Kehrtwende; Herr Pasternaks nächste Äußerung wird durchgehend über 34 Zeilen gehen. Er geht von nun an ernsthafter, ausführlicher auf die Fragen ein. Herr Pasternak weist erneut auf die Normalität der Situation für ihn hin. Beispielsweise erwähnt er, dass er mit seinem Bruder spielte und selbstverständlich Rücksicht nahm. Mittendrin in seiner Antwort fährt er fort:

Herr Pasternak: *(...) Die Frage wäre vielleicht interessanter, welche Erfahrungen ich später machen musste, wo ich... wo mir der Unterschied schon vielleicht im Erwachsenen- oder im pubitierenden Alter bewusster wurde. Ähm... in so einem Alter, wo alle .. äh... Waisenkinder vielleicht nach Eltern suchen und so weiter, und ich dachte, och, wäre mein Bruder doch normal, oder sonst wie, oder...*

Erneut enthält die Antwort eine Belehrung an die Interviewerin, *so* durch die Bemerkung *'Die Frage wäre vielleicht interessanter'*. Herr Pasternak führt im Folgenden den Begriff Waisenkinder an, der in diesem Zusammenhang überhaupt nicht passt. Er führt diesen Begriff so unvermittelt ein, dass davon ausgegangen werden muss, dass er sich mit dieser Thematik näher beschäftigt hat. Es wirkt, als ob er sich mit jemanden vergleicht, der elternlos ist. Dies bestätigt die eingangs geäußerte Vermutung, dass der behinderte Bruder mehr Aufmerksamkeit auf sich zog und Alexander sich vernachlässigt fühlte. Dies scheint auch daher wahrscheinlich, da der Vater kaum zu Hause war, und die Mutter vorwiegend beide Kinder allein groß zog.[171] Im Alter von 14 Jahren wandern die Brüder in die Bundesrepublik ein. Für die Brüder fallen Migration und Pubertät/Adoleszenz zeitlich zusammen. Die Migration in dieser Lebensphase stellt besondere Anforderungen an beide, da sie mit einer Reihe von Veränderungen konfrontiert werden, die physischer, psychischer und sozio-kultureller Natur sind.[172] Zentrale Umgestaltun-

---

[171] Zudem wird Frau Pasternak alleine auswandern, in der Bundesrepublik wird die Ehe geschieden. Frau Pasternak sagte in dem mit ihr geführten Interview aus, dass sie sich immer zwischen beiden Kindern zerrissen fühlte, und sie sehr viel Zeit mit Wladimir verbringen musste.
[172] Folgende Themen sind für den Adoleszenten im Sinne der eigenen Identitätsfindung besonders wichtig:
a) Die Konfrontation mit der eigenen Geschlechtlichkeit und die Positionierung im Geschlechterverhältnis,

gen in ihrer sozialen und kulturellen Lebenswelt erleben die Brüder in einer Lebensphase, die naturgemäß durch eigene Identitätskrisen und Unsicherheiten gekennzeichnet ist. Ambivalente Gefühle gegenüber den Eltern, die durch den Wunsch nach Loslösung von den Eltern wie auch nach mehr Zuwendung gekennzeichnet sind, sind für diese Entwicklungsphase typisch. Da der behinderte Bruder aufgrund seiner Behinderung schon mehr Zuwendung erhalten muß, fühlt sich Herr Pasternak vermutlich hinten angestellt. So fällt auch auf, dass er in dieser langen Passage nichts über den Umgang in seiner Familie mit dem Bruder erzählt. Es bestätigt sich, dass er nicht dauernd über seinen Bruder, sondern lieber auch über sich selber sprechen möchte. Er erzählt nun ausführlicher, das spricht dafür, dass er an dieser Textstelle über eine für ihn bedeutsame biographische Lebensphase berichtet.

Herr Pasternak: *Auch wo ich bestimmte Verantwortung vielleicht übernehmen musste und es mir nicht passte, warum muss ich jetzt auch auf ihn aufpassen, wo ich das nicht auf mich selber aufpassen kann...*

An dieser Textstelle bestätigt sich, dass Herr Pasternak zu einem Zeitpunkt, als er noch ein Kind/Jugendlicher war und wie er aussagt, *nicht selber auf mich aufpassen kann,* eine stärkere Aufmerksamkeit seiner Eltern gewünscht hatte. Wahrscheinlich erwies es sich für ihn als besonders schwierig, dass er zum einen die von ihm gewünschte elterliche Aufmerksamkeit nicht erhielt, und zum anderen auch noch zur Betreuung seines Bruders mit herangezogen wurde. Damit wurde er, obwohl gleichaltrig wie dieser, ungefragt aus einer Kinderrolle in eine Erwachsenenposition versetzt.

---

b) die Auseinandersetzung im Verhältnis zu den Eltern
c) die Ausgestaltung von Arbeits- und Liebesbeziehungen und
d) die Entwicklung eigener Zukunftsperspektiven.
(Günther 2009: 69). Marga Günther widmet sich in ihrer Dissertation ‚*Adoleszenz und –Migration'* genau dieser Frage, wie adoleszente Migranten aus Westafrika dieses Spannungsverhältnis zwischen individuellen und kulturellen neuen Herausforderungen bewältigen. Die vorliegende Dissertation erkennt die besondere Problematik, die aus dem Zusammenfall von Migration und Adoleszenz für beide Brüder resultiert, geht aber hierauf nicht weiter ein, da dies den Rahmen dieser Arbeit sprengen würde.

Herr Pasternak: (...) *Aber wiederum, für... für mich, äh... war das nicht so tragisch! Ähm... weil ich mmmh... nicht so sehr oft erlebt habe, wie viele andere Kinder mit der... mit Geschwistern spielten,... oft gab's auch genauso Streit, und genauso Spiel. Also, ich hab auch mit meinem Bruder gespielt. ....Aber, so richtig, wo ich den Unterschied nicht kennen lernte, hatte ich hier niemals diesen Unterschied richtig vermisst.*

Gleich im Anschluss relativiert Herr Pasternak wiederum seine Äußerungen zu der ihm angetragenen Verantwortung seinem Bruder gegenüber und betont die Normalität des Verhältnisses zu seinem Bruder. Es erweckt den Eindruck, dass die Darstellung seiner Familie als eine ‚normale Familie' für ihn wichtig ist, denn darauf hat er auch an anderen Textpassagen im Interview immer wieder hingewiesen.[173] Allerdings ist auch denkbar, dass ‚die Bekräftigung der Normalität' auch eine Reaktion auf die von der Interviewerin bereits zu Eingang gestellte Behauptung ist, dass die Situation Wladimirs besonders thematisierungsbedürftig sei. Somit würde die von der Interviewerin an ihn herangetragene Vermutung der Andersartigkeit seiner Familie im Vergleich zu anderen Familien ihn dazu herausfordern, die Normalität seiner Familie zu betonen.

Herr Pasternak: *Äh... Hätte ich einen Unterschied kennen gelernt oder wäre mein Bruder von Anfang an normal und dann durch ein Unfall, zum Beispiel, die Behinderung gekommen, dann wäre es für mich vielleicht, äh... gewöhnungsbedürftiger wiederum.*

Herr Pasternak betont erneut die Normalität seiner Situation und begründet dies damit, dass er nie eine andere Situation kennengelernt hat.

Herr Pasternak: *Äh... Wie... Ja, im Grunde... vielleicht wäre es vielleicht interessant, wie es für mich ist, ähm... ihm manchmal den, äh... Hintern zu wischen... das war gewöhnungsbedürftig, weil ich das früher niemand einem anderen, das Po wischen... wischte. Und als ich das irgendwann dann, äh... angefangen habe, das zu tun, war ich zunächst mal... gereizt. Aber dann hab ich mich schnell gewöhnt. Ich hatte eigentlich die Eigenschaft... Gabe gehabt, mich mit, äh, unangenehmen,*

---

[173] Beispielsweise gleich zu Interviewbeginn.

oder de... zunächst mal unangenehmen Sachen, , sehr schnell anzufreunden. Ob es mit Möbel, oder mit Regenwürmern oder so... womit auch immer... zu tun hat...

Herr Pasternak antwortet hier wie auch an anderen Stellen sehr ehrlich. Seine Antworten sind auch an dieser Textstelle logisch und plausibel. Wieder weist er darauf hin, dass er ungewohnte und zunächst unangenehme Aufgaben, wie z.B. ‚Po wischen' übernehmen musste. Aber auch hier relativiert er die unangenehmen Seiten dieser Aufgabe damit, dass er sich schnell daran gewöhnt habe. Allerdings stellt sich wieder die Frage, ob er das tatsächlich so empfunden hat, oder ob er durch diese Relativierung nicht vielmehr für den Außenstehenden das Bild einer ‚Normalität' in der Familie erzeugt werden soll.

Um dieser Fragestellung nachzugehen, sei im Folgenden an ausgewählten Textstellen dargestellt, wie Herr Pasternak den Umgang mit seinem Bruder beschreibt.

<u>Umgang mit dem Bruder</u>

Int.: *Und wenn Ihre Freunde nach Hause kamen oder so... haben die manchmal Bemerkungen gemacht...?*
Herr Pasternak: *Äh... na... Äh, nein! Bemerkungen nicht! Sehen Sie... Erstens spielten wir selten zusammen. Insbesondere, wenn die, äh... wenn wir alleine zu Hause waren, ja! Da spielten wir schon zusammen. Aber wenn meine Freunde zu mir kamen, dann hab' ich... ähm... sie meinem Bruder bevorzugt. Er... blieb allein, meistens alleine, oder... oder wir nahmen ihn mit! Aber, wir sprachen mit ihm nicht so viel.*

Diese Aussage spricht für die Normalität im Umgang der Geschwister miteinander. Herr Pasternak bevorzugt seine Freunde, allerdings bezieht er seinen Bruder auch in gemeinsame Unternehmungen mit ein. Dass er und sein Freunde ihn hierbei nicht weiter beachteten, scheint verständlich, denn die Freunde/Jugendlichen treffen sich für Unternehmungen, und können Wladimir aufgrund seiner Sprachstörungen nicht ohne weiteres integrieren. Dass sie ihn dennoch mitnehmen, weist darauf hin, dass Herr Pasternak sich seinem Bruder gegenüber verantwortlich fühlt und auch anderen gegenüber nicht zu verstecken versucht. Insofern bestätigt sich an dieser Textstelle der von ihm anfangs behauptete normale Umgang mit ihm.

Herr Pasternak: *Genauso, wie mit eine ... Gruppenmitglied, von dem eh nicht so viel zu erwarten ist. Man nimmt ihn aus Solidarität vielleicht erst mit.(...)... Also, der ist nicht aktiv in der Gruppe drin! Und niemand geht mit ihm auch so wie mit einem aktiven Gruppenmitglied, also auch die, die kleiner, schwächer und sonst wie sind, waren auch so... passiver! In allen Gruppen. Und nahmen sie, ähm... die unteren 'Ränge' ein.*

Ehrlich beschreibt Herr Pasternak die Situation. Auffallend scheint zunächst, dass er in diesem Zusammenhang seinen Bruder in eine Hierarchie einordnet. Vor dem Hintergrund seiner Sozialisation in der Sowjetunion scheint das jedoch nicht sehr ungewöhnlich; die offensichtliche Unterdrückung von Schwächeren scheint in der ehemaligen Sowjetunion verbreitet gewesen zu sein. Beispielsweise werden im russischen Militär jüngere Rekruten selbstverständlich von Älteren unterdrückt und gequält.[174] Indem Herr Pasternak seinen Bruder als Schwächeren darstellt, verweist er gleichzeitig auf sich als den Stärkeren. Dieselbe Argumentation hinsichtlich der Schwäche fand sich bereits zu Beginn des Interviews.

Int.: *Mhm. Gut! Und, äh... Haben Sie sich mal darüber Gedanken gemacht, Sie sind ja Zwillingsbrüder, was wäre, wenn es anders herum gewesen wäre? (...)*
Herr Pasternak *Es war für mich nie ein Thema, der mich interessiert hat. Weil, ich konnte darüber schon diskutieren. Ich weiß zum Beispiel, dass mein Bruder gierig ist, und ich nicht. Er hätte für mich wahrscheinlich, mit mir seltener geteilt. (...) Anders 'rum, ist er ein bisschen vielleicht ruhiger und gutmütiger, und gutherziger! Vielleicht hätt' er mir... mir nicht so... öfters, ein Tritt in den Hintern gegeben wie ich ihm.*
Int.: *Mhm! Äh... Sie machen das (...)?*
Herr Pasternak: *Also... Da steht ein behinderter Mensch vor Ihnen. Sie gehen von Hinten und schlagen ihn und treten ihn mit Beinen in den*

---

[174] Vgl. beispielsweise http://www.zeit.de/2006/17/Militärmacht; Stand Januar 2010.

Hintern. Das ist ein Hinterntritt in den Hintern. Das machen die Kindern nun mal.

Erneut schildert Herr Pasternak das Verhältnis zu seinem Bruder schonungslos und offen. In diesem Zusammenhang zeigt sich erneut, dass Herr Pasternak ein recht unbefangenes Verhältnis zu seinem Bruder hatte, auch wenn der Umgang mit ihm bisweilen herzlos scheint. Gleichzeitig zeigt sich auch hier wieder, dass er sich entsprechend den hierarchischen Verhältnissen verhält. Er hat erkannt, dass er der körperlich Stärkere ist und benimmt sich dementsprechend. Dass er dies so selbstverständlich erzählt, deutet daraufhin, dass die Erniedrigung eines Schwächeren vor anderen nicht etwas Außergewöhnliches oder zu Ächtendes für ihn wie seine Umgebung darzustellen scheint.

So sagt Herr Pasternak auch einige Stellen weiter aus, wären die Dinge andersherum und sein Bruder stärker gewesen, dann hätte eben dieser ihn geschlagen.

Herr Pasternak: *Sowjetunion war es vielleicht nicht so friedlich wie hier. Obwohl ich glaube, bei Ihnen, in vielen Familien gibt's auch Kloppe, gehen die Fäuste los. (lacht) Ja...*

Herr Pasternak erkennt, dass seine Äußerungen – hinsichtlich der Hierarchie unter den Menschen – auf die Interviewerin aufgrund ihrer deutschen Herkunft erst mal ungewohnt wirken. Denn in der Bundesrepublik würde eine öffentliche Herabsetzung behinderter Menschen die Verletzung eines gesellschaftlich akzeptierten Konsenses „sich gegenüber schwächeren Menschen fair zu verhalten" bedeuten.[175] Deshalb begründet er das unfaire Verhalten in der ehemaligen Sowjetunion als grundsätzlich akzeptiert aufgrund der schwierigen gesellschaftlichen Verhältnisse. Tatsächlich scheint seine unbekümmerte Darstellung der Erniedrigung von Schwächeren durch Stärkere zu zeigen, dass dieses Verhalten vermutlich als nicht außergewöhnlich in seiner Heimat erlebt wurde.[176] Allerdings relativiert er die Aussage über seine Heimat auch wieder dadurch, dass er bemerkt, auch in der Bundesrepublik gebe es Gewalt.

---

[175] Auch wenn in der Bundesrepublik Demütigungen gegenüber Schwächeren, Menschen mit Behinderung täglich vorkommen, sind sie gesellschaftlich nicht akzeptiert.
[176] Siehe auch Interview mit Frau M., S. 256.

Insgesamt zeigen die Textstellen keine widersprüchlichen Aussagen im Verhältnis zu seinem Bruder und deuten auf ein im Grunde herzliches Verhältnis zu ihm hin. Das könnte auch erklären, warum er immer wieder betont, dass er nicht viel Mühe mit ihm hatte.

<u>Verhältnis von Herr Pasternak zu seinen Eltern</u>
Herr Pasternak: *Sehen Sie. Ich war ja auch niemals so ein Kind, der unbedingt an den Eltern hängt. An Papa, an Mama. Gut... manchmal schon. Aber... selten. Ja! Selten fühlte ich mich benachteiligt, seh'n Sie. Vielleicht kam paar Mal vor, und dass waren auch nicht so wesentliche Sachen, wo ich mich auch als Kind, äh...da die Meinung hatte, dass das nicht so wesentlich ist,*

Herr Pasternak gibt an, dass er sich nicht benachteiligt fühlte, und betont hierbei gleichzeitig seine Selbstständigkeit von Kindheit an. Betrachtet man diese Textstelle im Zusammenhang mit der Textstelle zum Waisenkind, dann bieten sich zwei Lesarten an:

1) Zwischen beiden Textstellen besteht ein Widerspruch. Herr Pasternak hat sich in seiner Kindheit manchmal zurückversetzt gefühlt, möchte diese empfundene Benachteiligung allerdings im Rahmen des Interviews nicht weiter ausführen. Dies wäre vor allem vor dem Hintergrund der bisherigen Interaktion zwischen Interviewer und Interviewerin verständlich, da bisher keine solide Vertrauensbasis zwischen beiden entstanden ist. Zudem könnte eine Reflexion der Kindheitsgefühle zu unangenehmen Erinnerungen führen, mit denen sich Herr Pasternak in dieser Situation nicht beschäftigen möchte.
2) Zwischen beiden Textstellen besteht kein Widerspruch, weil Herr Pasternak die Textstelle mit dem Waisenkind tatsächlich nicht explizit auf sich bezog, sondern allgemein als Kontrastfolie zu der von der Interviewerin gestellten Frage hinsichtlich der Behinderung entwarf. In diesem Fall könnte es tatsächlich der Fall sein, dass er sich nicht zurückgesetzt fühlte.

Herr Pasternak: *..mir schien sogar umgekehrt, dass meine Mutter und mein Vater um Wladimir sich zu wenig kümmern, sondern zu viel mehr*

um mich. Weil sie mich mehr lieben, offensichtlich, weil ich der bessere Sohn.
Int.: Mhm. Haben Sie so manchmal das Gefühl gehabt, dass Sie... Ihre Eltern Sie mehr liebten als Wladimir?
Herr Pasternak: Ich hatte stets das Gefühl.
Int.: Ja? Wie... wie kam das? Äh... äh... Gab es Anlässe dafür? Oder Beweise?
Herr Pasternak: ...Ich bekam die bessere Kleidung, ähm... Ich glaube, ... Die Spielzeuge hab ich auch immer die besseren bekommen. So nach dem Motto, der kapiert das eh' nicht... Was er anzieht, ähm... Da ich auch schneller wuchs, musste mein Bruder nach mir tragen und nicht umgekehrt. Ähm... Ich ging mit meinem Eltern öfters irgendwo hin: in Museum, zu Opera; mein Bruder blieb da zu Hause.

Herr Pasternaks Aussage widerspricht explizit der vorher aufgestellten Vermutung, er könne sich als Waisenkind gefühlt haben, denn an dieser Textstelle gibt er sogar an, im Verhältnis zu Wladimir mehr geliebt und bevorzugt worden zu sein. Als Beleg der Bevorzugung nennt er vorwiegend materielle Dinge wie Kleidung, Spielsachen und verschiedene kulturelle Aktivitäten. Dass er aussagt, seine Eltern hätten sich um Wladimir zu wenig gekümmert ist bemerkenswert, denn rein objektiv betrachtet wird die zeitliche Versorgung des behinderten Bruders weitaus mehr Zeit in Anspruch genommen haben als seine eigene. Wahrscheinlich wird er diesen Umstand bereits als Selbstverständlichkeit verinnerlicht haben, so dass er den Begriff des ‚Kümmerns' auf die Freizeitaktivitäten bezieht. Ein Beleg dafür, dass seine Sichtweise, er sei materiell besser versorgt worden, stimmig ist, stellt die Tatsache dar, dass die Eltern ihre Zwei-Zimmer-Wohnung so aufteilten, dass sie zu dritt mit Wladimir ein Zimmer zusammen bewohnten und Alexander ein Zimmer für sich allein hatte. Frau Pasternak hatte die Zimmeraufteilung damit begründet, dass sie ihrem nicht behinderten Sohn Alexander eine möglichst eigenständige Entwicklung ermöglichen wollte. Dafür geben die Eltern ein Stück weit ihre eheliche Privatsphäre auf.

Gleichzeitig ist an obiger Textstelle erkennbar, dass Alexander zu Wladimir ein solidarisches Verhältnis entwickelt hat, denn er empfindet, dass sein Bruder sogar zu wenig Zuwendung durch die Eltern hatte.

Int.: *Wladimir blieb dann allein zu Hause, oder...?*
Herr Pasternak: *Nein! Entweder mit Mutter, oder mit Vater, oder er kam mit. Äh... aber, ich bin schon öfters raus spaziert, und Kultur, und Opera und so weiter. In Leningrad kennt man das. Mein Bruder wiederum, vielleicht ein Anstell... Einstellung gehabt, wenn ein Theaterstück oder Puppentheater ist ok! Aber Ballett! Wozu braucht Wladimir schon Ballett?*

Anhand dieser Schilderung wird deutlich, dass in seinem Elternhaus Wert auf Bildung gelegt wurde. Dass die Eltern sich darum bemühen auch Wladimir im Rahmen seiner Möglichkeiten an ihm angemessen kulturellen Ereignissen teilhaben zu lassen, spricht dafür, dass sie sich um beide Kinder bestmöglich kümmern. Die Aussage, dass der behinderte Bruder nicht in das Ballett mitgenommen wurde, deutet nicht auf eine Benachteiligung des Bruders hin, sondern weist vielmehr daraufhin, dass die Eltern fallspezifisch auf die unterschiedlichen Bedürfnisse der Zwillinge eingingen.

Herr Pasternak: *Stanislaw soll das bekommen! Natürlich ging er auch paar Mal zu Ballett, und auch in die Eremitage[177]. Aber ich war viel öfter.*

Dass die Eltern auch dem behinderten Sohn ein Angebot des Besuchs kulturell unterschiedliche Veranstaltungen gemacht haben, bestätigt, dass die Eltern abhängend von den Fähigkeiten der Brüder das Freizeitangebot gestalten. Weiterhin wird deutlich, dass die Familie auch mit Wladimir an zentrale Orte des kulturellen Geschehens (Eremitage) in Leningrad gegangen ist, und ihn somit nicht vor der Öffentlichkeit versteckten. [178]

Int.: *Mhm! Gut. Und, ähm... Wenn Bekannte oder Freunde nach Hause kamen, äh...*
Herr Pasternak: *...gab's keine Bemerkungen!*

---

[177] Weltbekanntes Museum in St. Petersburg.
[178] In Gesprächen mit verschiedenen anderen betroffenen Familien berichteten diese, dass behinderte Menschen in der ehemaligen Sowjetunion von ihren Familien häufig vor der Öffentlichkeit versteckt wurden.

Indem Herr Pasternak die Frage nicht abwartet, sondern die Antwort vorwegnimmt, drückt er aus, dass er die Vermutungen/Vorurteile der Interviewerin bereits kennt, und klar stellen möchte, dass diese nicht auf seine Familie zutreffen. Wieder wie schon zu Beginn des Interviews verwahrt er sich gegen die Vorstellung einer Kategorisierung der Verhältnisse ‚behindert', und ‚nicht behindert' durch die Interviewerin.

<u>Zukunftsvorstellungen hinsichtlich seines Bruders</u>

Herr Pasternak: *So, wo ich erwachsener wurde nach zweiundzwanzigsten Lebensjahr oder Geld verdienen, da hat ich für Bruder immer weniger Zeit. Ähm..... Wiederum, hat er auch für mich weniger Zeit. Er hat... ich hatte sein, mein Geschäft, mein Computer, meine.... äh, Uni. Meine Uni-Politik. Ich war im Studentenparlament, paar Jahre. Und er hatte seine Musik, seine Bücher später, ausschließlich Musik.*

Herr Pasternak beschreibt hier einen durchaus selbstverständlichen Prozess: die eigenständige Entwicklung eines Menschen in der Adoleszenz, die allmählich aus dem Elternhaus zu einem selbständig geführten Leben weist. Er beschreibt diesen Geschehen für sich und seinen Bruder gleichzeitig, und drückt damit aus, dass dieser Prozess strukturell gleich ist, auch wenn in der konkreten Ausformung, den Interessen, Unterschiede bestehen. Auch diese Aussage untermauert, dass Alexanders eingangs getroffenen Äußerungen hinsichtlich des Bewusstseins von Normalität gegenüber seinen Bruders ehrlich gemeint sind: er selber verhält sich Wladimir gegenüber wie einem nichtbehinderten Bruder. An dieser Textstelle zeigt sich kein Gefühl der Hierarchie zwischen den Brüdern.

Herr Pasternak: *Er, ähm... Es gab Zeit, das dachte ich, ähm... dass die Musik ihn ganz passiv macht. (...) Und... seine Kreativität lässt nach. Er war ein ziemlich kreativer Mensch.*

Auch hier beschreibt er seinen Bruder wie jeden anderen, und schont ihn nicht von vornhinein als Schwächeren.

Herr Pasternak: *Ich habe nie verstanden, wie er die deutsche... wie hat er deutsche Sprache gelernt hat. Aber das hat er doch gelernt. Gar* *nicht so schlecht. Er konnte... im Grunde... lesen und... ich weiß nicht, wie lesen.(...). Das hieße, dass er ziemlich begabt ist.*

Alexander stellt die Diagnose einer geistigen Behinderung in Frage. Gleichzeitig schildert er die Fähigkeiten seines Bruders und betont dessen Kompetenzen. Erneut zeigt sich, wie auch schon im vorhergehenden Interviewtext, dass er ein grundsätzlich emotional warmes Verhältnis zu seinem Bruder hat.

Herr Pasternak: *Zu Hause ist er ziemlich degeneriert fand ich ihn und er reagiert vielleicht während der Arbeit oder sonst irgendwann... wird er gesprächiger. Na ja... und deshalb... wo er... weniger spricht und ich auch meine Beschäftigung habe... da wird er zum Beispiel mir uninteressanter.*

Herr Pasternak beschreibt erneut auffallend ehrlich das Verhältnis zu seinem Bruder. In der Beschreibung wird deutlich, dass er differenziert über die Stärken und Schwächen seines Bruders berichten kann. Indem er seinem Bruder keine besonderen Status zuweist und sein Verhalten deshalb entschuldigt, drückt sich erneut ein ‚normales' Verhältnis zwischen Geschwistern aus.

Im Folgenden schildert Herr Pasternak, dass er weiterhin auch dann, wenn er von zu Hause ausgezogen ist, den Kontakt zu seinem Bruder weiter behalten möchte. Auch würde er sich in der Zukunft nach dem Tod der Mutter verantwortlich fühlen, zunächst für den Bruder zu sorgen. Es hat den Anschein, dass er sich ohne äußeren Zwang moralisch hierzu verpflichtet fühlt, und diese antizipierte Verpflichtung die Gefahr birgt, dass er eigene Lebensentwürfe dafür vernachlässigt.

<u>Resümee der Fallanalyse und Fallstruktur von Familie Pasternak</u>
Aufgrund der schwierigen materiellen und gesellschaftlichen Verhältnisse in der ehemaligen Sowjetunion entschließt sich Frau Pasternak mit ihrer Mutter und den beiden Kindern 1996 in die Bundesrepublik zu migrieren, wo bereits ihr Bruder lebt. Im Interview lässt sich an verschiedenen Textstellen aufzeigen, dass Frau Pasternak in verschiedenen Situationen ein immer wieder sich ähnelndes Handlungsmuster aufweist: aktiv agiert sie im Interesse ihrer Kinder auch in schwierigen Situationen. Im Interviewverlauf thematisiert sie eine konstruktive Kri-

senbewältigung, die ihr meist gelingt. Sie wiederholt damit ein Verhalten, dass sich schon in der ehemaligen Sowjetunion zeigte. Ihr Fallmuster reproduziert sich. Als sie ihre gerade erst geborenen Söhne im Krankenhaus nicht sehen darf, resigniert sie nicht, sondern gelingt es ihr über einen informellen Kontakt zu einer Krankenschwester ihre Kinder zu sehen. Die häuslichen Verhältnisse erweisen sich als schwierig, da die Familie mit den Schwiegereltern zusammen in einer Zwei-Zimmerwohnung lebt und die Schwiegermutter darauf drängt Wladimir in ein Heim zu geben. Frau Pasternak beugt sich diesem psychischen Druck nicht, sondern versucht der häuslichen Enge dadurch zu entkommen, dass sie, so oft es geht, zu ihren Eltern fährt. Trotz knapper finanzieller Ressourcen investiert die Familie aktiv in die Förderung ihres Sohnes.

Bis zum 7. Lebensjahr geht Wladimir in einem Sonder-Kindergarten, danach findet sich auch in der Metropole St. Petersburg keine Schule, die ihn aufnimmt, da er als schwer behindert gilt.

Frau Pasternak, eine diplomierte Biologin kann aufgrund eines fehlenden Betreuungsangebotes nicht arbeiten gehen. Dies ist besonders belastend für sie: Nicht nur das behinderte Kind, sondern auch ihre Nichtberufstätigkeit in einer Gesellschaft, in der 80% aller Frauen arbeiten, führen zu einer Außenseiterposition. Hinzukommt, dass die Familie aufgrund dieser Umstände ein sehr knappes Einkommen hat.

Nach zwei Jahren zieht die Familie in eine eigene zwei Zimmer-Wohnung. Wieder räumt das Ehepaar dem Wohl der Kinder Priorität ein: in einem Zimmer wohnt der nichtbehinderte Sohn, in dem anderen Zimmer das Ehepaar mit dem behinderten Sohn. Die Privatsphäre der Eltern wird dabei dem Wohl der Kinder untergeordnet. Das dies so selbstverständlich möglich ist, kann ein Indiz dafür sein, dass die Beziehung zwischen den Eltern nur eine untergeordnete Rolle im Familienleben einnimmt. So fällt auch in dem Interview mit ihr wie dem Sohn auf, dass der Ehemann nur beiläufig erwähnt wird. Obwohl die Eheleute 17 Jahre verheiratet gewesen sind, hat es den Anschein, dass er, der viel arbeitete und daher kaum zu Hause war, auch emotional im Leben seiner Familie kaum präsent ist. Grundsätzlich ist die Familie in ihrer Freizeit aktiv, sie unternimmt mit Wladimir Ausflüge und geht mit ihm auch zu kulturellen Veranstaltungen. Frau Pasternak engagiert sich in einer Selbsthilfegruppe, was für sowjetische Verhältnisse sehr außergewöhnlich ist. Als die Lebensumstände Mitte der 1990er Jahre für die

Familie außerordentlich schwierig werden – ihr Mann hatte infolge der Perestroika seine Arbeit verloren und die Familie hat gar kein Einkommen – beschließt Frau Pasternak mit den Kindern und der eigenen Mutter zu migrieren. Als der Ehemann einige Monate später nachkommt, findet er sich nicht zurecht. Schließlich wird die Ehe geschieden, der Mann kehrt in die Sowjetunion zurück.

Frau Pasternak findet sich in Deutschland sehr gut zurecht. Wieder kommt ihr hierbei eine positive Grundhaltung zu Gute. Sie bemüht sich darum deutsch zu lernen, was ihr gut und schnell gelingt und findet eine befristete Arbeitsstelle bei der Volkshochschule. Als diese ausläuft, sucht sie sich selber eine Praktikumsstelle in ihrem Berufsbereich und beginnt anschließend eine Ausbildung als biologisch technische Assistentin, obwohl sie bereits ein Biologiestudium absolviert hat und die neue Position viel niedriger qualifiziert ist. Sie organisiert hierfür die Betreuung ihres behinderten Sohnes, um eine 70km entfernte Ganztagsstellung annehmen zu können.

Hierbei nutzt sie die Chancen, die das in dieser Hinsicht gut ausgebaute Unterstützungsnetzwerk der Bundesrepublik für ihre Familie bietet. Ihr Sohn, der nie eine Schule besuchen konnte, nimmt erstmalig mit 14 Jahren am Unterricht teil. Als sich das als schwierig erweist, gibt sie nicht auf, sondern bemüht sie sich um einen Schulwechsel und eine professionelle Sprachtherapeutin. Nach dem Schulbesuch bringt sie ihren Sohn in einer Behindertenwerkstatt unter, ihr Sohn nimmt an verschiedenen Freizeitangeboten teil. Dabei ist die Teilnahme an den Freizeitaktivitäten nicht selbstverständlich, denn schließlich spricht Wladimir kaum deutsch und kann sich nur wenig artikulieren; das hätte auch ein Argument gegen eine Teilnahme sein können. Durch die Inanspruchnahme eines Pflegedienstes und die Unterstützung ihrer Mutter und des gesunden Sohnes ist es für sie möglich wieder zu arbeiten. Eine Integration des Sohnes scheint weit möglichst gelungen

Frau Pasternak hat sich in den letzten Jahren einen festen Bekanntenkreis aufgebaut, zu dem sie auch ihren Sohn Wladimir regelmäßig mitnimmt. Auch in der Sowjetunion hatte sie ihn zu Freunden mitgenommen und berichtet, dass diese sich ihm gegenüber freundlich verhielten. Ein wesentlicher Unterschied zwischen der Sowjetunion und der Bundesrepublik besteht für sie jedoch darin, dass sie in der Sowjetunion eine prinzipiell negative Atmosphäre gegenüber behinderten Menschen wahrnahm. Vor allem ihr fremde Menschen (beispielsweise im Krankenhaus, auf der Straße) vermittelten ihr dort immer wieder das Gefühl, dass sie an der Behinderung und Situation ihres Sohnes schuld sei.[179] Diese Schuldgefühle verliert sie erst in der Bundesrepublik, nachdem Bekannte ihr vermitteln, dass sie unschuldig ist und die Schuldgefühle daher nicht gerechtfertigt seien. Insgesamt bezeichnet sie die Migration als sehr gelungen bis auf die Tatsache, dass sie aufgrund der schwierigen Arbeitsmarktsituation keine Arbeit finde. In der Textanalyse zeigt sich, dass Frau Pasternaks Krisenmanagement immer wieder thematisch ist, allerdings ihre Kinder in der Beschreibung auffallend blass und undeutlich bleiben, beispielsweise wird ihre Entwicklung kaum geschildert.

Im Interview mit dem Bruder Alexander bestätigt sich, dass sich die Mutter im Interesse ihrer Kinder engagiert. Beispielsweise unternahmen die Mutter (die Eltern) verschiedene kulturelle Aktivitäten, die eine individuelle Förderung ihrer Kinder belegen. Während Wladimir mehr für ihn geeignete Unternehmungen – z.B. auch im Rahmen der Selbsthilfegruppe – unternahm, erhielt Alexander trotz Wohnungsenge ein eigenes Zimmer und besuchte anspruchsvollere kulturelle Veranstaltungen. Daher empfindet der gesunde Bruder auch, dass er von den Eltern gleichberechtigt behandelt wurde. Insgesamt scheinen beide Brüder ein unkompliziertes Geschwisterverhältnis gehabt zu haben, das von Solidarität gegenüber dem Bruder geprägt war. Dieses spiegelt sich auch in den Interviewanalysen wieder.

Allerdings treten in dem Geschwister-Interview auch Widersprüche auf: beispielsweise führt Alexander an einer Textstelle den Begriff ‚Waisenkind' ein, was darauf hinweist, dass er sich auch vernachlässigt fühlte. Dies kann damit erklärt werden, dass einerseits der Vater sehr viel arbeitete und nicht präsent war und andrerseits er als Kind/Jugendlicher in die Betreuung des behinderten Bruders eingebunden wurde. Unklar bleibt, ob der Umstand, dass er in die Betreuung des Bruders einbezogen wurde tatsächlich so unproblematisch war, wie er aussagt. Die Familie migriert in einer für die Kinder entwicklungspsychologisch wichti-

---

[179] Eine im Rahmen einer Diplomarbeit durchgeführte Befragung unter weißrussischen und deutschen Passanten auf der Strasse ergab, dass die Interviewten aus Weißrussland zu 59% eine Schuld an der Behinderung den Eltern geben, während diesem Item in Deutschland nur halb soviel, 32%, zustimmten (Poltawez/Rivin 2006: 92).

gen Phase: mitten in der Pubertät/Adoleszenz. Das ist allerdings in dem Interview – auch aufgrund der Interviewthematik: Behinderung – kaum thematisch. Dabei kann davon ausgegangen werden kann, dass Alexander typische Krisen der Pubertät, wie die allmähliche Loslösung vom Elternhaus, Hinwendung zum anderen Geschlecht usw. durchlebte. Zusätzlich zu der Bewältigung dieser altersgemäßen Krise muss er aufgrund der Migration seinen vertrauen Lebensumstände (Schule, Freunde) aufgeben und sich auf die neuen Lebensumstände einstellen.

Herr Pasternak bezieht in seine Zukunftspläne auch seinen behinderten Bruder ein: er fühlt sich für dessen spätere Lebensgestaltung mit verantwortlich, beispielsweise wenn seine Mutter ihn nicht mehr betreuen kann.

Seine Ansichten hierzu sind nachvollziehbar, aber gleichzeitig erwecken sie den Eindruck, dass er damit seine eigene selbständige Lebensgestaltung ein Stück weit zurückstellt. So wohnt er, 25 jährig, nach einer kurzen Zeit des Auszuges wieder bei seiner Mutter, um sie in der Betreuung zu unterstützen. Seine Mutter berichtet in ihrem Interview in den wenigen ihn betreffenden Textstellen, dass er durch die Geschwisterbeziehung zu Wladimir reifer und selbstloser als andere sei. Aus einer distanzierten Perspektive betrachtet, hat es den Anschein, dass ihre Erwartungen an ihn eine selbständige Lebensführung erschweren. Auch macht es den Eindruck, dass er im Gegensatz zu seiner agilen und erfolgsorientierten Mutter sein Wirtschaftsstudium vernachlässigt.

In der Interviewanalyse wurde der Interaktion zwischen dem Interviewten und der Interviewerin ein breiter Rahmen eingeräumt, da sich zeigte, dass die Interaktion den Verlauf des Interviews wesentlich beeinflusste. Durch die Eingangsfragen, in denen ich die Behinderung des Bruders thematisierte, fühlte sich Alexander immer wieder herausgefordert, die Normalität des Familienlebens zu betonen und sich gegen eine von außen herangetragene Etikettierung zu verwahren. Hierbei begründete er seine Einsprüche gegen diese Etikettierung plausibel. Er verwahre sich gegen eine Typisierung, wie sein Leben sein müsste. Im Interviewverlauf wird deutlich, dass er immer wieder einen Rollenwechsel in der Interaktion übernehmen möchte, da er schlechte Interviewfragen thematisiert und andere vorgibt. Hierbei zeigt sich, dass er ehrlich und schonungslos das Geschwisterverhältnis analysiert, und sich auch selber nicht schont. Dabei lässt sich seiner selbstverständlichen

Schilderung zur Demütigung von Schwächeren auch eine kollektive Haltung der Gesellschaft, aus der er stammt, erkennen.

Abschließend bietet sich der Eindruck, dass der Mutter die Migration und die hieraus resultierenden Anforderungen gut gelingt während Herr Pasternak sich sehr viel mehr Schwierigkeiten hat, sein Leben eigenständig und losgelöst von Mutter und Bruder zu gestalten.

4.2.1.2 Fallanalyse: Familie Kravitz

> *„Und wir waren gekommen in Deutschland, für uns war eine Überraschung! So viele Kinder, Behinderte!"*

Gesprächssituation: Interview mit Mutter und Vater im Frühjahr 2007
Familie Kravitz lernte ich auf einer vom ZWST-Projekt organisierten mehrtägigen Bildungsfreizeit im Herbst 2006 kennen. Einige Monate später fragte ich telefonisch an, ob Frau Kravitz und ihr Mann bereit wären, im Rahmen einer Doktorarbeit ein Interview durchzuführen. Frau Kravitz willigte sofort ein. Einige Tage später fand das Interview statt. Herr Kravitz holte mich vom Bahnhof der Stadt, in der sie leben, ab. Während der Busfahrt zur Wohnung erzählte er von den Sehenswürdigkeiten der Stadt. Nebenbei erwähnte er, dass sich der Zustand seiner Tochter Olga verschlechtert hätte.

Die Familie wohnt am Rande einer mittelgroßen Stadt in Deutschland. Die Siedlung, in der sie wohnen, setzt sich aus vielen mehrstöckigen Wohnungen zusammen: es handelt sich um sozialen Wohnungsbau. Ihre ca. 65m^2 große 3-Zimmerwohnung ist einfach eingerichtet. Herr Kravitz berichtet, dass in der Siedlung viele Aussiedler wohnen und es an der Straßenecke einen Supermarkt mit russischen Nahrungsmitteln gäbe. Zu den Aussiedlern habe die Familie kaum Kontakt, allerdings gebe es auch keine Schwierigkeiten.[180]

Nach der Ankunft in der Wohnung gegen 10.00 Uhr fragt die Familie nach dem Fortgang des Projektes. Dann schlägt Frau Kravitz vor, dass zunächst der Ehemann ein Interview gibt, damit sie in der Zwischenzeit das Mittagessen vorbereiten könne. Während des Interviews bleibt zwar

---

[180] In einem Gespräch mit einem für die Integration der Kontingentflüchtlinge zuständigen Sozialarbeiter der ZWST berichtete dieser, dass die jüdischen Migranten öfter über Schwierigkeiten mit der Gruppe der Aussiedler berichten, da unter dieser Personengruppe auch antisemitische Ansichten verbreitet sind.

die Wohnzimmertür offen, allerdings wird die Küchentür geschlossen. Olga guckt immer wieder neugierig in den Wohnraum rein, interessiert sich insbesondere für beide Aufnahmegeräte, wird aber von der Mutter immer wieder in die Küche gerufen. Gegen Ende des Interviews um 12.30 fragt Frau Kravitz an, ob man jetzt zu Mittag essen könne.

Frau Kravitz hat ein dreigängiges Menü mit Spezialitäten ihrer Heimat zubereitet; auf Nachfrage bestätigt sie, dass sie nur zu besonderen Anlässen so aufwendig kocht. Während des Mittagessens wird über die russische Küche allgemein und die Lebenssituation an ihrem Wohnort gesprochen. Während anschließend Frau Kravitz die Küche aufräumt, spielt Herr Kravitz im Wohnraum jiddische Lieder auf einer CD vor. Nachdem seine Frau aufgeräumt hat, beginnt gegen 15.00 Uhr das Interview mit Frau Kravitz. Herr Kravitz verlässt den Raum, nach 20 Minuten verlässt er die Wohnung ganz. Olga sitzt während des Interviews die ganze Zeit neben Frau Kravitz. Während des Interviews ist Frau Kravitz sehr oft den Tränen nahe, insbesondere als sie auf ihre Eltern zu sprechen kommt. Als ich im Anschluss an das Interview ein paar demographische Daten zu ihrer Herkunftssituation abfrage, weint sie, spricht aber weiter.

Nach zwei Stunden ist das Interview zu Ende. Als ich kurz danach zum Bahnhof aufbreche, besteht Frau Kravitz – trotz meines Protestes – darauf, mich mit Olga zu begleiten und die Laptoptasche zu tragen. Olga weist mehrmals daraufhin, dass sie nicht mitgehen möchte, sondern stattdessen die täglich im Vorabendprogramm stattfindende Serie ‚Verbotene Liebe' sehen möchte. Frau Kravitz setzt durch, dass alle zum Bahnhof gehen.

<u>Darstellung der Fallgeschichte</u>
Die Familie Kravitz wanderte 1992 in die Bundesrepublik ein, sie stammt aus dem Grenzgebiet zwischen Rumänien und der Ukraine. Herr Kravitz wurde 1928 in einem kleinen Dorf im ukrainischen Grenzgebiet, Frau Kravitz 1938 in einem kleinen Dorf bei Czernowitz geboren.

Exkurs zur Bukowina
Aus Verständnisgründen wird ein kurzer historischer neuzeitlicher Überblick über dieses Grenzgebiet gegeben, da sich gerade in diesem innerhalb weniger Jahrzehnte mehrmals die Grenzen zwischen Rumänien und der Sowjetunion verschoben und dieses Gebiet damit bis 1944 abwech-

selnd zu unterschiedlichen Herrschaftsgebieten gehörte. So hatten sich seit Ende des 18.Jahrhunderts in der Bukowina deutsche Kolonien gebildet, acht Prozent der Gesamtbevölkerung waren Deutsche. Unter dieser deutschen Teilbevölkerung war das Bildungsbürgertum besonders stark ausgeprägt, so dass sich insbesondere in Czernowitz in der zweiten Hälfte des 19. Jahrhunderts eine vielfältige, gerade auch deutsch geprägte Kultur entwickelte. Es wurde dort eine deutschsprachige Universität gegründet, auch gab es viele deutschsprachige Zeitungen, Verbände und Gesellschaften. Aufgrund der in der Bukowina 1789 verkündeten Judenemanzipation und der Befreiung der Juden von der allgemeinen Rekrutenpflicht siedelten sich viele jüdische Familien in der Bukowina und insbesondere in Czernowitz an. Ende des 19.Jahrunderts waren ca. 30% der Stadtbevölkerung jüdischer Herkunft. Czernowitz war eine vom deutsch-jüdischen Bildungsbürgertum kulturell geprägte Stadt, in der sehr viel Literaten und Künstler wie zum Beispiel Paul Celan und Rose Ausländer lebten. Allerdings stand dieser Bildungselite eine einheimische, vor allem bäuerlich geprägte Bevölkerung misstrauisch gegenüber. Nach dem Untergang der Habsburger Monarchie 1918 kam die Bukowina unter rumänischen Herrschaftseinfluss. 1940 wiederum wurde sie von den sowjetischen Truppen besetzt. Mit der Besetzung der Bukowina durch russische Truppen kam es gleichzeitig zu Pogromen und Ausschreitungen von rumänischen Nationalisten gegen Juden. Viele deutschstämmige Familien flohen Richtung Westen. Nach dem Angriff der deutschen Truppen auf die Sowjetunion 1941 wurde die Bukowina wieder Rumänien zugeordnet, jüdische Familien wurden deportiert. 1944 besetzte die sowjetische Armee die Nordbukowina mit Czernowitz erneut. Seit diesem Zeitpunkt gehört sie zur ehemaligen Sowjetunion und ist Teil der heutigen Westukraine (Röskau-Rydel 1999:12 und 213 ff).

1941 gelang es Frau Kravitz Mutter mit der damals dreijährigen Tochter vor den deutschen Truppen zu fliehen, die die Stadt bereits erreicht hatten. Die Großeltern wie die Tante kamen auf der Flucht bei einem Fliegerangriff um. Indem Mutter und Tochter mit einem Zug Richtung Kasachstan fliehen konnten, entgingen sie den in Rumänien durchgeführten Massakern und der Deportation nach Transnistrien, einem Gebiet, dass von deutschen Truppen erobert worden war und unter rumänischer Verwaltung stand. Dort wurde ein Großteil der jüdischen rumänischen Bevölkerung umgebracht. In Kasachstan lebten die Mutter und Tochter in sehr einfachen Verhältnissen, und als 1944 die deutschen Truppen besiegt und auf dem Rückzug waren, kehrte die Familien mit vielen anderen Flüchtlingen nach Europa zurück. In den rückkehrenden Zügen herrschten katastrophale Bedingungen, es fehlte Nahrung, die hygienischen Verhältnisse waren sehr schlecht. Viele Menschen starben auf diesen Rückfahrten. Um zu überleben, riss sich Frau Kravitz Mutter während der Rückfahrt ihre Goldzähne raus, um sie auf den Bahnhöfen, wo der Zug hielt, gegen Brot einzutauschen. So sicherte sie sich und ihrer Tochter das Überleben. In Kiew angekommen, musste sie erst einmal in einem Krankenhaus wegen Diphtherie behandelt werden. Erst nach einigen Wochen waren Mutter und Tochter wieder in der Lage Richtung Rumänien weiter zu reisen. Mittlerweile gehörte Czernowitz zur Ukraine und damit zum sowjetischen Herrschaftsbereich. Mutter und Tochter kamen einige wenige Tage nach der endgültigen Grenzschließung an, konnten nicht mehr nach Rumänien einreisen und mussten in der Ukraine bleiben. Der Vater von Frau Kravitz entschied in Rumänien zu bleiben. Frau Kravitz und ihre Mutter treffen ihn erst 1960 – sie ist mittlerweile 22 Jahre alt – wieder; aufgrund der politischen Verhältnisse hat es bis zu diesem Zeitpunkt keinen Kontakt zwischen ihnen gegeben. Frau Kravitz wurde von ihrer Mutter allein großgezogen.

Herr Kravitz, der spätere Ehemann von Frau Kravitz, der auch jüdischer Herkunft ist, hatte während des Krieges im sowjetischen Herrschaftsbereich gelebt; sein Vater war Offizier bei der russischen Armee gewesen.

Frau und Herr Kravitz lernen sich während ihrer Ausbildung im industrietechnischen Bereich 1955 in Czernowitz kennen, 1961 heiraten sie dort. Herr Kravitz war als Vorarbeiter und Dreher in einer Fabrik, Frau Kravitz als Qualitätskontrolleurin in einem anderem Betrieb beschäftigt gewesen.

1962 kommt die Tochter Olga als Frühgeburt im siebten Monat zur Welt, sie muss wegen allgemeiner Schwäche einige Monate im Krankenhaus bleiben. Frau Kravitz gibt als Ursache für die Frühgeburt an, dass sie im siebten Monat ihrer Schwangerschaft vor dem Staatsfeiertag am 1.Mai das ganze Haus putzte, weil sie mit der Reinigungsarbeit einer extra für diesen Tag von ihrer Mutter bestellten Reinigungshilfe nicht zufrieden war. Kurz darauf wird Olga geboren. Da Frau Kravitz viel arbeitet und auch abends Weiterbildungen besucht, wird Olga erst einer älteren gehbehinderten Frau zur Aufsicht gegeben, später als Frau Kravitz Mutter nicht mehr arbeitet, passt diese auf. Olga ist in Kleinkindjahren nach Angaben der Eltern schwächlich, allerdings wirkt sie nicht geistig behindert. In der Grundschule kommt Olga nur mit Mühe mit, Frau Kravitz lernt mit ihr und organisiert einen Nachhilfeunterricht für sie. Nach der 4. Klasse drängt die Klassenlehrerin dazu, Olga in eine Sonderschule für behinderte Kinder zu geben. Da dort anscheinend nur schwer behinderte Kinder sind, wird ihre Tochter direkt im Anschluss an die vierte Grundschulkasse in die sechste Klasse der Sonderschule eingeschult. Ihre Tochter ist die beste in der Klasse, wird jedoch nicht gesondert gefördert. Nach der achten Klasse bringt Frau Kravitz Olga in dem Betrieb, in dem sie selber arbeitet, in der Produktion unter. Olga arbeitet nach Angaben beider Eltern kaum, beginnt zu rauchen und Alkohol zu trinken und wird von den Arbeitskollegen ausgelacht. Sie arbeitet dort bis zur Perestroika und wird erst dann entlassen, als der Betrieb seine Mitarbeiterzahl reduziert. Einige Monate später wandert die Familie, zu der auch die 1969 geborene zweite Tochter Sonja gehört, aus. Sonja hat in der Sowjetunion eine Ausbildung als Erzieherin absolviert. In der Bundesrepublik absolviert sie eine Umschulung zur Steuergehilfin und ist bis zum heutigen Zeitpunkt arbeitslos.

Als die Familie 1992 in die Bundesrepublik auswandert, finden Herr und Frau Kravitz keine Arbeit mehr. Olga kommt in einer Behindertenwerkstatt unter. Dort arbeitet sie neun Jahre, wird dann aber aufgrund von Konflikten mit den Betreuern entlassen. Während dieser Zeit hat sie mit einem Freund zwei Jahre in einer betreuten Wohngruppe und anschließend in einem Wohnheim für Menschen mit Behinderung gelebt. Da die Mutter dort aber anscheinend schlechte Verhältnisse vorfindet holt sie sie aus dem Heim raus. In der Nähe ihrer eigenen Wohnung organisiert sie eine weitere Wohnung mit einer Betreuung durch einen Familiendienst. Dort lebt Olga ca. 3 Jahre allein bis zu einem mysteriösen Vorfall. Ein angetrunkener Nachbar soll Olga, die auch angetrunken war, unbekannte Tabletten verabreicht haben. Sie erleidet einen psychotischen Anfall und wird in die Psychiatrie eingeliefert, wo sie zwei Monate bleibt. Nach dem Aufenthalt wird Olga immer apathischer und unselbstständiger, schließlich zieht sie wieder zu den Eltern.

Olga versteht und spricht ein wenig deutsch.

Analyse des Interviewtextes mit Frau Kravitz
Das Interview begann folgendermaßen:

Int.: *Ok! Ähm... ich hatte ja eben schon mit Ihrem Mann gesprochen... und, es geht darum, dass ich eine Doktorarbeit schreibe, in der ich gerne wissen möchte: wie ist die Situation gewesen in der ehemaligen Sowjetunion für Menschen, die ein, ähm... geistig behindertes Kind hatten, oder auch psychisch behindertes Kind? Und... wie ist es jetzt, hier in Deutschland? Was hat sich verändert? Verschlechtert? Verbessert? Was sind die Probleme?*

Die Intervieweinleitung ist langatmig und besteht aus vielen Fragen, so dass die zentrale Fragestellung nicht konkret genug zu Tage tritt. Problematisch erscheint weiterhin, dass die Interviewerin vorrangig etwas zur Situation behinderter Menschen in der Sowjetunion erfahren möchte, aber gleichzeitig in einer späteren Teilfrage nach der Situation in Deutschland fragt. Auch hätte eine neutrale Formulierung der Frage nach einer Veränderung ausgereicht, die Vorgabe von Kategorien *„Verschlechtert?" „Verbessert?"* ist ungünstig, da so die Befragte die Antwort nicht selber entwickeln und eigenständig erzählen kann.

Frau Kravitz: *Verbessert, kann man sagen! Verbessert.*

Durch die Kategorienvorgabe in der Einleitung ist die Beantwortung sehr kurz, die Befragte ordnet ihre Antwort in ein von der Interviewerin vorgegebenes Raster ein.

Die Antwort *„verbessert"* ist nicht verwunderlich, denn objektiv betrachtet ist unter dem Aspekt der staatlichen Unterstützung die Ausgangssituation in der Bundesrepublik sehr viel besser als in der ehemaligen Sowjetunion, da es dort kaum eine Unterstützung von staatlicher/gesellschaftlicher Seite gegeben hat.[181]

---

[181] Dies soll allerdings in der vorliegenden Doktorarbeit erst herausgearbeitet werden. Daher muss ich zunächst mit einer naiven Unwissenheit an das Thema herangehen. Allerdings habe ich zu dem Zeitpunkt des Interviews bereits viele informelle Gespräche mit aus der ehemaligen Sowjetunion stammenden Sozialarbeitern und Betroffenen geführt, anhand derer sich eindeutig zeigte, dass die Situation behinderter Menschen und ihrer Familien unter verschiedensten Aspekten sehr viel ungünstiger war als in der Bundesrepublik.

Int.: *Ja, verbessert... gut! Und... Am Besten ist es, Sie fangen einfach an zu erzählen, wie es so für Sie war, Sie, ähm... also... erzählen Sie, ähm... etwas! Sie sind in der Sowjetunion... Sie sind in der... Kommen Sie auch aus der Ukraine? Oder, wie Sie groß geworden sind...*

Die Interviewerin ist mit der kurzen Antwort unzufrieden und setzt erneut an. Diesmal fokussiert sie die Fragestellung auf die ehemalige Sowjetunion und formuliert die Bitte offen zu erzählen, woraufhin Frau Kravitz von ihrer Flucht 1941 aus und der Rückkehr 1944 nach Czernowitz erzählt. Anschließend berichtet Frau Kravitz:

Frau Kravitz: *(...) Und so, wir sind, wir sind ge... äh... geblieben in Czernowitz. Und dort hab ich die Schule gemacht, und dort hab ich gelernt, studiert.*
Int.: *Was haben Sie gelernt?*
Frau Kravitz: *Äh, ich hab zuerst gelernt Kauffrau. Denn zuerst ge.., gelernt hab ich in... in... in eine äh... Berufsschule, das ist ein Technik-Uni, ich weiß nicht, wieso es heißt dort Berufsschule.(.....)*

Der Abschluss der Kauffrau wird an einer Berufsschule erworben und ist kein akademischer Abschluss. Indem Frau Kravitz bei der Nennung ihres Ausbildungsortes auf die Technik-Uni verweist, und die Richtigkeit des ursprünglichen Namen ‚Berufsschule' in Zweifel zieht, möchte sie ausdrücken, dass ihre Ausbildung auf Universitätsniveau stattfand.

Zu einem frühen Zeitpunkt im Interview spricht sie bereits über ihre Ausbildung bzw. ihren Beruf, was dafür spricht, dass dieses Thema für sie einen hohen Stellenwert hat.

Frau Kravitz: *Dann ist... sind gekommen meine Kinder. Und ich hab noch gemacht Abendschule. Soll ich in... so wie jetzt Gymnasium, gemacht die Gymnasium. Und dann...*

Obwohl Frau Kravitz Tochter als Frühgeburt zur Welt kommt und nach Aussage des Vaters (im mit ihm geführten Interview) viel Aufmerksamkeit braucht, und sieben Jahre später eine weitere Tochter geboren wird, arbeitet und besucht Frau Kravitz eine Abendschule. Dass sie arbeitet ist für sowjetische Verhältnisse typisch.[182] Allerdings erscheint zunächst bemerkenswert, dass sie noch zusätzlich weitere Fortbildungen abends besucht, da von ihren beiden Kindern zumindest die ältere Tochter als schwächlich gilt und einer besonderen Betreuung bedarf. Hierfür sind mehrere Gründe denkbar:

1) Frau Kravitz ist sehr an ihrer Weiterbildung interessiert, arbeitet gern und möchte sich weiterentwickeln.
2) Frau Kravitz möchte in ihren ursprünglichen Beruf nicht mehr weiterarbeiten, und versucht deshalb weitere Qualifikationen zu erwerben, um später einen anderen Beruf auszuüben. In der Regel ist der Besuch einer Abendschule mit einer Höherqualifizierung verbunden.
3) Frau Kravitz empfindet die Situation mit den Kindern, von denen zumindest die ältere Tochter aufgrund ihrer Schwächlichkeit mehr Aufmerksamkeit braucht, als anstrengend und möchte mehr Zeit außerhalb ihrer Familie verbringen.

Int.: *Das haben Sie gemacht, als die Kinder schon da waren...?*
Frau Kravitz: *Ja! Ja, ja! Ich hab viel gelernt mit die Kinder! Ich, äh... hab gelernt in, äh... die Schule. Und dann hab ich gelernt, äh... Stenografie. Und dann hab ich gelernt nähen. Und dann hab ich gelernt, äh... Auto!!*

Frau Kravitz eignet sich verschiedene Fertigkeiten wie ‚Stenografie' und ‚Nähen' an, die aber nicht unbedingt stringent auf das Ziel einer Weiterqualifikation hinweisen. Auffallend hierbei ist, dass sie Autofahren lernt, denn in den 1960er Jahren besaßen nur wenige Menschen ein Auto. In der Unterschiedlichkeit der besuchten Kurse, die kein klares Ziel erkennen lassen, drückt sich eine allgemeine Lernbegierde aus; gleichzeitig deutet sich aber auch an, dass sie so, weil sie ihre Freizeit sinnvoll verbringt, der häuslichen Situation ein Stück weit entfliehen kann.

Frau Kravitz: *Mama hat gesagt, wie viel kannst du noch lernen?! (der Ehemann ruft auf russisch was aus dem Flur, sie antwortet auf russisch, das Wort ‚Stenografie' kommt vor)*

---

[182] Vergleiche auch Kapitel 3.2., S. 68.

Frau Kravitz: Äh, ja! Ich viel, viel gelernt!
Herr Kravitz.: Alles, alles ...
Frau Kravitz: Äh, ja, geduldet...

Die oben entwickelte letzte Lesart wird durch die berichtete Aussage von Frau Kravitz Mutter und die Intervention ihres Mannes bestätigt. Indem Frau Kravitz wiederholt, was anscheinend ihr Mann auf russisch gesagt hat, ‚*geduldet*', drückt sich aus, dass diese Tätigkeiten aus der Sichtweise ihres Mannes gewissermaßen überflüssig waren. Etwas, das sinnvoll ist, wird nicht geduldet. Das bestätigt, dass ihre Aktivitäten nicht stringent ein klar benennbares Ziel verfolgten, sondern auch der Lebenssinnfindung und Entfernung aus der häuslichen Welt dienen.

Nachdem zu Beginn des Interviews die Herkunft und Ausbildung von Frau Kravitz in ihrer Erzählung eine wichtige Bedeutung einnahmen, soll im Folgenden an ausgewählten Textstellen schwerpunktmäßig auf die sich im Interview als zentral erweisenden Themen ‚*Erfahrungen in der BRD*' und ‚*Jüdisches Umfeld*' eingegangen werden.

<u>Erfahrungen in der BRD</u>

Frau Kravitz berichtet an verschiedenen Textstellen von den ersten Monaten der Ankunft in der Bundesrepublik.

Frau Kravitz: Nach vierzig Jahre, sagt man. haben wir sich entschieden, nach Deutschland zu fahren. Und, äh... und sind wir gekommen, es war so eine Euphorie. Ich war so... begeistert! Von dem... von Sauberkeit, damals war sehr sauber... nicht wie jetzt... in Deutschland. Und es war, äh... so viel, äh... warm, in, äh, in, äh... Laden. So viel zu essen, so viele, äh... solche exotische Sachen! Ich hab das niemals nie gesehen in, äh... Trotzdem, ich war im 85sten Jahr war ich hier in Deutschland zu Besuch bei meine Cousine.... bin gekommen, überrascht! Das war für mich so... Ich bin gekommen aus de, ähm... Paradies! Und, äh... es... es hat uns gefallen. Es hat uns gefallen! Und es hat mir... uns gefallen, das... das Olga hat schon gehabt, ein Möglichkeiten, gehen in ein Werk...

Objektiv betrachtet eröffnen sich mit der Migration für die Familie auf verschiedensten Gebieten neue Möglichkeiten: Sie genießen einen höheren Lebensstandard, der sich unter anderem in einer größeren Vielfalt an Lebensmitteln und einem größeren Unterstützungsnetzwerk für ihre behinderte Tochter ausdrückt. Im Weiteren berichtet Frau Kravitz von den guten Erfahrungen mit der Leiterin des Aufnahmeheimes, die sie bei den Behördengängen unterstütze, und ihr half Informationen zu Unterstützungsangeboten für Olga zu finden. Nachdem sich somit zunächst alles positiv zu entwickeln schien, schildert Frau Kravitz:

Frau Kravitz: *(...) Und, äh... dort hat sie sich kennen gelernt mit ein Bursch. Ein deutscher Bursch.*

Frau Kravitz erwähnt die Beziehung ihrer Tochter zu einem Mann. Indem sie den Ausdruck ‚*deutscher Bursch*' *wählt*, betont sie das aus ihrer Sicht fremde deutsche Milieu. Gleichzeitig wiederholt sich in ihrer Haltung gegenüber der für sie fremden Herkunft des Mannes das Verhalten ihrer Mutter, die Frau Kravitz jetzigen Ehemann auch zuerst abgelehnt hatte, weil er aus der Ukraine und nicht aus Rumänien stammte. Der Begriff ‚*Bursche*' legt assoziativ nahe, dass sie diesen jungen Mann nicht anerkennt,[183] denn der Begriff verweist auf die Konnotation ‚*hergelaufen*'.

Frau Kravitz: *Und zwischen, es war sehr gut zwischen sie, äh... sie wollte mit ihm zusammen, äh... in ein Heim wohnen. Ist sie gegangen dorthin, in Heimwohnen. Sie hat mit ihm zwei Jahre dort leben... gewohnt, mit dem Bursch. Und dann ham sie sich... geschlagen.*

Olga unternimmt einen Versuch in die Selbständigkeit, indem sie von zu Hause fortgeht und mit ihrem auch behinderten Freund in eine betreute Wohngruppe zusammenzieht. Mit der Hilfe externer Dienste gelingt ihr und ihrem Freund für zwei Jahre eine relativ selbstständige Lebensweise, bevor die Beziehung aus der Perspektive der Mutter scheitert.

Welches genau die Anlässe für das Scheitern dieser Beziehung sind, wird nicht ersichtlich, allerdings zeigt die Ausdrucksweise von Frau Kravitz ‚*und dann ham sie sich... geschlagen*', dass sie nicht einseitig dem

---

[183] Frau Kravitz spricht so gut deutsch, dass sie auch einen positiven Ausdruck für einen jungen Mann hätte wählen können.

Mann die Schuld gibt, sondern reflektiert, dass auch ihre Tochter einen Anteil am Konflikt hat.

Frau Kravitz: *Und ich musste sie von dort wegnehmen. Und dann ist sie in einen andern Heim gegangen, wohnen. Und dort war sie auch nicht besonders gut, hatte sich gefühlt. Sehr nicht gut. Man hat sie i... in ein Keller dort einsteckt, in ein Zimmer in Keller.*

Es stellt sich die Frage, ob Frau Kravitz Olga nicht zu schnell aus dieser Beziehung und der Wohngruppe heraus nahm. Denn wenn ihre Tochter auch einen Anteil am Konflikt hatte, bleibt unklar, ob es nicht andere Möglichkeiten gegeben hätte, damit Olga in der Wohngruppe verbleibt.

Glaubt man Frau Kravitz's Schilderung bezüglich des zweiten Wohnheimes – und bisher ließ nichts erkennen, dass sie übertreibt oder unglaubwürdig ist – so wird deutlich, dass diese Einrichtung eine ungeeignete und schlechte Wohnmöglichkeiten für Olga war.

Frau Kravitz: *und sie war, äh... man hat ihr... und die, äh... Betreuerin ist gegangen ohne mich. Ich bin die gesetzliche Betreuerin! Und sie hat mich nicht gefragt, gegangen zu ein Arzt. Und man hat ihr... gegeben Medikamenten, starke Medikamenten! Und wenn ich bin gekommen, sie hat immer geschlafen. Bin gekommen zu der Heim, man hat gesagt sie schlaft, sie kann nicht arbeiten und sie schlaft!*

Weiterhin scheint nach den Angaben der Mutter alles daraufhin zu weisen, dass Olga medizinisch wie pädagogisch falsch behandelt wurde; Frau Kravitz wird als gesetzliche Betreuerin und Mutter bei Entscheidungen übergangen.

Frau Kravitz: *(...) Und ich .. zuerst hab ich sie weggenommen von dem Heim. Weil, äh... das Herz hat mir gebrochen, wenn ich bin gekommen dorthin, in den Keller. (...) Und das Dreck war so! Niemand hat sich nicht gekümmert, wegen ihr. Was hat sie gegessen? Alles war auf'm Tisch, alles war schmu... dreckig, alles war.... oh! Wenn ich bin gekommen, ich konnte nicht sehen, das, wie mein Kind wohnt. Wus für ein Zustand ist das? Sag ich, nein! Das geht nicht weiter! Ich nehme ein separates Wohnung und, äh... ich hab, äh... geredet mit PPP, diesem*

Verein, und, äh.. Betreuers, und sie ham gemacht ihr, äh... drei Tage in de Woche kommen zu ihr, und helfen ihr.

Frau Kravitz holt Olga aus dem Heim heraus, da ihrer Schilderung nach alles auf eine Verwahrlosung ihrer Tochter hinweist.

Allerdings kann nicht festgestellt werden, wie stark sie tatsächlich vernachlässigt wird und ob die subjektive Sichtweise von Frau Kravitz allein zutreffend ist. Denn Frau Kravitz scheint auf Sauberkeit auch einen sehr großen Wert zu legen,[184] was den Umständen in einem Heim nicht angemessen sein muss. Beispielsweise ist denkbar, dass das Abräumen eines Tisches mit Absicht den Bewohnern überlassen wird, um ihre Selbstständigkeit zu fördern und es daher dazu kommt, dass ein Tisch unaufgeräumt und schmutzig aussieht. Für Frau Kravitz wird diese Auffassung vermutlich ungewohnt sein.[185]

Allerdings versucht Frau Kravitz die in der Wohngruppe gewonnene Selbstständigkeit ihrer Tochter zu erhalten, indem sie einen Familiendienst hinzu zieht und eine separate Wohnung für sie sucht. Dies ist bemerkenswert, da es scheinbar leichter gewesen wäre, ihre Tochter wieder in das Elternhaus zurückzuholen.

Frau Kravitz: *(...) Und, äh... ist sie... mit dem Bursch, jedes Zei... jede Zeit ...zwischen sie. Man hat sie in eine andere Abteilung gegeben arbeiten. In Wäscherei. Und er, in anderen Korpus war. Trotzdem, sie hat... sie ist gegangen dorthin, sie hat gemacht dort Krach. Und der,*

---

[184] Beispielsweise war es zu Olgas Frühgeburt vor ca. 40 Jahren gekommen, da sie mit den Leistungen der Putzhilfe, die ihre Mutter organisiert hatte, nicht zufrieden war.

[185] Ein anderes Erlebnis scheint diese Lesart zu bestätigen. 2 Jahre nach dem Interview unternehme ich mit ca. 25 Familien, unter denen sich auch Familie Kravitz befindet, einen Schiffsausflug. Bei diesem Ausflug sitzt neben mir eine Frau, die erst ein paar Wochen zuvor aus der geschlossenen Abteilung einer Psychiatrie entlassen worden war, in der sie jahrelang untergebracht worden war. Sie sitzt vor einem vollen Teller und isst keinen Bissen. Nachdem ihre Schwester sie vergeblich füttern wollte und auch ich ohne Erfolg nachgefragt hatte, akzeptieren wir, dass sie nicht möchte. Die vielen Eindrücke dieser Schifffahrt sind für diese Frau überwältigend. Frau Kravitz weist nun von einem Nachbartisch mit Gesten mehrmals daraufhin, dass wir uns darum kümmern sollen, dass die Frau isst. Als sie mich später auf diese Situation anspricht, und ich ihr erkläre, dass das Verhalten der Frau angesichts der Umstände verständlich ist, hört sie ruhig zu. Allerdings scheint eine ordnungsgemäße Versorgung für sie eine sehr wichtige Rolle einzunehmen.

äh... pädagogische Leiter dort war eine... er hat nicht... das war nicht einmal, mehrmals! Und sie, er hat hat mich ausgerufen, sagt, nein, das geht nicht so weiter. Olga musste entlassen werden. Doch sie geht, äh... sie... ist es nicht möglich, sie macht alles durcheinander hier. Und man hat sie entlassen. Das war wahrscheinlich nicht so korrekt von seiner Seite.

Olga verliert neben dem mehrfachen Wechsel ihrer Unterkunft auch ihren Arbeitsplatz. Sie wird somit in doppelter Hinsicht aus einem ihr vertrauten Umfeld – Wohnung wie Werkstatt – innerhalb einer kurzen Zeitspanne herausgerissen. Unklar bleibt, ob überhaupt und wie die Mitarbeiter der Einrichtungen den Konflikt mit ihrem ehemaligen Freund, der in der gleichen Werkstatt arbeitete, ansprechen.

Aufgrund der Äußerungen von Frau Kravitz liegt die Vermutung nahe, dass Mitarbeiter der Behindertenwerkstatt nicht professionell reagierten. Denn Olga arbeitet in einer Behinderteneinrichtung, die staatlicherseits finanziert wird, damit dort Menschen wie sie, die sich unruhig oder störend verhalten, arbeiten können. Olga hätte daher nicht so ohne weiteres wegen unruhigen Verhaltens entlassen werden können.[186] Im Folgenden berichtet Frau Kravitz, dass Olga von nun an immer unselbständiger werden wird, ihr eigenes Apartment aufgeben und wieder bei den Eltern wohnen wird. Mittlerweile geht sie seit drei Jahren keiner Tätigkeit mehr nach und ist sehr passiv.[187] Aufgrund ihrer medikamentösen Behandlung ist sie auch tagsüber sehr müde. Deutlich wird, dass Olga infolge einer anscheinend unprofessionellen Betreuung, sei es im Wohnheim oder in der Werkstatt, die Selbstständigkeit, die sie bereits erreicht hatte, verliert und immer mehr retardiert.

---

[186] In einem später gemeinsam mit den Eltern geführten Gespräch wurde dieser Fall einem Vorstandsmitglied der Lebenshilfe geschildert. Auch dieses hielt das Verhalten der Leitung/päd. Mitarbeiter dieser Werkstatt anhand der vorliegenden Informationen für unprofessionell und nicht haltbar. Den Kontakt zu einem speziell für solche Fälle zuständigen Rechtsanwalt, der von der Lebenshilfe genannt worden war, um die Wiederaufnahme der Tochter in der Werkstatt zu erreichen, nahmen die Eltern allerdings nicht auf. Sie argumentierten, dass ihre Tochter – gegen den Willen der Leitung wieder eingestellt – in dieser Werkstatt nicht glücklich werden würde.

[187] Allerdings zieht die Familie 1 Jahr nach dem Interview um und Olga beginnt kurz danach wieder in einer Behindertenwerkstatt zu arbeiten.

Bei der Analyse der Textpassagen zeigt sich ein differenziertes Verhaltensmuster in der Familie: Frau Kravitz ist aktiv um ihre Tochter bemüht:

Bei Schulschwierigkeiten bemüht sie sich um Nachhilfeunterricht, auf Missstände wie z.B. im Wohnheim reagiert sie, indem sie einen Familiendienst einschaltet und nach neuen Unterbringungsmöglichkeiten sucht. Allerdings erlebt Olga bei Konflikten (in der Grundschule, Beziehung zum ‚Burschen', Werkstatt) auch immer wieder, dass sie gehen muss; es wird nicht ersichtlich, dass ihre Familie sie genügend unterstützt, zu bleiben und einen Konflikt durchzustehen.

Frau Kravitz akzeptiert immer wieder die entstandenen Situationen und gibt letztendlich nach. Dies erklärt sich vermutlich auch durch ihre Sozialisation in der ehemaligen Sowjetunion: da es dort keine Hilfsangebote für ihre Tochter gab, sind ihr die Möglichkeiten und die Rechte, die sie hat, nicht vertraut. So sagt sie aus, dass sie nicht wusste, an wen sie sich wenden sollte, nachdem ihre Tochter aus der Behindertenwerkstatt entlassen worden war. Erschwerend kommt hinzu, dass die Familie aufgrund der relativ kurzen Zeit, die sie erst in der Bundesrepublik lebt, keine Kontakte zu anderen Familien mit behinderten Kindern hat. Gerade diese wären aber hilfreich, um sich mit anderen auszutauschen, und um eine Ahnung von den Möglichkeiten wie Problemen der Versorgung von Menschen mit Behinderung in der Bundesrepublik zu erhalten.

Im Folgenden soll auf ein weiteres Thema ‚*Jüdischer Bezug/Erfahrung mit Antisemitismus*' näher eingegangen werden, da sich Passagen hierzu an verschiedenen Stellen in dem Interviewtext finden.

Erfahrung mit Antisemitismus

Frau Kravitz: *(...)... Verwandte waren schon nicht bei uns, alle Verwandte sind weggefahren nach Israel. Wir sind nur allein geblieben, unsere Familie. Weil, äh... der Vater von mein Mann war ein Kommunist. Ein alter Kommunist. Er hat geglaubt in dem... in dem Regierung! Er hat gesagt, ihr alle, äh... Scheußlichkeiten machen hier, hier auf'm Platz. Aber dort ist alles richtig! Und er hat gesagt, nein! Meine Kinder fahren nicht weg. Und darum sind wir geblieben.*

Obwohl alle Freunde schon emigriert sind, bleibt Familie Kravitz aufgrund des Wunsches/Befehles des autoritären Schwiegervaters von Frau Kravitz in der Ukraine. Dies spricht für eine enge Familienbindung, der eigene Wünsche untergeordnet werden. An einer späteren Stelle im Text führt sie das Thema weiter aus.

Frau Kravitz: Ja. Zuerst, ähm... wollen wir fahren nach Israel. Dort viel Verwandte sind bei uns, Cousinen meine, Tante und Onkel meine. Viele Verwandte waren in Israel. Und die, äh... Freundin meine, von Großstadt A., äh... hat schon hier gehabt dem Sohn (...) Und inzwischen ist gekommen, gekommen der, äh... die Neuigkeiten, dass Deutschland nimmt an Juden.
Int.: Aha!
Frau Kravitz: Das war im 91sten Jahr. Und sie (Freundin, Anm. d.Verf.) ist dann gekommen, sie wollte nicht mit mir trennen, so ist sie sich gekommen zu mir, sacht sie, nach Israel kannst du jeden Zeit fahren! Probier nach Deutschland!
(Unterbrechung des Interviews, da an der Haustür eine Apothekenlieferung erfolgt).
(...) Der Mann war immer krank bei uns. ... äh... aus Magen, hat er viele, viele Male gehabt. Und eine Operation, Magenoperationen, (...) Und, äh... der Klima, das in Israel, man muss... das ... das ist stark a... heiß dort. Und ich war schon einmal dort zu Besuch. Bin ich gekommen, ich hab gesagt, das ist unmöglich! Man... man sitzt nass! Man schlaft nass! Die ganze, äh... Laken ist nass. Er sagte, und dort hin willst du fahren? Da sag ich, aber hier mussen wir, da kannen wir nicht bleiben.

Frau Kravitz rechtfertigt sich dafür, dass ihre Familie nicht nach Israel emigriert ist. Dies bestätigt ihre Verwurzelung im jüdischen Milieu, da es allgemein die ersten Nachkriegsjahre/-jahrzehnte unter Juden üblich war, sich für die Nicht-Emigration nach Israel zu rechtfertigen, da sie sich hierzu eigentlich verpflichtet fühlten.[188]

Frau Kravitz: Alle sind weggefahren, alle! Die Eltern waren schon nicht. Nicht meine, nicht seine. Und mein Mama hat gesagt, nach Deutschland, nach Deutschland fahr ich nicht. Sie hat stark viel über-

---

[188] Vergleiche Kapitel 3.3.

lebt, in dem Krieg, und sie hat gesagt, nein! Wohin wollen sie, fahr ich mit ihnen. Aber nicht nach Deutschland.

Auch an dieser Textstelle wie an der Textstelle über das Gebot des Schwiegervaters wird erneut deutlich, dass die familiäre Verbundenheit sehr stark ist: solange die Mutter lebt, respektieren sie deren Wunsch, nicht nach Deutschland auszuwandern.[189]

Allerdings werden sie nach dem Tod der Mutter den elterlichen Wunsch ‚nicht nach Deutschland zu reisen' missachten. Sie entscheiden sich neben dem von ihr genannten Hauptargument gegen Israel, das heiße Wetter, auch aufgrund ihres kulturellen Hintergrundes[190] wie der angenommenen besseren Lebensbedingungen für Deutschland.

Befragt danach, ob sie es bereut haben, die Heimat zu verlassen, antwortet Frau Kravitz folgendermaßen.

Frau Kravitz: *Nein. In Heimat, ich war schon in der Zeit zweimal in Heimat. Zweimal, ja. Mehr von drei, vier Tage kann ich nicht dort sein, sag ich, nein. Wir.. waren nach zwei Jahren, sind wir gefahren. Aber warum sind wir gefahren? Wir, äh... sollten anschauen die, ähm... Gräber von unsere, äh... Eltern. Man hat uns geschrieben, dass dort ist etwas nicht in Ordnung. Ham... wir musst fahren, anschauen, oder, äh... machen, äh... renovieren dort, etwas. Und dann muss.*

Frau Kravitz empfindet die Ukraine kaum mehr als ihre Heimat, sie fahren nur aufgrund der traditionell geprägten Verpflichtung dorthin, sich um die Gräber der Eltern zu kümmern. Auch ihre Aussage, dass sie sich dort nicht mehr länger aufhalten kann, weißt auf die Entfremdung von der Ukraine hin.

Frau Kravitz: *Hab ich auf dem Weg da gesagt, nein! Wir fahren nach Hause. Sagte mein Mann, das ist schon dein Haus! Du hast das ganze Leben hier gewohnt, und jetzt ist Deutschland dein Haus? Sag ich, nein, hier steht kein mein Haus. Ich hab kein Nachweh! Überhaupt nichts! Weil ich, äh... ich habe gesehen sehr viel Antisemitismus.*

---

[189] Nachdem das Tonband abgeschaltet ist, spricht Frau Kravitz von der Ermordung ihrer Verwandten durch Angehörige der deutschen Wehrmacht/SS.
[190] Vergleiche auch ‚Verbundenheit zum deutschen Kulturkreis', S.163.

Die Aussage ‚*hier steht kein mein Haus*' betont den Bruch mit der ursprünglichen Heimat.

Dass sie als Jüdin, deren Mutter sich aufgrund im 2. Weltkrieg erlebten Leides, bis zu ihrem Tod weigerte nach Deutschland zu fahren, nun Deutschland als ‚zu Hause' bezeichnet, scheint besonders prekär. Als Begründung für die Entfremdung zu ihrer Heimat gibt sie den Antisemitismus in der Ukraine an.[191]

Frau Kravitz: *Na ja. Aber man hat zu mir sehr gut, äh... nu wo sagt man.... äh... die... wo ich hab gearbeitet, 35 Jahre auf ein Platz. Zu mir, die alle Leiter sag, äh... und ich kann nicht sagen...*

Frau Kravitz macht an dieser Stelle eine Einschränkung. Zwar hat sie grundsätzlich viel Antisemitismus gesehen, doch möchte sie ausdrücken, dass sie an ihrem Arbeitsplatz, den sie 35 Jahre inne hatte, zu dieser Thematik nichts sagen kann/nichts weiß. Auffällig ist, dass sie sich trotz der langen Zeit, die sie in dem Betrieb war, zu diesem Gegenstand nicht äußern möchte; das weist daraufhin, dass sie sehr wohl auch dort diese Problematik gespürt hat.

Auch ist denkbar, dass sie sich hinsichtlich dieser Thematik unsicher ist, und niemanden beschuldigen möchte.

Frau Kravitz: *...ich weiß nicht, was war, in... innen. Aber, äh... so...*
Int.: *...es war gut?...*
Frau Kravitz: *Ja! Trotzdem... hab ich ge, äh... gefühlt... Antisemitismus.*

Obwohl Frau Kravitz offensichtlich keine schlechten Erfahrungen gemacht hat, drückt sie ihr Misstrauen ihren langjährigen Kollegen/Betriebsleiter gegenüber dadurch aus, dass sie sie vom Vorwurf des Antisemitismus nicht freispricht. Denn wäre sie sicher, dass diese nicht antisemitisch denken, dann hätte sie das deutlich aussagen können. So drückt ihr angebliches Nichtwissen um diesen Sachverhalt aus, dass sie die Auseinandersetzung um die Haltung ihrer ehemaligen Kollegen vermieden hat, vermutlich auch, um nicht mit eventuell für sie uner-

---

[191] Für die Ukraine finden sich verschiedene Belege einer besonders antisemitisch geprägten Haltung in der Bevölkerung (Messmer 1998: 18 ff.).

freulichen Positionen konfrontiert zu werden. Denn wäre sie damit konfrontiert worden, hätte sie darauf auch reagieren müssen, was angesichts der Tatsache, dass ihr Arbeitsplatz und der gute Kontakt mit den Kollegen existenziell wichtig für sie war, zu einer schwierigen und bedrohlich Lage hätte führen können.

Dennoch muss es dort für sie Anzeichen von Antisemitismus gegeben haben, denn sie hat ihn gefühlt.

Frau Kravitz: *Trotzdem! Äh... zum Beispiel, ich hab, ich bin... ich war eine Leiterin von ein, ähm... Abteilung von, äh... von, äh... äh... Qualität. Dort waren noch, äh... Leute. Wie in meiner Abteilung. Und ich hab gehabt so ein Zimmer, wo ich hab gesessen und, äh... genommen zu mir die Waren. So Proben! Und dort übergeguckt. Kontrolliert. Und einmal komm ich, äh... zu der Arbeit. Seh ich, die Putzfrau hat gemacht sauber, im ganzen Lager, und bei mir ist dreckig, habe ich gesehen, es war vorgestern und es geblieben bis heute.... So, es war, äh. .sag ich... Vera hat sie geheißen... sag ich, Vera, warum hast du hier nicht geputzt? „Du kannst allein dort putzen!!" Sag ich, warum? „Bei die Juden putz ich nicht!" Und das sagt ein Putzfrau! Sag ich, ich geh sofort zu dem Leiter und ich erzähl ihm, dass du hast mir das gesagt. Sagt er, geh! Geh! Du, er... er liebt Juden so wie ich! Genauso!*

Anhand dieses Beispiels wird deutlich, dass Frau Kravitz auch an ihrem Arbeitsplatz sehr konkrete und deutliche antisemitische Vorfälle erlebte, die sie aber um der Sicherung ihrer Familien-Existenz willen nicht weiter öffentlich thematisieren durfte. Der Betriebsleiter hatte zugestimmt, dass ihre Tochter in dem Betrieb arbeiten durfte. Vermutlich hätte sie in keinem anderen Betrieb eine Arbeit gefunden. Jede Auseinandersetzung um einen antisemitischen Vorfall hätte diese Abmachung wie auch ihren eigenen Arbeitsplatz gefährdet, denn aufgrund der Aussage der Reinemachfrau musste sie damit rechnen, dass der Betriebsleiter sie in dieser Angelegenheit nicht unterstützt hätte. Dies kann sehr wahrscheinlich angenommen werden, denn die Sicherheit, mit der die Reinemachfrau ihr gegenüber ungehörig auftrat, unterstützt diese Vermutung.

An dieser Stelle bestätigt sich das oben beschriebene Muster von Frau Kravitz gegenüber Konflikten. Aus nachvollziehbaren und pragmatischen Gründen verinnerlicht sie eine Haltung, in der sie statt zu kämpfen Konflikte vermeidet.

Direkt anschließend an diese Textstelle berichtet Frau Kravitz von einem weiteren Beispiel, dass das angespanntes Verhältnis zwischen Juden und Nichtjuden verdeutlicht.

Frau Kravitz: *...Ja, solche manche Sachen. Äh, zum Beispiel, die Kinder sind gekommen, gekommen aus'm Kindergarten, und man hat gesagt, Mama, wer sind wir? Juden oder Ukrainer oder... wer sind wir?*

Bevor diese Textselle näher analysiert werden kann, sei zunächst kurz auf den historischen Hintergrund dieser Aussage eingegangen.[192] In der ehemaligen Sowjetunion hat es insgesamt 15 nationale Sowjetrepubliken gegeben, die zu einer Föderation zusammengefügt waren: darunter befand sich auch die Ukraine. Neben der zentralen Regierung der Staatenrepublik hatten diese 15 Nationen offiziell jeweilige eigene Regionalverwaltungen und Verfassungen. Als Ausdruck dieser nationalstaatlichen Eigenständigkeit stand in den Pässen aller Sowjetbürger auch ihre jeweilige Herkunftsnation. Jüdische Menschen waren von dieser Regelung ausgenommen: obwohl sie auch Bürger einer dieser Sowjetrepubliken waren, stand in ihrem Pass statt ihrer Herkunftsnation der Eintrag ‚Jude'. Indem Juden somit keiner Herkunftsnation zugerechnet wurden, sondern trotz ihrer unterschiedlichen Herkunft aufgrund ihrer Religion als eigenständige Gruppe zusammen gefasst wurden, erhielten sie einen Sonderstatus, der sie als nicht zugehörig zu ihrer Nation kennzeichnete, auch wenn sie dort sogar geboren waren und lebten. Sie hatten somit im Gegensatz zu den anderen Sowjetbürgern keinen geographischen Herkunfts-Bezugspunkt. Von anderen Einwohnern einer Republik konnten sie daher als nicht zugehörige Bürger betrachtet werden, und waren damit auch leichter aggressiven Gefühlen und Diffamierung, die sich gegen Außenseiter richtete, ausgesetzt. Dieser Ausschluss förderte den Antisemitismus.

Vor diesem Hintergrund wird die Frage der Kinder verständlich. Sie können den politischen Hintergrund dieser Passformalität noch nicht verstehen, und daher ist für sie dieser Entscheidungszwang unverständlich, denn sie sind ja objektiv betrachtet beides: sie leben in der Ukraine und gehören gleichzeitig der jüdischen Religion an.

---

[192] Vergleiche auch Kapitel 3.2.

Frau Kravitz: *Sag ich, Juden sind sie! Sag, äh… hat mir die Tochter… sie oder die Kleine… kann sich nicht… erinnere… sagt, wieso? Wir wohnen doch in der Ukraine! Wir sind Ukrainer!*

Indem Frau Kravitz die Zuordnung nicht fraglich ausführt, sondern eindeutig den Kindern gegenüber aussagt, dass sie Juden sind, stellt sie diese Einordnung nicht in Frage, sondern übernimmt sie. Erneut wird ihre eigene Verwurzelung im jüdischen Milieu hierbei deutlich.

Beispielsweise wäre auch denkbar gewesen, dass sie sich, da sie in Rumänien geboren wurde, und ihr Geburts- und Wohnort Czernovitz ursprünglich rumänisch war, als Rumänin bezeichnet. Doch das tut sie nicht.

Frau Kravitz: *Die Erzieherin hat mich gefragt, wer ich bin, und was für Nationalität. Sag ich, ich bin Ukrainer, sag ich. Wieso bist du Ukrainer? Du bist ein Jude! Aber wir wohnen doch in Ukraine (lacht). … Versteh'n Sie? Der, äh… die Nationalität ham Sie gefragt, sogar bei die Kinder. Und das war sehr … unangenehm.*

Die Frage der Kinder ist angemessen, sie sind von der Ausgrenzung überrascht, und verstehen nicht, dass sie nicht als Ukrainer betrachtet werden, obwohl sie dort leben. Indem sie selber sich als Ukrainer bezeichnen und trotz der anderen Zuordnung der Erzieherin weiter nachfragen, wird deutlich, dass die Erzieherin sie ausschließt. Frau Kravitz erkennt diesen den Kindern aufgezwungenen Ausschluss, wie ihr ‚*das war sehr … unangenehm*' ausdrückt. Allerdings stellt sie diesen Ausschluss auch nicht in Frage. Dies kann erneut für ihre starke Identifizierung mit dem jüdischen Milieu sprechen als auch für eine Haltung, zugewiesene Positionen zu akzeptieren und nachzugeben. Auch wenn sie sich verständlicherweise nicht auf eine direkte Diskussion mit den Erziehern einlassen will, hätte sie ihren Kindern gegenüber diesen Ausschluss deutlicher kritisieren und sich damit davon distanzieren können.

Im direkten Anschluß an diese Textstelle und am Ende des Interviews wird Frau Kravitz den Verfall von Czernovitz näher beschreiben. Dieser setzt nach ihrer Schilderung damit ein, dass nach Ende der deutschen Besetzung in die Häuser der ermordeten Juden Bauern aus den umliegenden Gebieten einzogen. Diese konnten mit den Attributen bürgerlicher Lebensweise (z.B. Einrichtungstücke wie einem Klavier, bepflanzten Blumenbeeten und ordentlich gekehrten Bürgersteigen) nichts anfangen und ließen die Straßen und Häuser nach 1944 verkommen.

Nachdem prägnante Stellen des Interviews mit Frau Kravitz, die sich bei der Analyse herauskristallisierten, dargestellt wurden, sollen im Folgenden analysierte Ausschnitte aus dem Gespräch mit Herrn Kravitz wiedergegeben werden.

Hierbei zeigte sich, dass auch Herr Kravitz die Themen ‚*Unterschied Ukraine/Bundesrepublik*‘ und ‚*Gründe für die Migration*‘ ins Zentrum des mit ihm geführten Interviews stellte.

<u>Analyse des Interviewtextes mit Herrn Kravitz</u>
Das Interview begann folgendermaßen:

Int.: *Also, was interessiert mich? ... Also... wie Sie wissen, schreib ich meine Doktorarbeit über das Thema ‚Wie ist die Situation für Menschen, die aus der Sowjetunion gekommen sind und ein Kind mit geistiger Behinderung haben, oder psychischer Behinderung haben?' Wie ist die Situation hier? Wie ist sie gewesen in der Sowjetunion? Und ich möchte Sie einfach bitten; erzählen Sie mir einfach! Fangen Sie am Besten an; wie war's, als Ihre Tochter geboren wurde? Wie war die Situation gewesen? Wie... wie haben Sie in der Sowjetunion gelebt?*
Herr Kravitz: *Meine Tochter ist geboren früh... früh geboren.*

Diese Antwort ist nicht eindeutig, hierunter können zwei unterschiedliche Lesarten verstanden werden.

Im Sinne einer sozialen Perspektive: die Eltern waren noch sehr jung als die Tochter geboren wurde, und die Geburt fand für sie zu einem in der Lebensplanung ungünstigen Zeitpunkt statt.

Im Sinne einer medizinischen Perspektive: die Tochter kam als Frühgeburt zur Welt.

Int.: *Früh geboren?*
Herr Kravitz: *Ja. Im siebten Monat, ja und... äh... sind ... fast, äh... ich kann schon nicht erinnern... sie ... lange gelegen in, äh... Kranken... äh... Geburtskra..., äh...*

Aus der Antwort wird ersichtlich, dass es sich um eine Frühgeburt handelte. Der Bedeutungshorizont, der mit dieser Aussage verbunden ist, beinhaltet, dass das Kind wahrscheinlich klein und kränklich war. Vermutlich benötigte die Tochter eine gute medizinische Betreuung, deren Ausbleiben in der Regel zu Folgeproblemen führt. Da die Tochter 1960 geboren wurde, ist zu vermuten, dass eine Frühgeburt für das Personal in einem Krankenhaus noch ein schwieriges Ereignis darstellte.

Herr Kravitz: *... war bis man sie entlassen. ... Und danach, sie war klein, schwach und, und danach sie hat, äh... sie... sie war so schwach, dass sie hat nicht gekannt... äh... selbst saugen. (...) und, .. aber sie war sehr klein. Sie war sehr... süß. Und... wir, wir haben alles gemacht! Und man hat ... Bekannte in... gelernt... studiert in... äh... Sankt Pe.... un... Leningrad. Und von dort, und von Moskau, Rina hat dort ein Cousine... man geschickt um uns das, weil, wir haben nicht gekannt kriegen in z. Apfelsinen, Mandarinen, Limonen... alles war frisch.*

Herr Kravitz bestätigt, was aufgrund der objektiven Gegebenheiten zu erwarten war: seine neugeborene Tochter benötigte aufgrund ihrer Schwäche viel Aufmerksamkeit.

Es fällt auf, dass Herr Kravitz zärtlich von seiner Tochter spricht: *„sie war sehr... süß."*

Seine Erzählung lässt darauf schließen, dass die Eltern sich um ihre Tochter intensiv kümmerten und die Sorge um die Tochter einen zentralen Raum in der Erinnerung von Herrn Kravitz einnimmt. Auch andere, weiter weg wohnende Verwandte wurden in die Versorgung der Tochter miteinbezogen, damit Olga für in der Sowjetunion damalige Zeiten und Verhältnisse außergewöhnliche seltene und teure Nahrungsmittel erhalten kann. Hierbei zeigt sich, dass der familiäre Zusammenhalt auch über Entfernungen hin – die Entfernung zwischen Moskau und Kiew beträgt ca. 880 km – stark ist.

Herr Kravitz: *(...) aber in... sie hat gegangen in der Schule, und der erste Klasse war sch... noch so. Und dann die... dritte schon, dies vierte Klasse, schon... war schwer. Man hat bemerkt, dass sie kann nix. Und man sie... ähm... in der... äh... in die Schule für die behinderte Kinder, psychisch behinderte...*

Dass Olgas Lernschwierigkeiten erst in der Grundschulzeit auffallen, weist darauf hin, dass sie keine schwere geistige Behinderung aufweist, denn diese wäre schon vorher aufgefallen. Ihr Verhalten lässt eine Lernstörung vermuten, da sie erst nach der 4. Klasse in eine Sonderschule geht.

Im direkten Vergleich zum Interview mit Frau Kravitz fällt an dieser Stelle auf, dass Frau und Herr Kravitz in einer unterschiedlichen Intensität die Situation ihrer älteren Tochter schildern. Herr Kravitz spricht zu Beginn des Interviews recht ausführlich die Geburtssituation und hieraus resultierende Probleme an. Auch wenn seine Tochter in frühen Kindheitsjahren nicht als „behindertes Kind" auffiel, thematisiert er zu Beginn des Interviews die Schwäche seiner Tochter. Im weiteren Verlauf des Interviews wird er an verschiedenen Textstellen immer wieder auf ihre *„Behinderung"* zu sprechen kommen.

Frau Kravitz hingegen schildert, dass sie zunächst von einer unauffälligen Entwicklung ihrer Tochter ausging und sie lediglich als etwas kindisch empfand. Erst in der vierten Schulklasse bemerkte sie deren Probleme. Auch schilderte sie zu Beginn des Interviews einen Familienalltag, indem ihre Tochter keine besondere Aufmerksamkeit benötigte. Sie selber konnte arbeiten gehen, besuchte abends verschiedene Fortbildungen und gab ihre Tochter einer älteren Frau zur Aufsicht.

Direkt im Anschluss an obige interpretierte Interviewstelle, und damit zu Beginn des Interviews, spricht Herr Kravitz die Situation von Menschen mit Behinderung in der Sowjetunion an.

<u>Umgang mit Menschen mit Behinderung in der Sowjetunion</u>

Herr Kravitz: *Umgang mit solche Kinder war ... nicht... ein Beispiel, hab ich... wollt ich... und wir waren gekommen in Deutschland, für uns war ein Überraschung! So viele Kinder, behinderte! Wir haben gewohnt in Offenburg. Und oft haben wir im Bus gefahren mit behinderte Kinder. Die sind alle gefahren in Schwimmbad. Und haben wir gefahren mit behinderte Menschen. Ich habe nicht... wir haben nicht verstanden, von... von wo sie sind! Dass es von Werkstatt war, die Kind... Menschen. Wir haben auch gefahren in Schwimmbad. Im Laden, wir haben gefunden... fünf, sechs... ich weiß nicht, wie viel... behinderte Kinder. Eins, zwei für... Betreuer. Und im Laden, und man hat zusammen eingekauft. Für uns war das ... wir haben nicht verstanden!*

Herr Kravitz berichtet nicht direkt von der Situation in seiner Heimat, sondern kommt gleich auf die Verhältnisse in der Bundesrepublik zu sprechen, um den Kontrast zur ehemaligen Sowjetunion zu verdeutlichen. Er schildert sehr einfache Beispiele aus dem alltäglichen Leben: Behinderte Menschen fahren im Bus, gehen ins Schwimmbad, besuchen einen Laden. Dass er und seine Frau (dies zeigt sich im Pronomen ‚uns') diese Gegebenheiten als große Überraschung empfinden, drückt aus, dass sich in der ehemaligen Sowjetunion behinderte Menschen nicht selbstverständlich in der Gesellschaft bewegt haben.

Für diese Lesart spricht auch der Ausdruck ‚*so viele Kinder, behinderte*' die er in der Bundesrepublik im alltäglichen Leben sieht. Vermutlich gibt es in der BRD nicht mehr behinderte Kinder als in seiner Heimat, aber Herr Kravitz nimmt sie hier im Gegensatz zu dort im öffentlichen Leben wahr.[193] Daher verstehen er und seine Frau das zunächst auch nicht, hierbei bezieht sich ‚*das nicht verstanden*' explizit auch auf die Gruppensituation (mehrere behinderte Kinder mit Betreuern), denn das Außergewöhnliche für sie scheint zu sein, dass sie mehrere behinderte Kinder an verschieden Orten zusammen antreffen. Da diese Kinder als geführte Gruppe mit Betreuern in ein Schwimmbad bzw. Laden gehen und er das nicht versteht, lässt vermuten, dass er aus seiner Heimat keine Freizeitangebote für Behinderte kennt. Dies impliziert, dass Menschen mit Behinderung in der Sowjetunion im gesellschaftlichen Erscheinungsbild wenig präsent waren, weil sie:

1) sich viel weniger in der Öffentlichkeit zeigten
2) sich nicht als Gruppe im öffentlichen Raum bewegten.

Das weist daraufhin, dass Menschen mit einer Behinderung in der ehemaligen Sowjetunion gesellschaftlich nicht integriert waren.

Eine andere Lesart der Textstelle könnte aber auch sein, dass die Familie die Kinder öfter im Bus/Laden getroffen haben, weil die Buslinie, die sie selber häufig nutzen, einfach nur im Einzugsgebiet einer Behin-

---

[193] Auch weisen die empirischen Ergebnisse einer Diplomarbeit auf die mangelnde gesellschaftliche Integration von Menschen mit einer Behinderung in der Sowjetunion hin. Bei einer Befragung unter jeweils 100 weißrussischen und 100 deutschen Befragten (Passanten) gaben 63% der Bundesbürger an, einen Menschen mit einer Behinderung persönlich zu kennen, aber nur 24% der Befragten aus Weißrussland bejahten diese Frage (Poltawez/Rivin 2006: 88).

derteneinrichtung liegt. Aber auch das würde ihre Verwunderung nicht erklären, denn sie haben ja in ihrer Heimat Erfahrungen als Angehörige einer behinderten Tochter gesammelt. Hätte es also dort geführte Gruppenangebote gegeben, hätten sie diese kennen müssen, statt verwundert zu sein.[194]

Um im Gegensatz zu ihrem jetzigen Wohnort die isolierte Situation von behinderten Kindern in seiner Heimat zu veranschaulichen, schildert Herr Kravitz im direkten Anschluss an die obige Textstelle:

Herr Kravitz: (...) So viele, und wir immer... in Russland, das war nicht so. Ich weiß nicht, wie`s jetzt ist, so. Aber ich glaube, dass nicht besser geworden. Ein Beispiel; ich war in, in Sanatorium. In Konkur. In Pribaltikum. In, äh, dort is, äh, Baumen, Tannenwälder, ich haben spaziert. Und plötzlich, ich hab gehört, Kinder, äh, reden. Ein, äh, Lärm von de Kinder. Ich hab gegangen von dem Lärm, und, ähm, seh eine Gebäude, ein... Zaun von, äh, grün,. Grüner Zaun,. Zaun, und zudem noch eine, ähm... ein Zaun. Und ich hab gegangen, gegangen, und ich hab gefunden einen, äh... Lücke, in den Zaun. Ich hab eingeschaut. Das war ein schreckliche Sache. Viele, viele Kinder.

Ausdrücklich bekräftigt Herr Kravitz den Unterschied zwischen seiner Heimat und der Bundesrepublik. Mit der darauf folgenden sehr anschaulichen Schilderung eines Behindertenheimes möchte Herr Kravitz aussagen, dass diese Kinder versteckt hinter einem hohen, undurchsichtigen und undurchlässigen Holzzaun lebten, denn er konnte sie nur durch eine Lücke erkennen. Sie waren somit eigentlich für andere unsichtbar. Das bestätigt die oben angesprochen erste Lesart des Interviewtextes. Dass Herr Kravitz dieses Heim als schrecklich erlebte, lässt vermuten, dass die Kinder keinen gut versorgten Eindruck machten.

Herr Kravitz: .... schwer behindert!! Schwer behinderte! Nicht, äh... sie haben kleine und etwas größere. Vielleicht bis 10 Jahre. Und sie ham... Ganz isoliert... ganz, ganz weit, von, von den Menschen,...

---

[194] Einige Monate später gibt mir Herr Kravitz einen Zeitungsausschnitt aus einer ukrainischen Zeitung, in dem in einem Artikel die für blinde Menschen sehr guten Lebensbedingungen in der Bundesrepublik geschildert werden, die in einen starken Kontrast zu den armseligen Verhältnissen in der Ukraine stehen.

Versucht man plausible Erklärungen für seine Aussage zur Isolation zu finden, so wäre eine Isolation der Kinder gerechtfertigt gewesen, wenn sie z.B. stark ansteckende Krankheiten gehabt hätten, und daher Nichtbetroffene vor einer Ansteckung hätten geschützt werden müssen. Oder ein weiterer Grund für die Isolation hätte sein können, dass sie selber so erkrankt gewesen wären, dass die Absonderung der Kinder zu ihrem eigenen Schutz notwendig gewesen wäre.[195] In dem Zusammenhang der Erzählung gibt es aber keinen plausiblen Grund, behinderte Kinder zu isolieren. Vielmehr drückt sich in der versteckten Unterbringung aus, dass man sie als nicht passendes Erscheinungsbild betrachtet hat und sich ihrer vermutlich schämte.

Herr Kravitz: *(...) in die Ukraine war viele behinderte Kinder. Aber sie... im... im Menschen behinderte, ja? Aber sie ham, sie waren isoliert, isoliert von dem, äh... von dem Gesellschaft. In Deutschland, das ist ganz anders. ...*

Durch den kurzen Zusatz *‚in Deutschland'* betont Herr Kravitz erneut den Gegensatz ehemalige Sowjetunion/Bundesrepublik. Er bringt zum Ausdruck, dass in der Bundesrepublik die Situation ganz anders sei, und behinderte Menschen nicht isoliert werden.

Im Folgenden erzählt Herr Kravitz, dass es in der Sowjetunion einige spezielle Werkstätten für Kriegsversehrte gegeben hätte, aber seine Tochter in einer regulären Werkstatt untergekommen sei.[196]

Int.: *Mhm. Ja, ok. Also, waren da die Erzieher streng, oder...?*
Herr Kravitz: *Nee! Es war... man hat sie geschämt, man hat sie ausgelacht...(...) Ja, ja ... ausgelacht und geschimpft und hat sie... sie hat dort angefangen rauchen. Und sie hat dort angefangen auch... trinken. Aber das... wir haben das verboten, und ihr weggenommen, von der Trinken. Und den .. anderen. Aber, in Deutschland, das ist ganz anders!*

---

[195] Beispielsweise wäre nach einer Hauttransplantation eine absolute Isolierung notwendig. Allerdings findet diese dann auch in geschützten Räumen wie Isolierstationen eines Krankenhauses statt.
[196] Im Interview mit Frau Kravitz wird angesprochen, dass diese ihre Tochter in der Werkstatt, in der sie selber als Angestellte in einer gehobenen Position (Kontrolleurin) arbeitete, aufgrund des Wohlwollens der Werksleitung unterbringen konnte.

Ich, ich hab gesehen, wie die hier... viele! Zufall, hier, nebenan, lebt ein, äh... Mann. Ganz behindert! Er .. sie ka.. er kann nicht alleine selbst von,... von zu Hause zum Bus kommen. Jeden Morgen kommt der Bus, und die Mutter fährt ihn zum Bus. Um halb 3 muss er kommen. Er kommt, und der Bus Punkt null! Plus, minus!

Auch an dieser Stelle betont Herr Kravitz erneut den Gegensatz zur ehemaligen Sowjetunion. Hierbei verdeutlicht er eine Haltung der Missachtung gegenüber Menschen mit Behinderung in der Sowjetunion am Beispiel seiner Tochter. Gleichzeitig benennt er im Kontrast hierzu ein Beispiel mit seinem Nachbarn aus der Bundesrepublik. Daran möchte er aufzeigen, dass eine geordnete Betreuung nicht nur in der Werkstatt selber sondern darüber hinaus auch der Transport sichergestellt ist. Indem er zudem die Pünktlichkeit dieses Transportes besonders heraus stellt, wird deutlich, dass auch dies im Gegensatz zu seiner Heimat nicht selbstverständlich war. Näher beschreibt er im Folgenden aus seiner Anschauung die Atmosphäre im Bus.

Herr Kravitz: *...Ich hab gesehen verschiedene Leute, verschiedene Behinderheit, und Grad behindert. Aber sie sind zwischen Menschen! Das ist egal, dass die Umgang ist auch... behindert. Aber, sie kommunizieren! Sie sind, ähm... die fühlen sich nicht alleine, geblieben. Du verstehst, was ich meine?*

Herr Kravitz hebt die Sozialität und Kommunikation während der Busfahrt hervor. Sie ist für ihn ein Beispiel der gelungenen Integration in der Bundesrepublik. Auch diese Aussage betont den Kontrast zu seiner Heimat, und bekräftigt die eingangs gemachte Behauptung der schwierigen Situation in der ehemaligen Sowjetunion.

Herr Kravitz: *(...) In Russland, äh... dort war ein Prinzip, so was, wenn ich hab, wollte dem geben, Arzt sagen, sollen... eine Spritze machen, wird es Krankenhaus. Das war einfach! In Deutschland ist nein. Wir haben gegangen zum einem Psychiater...*

Herr Kravitz veranschaulicht die Haltung gegenüber Patienten/Menschen mit Behinderung anhand eines Beispiels aus dem Gesundheitswesen: der Kontakt zu Ärzten.

Indem die Eltern in der ehemaligen Sowjetunion einen Arzt anscheinend leicht davon überzeugen können, der Tochter bei Bedarf eine Spritze zu geben, wird eine vermutlich dort typische Haltung von Ärzten gegenüber Patienten sichtbar:

Ein Mensch mit Behinderung entscheidet nicht mehr selbstbestimmt und autonom über seine Behandlung mit. Die hier geschilderte Form der Behandlung wirkt rein medizinisch; psychische und soziale Aspekte des Patienten und seines Umfeldes werden nicht berücksichtigt.

Das für den Erfolg einer Behandlung notwendige Arbeitsbündnis zwischen Patient und Arzt kann daher nicht hergestellt werden, da der Patient nicht als ein Partner des Arztes betrachtet wird.

Auch in der ehemaligen Sowjetunion wird es einzelne Ärzte gegeben haben, die einen zu Behandelnden im Sinne einer ganzheitlichen Betrachtungsweise behandelt haben, aber es ist zu vermuten, dass eine individuelle, auch zeitintensivere und fallbezogene Betrachtung des Patienten eher die Ausnahme in einem Gesundheitssystem darstellt, für das mangelnde Ressourcen typisch waren. Allerdings impliziert die Aussage von Herrn Kravitz nicht, dass der gelungene Fall einer Behandlung (siehe Prämisse a und b) in der Bundesrepublik grundsätzlich gegeben ist.

Denn Herr Kravitz berichtet zwar von seinen Erfahrungen in Deutschland; so sei er hier bei einem Psychiater gewesen, der keine Behandlungsschritte ohne direkte Rücksprache und gegen den Willen von Olga unternahm, aber dieser wirkte menschlich kalt. Aus der Erzählung lässt sich schließen, dass kein gutes Arbeitsbündnis zwischen Patienten und diesem Arzt zustande kam. Herr Kravitz wird aber in Folgenden dennoch ausführlich davon berichten, dass er das Gesundheitssystem und den Umgang mit erkrankten Menschen in der Bundesrepublik für viel besser hält als in seiner Heimat. Hierbei thematisiert er nicht nur die unterschiedlichen finanziellen Ressourcen in der Bundesrepublik/ehemalige Sowjetunion, sondern er spricht insbesondere auch die unterschiedliche Haltung gegenüber Kranken (z.B. psychisch Erkrankten) an, die sich darin ausdrückt, dass sie in der Bundesrepublik nicht isoliert behandelt würden.[197]

---

[197] In Gesprächen mit Zuwanderern aus der Sowjetunion werden sehr heterogene Erfahrungen mit Ärzten geschildert. Immer wieder betonten Gesprächspartner, dass einzelne Ärzte sich sehr ganzheitlich und fallbezogen um ihre Patienten bemüht hätten.

Im Folgenden wird auf ein zweites zentrales Thema dieses Interviews, *Gründe für die Migration,* eingegangen.

Gründe für die Migration
Herr Kravitz hatte in einer Textstelle die schwierige Situation in der Werkstatt in seiner Heimat geschildert, in der Olga beschimpft wurde. Angesprochen darauf, ob der Grund für die Migration in der unbefriedigenden Situation ihrer Tochter in der Werkstatt lag, antwortet Herr Kravitz folgendermaßen:

Herr Kravitz: *Nein, nein, nein... Nicht das war der... der Grund. Der Grund war...(längere Pause) Du verstehst? ... Wir haben gesehen, was... was ist geworden. Es war... wir haben gelebt... für uns war... das es war da uns Niveau. Du verstehst?*

Herr Kravitz erwähnt, dass es andere Gründe für die Migration gab, es bleibt aber unklar, welche es waren. Aufgrund der Aussage ‚*Wir haben gesehen, was... was ist geworden*' sind zwei Lesarten möglich.

Zunächst ist es möglich dass Herr Kravitz die Situation und Entwicklung von Olga meint, und die Familie auswandert, um Olga eventuell mehr Entwicklungschancen in einem Land mit einem höheren Lebensstandard zu ermöglichen. Wenn dem so wäre bleibt aber unklar, warum die Familie so lange gewartet hat und die Möglichkeit zur Auswanderung nicht eher genutzt hat.

Denkbar ist auch, dass Herr Kravitz die Entwicklung der russischen Gesellschaft, die nach der Perestroika einsetzt, meint.

Herr Kravitz: *Niveau! Ja, Lebensstandard! Leben...(...) Aber, wir waren eine Schicht. Du verstehst? (...)Eine Schicht. Und wenn ist gekommen die Perestroika und der....der wilde Kapitalismus... Du weißt, was ich meine...?*
Int.: *Ja, ich weiß! Ja...*

Der Begriff Niveau bezieht sich nicht auf die Behinderung, sondern auf den Lebensstandard, der sich infolge der gesellschaftlichen Veränderungen für einen großen Teil der Gesellschaft immer mehr verschlechterte. An dieser Stelle ist die Interviewführung ‚*Ja, ich weiß*' ungeschickt, denn so nimmt sich die Fragende die Möglichkeit, mehr über die

Sichtweise Herr Kravitz zur Perestroika, der sie als Zeitzeuge ja selbst erlebt hat, zu erfahren.

Herr Kravitz: Das war... und der darf man, weggefahren neun... äh... zweiundneunzig. Das, ich habe bekommen Geld. Lohn. So viel (zeigt mit den Händen eine große Spannweite).

Der Befragte spricht nun für die Perestroika typische Probleme, wie die hohe Inflation, an.

Herr Kravitz: Inflation. Und der Laden war leer! In der, die Werkstätten und Fabriken haben nicht gearbeitet. (...) Aber .. das, das ist kein Leben Wenn ist, wenn alle handeln und kein Produktion! ...Das ist Wahnsinn! Und... Du weißt... in Russland, das war immer! Wenn ist schlecht, die Juden sind schuld. (...) und wenn es unsere Bekannte, man gesagt, nicht Juden. Man gesagt, was warten sie? Warum fahren sie nicht weg? Sie warten, wenn man... wenn man bis man sie schlag (...).

Herr Kravitz weist auf die wirtschaftlich schwierige Lage in der ehemaligen Sowjetunion hin, und die damit verbundene Gefahr von Pogromen gegen Juden.
 Daher raten auch nichtjüdische Freunde zur Ausreise. Spätestens an dieser Textstelle wird deutlich, dass nicht Olgas Behinderung der Grund für die Migration ist, sondern für die Familie bedrohliche antisemitische Ausschreitungen.

Herr Kravitz: ...jüdische Freunde man... . weggefahren...

Die meisten jüdischen Bekannten und Freunde der Familie haben bereits die Chance der Auswanderung ergriffen. Für die Familie hat dieser mittlerweile emigrierte Bekanntenkreis eine wichtige Rolle gespielt, weil sie in diesem Milieu, das kulturell relativ homogenen war, fest verankert waren.
Herr Kravitz: ...und wir, äh... werden gedenkt schon von lang, in Israel, fahren. Aber, wir haben nicht gekannt das machen. Ähm, bei uns ist ... ein nach dem ander fast, gestorben. Meine Eltern, dann Rinas Eltern. Und, ich hab nicht gekannt der Mutter. Die Mutter hat, äh... mir..., äh...

sie hat mich...hmmm... sie hat von mir ... äh, verlangt, soll ich den Vater ab dem Grab ein Mahnmal...

Die Tatsache, dass sie mit der Auswanderung relativ lange warteten, auch weil sie den Ablauf des jüdischen Bestattungsritus[198] einhalten wollten, ist allerdings ein Indiz dafür, dass die Lebensumstände noch nicht lebensbedrohlich waren, auch wenn sich die allgemeine Lage verschlechtert hatte. Dass sie die Eltern geordnet begraben wollten, ist verständlich. Es handelt sich hier um eine universelle verschiedene traditionelle kulturenübergreifende Regel, seine Angehörigen angemessen nach dem Ritus zu beerdigen. Dies gilt erst recht für einen in der jüdischen Tradition/im jüdischen Milieu verankerten Menschen, da dort die Einhaltung von religiösen Gesetzen eine wichtige Rolle einnimmt. Die bisherigen Textstellen verweisen zwar nicht auf eine starke religiöse Orientierung dieser Familie, allerdings sind sie in einem jüdischen Umfeld aufgewachsen und auch die Analyse verschiedener Textstellen zeigt, dass innerhalb der Familie enge Bindungen vorhanden sind, die eine Einhaltung von religiös geprägten Normen – wie Einhaltung des religiösen Bestattungsritus – erklären.[199]

Herr Kravitz geht weiter auf die Verhältnisse in seiner Heimat ein.

Herr Kravitz: *Ich habe mit dem Leben in Deutschland habe ich zufrieden. Ich bin zufrieden. Ich verlange... ich verlange nichts, ähm... viel. Aber Umgang mit die Leute... Ich weiß nicht. Vielleicht, in diese Jahre ... wir waren nicht in Russland, dort. Die Situation hat so die Menschen geändert, dass sie ver... gar nicht verstehen die Menschen...*
Int.: *...die russischen Menschen...*
Herr Kravitz: *Ja! ...die judischen Menschen.(...) Äh... wir haben Kontakt mehr mit Jude... mit Juden. Und, äh... ich kann nicht verstehen. Pragmatismus, so... das ist die wichtigste Basis geworden..*

---

[198] Der jüdische Bestattungsritus vollzieht sich in mehreren Etappen. Nach der Grablegung findet eine siebentägige Trauerzeit statt, an die sich ein Trauermonat und ein Trauerjahr anschließen. Im Anschluss daran wird der Grabstein aufgestellt. Dies ist ein wichtiges rituelles Ereignis, zu dem die Verwandten und Freunde auf dem Friedhof zusammen kommen.
[199] In der Bundesrepublik nimmt Herr Kravitz regelmäßig am religiös geprägten Gesprächsrunden der jüdischen Gemeinde seiner Heimatstadt teil.

Herr Kravitz spricht die allgemeine Veränderung der russischen Gesellschaft infolge der Perestroika an: die Auflösung der staatlichen Strukturen und den aus der schwierigen Lebenslage resultierenden Umgang der Menschen untereinander.

Auffallend an dieser Textstelle ist, dass er nicht allgemein von den Menschen in der Ukraine spricht, sondern seine Kritik insbesondere an die zurückgebliebenen jüdischen Menschen wendet.[200] Inwiefern er eine weit verbreitete Meinung oder persönliche Erfahrungen wiedergibt, bleibt unklar. Auch diese Aussage kann als Indiz genommen werden, dass er eine starke Verbindung zum jüdischen Herkunftsmilieu hat, da die zurückgebliebenen Menschen immer noch einen wichtigen Bezugspunkt für ihn darstellen.

<u>Resümee der Fallanalyse und Fallstruktur von Familie Kravitz</u>
Die Familie verlässt 1992 die Ukraine aufgrund der gesellschaftlichen Folgen, die die Perestroika mit sich bringt. So benennen beide Interviewpartner insbesondere folgende Gründe:

1) Die Veränderung der wirtschaftlichen Lebensumstände wie Verlust der Arbeitsplätze und eine sehr hohe Inflation führen zu einer starken Erschwerung der täglichen Bewältigung der Lebensumstände.
2) Nichtjüdische Bekannte weisen auf einen drohenden und zunehmenden Antisemitismus hin, der aufgrund der Veränderungen durch die Perestroika spürbar wird. Auch erlebt die Familie in verschiedensten Situationen einen unterschwelligen Antisemitismus.
3) Hinzukommt, dass sich aufgrund des Verfalls des politischen und gesellschaftlichen System die menschlichen Beziehungen verändern. So kommt es zu einem vermehrten Anstieg von Konflikten und Kriminalität und einem daraus allgemein resultierenden Unsicherheitsgefühl.

---

[200] Wie ein für die Integration der Kontingentflüchtlinge zuständiger Sozialarbeiter der ZWST in einem Gespräch berichtete, herrschte in der ehemaligen Sowjetunion nach der Perestroika die weit verbreitete öffentliche Meinung, dass sich vor allem jüdische Geschäftsleute an dem Zusammenbruch des Gesellschaftssystems bereichert hätten. Beispiele hierfür seien die bekannten Oligarchen Michail Chodorkowski und Boris Beresowski.

4) Das für sie wichtige Bezugsmilieu sind vor allem die sozialen Kontakte zu jüdischen Menschen. Diese emigrieren ab 1991 in westlich demokratische Länder wie Amerika, Israel oder die Bundesrepublik. Die Familie Kravitz bleibt allein zurück und wandert schließlich relativ spät aus, als dies durch den Tod der nichtauswanderwilligen Eltern möglich wird, und sie sich zunehmend isoliert fühlen.

Die Familie beschreibt für die Ukraine ein mangelndes staatliches und gesellschaftliches Angebot an Unterstützung für ihre frühgeborene Tochter, die als geistig behindert gilt. So kritisiert insbesondere Herr Kravitz neben dem objektiv vorhandenen Mangel die subjektive Haltung einer Umgebung, die von Desinteresse und Abneigung gegenüber Menschen mit einer Behinderung geprägt ist. Insgesamt arrangiert sich die Familie dennoch gut mit den Verhältnissen in der Ukraine: Ihre Tochter geht nach der Grundschule auf eine Sonderschule, und die Eltern organisieren einen Arbeitsplatz für sie.

Zu Beginn der Migration sind die Eltern von den Lebensverhältnissen in der Bundesrepublik begeistert. Beide Elternteile beurteilen auch noch nach Jahren die Migration als einen richtigen Schritt, den sie vor allem aufgrund der oben geschilderten Umstände und nicht wegen der angenommenen Behinderung ihrer Tochter unternommen haben.

Im Hinblick auf ihre Tochter werden sie mit einem guten Unterstützungsnetzwerk im Behindertensektor konfrontiert. Neben den zahlreichen Angeboten lobt insbesondere Herr Kravitz auch die stärker wertschätzende Haltung gegenüber Menschen mit Behinderung in der Bundesrepublik.

Die Tochter macht in der Bundesrepublik Fortschritte (so lernt sie ansatzweise deutsch lesen und schreiben), beginnt eine Beziehung zu einem jungen Mann, zieht mit diesem in ein Wohnheim und arbeitet in einer Behindertenwerkstatt. Erste Schritte in ein autonomes und selbstbestimmtes Leben gelingen.

Allerdings beginnen nach zwei Jahren die ersten Schwierigkeiten:

Die Beziehung zum Freund scheitert, die Unterbringung in einem zweiten Wohnheim erweist sich als problematisch und die Werkstatt entlässt sie, weil sie mit ihrem Verhalten den Arbeitsfrieden stört. Olga wird im Folgenden immer unselbstständiger und apathischer, schließlich zieht sie wieder bei den Eltern ein und geht keiner Beschäftigung mehr nach.

Bei der Interviewanalyse zeigt sich, dass Frau Kravitz grundsätzlich eine aktive Haltung an den Tag legt. Als Olga in der Ukraine in der Grundschule schwache Leistungen zeigt, lernt sie mit ihr und organisiert eine Nachhilfe. Auch bringt sie sie an ihrem Arbeitsplatz unter, da es keine speziellen Arbeitsplätze für Menschen mit einer geistigen Behinderung gibt.

Auch in der Bundesrepublik reproduziert sich ein Muster, bei dem deutlich wird, dass Frau Kravitz im Interesse ihrer Tochter viele Aktivitäten unternimmt, um ihrer Tochter eine selbständige Entwicklung und ein autonomes Leben zu ermöglichen. Gleichzeitig zeigt sich, dass ihre aktiven Anteile auch immer wieder mit resignativen und nachgebenden Impulsen vermischt sind. Es gibt Probleme in der Beziehung zwischen Olga und ihrem Freund, Frau Kravitz nimmt die Tochter aus der Wohngruppe raus. Es bleibt unklar, ob dies wirklich im Interesse von Olga ist, da sie an dem Freund anscheinend immer noch hängt und darüber hinaus ihren Platz in der Wohngruppe aufgeben muss.

Die Behindertenwerkstatt kündigt das Arbeitsverhältnis. Frau Kravitz akzeptiert das, obwohl Olga dort neun Jahre arbeitete und diese Entscheidung anfechtbar ist. Frau Kravitz spürte nach eigener Aussage, dass sie sich hätten wehren können; dennoch nimmt sie die Entscheidung hin.

Frau Kravitz ambivalente Haltung ‚*sich gleichzeitig zu engagieren und bei Schwierigkeiten nachzugeben*' ist erklärbar vor dem Hintergrund einer Sozialisation in einem Gesellschaftssystem, dass mit seinen Bürgern autoritär umging, in dem es nur wenige Rechte gab und diese auch nicht einklagbar waren. Die Familie hat vermutlich über viele Jahre erlebt, dass Protest nicht weiterführt, sondern sogar gefährlich sein kann.

Verschiedene Textstellen (Vorfall im Kindergarten, Vorfall auf der Arbeit) legen zusätzlich nahe, dass Frau Kravitz aufgrund eines in der ehemaligen Sowjetunion verbreiteten offenen wie subtilen Antisemitismus eine über Jahre erworbene Haltung verinnerlicht hatte, aufgrund derer sie sich darum bemühen muss, möglichst nicht unangenehm aufzufallen.

Hinzukommt, dass die Familie sich auch in anderer Hinsicht um ein ‚*Nichtauffallen*' bemühen musste, da behinderten Menschen in der sowjetischen Gesellschaft allgemein eine negative Haltung entgegengebracht wurde.

Bei der Interviewanalyse von Herrn Kravitz fällt auf, dass er eine grundsätzlich die Dinge hinnehmende Haltung an den Tag legt, über längere Textstellen wie ein Berichterstatter spricht und dabei gewissermaßen unbeteiligt wirkt. So berichtet er von den Geschehnissen (z.B. auf der Arbeit in der Ukraine, in der Behindertenwerkstatt), seine Reaktionen darauf bleiben unklar bzw. scheint es so, dass er die Dinge nimmt, wie sie kommen. Viele Textstellen lassen eine resignative Haltung erkennen, so beklagt er allgemein den Verfall der menschlichen Beziehungen in der ehemaligen Sowjetunion, auch äußert er über weite Passagen am Ende des Interviews seine Unzufriedenheit mit der jüdischen Gemeinschaft in Deutschland.

Olga weist eine Lernbehinderung auf. Auch wenn sie von ihrem familiären wie fremden Umfeld seit Jahren als geistig behindert wahrgenommen wird, spricht vieles dafür, dass sie weitaus mehr Kompetenzen hat, als sie auf einer Performance-Ebene zeigt. So besuchte sie in der Ukraine immerhin einige Jahre die Grundschule bevor sie auf eine Sonderschule wechseln muss. Auch lernte sie in der ersten Monaten in der Behindertenwerkstatt Deutsch sprechen, etwas Lesen und Schreiben. Aufgrund der Erlebnisse der letzten Jahre sind mittlerweile ihre Deutschkenntnisse allerdings immer mehr verkümmert, sie kann sich allein nicht mehr verständlich machen. Insgesamt zeigt sich, dass Olga trotz eines allgemein objektiv besseren Unterstützungsnetzwerkes in der BRD nach ersten Fortschritten in der Migration immer unselbständiger wird. Ihre Kompetenzen: die ansatzweise Aneignung der deutscher Sprache, die acht Jahre Arbeit in der Werkstatt, die Aufnahme der Beziehung zu einem jungen Mann und damit ein erster Schritt in ein autonom und selbstbestimmtes Leben scheinen von der Umwelt nicht genug gefördert worden zu sein.

Allerdings gelingt es durch einen Wohnortwechsel, den insbesondere Frau Kravitz initiiert, sie in einer neuen Behindertenwerkstatt unterzubringen und damit ihre Integration voranzubringen. Das herausgearbeitete ambivalente Haltungsmuster von Frau Kravitz, bei auftretenden Schwierigkeiten zurückzuweichen und sich dennoch immer wieder zu engagieren, zeigte sich schon in der ehemaligen Sowjetunion und bestätigt sich hiermit erneut wieder.

4.2.1.3 Fallanalyse: Familie Romanow

> "Ich gebe nie in meine Leben, mein Kind in Wohngruppe. Immer, immer das andere, aber langsam, ich lerne auch muss so sein"

<u>Gesprächssituation: Interview mit Mutter und Schwester im Herbst 2006</u>

Frau Romanow lernte ich auf einer vom ZWST-Projekt organisierten zweitätigen Tagung im Frühjahr 2006 kennen.[201] Frau Romanow fiel dort aufgrund ihrer regen Teilnahme auf, sie stellte Fragen und beteiligte sich an den Diskussionen im Plenum. Ihre 22-jährige Tochter Svetlana, die aufgrund einer unklaren geistigen Behinderung nicht lesen und schreiben kann, wirkt sehr freundlich und zutraulich. Einige Monate später fragte ich wegen einem Gesprächstermin an, Frau Romanow sagte sofort für sich und ihre ältere Tochter Marina zu. Sie bestand darauf, dass Svetlana mich vom Bahnhof abholte.

Der Hauptbahnhof der Großstadt, in der sie leben, liegt mehrere U-Bahn- und Bushaltestellen von der Wohnung der Familie entfernt. Eigenständig führt Svetlana mich durch das Verkehrsnetz der Großstadt. Als eine Kontrolleurin vorbeikommt, erklärt mir Svetlana, dass ich mein Bahnticket nicht vorzeigen müsse, da sie selber ja einen Schwerbehindertenausweis habe und daher eine Begleitperson umsonst mitfahren könne. Aufgrund eines Marathonlaufs fährt an der Endstation der Bus, den wir nehmen sollten, nicht. Svetlana wird nervös, sie überlegt, was nun zu machen sei. Ich schlage vor einen der Polizisten nach Alternativen zu fragen. Da nach seiner Auskunft die nächsten Stunden keine Busse fahren werden, beschließen Svetlana und ich, drei Bushaltestationen bis zur Wohnung zu laufen. Svetlana erzählt während dieses Spazierganges, dass sie nicht gerne in die Behindertenwerkstatt gehe, dass sie keine Freunde habe und dass sie sonntags kaum rausgehen würde. Zunehmend fällt ihr das Laufen schwer, sie klagt über Schmerzen im Fuß.

---

[201] Auf dieser überregionalen Tagung, an der ca. 80 Personen teilnahmen, wurde allgemein über Unterstützungsmöglichkeiten für Menschen mit Behinderung informiert.

Ich schlage vor die Mutter anzurufen, um ihr mitzuteilen, dass wir beide etwas später kommen werden. Svetlana wählt die Handynummer auswendig.

Nach ca. 40 Minuten Fußmarsch erreichen wir die Wohnung der Familie. Es ist gegen 11.00 Uhr, Frau Romanow serviert Kaffee und Tee mit verschiedenen Kuchenstückchen im Wohnzimmer. Auch ihre ältere Tochter Marina mit ihrem sieben Monate alten Sohn ist da. Wir unterhalten uns über die Wohngegend.

Frau Romanow bewohnt in einem gepflegten Randbezirk der Großstadt in einem Hochhausblock des sozialen Wohnungsbaus im 2. Stock eine Dreizimmerwohnung mit ihrer Tochter Svetlana. Ihre andere 23 Jahre alte Tochter Marina wohnt mit ihrem Ehemann und dem gemeinsamen Kind etwa fünf Minuten Fußweg entfernt. Auch ihr geschiedener Ehemann wohnt etwa zehn Minuten Gehweg weit weg.

Frau Romanow arbeitet als selbständige Fußpflegerin. Sie erzählt, dass sie sehr froh über ihre Wohnung ist, weil in dieser Großstadt die Mieten sehr hoch sind. Bis vor drei Jahren habe sie in der Nähe einer viel teureren Wohnung gelebt, habe dann aber in dem Haus einer Kundin gesehen, dass eine Wohnung frei sei. Daraufhin habe sie direkt beim Wohnungsamt nachgefragt, wo man ihr mitteilte, dass sich schon verschiedene Interessenten nach dieser Wohnung erkundigt hätten, und man darauf warte, dass einer dieser Interessenten als erster die benötigten Papiere (Einkommensnachweis etc.) vorweise. Nach diesem Telefongespräch habe sie innerhalb von zwei Stunden alle benötigten Papiere besorgt und habe, da sie als erste alle Unterlagen beisammen hatte, den Mietvertrag für diese Wohnung erhalten.

Nach dieser Schilderung bittet sie ihre Töchter aus dem Wohnzimmer, damit das Interview durchgeführt werden könne.

Nach ca. 40 Minuten wird das Interview durch das Mittagessen unterbrochen. Frau Romanows Freund ist während des Interviews gekommen und hat zusammen mit den Töchtern das Essen vorbereitet. Während der Interviewpause trägt Frau Romanow das Mittagessen auf, ihre ältere Tochter und ich unterhalten uns währenddessen auf dem Balkon.

Für das Mittagessen präsentiert Frau Romanow verschiedene Vorspeisen aus ihrer Heimat Asserbaidschan. Während des Essens erzählt ihr ca. 15 Jahre älterer Freund von seinem Leben: er stamme aus Österreich, habe in der Hotelbranche gearbeitet und viele Jahre in Amerika und Asien gelebt. Er kritisiert, dass Marina mit dem Baby russisch spricht, scheint aber allgemein ein gutes Verhältnis zu den Töchtern zu haben: mit beiden spricht er viel.

Nach dem Mittagessen wird das Interview mit der Mutter fortgesetzt, die Töchter und der Freund halten sich außerhalb des Zimmers auf.

Svetlana wird allmählich unruhig, sie kommt einige Male unvermittelt ins Wohnzimmer, um angeblich aufzuräumen. Das Interview wird bald darauf beendet. Nach einer kleinen Pause beginnt das Gespräch mit der älteren Tochter Marina, Svetlana kommt nur einmal in das geschlossene Zimmer.

Darstellung der Fallgeschichte

Frau Romanow ist mit ihrem Mann und den beiden Töchtern 1997 in die Bundesrepublik ausgewandert. Sie und ihr Mann stammen aus demselben kleinen Dorf in Aserbaidschan,[202] aus dem schon die Eltern von Frau Romanow stammten.

Frau Romanow wurde 1961 geboren. Als sie drei Jahre alt ist, ziehen die Eltern mit ihren Kindern in die Hauptstadt Kirobat um. Der Vater arbeitet als Dichter, mindestens eines seiner Bücher wird verlegt. Die Mutter arbeitet in einem Fotogeschäft. Ihre Aufgabe besteht darin, Schwarz-Weiss Bilder farbig an zu malen. Die Eltern haben vier Kinder, Frau Romanow ist die jüngste Tochter.[203]

Frau Romanow beendet die Schule mit einem Abschluss, der der mittleren Reife[204] entspricht. Ihr Vater, der als Mitglied eines Chores auf Tourneen durch verschiedene Republiken der Sowjetunion reist, kann sie im Ensemble des Chores unterbringen. Dort arbeitet sie in der Wäscherei. Als ihre Teilnahme an den Reisen nicht mehr möglich ist, absolviert sie eine Ausbildung zur Kosmetikerin. Mit 20 Jahren lernt sie ihren Mann kennen und heiratet ihn.

---

[202] Hiermit ist die unabhängige Republik Nord-Asserbaidschan gemeint. Süd-Asserbaidschan ist Teil der Iranischen Republik und gehört zu deren Staatlichkeit. (Babajew 2007: 21).
[203] Die älteste Schwester, 1955 geboren, emigriert 1998 in die USA, wo sie als Erzieherin arbeitet und vier Kinder bekommt. Der zweitälteste Bruder ist seit seiner Kindheit an Epilepsie erkrankt. Er hat nie eine Schule besucht, und wird von seinen Eltern zu Hause versorgt. 2003 wandern die Eltern mit ihm in die Bundesrepublik aus. Der drittälteste Sohn, ein Jahr älter als Frau Romanow, wandert 2000 nach Deutschland aus.
[204] Im sowjetischen Schulsystem konnte die Schulausbildung nach 8 bzw. 10 Jahren mit dem Abschluss Attestat enden.

Kurz darauf wird ihre erste Tochter Marina geboren. 1984 wird die zweite Tochter Svetlana geboren. Svetlana geht nicht gerne in den Kindergarten, die Eltern schicken sie deshalb nicht hin. Erst als sie in die Schule gehen soll, fällt auf, dass sie große Lernschwierigkeiten hat. Diese verstärken sich durch die Tatsache, dass zu Hause aserbaidschanisch, aber in der Schule russisch gesprochen wird.[205] Svetlana wird aufgrund der Lernschwierigkeiten aus der Schule genommen und bleibt tagsüber zu Hause. Frau Romanow möchte ihre Tochter von einem Arzt untersuchen lassen, aber ihr Ehemann verbietet das.

1995 verlässt die Familie Aserbaidschan, um 2 Jahre in Israel als Gastarbeiter zu arbeiten. Anschließend wandern sie von dort 1997 in die Bundesrepublik ein.

In der Fremde werden die Schwierigkeiten in der Ehe immer größer, schließlich verlässt ihr Mann sie überraschend von einem Tag zum anderen. Frau Romanow baut sich als selbstständige Fußpflegerin einen Kundenstamm auf, auch nimmt sie einen Teilzeitjob in der Küche einer Kindertagesstätte an. Damit unterhält sie sich und ihre Töchter. Ihre ältere Tochter heiratet 2003 und zieht aus der gemeinsamen Wohnung aus, Frau Romanow bleibt mit Svetlana zurück.

Svetlana arbeitet ganztägig in einer Behindertenwerkstatt. Da es Svetlana dort nicht gefällt, bemüht sich ihre Mutter um einen anderen Arbeitsplatz für sie.

Analyse des Interviewtextes mit Frau Romanow

Das Interview begann folgendermaßen:

Int.: *Okay, ja ... also. was interessiert mich? ... Fangen Sie doch einfach an mit Ihrer Lebensgeschichte, wo Sie geboren sind, wie Sie aufgewachsen sind, und ... ja! Einfach zu erzählen!*

Das Gespräch beginnt mit einer für das narrative Interview typischen Frage. Diese ist extra offen gehalten, aber der Interviewsituation nicht angemessen, denn die Interviewerin hatte bereits vorher daraufhin hingewiesen, dass im Zentrum des Interviews die Situation und das Erleben von Frau Romanow hinsichtlich der Behinderung ihrer Tochter ste-

---

[205] Vgl. Kapitel 3.2, S.50f.

hen wird. Die Befragte hat daher vermutlich eine Frage hinsichtlich dieses Themas erwartet und sich darauf eingestellt. Nun muss sie anhand der unspezifischen Aufforderung *‚Einfach zu erzählen'* eine Antwort entwickeln.[206]

Frau Romanow: *Okay! (Stimme ist klar und deutlich verständlich, sehr ruhig) Mein Name ist Romanow, bin 26 Februar 1961 geboren in Aserbaidschan.*

Ihre Antwort auf die so nicht erwartete Frage klingt dementsprechend standardisiert, nüchtern und formal, jedoch wenig spontan oder natürlich. Sie erinnert an die Auskunft vor einer Behörde, wahrscheinlich hat sie so eine Angabe bei der Ankunft im Aufnahmelager im Rahmen ihrer Immigration gemacht.

Frau Romanow: *Und ...wir sind vier Kinder zu Hause, und mein ein Bruder ist behindert, von Kindheit – er hat Epilepsie, und da zurückgeblieben, und da...*

Vier Kinder sind für aserbaidschanische Verhältnisse nicht ungewöhnlich.[207]

Gleich zu Beginn des Gespräches führt Frau Romanow ihren Bruder ein. Dies kann zwei Gründe haben:

    a) das Thema *‚Behinderung'* wurde von der Interviewerin eingeführt und sie möchte deshalb darauf eingehen
    b) ihr Bruder nahm in ihrer Kindheit eine herausragende Rolle ein.

Da sie im Zusammenhang mit ihrer Kindheit gleich den Bruder einführt, kann davon ausgegangen werden, dass ihr die Anwesenheit ihres Bruders tatsächlich präsent ist. Denn, ginge sie auf das Thema 'Behinderung' nur ein, weil es im Vorfeld von der Interviewerin eingeführt wurde und hätte ihr Bruder in ihrer Kindheit nur eine nebensächliche Rolle ein-

---

[206] Vermutlich wäre es besser gewesen, ihr eine konkretere Frage zu der Thematik zu stellen und sie dann erzählen zu lassen.
[207] 1959 betrug die Geburtenziffer in Aserbaidschan pro Frau 5,01 Kinder (Titma/Saar 1999: 221).

genommen, dann wäre es wahrscheinlicher gewesen, dass sie gleich von ihrer jüngeren Tochter, die als geistig behindert gilt, spricht.

Vermutlich zog ihr Bruder unter den vier Kindern die meiste Aufmerksamkeit auf sich, weil er aufgrund der Diagnose Epilepsie einer intensiveren Betreuung bedurfte.[208] Hinzukommt, dass ihre Eltern wahrscheinlich für sie als viertes und jüngstes Kind nur wenig Zeit hatten. Es ist daher anzunehmen, dass sie den Bruder als einen Konkurrenten in Hinblick auf die Zuwendung der Eltern erlebt hat. Weiterhin kann vermutet werden, dass ihr die Lebenssituation, ‚*mit einem Menschen mit Behinderung zusammen zu leben'* vertraut ist, da sie von Kindheit an mit einem als behindert geltenden Bruder aufwuchs.

Frau Romanow: *Ich hab 10 Jahre in Aserbaidschan äh... ich war in Haupt ...und Grundschule und ´78, ich hab schon beendet diese Schule, und äh ... beruflich habe da Maniküre/Pediküre gelernt.*

Frau Romanow hat analog dem deutschen Bildungssystem einen Realschulabschluss erworben. Die Berufswahl ‚*Maniküre'* ist insofern bemerkenswert, da sie nicht grade einem gesellschaftlich anerkannten Berufsbild eines kommunistischen Landes entspricht. Dies wäre beispielsweise viel eher der Beruf der Krankenschwester, Erzieher oder Facharbeiter gewesen. Die Berufswahl legt nahe, dass sie sich in der Nähe der ‚*Schönen und Reichen'* wohl fühlt, denn der Besuch bei einer Maniküre/Pediküre ist nur einer kleinen privilegierten Bevölkerungsschicht vorbehalten gewesen.

Frau Romanow: *Und äh...weil ich war 21 Jahre alt, dann hab ich geheiratet, und ich hab zwei Kinder.*

Das Wort ‚weil' verweist auf eine Begründung; ihre Heirat begründet sie mit ihrem Alter. Damit verweist sie auf die soziale Norm in ihrem Heimatland, ‚*rechtzeitig'* zu heiraten.[209] Gleichzeitig deutet sie an, dass ihre Gefühle hierbei eine untergeordnete Rolle spielten. Dies lässt sich dar-

---

[208] Sie spricht die Diagnose Epilepsie an. Allerdings bleibt unklar, wie stark dieses Krankheitsbild tatsächlich die Lebensgestaltung der Familie prägte.
[209] Das durchschnittliche Heiratsalter lag in allen sowjetischen Republiken zwischen 21 und 22 Jahren (Titma/Saar 1999: 229).

aus erschließen, dass nur die Heirat und ihre beiden Kinder, jedoch nicht ihr Ehemann in die Erzählung eingeführt werden.

Ihre Aussagen erwecken daher den Anschein, dass es sich bei ihrer Eheschließung nicht um eine Liebesheirat handelte.

Frau Romanow: *Erstes ist Marina, 24 Jahre alt, und zweite ist Svetlana, 22 Jahre alt. Aber Svetlana ist leider behinderte Kind, und, ich denke, so wie Ärzte haben mir gesagt, sie hat gesund, alles sei okay, in Welt gekommen...*

Frau Romanow benennt gleich zu Beginn des Satzes die Namen ihrer Kinder, was auf eine persönliche Beziehung zu ihnen hinweist.

Dass im gleichen Jahr der Heirat, 1982, auch die Tochter Marina auf die Welt kommt, lässt vermuten, dass sie erst schwanger wurde und dann heiratete. Vor dem Hintergrund eines traditionell islamischen Milieus in Aserbaidschan ist eine Schwangerschaft ein zwingender Grund für eine Heirat. Zwei Jahre nach der Geburt der älteren Tochter kommt eine zweite Tochter zur Welt, deren Behinderung zuerst nicht bemerkt wird, die aber wenige Jahre später als auffällig gelten wird. An dieser Textstelle deutet sich eine Parallelität der Lebensgeschichte von Frau Romanow mit der eigenen Mutter und Tochter an:

Ähnlich ihrer Mutter, die einen behinderten Sohn (ihren Bruder) versorgte, wird sie einen Mehraufwand für die Betreuung der behinderten Tochter Svetlana aufwenden. Ihre nichtbehinderte Tochter Marina wird ähnlich wie Frau Romanow die Aufmerksamkeit der Mutter mit einem behinderten Geschwister teilen.

Frau Romanow benennt im Anschluss an den obigen Gesprächsbeginn in enger Reihenfolge drei zentrale Themenbereiche des Interviews, auf die sie immer wieder zu sprechen kommen wird. Der Übersicht halber werden diese getrennt dargestellt. Es handelt sich um die Themenbereiche ‚*Verhältnis Vater-Tochter*', ‚*Bestreben der Tochter nach Selbständigkeit*' und ‚*Verhältnis zu ihrem Ehemann und ihrer Rolle als Frau*'.

<u>Verhältnis Vater-Tochter</u>

Direkt nach dem bereist interpretierten Interviewbeginn fährt Frau Romanow fort.

Frau Romanow: *...und Svetlana war äh ungefähr zwei Jahre alt, ich hab gemerkt, Svetlana ist bisschen – äh – zurückgebliebenes Kind. Svetlana hat, fünf oder sechs Jahre war sie alt, angefangen, normale Gespräch sprechen. Und da, ich hab immer zu Hause gesagt, ich möchte Svetlana, ich hab meinem Mann, Ex...Mann gesagt, ich möchte Svetlana immer zum Arzt bringen, und Untersuchungen machen, und er hat gesagt: „Nein! Das ist alles okay, es gibt viele Leute, äh, viele Kinder, welche fangen an, wenn 5, 6, 7 Jahre alt ist." Und er hat immer nur „nein, nein" gesagt..*

Obwohl Svetlanas Sprachschwierigkeiten auffallen, geht der Ehemann auf den in dieser Situation verständlichen Wunsch der Ehefrau, das Kind untersuchen zu lassen, nicht ein. Dies ist erklärungsbedürftig, da die ärztliche Versorgung im sowjetischen Gesundheitssystem frei ist und zudem die Familie in der Großstadt Baku (1,8 Millionen Einwohner)[210] mit einer im Vergleich zu anderen Landesteilen vermutlich guten medizinischen Versorgung lebt. Insgesamt wirkt sein Verhalten sehr patriarchalisch. An der Satzstelle, *'und er hat immer nur ‚nein, nein gesagt'*, wird deutlich, dass er auch nicht bereit ist sein Verhalten zu reflektieren. Er bespricht mit seiner Ehefrau keine Lösungsmöglichkeiten, sondern bestimmt allein den Umgang mit der auftauchenden Problematik.

Frau Romanow: *Okay, ich habe da auch so einfach durchgelassen, aber ab und zu wir waren schon bei Ärzten,(...) ...aber ich habe nicht so, o.k. ein bisschen gehört auf meinen Mann, aber nicht so viel, ehrlich gesagt..., aber wissen Sie, Svetlana war auch in Krankenhaus in Deutschland, dort auch alle Untersuchungen gemacht, und da hat Svetlana bekommen Medikamente, keine Behandlung, wie Ärzte sagen mir, weil das hilft Svetlana nicht....*

Frau Romanows erweckt den Eindruck, als gerate sie unter einen Rechtfertigungsdruck, da sie das patriarchalische Verhalten ihres Mannes akzeptiert hat, und damit eine nicht mögliche Behandlung ihrer Tochter hingenommen hat. Dafür spricht auch, dass sie bereits zu Interviewbeginn seine hartnäckige Verweigerung des Arztbesuches thematisiert. Insgesamt äußert sie sich widersprüchlich. Einerseits sagt sie aus,

---

[210] Halbach/Götz (1992):685.

‚Okay, ich habe da auch so einfach durchgelassen', (also dass keine ärztliche Behandlung erfolgte), andererseits berichtet sie über unbestimmte Arztbesuche. Ihr Nachgeben ihrem Mann gegenüber rechtfertigt sie mit der nicht weiter ausgeführten Aussage, dass sie Jahre später Ärzte aufgesucht hätten, und diese aussagten, ‚keine Behandlung, wie Ärzte sagen mir, weil das hilft Svetlana nicht'.

Aus heutiger Sicht scheint diese Rechtfertigung für sie wichtig zu sein, da sich die Frage aufdrängt, ob Svetlana bei einer rechtzeitigen Behandlung mehr Fähigkeiten hätte entwickeln können.

Einige Stellen später im Interview führte sie weiter aus.

Frau Romanow: (...)ja, und ich hab schon vorher gesagt, dann mein Exmann immer hat mir nicht erlaubt Svetlana zum Arzt bringen, weil jetzt Ärzte machen Experimente, viele geben ein Medikament oder machen eine Spritze, wird noch das Schlimmste immer,(...) er hat gesagt: „Nein, da bringst Du nicht Svetlana zum Ärzte, weil da machen, vielleicht machen da ein Experiment hier, (und später auch in Deutschland, D.K.) weil ...deutsche Ärzte mögen schon da ein Experiment machen",

Der Ehemann verweigert hartnäckig den Arztbesuch. Folgende Gründe sind für die Haltung des Ehemannes denkbar:

1) Er hat in seinem persönlichen Umfeld von Fehlbehandlungen gehört und ist daher Ärzten gegenüber grundsätzlich misstrauisch. Daher ändert er auch später in Deutschland seine misstrauische Haltung nicht.
2) Herr Romanow möchte die Behinderung seiner Tochter nicht wahrnehmen, weil durch eine eventuell getroffene ärztliche Diagnose die Normalität der Familie gestört wird. Eventuell befürchtet er, dass eine Diagnose nicht kontrollierbare Nachteile mit sich bringt (beispielsweise das Gerede der Leute). Unter einem Vorwand ‚Ärzte machen Experimente' verhindert er somit, dass die Diagnose einer mögliche Entwicklungsstörung/Behinderung gestellt wird.
3) Die Aussage „deutsche Ärzte mögen schon da ein Experiment machen", könnte auf die Euthanasie im Dritten Reich anspielen. Eventuell hält er diese immer noch für möglich.
4) Er hat unrealistische Vorstellungen über seine Umwelt.

Zur ersten Lesart der schlechten Erfahrungen mit dem Gesundheitssystem lassen sich im Interview keine weiteren Anhaltspunkte finden. Sie wird daher zunächst zurückgestellt.

Die zweite Annahme, dass er den Anschein der Normalität wahren möchte, scheint realistisch. Jede Diagnose einer Behinderung würde diesen stören. Eventuell befürchtet er zusätzlich nicht absehbare Konsequenzen wie häufige Arztbesuche, teure Medikamente usw.

Die dritte Annahme, dass er auf die Euthanasie im Dritten Reich anspielt kann, scheint zunächst möglich, da er aufgrund seiner jüdischen Herkunft besonders sensibilisiert für diese Problematik sein könnte. Da er allerdings auch schon in der UDSSR an ärztliche Experimente geglaubt hat, scheidet eine Haupt-Deutung, die in der jüngeren deutschen Geschichte begründet liegt, aus.

Für die vierte Lesart gibt es keine konkreten Hinweise im Text, grundsätzlich kann sie aber nicht ausgeschlossen werden.

Einige Zeilen später im Interview führt sie aus:

Frau Romanow: *(...) für uns war auch etwas schwer, weil ich hab schon einen behinderten Bruder, dann die Leute denken: „Ah, diese Familie hat schon irgendwo etwas, weil da der Bruder ist krank, das Kind ist krank", wissen Sie und da immer, ehrlich gesagt, da meine Mutter immer hat gedacht: „Ah! Deine älteste Tochter, vielleicht kann nicht da heiraten, weil da die, wer will da meine Tochter, da sagen ah...in der Familie gibt es zwei behinderte Menschen, vielleicht sie bekommt auch ein behinderte Kind". Wissen Sie, das war ehrlich gesagt, bisschen schwer. Weil, das ist andere Mentalität. (...) die Menschen möchten nicht diese Mädchen, vielleicht bekommt dann auch ein behindertes Kind. Das ist schon ..schwer.*

Diese Textstelle legt nahe, dass sich der Ehemann deshalb weigerte zum Arzt zu gehen, da er die ‚*Familiennormalität*' wahren wollte. Da bekannt ist, dass es in der Familie einen behinderten Bruder gibt, muss er darum fürchten, dass, würde publik, dass mit Svetlana ein weiteres Familienmitglied unter einer Behinderung leidet, seine Familie als mit einem Makel behaftet gilt. Diese Tatsche hätte Auswirkungen auf alle Familienmitglieder, so beispielsweise auch auf die Heiratschancen der

205

gesunden älteren Tochter.[211] In einer traditionellen Gesellschaft wie der Aserbaidschanischen wäre dies ein schwerer Schicksalsschlag für die ganze Familie, der verhindert werden muss.[212] Aus dieser Perspektive scheint die Weigerung des Vaters zum Arzt zu gehen plausibel, da die Bekanntgabe der Behinderung so lange wie möglich verhindert werden muss.

Folgende Textstelle gibt genauere Hinweise auf Swetlanas Schwierigkeiten.

Frau Romanow: *und die Schule... Svetlana hat auch die Schule nicht besucht, ich denke – ein oder zwei Monate das war, diese Schule.. Und da... Svetlana hat immer geweint, sie will nach Hause, sie will nach Hause, und, ähm – aber für Svetlana natürlich, das war sehr schwer, diese Schule, weil das war russische Sprech...Schule. Svetlana hat gesprochen nur aserbaidschanisch, unsere Muttersprache..*

Es bleibt unklar, ob Svetlana tatsächlich nicht schulgeeignet ist oder die Eltern sie zu voreilig von der Schule nehmen. Konkret weist jedoch die Tatsache des Weinens nichts unbedingt auf eine geistige Behinderung, sondern vielmehr auf eine Überforderung hin. Diese scheint tatsächlich für Svetlana vorzuliegen, da sie ja nun in ungewohnter Weise dem Unterricht auf Russischfolgen muss.[213]

Frau Romanow: *Und da – danach da war ein Lehrer immer in der Woche eins, zweimal bei uns zu Hause, mit Svetlana etwas gelernt, zum Lernen gekommen, aber das auch nicht geklappt, und Svetlana war immer zu Hause...in meiner Heimat war nicht so – äh – wie in Deutschland, gute Kindergarten für behinderte Kinder, und äh*

---

[211] Frau Romanow belastete auch lange der Gedanke, dass in der Familie genetische Defekte existieren könnten.
[212] Auf diese verbreitete Sorge von Familienangehörigen, die in traditionell geprägten Gegenden stärker als in modernen Großstädten ist, wies mich auch eine ehemalige Ärztin aus Moldawien hin.
[213] Obwohl der Anteil der Russen an der aserbaidschanischen Bevölkerung insgesamt nur 6% beträgt ist infolge der russischen Nationalitätenpolitik Russisch die verbindliche Schulsprache (Halbach/Götz 1992:685).

Dass ein Privatlehrer nach Hause kommt,[214] um mit der behinderten Tochter individuell zu lernen, zeigt, dass Bildung staatlicherseits eine wichtige Rolle einnahm und die Familie in dieser Hinsicht Unterstützung erhielt.[215]

Frau Romanow: *und äh die Schule für behinderte Menschen, und Werkstätte.... Ich bin ehrlich gesagt sehr, sehr froh – ich bin seit 9 Jahre in Deutschland, und ehrlich gesagt, ich bin sehr froh – äh – wegen Svetlana,*

Anhand der sich anschließenden Textstelle wie auch weiteren Textstellen[216] wird deutlich, dass Frau Romanow mit den bundesrepublikanischen Zuständen, auch im Behindertennetzwerk, sehr zufrieden ist. Frau Romanow berichtet weiterhin, dass die Familie zwei Jahre in Israel lebte und ihre Tochter die Möglichkeit hatte, auf eine Schule für Menschen mit Behinderung zu gehen. Svetlana verweigert sich dem und wie in Aserbaidschan akzeptieren die Eltern die Weigerung.[217] Es stellt sich hierbei die Frage, ob die Eltern nicht zu vorschnell die Schulverweigerung hinnahmen.

Da im weiteren Interviewtext Svetlanas Bestreben nach Selbstständigkeit thematisch wird, soll im Folgenden hierauf eingegangen werden.

<u>Bestreben der Tochter nach Selbständigkeit</u>

Frau Romanow: *... Sie ist ein behinderte Mensch. (kurze Pause) Zu Hause, Svetlana ist so lieb, so sie mag gerne so – äh – Einkäufe machen, Kochen – zu Hause immer, äh – alles in Ordnung bringen aber mit Svetlana ist auch nicht einfach zusammen zum Leben, weil äh ich kann auch, ehrlich gesagt nicht – ich kann auch nicht, normalerweise*

---

[214] Auch Familie Tarassow berichtet von einem staatlich bezahlten Privatlehrern, der seinen Sohn einige Stunden in der Woche zu Hause unterrichtete.
[215] Vergleiche auch Kapitel 3.2.
[216] Beispielsweise weist die Textstelle ‚*in Deutschland, gute Kindergarten für behinderte Kinder*' auf eine positive Grundhaltung der Bundesrepublik gegenüber hin. Denn sie macht diese Äußerung, obwohl Svetlana keine Erfahrung mit einem deutschen Kindergarten mache.
[217] Statt einem Schulbesuch verbringt die Tochter den Tag allein vor dem Fernsehapparat.

meine Freunden alle, oder meine Verwandten zu mir nach Hause einladen, weil – äh – ich denke Svetlana, das mag nicht gerne,

Frau Romanow spricht die Ambivalenz der Beziehung zu ihrer Tochter an. Einerseits hat sie positive und wertschätzende Gefühle für ihre Tochter und schätzt ihre häusliche Unterstützung, da sie beruflich stark eingebunden ist. Andrerseits hat das Zusammenleben auch belastende Seiten. Svetlana scheint ihrer Mutter gegenüber einnehmend und kontrollierend zu sein, und dominiert durch ihr Verhalten auch das Privatleben von Frau Romanow entscheidend mit. Dies wird anhand des Ausdruckes, ‚*ich kann auch nicht normalerweise meine Freunden alle, oder meine Verwandten zu mir nach Hause einladen, ich denke Svetlana, das mag nicht gerne*'.

Frau Romanow:... *(...) und äh, ... ich weiß nicht, seit drei Monaten, Svetlana sagt, dass sie würde gerne in Wohngruppe leben, sie will....*

Für Svetlanas Wunsch nach dem Leben in einer Wohngruppe kann es verschiedene Gründe geben.

Svetlana entwickelt sich altersgemäß. Sie möchte sich von der Mutter allmählich lösen und in mehr Selbstständigkeit, aber nicht allein, leben. Gleichzeitig wünscht sie sich mit anderen Menschen in einer ähnlichen Situation zusammenzuleben. Eine betreute Wohngruppe stellt daher in ihrer derzeitigen Lebenssituation eine realistische Alternative dar.

Sie hat von dieser Lebensform in der Behindertenwerkstatt gehört. Vermutlich gibt es Arbeitskollegen, die in solch einer Einrichtung leben. Möglich ist auch, dass dieses Thema von den dort tätigen Betreuern thematisiert wurde.[218]

Frau Romanow: *aber ehrlich gesagt, ich bin auch da nicht sicher, weil Svetlana kann heute eine sagen, morgen andere... Ich denke, wenn Svetlana besucht eine Wohngruppe, äh, sie sagt nach zwei Tagen „Ich will nach Hause, ich will nicht dort leben". Weil, was sie macht da zu Hause, sie bestimmt kann nicht dort machen.*

---

[218] Im Rahmen des Selbständigkeitsparadigmas bzw. Empowerments wird gerade auch von professionell Tätigen in diesem Bereich immer wieder angeführt, wie wichtig eine altersgemäße selbständige Lebensführung für Menschen mit Behinderung ist. Vergleiche auch Kapitel 3.1.

Frau Romanow bewertet den Wunsch ihrer Tochter als problematisch. Sie hält Svetlana für zu wankelmütig, um eine solche Entscheidung treffen zu können.

Auffallend an ihrer Aussage ist, dass Frau Romanow gleich zu Beginn der Aussage den Gedanken eines Wohnungsauszuges kritisch bewertet und Gegenargumente hierzu findet. Aus einer mütterlichen Perspektive ist dies verständlich, da sie als Mutter einen Teil ihres Lebenssinnes auch aus der Betreuung der Tochter bezieht. Ein Auszug würde daher zunächst einen emotionalen Verlust bedeuten und könnte zu einer entwicklungstypischen Krise[219] führen. Weil sie vermutlich weiter mit Svetlana zusammen leben möchte, gleichzeitig aber erkennt, dass der Auszugswunsch angemessen ist, muss sie eine Begründung gegen den Einzug finden. Dies ist beispielsweise die thematisierte Wankelmütigkeit der Tochter *(sagt nach zwei Tagen „Ich will nach Hause, ich will nicht dort leben")*.

Gegenüber den Auszugwünschen Svetlanas wäre auch eine andere Haltung der Mutter denkbar gewesen: dass sie zwar das eventuell unstete Verhalten ihrer Tochter thematisiert (inwieweit das tatsächlich zutrifft, kann nicht festgestellt werden), aber nicht sofort negativ bewertet.

An einer späteren Textstelle sagt sie aus:

Frau Romanow: *aber, ehrlich gesagt – Svetlana ist besser als mein Bruder, weil mein Bruder kann nicht alleine raus gehen, oder zählen, oder etwas mit Leute zurecht kommen, aber Svetlana kann da schon alleine, überall fahren, ehrlich gesagt. Sie ist noch nicht so schlimm, nicht so sehr schwer behinderte Mensch.*

Ihre Aussage unterstreicht ihre ambivalente Haltung gegenüber dem Auszugswunsch. Indem sie aussagt, dass Svetlana beispielsweise allein mit dem öffentlichen Nahverkehr in einer Großstadt fährt, tagsüber in der Behindertenwerkstatt arbeiten geht und anfallende Haushaltsarbeiten erledigt, gesteht sie ihre Selbständigkeit ein.

---

[219] In der Literatur wird dieser Umstand auch als die Phase des Auszugs der Kinder aus als „empty nest- Periode" bezeichnet. Vergleiche beispielsweise http://www.familienhandbuch.de/cmain/f_Fachbeitrag/a_Familienforschung/s_1349.htmlStand Janur 2010.

Frau Romanow*: Aber Svetlana kann auch da nicht alleine leben, ohne Betreuung, ehrlich gesagt. Sie kann das auch nicht machen, weil sie kann nicht, äh, lesen, sie kann nur abschreiben, und Svetlana kann auch nicht – äh – rechnen mit Geld, sie kann nicht zurecht kommen mit Geld.*

Dieses Eingeständnis der Selbständigkeit relativiert sie anschließend, indem sie zu begründen sucht, warum Svetlana nicht alleine leben kann. Hierbei fällt auf, dass sie explizit die Wohnmöglichkeit ‚Wohnen ohne Betreuung' für ihre Tochter anspricht, die tatsächlich für Svetlana nicht in Anspruch käme. Somit erscheinen ihre Bedenken plausibel. Es stellt sich aber die Frage, warum sie nicht ein anderes für ihre Tochter geeignetes Wohnmodell, z.B. eine Wohngruppe mit Betreuung, thematisiert.

Kurz zuvor hatte Frau Romanow im Interview geschildert, dass das Zusammenleben mit ihrer Tochter auch schwierige Seiten hat. En Auszug würde daher der Mutter, die mit 45 Jahren noch relativ jung ist, mehr Freiraum ermöglichen. Indem Frau Romanow den Auszugswunsch ihrer Tochter vordergründig problematisiert, behindert sie für sich und ihre Tochter eine Entwicklung zu mehr Autonomie.

In einer nicht transkribierten Zwischenpause wird Frau Romanow davon erzählen, dass sie ihre Tochter in einer vorbildhaften Wohngemeinschaft angemeldet hat. In diesem von der Stadt geförderten Projekt wohnen nichtbehinderte Studenten zusammen mit Menschen mit einer geistigen Behinderung Die Wartezeit für einen solchen Wohnplatz beträgt etwa zwei Jahre.

Dass Frau Romanow ihre Tochter für diese Wohngruppe trotz Bedenken anmeldet kann darauf hinweisen, dass sie den Wunsch ihrer Tochter nach mehr Selbstständigkeit aufgreift und sie möglichst gut unterbringen möchte. Es kann aber auch darauf hinweisen, dass sie, gut begründet durch die lange Wartezeit des vorbildhaften Wohnprojektes, den jetzigen Auszugswunsch ihrer Tochter zurückweisen kann. Gegen Ende des Interviews kommt Frau Romanow erneut auf die Thematik der Selbständigkeit ihrer Tochter zu sprechen.

Frau Romanow*: Ja, meine Bekannte sagte, (…) „Du bist eine gute Mutter, weil Du lasst Svetlana immer selbstständig sein". Weil, sie hat da auch eine Verwandte in Hamburg, die Frau hat da auch eine behin-*

derte Kind , eine Tochter, aber sie ist schon, äh, dreissig Jahre alt, oder vierzig Jahre alt, ich weiß nicht. Diese Kind kann nicht zwei Schritte alleine machen. (...) Wissen Sie, ich finde, das ist auch nicht gut. Weil irgendwie, Kind, behinderte Kind, muss auch selbstständig sein. (...) ich musst Kinder bisschen lassen. Für mich war auch am Anfang, ehrlich gesagt, so Schmerzen. Ich hab gedacht Ah! (erhebt Stimme), ich gebe nie in meine Leben, mein Kind in Wohngruppe. Immer, immer das andere, aber langsam, ich lerne auch muss so sein, ehrlich gesagt.

Ihre Aussage drückt erneut ihre Ambivalenz aus. Sie weiß, dass es für die Entwicklung Svetlanas vernünftig ist, sie in einer geeigneten Wohngruppe unterzubringen. Gleichzeitig bestätigt ihre Aussage ‚Für mich war auch am Anfang, *ehrlich gesagt, so Schmerzen*', dass sie Bedenken hat.

Insgesamt zeigen die Textstellen weiterhin, dass ihre Haltung von einer Ambivalenz gegenüber dem Selbständigkeitsbestreben ihrer Tochter geprägt ist. Anhand ihrer Aussage ‚*aber langsam, ich lerne auch muss so sein*', wird deutlich, dass sie in der Bundesrepublik gesellschaftlich akzeptierte Ansprüche wie ‚*Selbstständigkeit zuzulassen*' grundsätzlich annimmt.

Abschließend wird Frau Romanows Verhältnis zu ihrem Ehemann analysiert, da dieses über weite Strecken des Interviews immer wieder thematisch ist.

<u>Verhältnis zu ihrem Ehemann und ihrer Rolle als Frau</u>

Frau Romanow: *(Stimme wird lauter) ... also okay – ehrlich gesagt, ich denke – äh – meine Leben war auch nicht so schön. Okay, mein Vater ist Dichter, und meine Mutter hat auch immer gearbeitet, und wir haben zu Hause eine Kinder – äh – wie heißt es, diese – äh – behinderte Bruder gehabt. Das bedeutet, meine ganze Leben, wie ich mich versteh, da war immer in der ...in der Runde behinderter Menschen.*

Da die Mutter trotz der Behinderung des Bruders arbeiten ging und sie vier Kinder zu Hause waren, bestätigt sich die eingangs gemachte Vermutung, dass sich die drei Geschwister (vermutlich besonders die beiden Schwestern) um den Bruder und den Haushalt zumindest ansatzweise kümmern mussten. Der Ausdruck ‚*Runde behinderter Menschen*' weist einerseits auf ein distanziertes Verhältnis zu ihrem Bruder hin: im Gegensatz zu Svetlana, deren Name öfter genannt wird, benennt sie ihn nicht persönlich.

Andererseits assoziiert der Begriff ‚Runde' auch etwas Vertrautes und wie sie selber bestätigt, ist ihr der Umgang mit behinderten Angehörigen seit Kindheit an vertraut.

Frau Romanow: *…Ich hab in eine Chor gearbeitet, wo meine Vater gearbeitet, in, in – äh – Schauspielehaus, ich habe in einem Kollektiv gearbeitet, als äh … diese Kleidung zum Bügeln, ja (ihr Freund klingelt an der Tür) und – ähm – und das ich war auch mit diesem … äh …Chorgruppe überall in Sowjetunion, ich meine nicht in Ausland, überall war ich, war in Moldau, ich war in in Ukraina, ich war in Russland. Wir haben so Konzerte gegeben, ja? Das war sehr schön, aber nach dem zwei Jahre, ich bin geheiratet,*

Nachdem Frau Romanow zunächst begeistert von der Zeit vor ihrer Hochzeit berichtet und auf ihre Tätigkeit und den damit verbundenen privilegierten Reisen zu Sprechen kommt, erwähnt sie kurz das Hochzeitsereignis. Es hat den Anschein, dass es sich um einen abrupten Einschnitt in ein eigentlich glückliches Leben handelt, das nun beendet wird. Auffallend ist an ihrem Ausdruck, dass sie das Erlebnis ihrer Heirat sehr passiv ausdrückt.

Frau Romanow: *…mein Mann hat gesagt, ich erlaube dich nicht (Stimme wird leiser) zum Arbeiten, du bist immer.. das war okay unsere Mentalität, ja immer Frauen müssen zu Hause sitzen (lächelt), kochen, waschen, alles machen,*

Im Folgenden beschreibt sie die Normerwartungen an eine Ehefrau, die den Idealen einer traditionell geprägten Gesellschaft entsprechen. Obwohl die sowjetische Gesellschaftsideologie Werte wie Frauenerwerbstätigkeit und Gleichberechtigung auch nach Aserbaidschan transportierte, wird das gesellschaftliche Leben weiterhin auch wesentlich von traditionellen Aspekten geprägt.

Frau Romanow. die einige Jahre selbstständig lebte und dieses Leben schätzte, fügt sich nun in ihre neue Rolle.

Frau Romanow: *...aber ich habe mit meinem Mann nur zwei Jahre gelebt, weil er war ein sehr, sehr eifersüchtiger Mensch, er hat immer mit mir geschimpft und... .okay, ich bin ein bisschen anderer Mensch, ehrlich gesagt.... dann ich war zwei Jahre ohne Mann gelebt, mit meine Kinder... aber, ehrlich gesagt, man macht da, zwei Jahre – äh – wir waren wieder zusammen, fast 15 Jahre...*

Nach 2 Jahren trennen sich beide Ehepartner. Es bleibt unklar, von wem dieser Schritt ausging. Aber da Frau Romanow die Beziehung als vorwiegend einschränkend und lieblos schildert, ist zu vermuten, dass dieser Schritt von ihr aus ging. Nach zwei Jahren kommen sie aus vermutlich pragmatischen Gründen wieder zusammen. Vermutlich ist es schwierig gewesen in einer traditionellen Umwelt, in der das Lebensmodell einer vom Mann getrennt lebenden Frau ungewöhnlich ist, zwei Kinder großzuziehen. Auch größere Vorhaben, wie beispielsweise die Immigration, lassen sich gemeinsam besser bewältigen. Das Ehepaar bleibt erneut 15 Jahre zusammen und trennt sich erst dann wieder, als die Kinder relativ eigenständig sind. Insgesamt bestätigt sich die zu Beginn aufgestellte Lesart, dass es sich bei dieser Ehe um keine Liebesheirat handelt.

Frau Romanow: *(...) natürlich, das war Schwierigkeit auch, da mit Kinder rechtkommen, noch ein Kind war behinderte Mensch, und das war ganz andere Mentalität, ehrlich gesagt, zum Leben, das war, bisschen ... nicht wie in Deutschland, Frauen müssen immer ...ich weiß nicht ... darf nicht Hose anziehen, immer ... musste aufpassen, wenn stehst du draußen und sprichst mit einem Mann, da kann der Nachbar sagen „Ah, sie ist mit diese Mann zusammen!" ... so, das war solche Mentalität...*

Frau Romanow thematisiert erneut die kulturell geprägten Erwartungen ihrer Heimat und insbesondere die vorherrschenden Restriktionen, denen sie als Frau ausgesetzt war. Deutlich wird hierbei, dass sie ihre eigenen Bedürfnisse allgemeinen Konventionen unterordnen musste und ihr Leben im Vergleich zur Bundesrepublik als weniger selbstbestimmt empfindet.[220]

In einer weiter später auftretenden Textstelle spricht Frau Romanow erneut die sie belastende, aber in Aserbaidschan akzeptierte Mentalität ihres Ehemannes an. So war dieser sehr eifersüchtig gewesen und habe ihr untersagt mit anderen Menschen zu sprechen, so beispielsweise auch in einem gemeinsam besuchten Deutschkurs. Als sie erkannte, dass sie unter diesen Verhältnissen kaum deutsch lernen kann, hat sie den Lehrer heimlich gebeten, dass er sie oder ihren Mann in einem Parallelkurs unterbringt. Sie hat die dann erfolgte Trennung als Befreiung erlebt[221].

Letztendlich kommt es zu einer Trennung der Ehepartner, in dem der Ehemann von einem Tag auf den anderen überraschend auszieht. Dem vorausgegangen waren viele Streits, die er mit ihr und Svetlana hatte, da er mit der 16 jährigen Tochter den ganzen Tag allein zu Hause verbrachte. Sie ging währenddessen drei Teilzeit-Arbeitsverhältnissen nach.

Nachdem die zentralen Stellen des Interviews mit Frau Romanow dargestellt wurden, sollen im Folgenden analysierte Ausschnitte aus dem Interview mit der Schwester Marina wiedergegeben werden. Dieses wurde nach einer kurzen Unterbrechung im Anschluss an das Interview mit der Mutter geführt.

<u>Analyse des Interviewtextes mit der Schwester Marina:</u>
Die Interviewanalyse wird sich auf zwei Aspekte des Interviews beschränken.[222] Dies ist zum einen *„Jüdische Identität'*, da Marina dieses Thema gleich zu Beginn des Interviews anspricht und zum anderen, *‚das Verhältnis zu ihrer Schwester'*.

---

[220] Während der Pause im Interview zeigt sich, dass sie nun mit einem österreichischen Freund liiert ist, der zusammen mit der behinderten Tochter das Essen vorbereitet. Ihre Familie ist über diese Beziehung nicht informiert.

[221] Die hier angesprochenen Episode mit dem Sprachkurs expliziert sie nach dem Ende des Interviews, als sie noch mal auf das Verhältnis zu ihrem Ehemann zu sprechen kommt.

[222] In dieser Analyse wird aus Darstellungsgründen nicht der direkte Interviewbeginn interpretiert. Die übersprungenen fünf Zeilen widmen sich der Thematik *‚Migration im Alter der Pubertät'*. Siehe hierzu auch Familie Pasternak, S. 116f.

Jüdische Herkunft

Int.: *(...) Ja, also, erzählen Sie einfach! Ja ... wie fanden Sie es in Aserbaidschan, wie war Ihr Leben in Aserbaidschan?*
Marina: *Ja, eigentlich, bis zu meinem zwölften oder 13. Lebensjahr wusste ich gar nicht, dass ich Jüdin bin. Also, hat man nicht mehr, also, darüber gesprochen*

Durch den Interviewbeginn wurde die Thematik ‚Aserbaidschan' vorgegeben, doch die Aufforderung zu erzählen, ‚*worüber Sie Lust habe*' ermöglicht es Marina auch eigene Assoziationen hervorzurufen. Sie kommt direkt auf das Thema ‚*Jüdische Identität*' zu sprechen, welches für sie zentral zu sein scheint. Es stellt sich die Frage, warum gerade dieses thematisch für sie ist.

Eine Erklärung hierfür könnte sein, dass dieses Thema in der ehemaligen Sowjetunion tabuisiert wurde. In ihrer Familie wurde anscheinend weder die jüdische Tradition gelebt[223] noch darüber gesprochen, dann sonst hätte sie von ihrer Herkunft nicht erst mit 12/13 Jahren erfahren.

Denkbar ist, dass die Familie aus folgenden Gründen nicht von ihrer Herkunft sprach:

1) Da die aserbaidschanische Bevölkerung größtenteils moslemisch ist, hat die Familie ihre jüdische Herkunft verheimlicht, um nicht als Außenseiter zu leben.
2) Die Familie fürchtet konkrete Judenfeindlichkeit in der Nachbarschaft.
3) Die Familie kam mit der jüdischen Kultur wie viele andere jüdische Familien in der ehemaligen Sowjetunion kaum in Berührung, weshalb Marina säkularisiert aufwuchs.

Nach Aussagen zweier Gesprächspartner haben in Aserbaidschan Moslems und Juden relativ friedlich zusammengelebt; daher hatten antisemitische Strömungen im Vergleich zu anderen Gebieten der Sowjetunion (beispielsweise Ukraine) einen relativ geringen Einfluss auf das ge-

---

[223] So hätte eine Familie, die die jüdische Tradition lebt, zu zentralen Feiertagen wie beispielsweise Pessach ein traditionelles (auch einfaches) Abendessen begangen.

sellschaftliche Leben.[224] Es kann angenommen werden, dass diese Familie vermutlich keine antisemitischen Erfahrungen machte, auch berichtet Marina nicht davon. Denkbar ist allerdings, dass sie sich Sorgen machte, als Außenseiter behandelt zu werden. Am wahrscheinlichsten jedoch scheint aufgrund der objektiven Gegebenheiten die Lesart, dass die Ausübung der jüdischen Tradition in dieser Familie keine Rolle gespielt hat und sie wie viele andere jüdische Familien stark säkularisiert war.

Marina: Und ... dann hab ich ... äh... gewusst und ... äh ... aber in der Schule hab ich verheimlicht,

Allerdings spricht die Tatsache, dass die Tochter ihre jüdische Herkunft verheimlicht, wiederum dafür, dass sie/ihre Familie Sorgen bzw. Ängste vor einer Diskriminierung aufgrund ihrer jüdischen Herkunft hatten. Hinzukommt, dass die Familie vermutlich bereits aufgrund der Behinderung des älteren Bruders gegenüber dem Gefühl, in einer Position des Aussenseiters zu leben, sensibilisiert ist.

Marina: weil ... ähm ... die Leute haben einfach nicht gemocht ... in... in Aserbaidschan. Man hat immer ... hat fast jeder verheimlicht. Und ... ähm ... die ham immer die Juden beleidigt und so die Kinder weil, eigentlich wussten selber nicht. Die haben einfach von Eltern gehört und ham genauso. Die wussten gar nicht, was es ist. Einfach ein paar Wörter gehört und immer weiter gesagt und so......

Die Familie verschweigt aus Sorge vor dem Antisemitismus ihre Herkunft. Unklar bleibt, ob ihre Wahrnehmung von antisemitischen Strö-

---

[224] Verschiedene Gesprächspartner berichteten, dass der Antisemitismus in den baltischen Staaten oder der Ukraine ausgeprägter war.In einem persönlichen Gespräch berichtete eine aus Aserbaidschan stammende jüdische Soziologin, die dort aufgewachsen war, dass sich das Zusammenleben zwischen Moslems und Juden relativ unkompliziert gestaltete und nur ein relativ schwacher Antisemitismus existierte. Als ein Beispiel für einen latent schwach existierenden Antisemitismus nannte diese ein Erlebnis aus ihrer eigenen Schulzeit. Dort las ein neuer Lehrer in der 8. Klasse die Namen aller Schüler laut vor, ohne die einzelnen Schüler anzusehen. Als er auf ihren jüdisch klingenden Namen stieß, guckte er auf und fragte nur bei ihr, „Wer ist das?". Danach fuhr er mit dem Vorlesen der Namen fort, insgesamt wurde sie im Unterricht nicht benachteiligt.

mungen in der Gesellschaft tatsächlich auf einer realistischen Einschätzung beruht oder eingebildet ist. Da Marina aber konkrete Beispiele flüssig benennt, kann davon ausgegangen werden, dass sie tatsächlich mit diesen konfrontiert wurde.

Marina*: und ... aber dann irgendwie war auf einmal in alle sind nach Israel gegangen und so und, jeder wollte irgendwie ... äh ... geht das... Ja ... jeder wollte irgendwie ... ähm ... nach Israel und so und äh ... ja ... dann war dann alles anders, irgendwie. Ganz normal, n Jüdin zu sein. Irgendwie, als wär das jetzt in. Jeder wollte jetzt einen Juden heiraten und Hauptsache von Baku weg. Weil, es war nicht mehr das Leben dort schön.*

Wahrend der Periode der Perestroika bot sich für Juden die Möglichkeit nach Israel, dass im Vergleich zu Aserbaidschan westlich und demokratisch geprägt ist, emigrieren zu können.[225] Da zugleich aufgrund der Perestroika die Lebensverhältnisse in der Sowjetunion besonders schwierig geworden sind, erscheint diese Option, zumal sie die Chance birgt weiter in die USA oder nach Deutschland einreisen zu können, für viele Menschen interessant. Vermutlich rührt daher auch der Wandel hinsichtlich der Haltung zu Juden in ihrer Heimat, von dem Marina berichtet.

Marina*: Und ... äh .... naja, eigentlich kann ich mich nicht so richtig erinnern von Baku ... das was Besonders gibt oder nit...also, letztes Jahr war ich noch mal dort und ... äh ... naja ... also, sind sehr wenig Juden geblieben ... fast gar nicht Und ... äh ... wegen Behinderten kann ich nur sagen ... äh ... hat man nicht ... äh .. viel Möglichkeit gehabt, eigentlich.*

---

[225] Mit dem Zerfall der Sowjetunion setzte in Aserbaidschan zunächst eine Phase der Liberalisierung ein. Doch Mitte der 1990er Jahre erstarkten (sowjet)konservative Nomenklaturkräfte. Dies führte dazu, dass jede Gewaltenteilung fehlt und Polizei- und Sicherheitskräfte elementare Bürgerrechte verletzen. Eine Schattenwirtschaft dominiert das Wirtschaftsleben (Babajew 2007: 20). 1991 beträgt das durchschnittliche Monatseinkommen 175 Rubel (gegenüber durchschnittlich 250 Rubel in der UDSSR). 71%, der Bevölkerung haben ein Monatseinkommen unterhalb der Armutsgrenze von 200 Rubel, während der Bevölkerungsanteil unterhalb der Armutsgrenze in der gesamten UDSSR bei 42% beträgt (Halbach/Götz 1992:687).

Marina hat dem Thema *‚Jüdisch sein'* eine zentrale Rolle in dem Interview eingeräumt, so führt sie es gleich zu Beginn ein und kommt auch später wieder darauf zu sprechen. [226]

Im Weiteren führt sie das Thema *‚Behinderung'* ein, wobei ersichtlich wird, dass dieses Thema für sie keinen außergewöhnlichen Stellenwert hat. Da sie den thematischen Schwerpunkt des Interviews – Behinderung – kennt führt sie das Thema nebenbei ein.

<u>Verhältnis zu behinderten Schwester</u>
Direkt anschließend an den bereits interpretierten Interviewbeginn führt Marina aus:

Marina: *. Und ... äh ... wegen Behinderten kann ich nur sagen ... äh ... hat man nicht ... äh .. viel Möglichkeit gehabt, eigentlich. Also, gibt's jetzt auch nicht. Kann nicht sagen, also. Ich hab auch nicht dort sehr viele behinderte Kinder gesehen, ...*

Da die Migration aus Baku bereits vor über 10 Jahren erfolgte, kann sie über die heutigen Verhältnisse in ihrer Heimat keine Aussage treffen. Daher bezieht sie sich auf ihre Wahrnehmungen der Vergangenheit.

Marina kann zu diesem Thema nur schwer antworten, das sie in ihrer Heimat kaum behinderte Kinder gesehen hat. Hierfür gibt es drei Erklärungen:

1) Marina war ein Kind/Jugendliche und hat daher diese Personengruppe nicht beachtet, da sie andere Dinge interessierten.
2) Menschen mit Behinderung waren in der Öffentlichkeit nicht sehr präsent, weil sie als mit einem Makel behaftet betrachtet wurden und daher von ihren Familien aus dem öffentlichen Leben ferngehalten wurden.
3) Marina hat ihre Schwester als nur wenig/kaum behindert wahrgenommen und dem Thema daher nur eine untergeordnet Priorität zugewiesen.

---

[226] Beispielsweise berichtet sie, dass sie immer wieder für jüdische Arbeitgeber tätig war und sich dort auch wohl fühlt. Auch berichtet sie von ihrer Zeit in Israel, wo es ihr besser als in der Bundesrepublik gefallen habe.

Gegen die erste Lesart spricht zunächst, dass sie von frühester Kindheit aufgrund des Zusammenlebens mit ihrer Schwester und den bei den Großeltern lebenden Onkel für diese Thematik sensibilisiert war, und daher andere Kinder/Erwachsene mit Behinderung – trotz anderer Interessen – hätte wahrnehmen müssen.

Für die zweite Lesart spricht, dass dieser Sachverhalt bereits von verschiedenen anderen Betroffenen in dieser Arbeit geschildert wurde.[227]

Für die dritte Lesart spricht, dass Marina die Behinderung ihrer Schwester überhaupt nur an wenigen Textstellen und eher beiläufig anspricht. Das Thema scheint sie emotional nicht sonderlich zu berühren. Kurz nach dem Interviewbeginn spricht sie den Umgang ihrer Eltern mit der Schwester an.

Marina: *(…) Meine Eltern ha'm sie sehr, sehr verwöhnt!*

Für diese Aussage kann es zwei Erklärungen geben.

1) Marina und Svetlana haben ein für Geschwisterbeziehungen durchaus typisches Konkurrenzverhältnis: ein Geschwisterteil unterstellt, das das andere Geschwister verwöhnt und damit bevorzugt wurde.
2) Marina äußert eine Kritik an den Eltern, da diese zu schnell den Wünschen der behinderten Schwester nachgegeben und sie damit verwöhnt hätten.

Beide Lesarten Marinas widersprechen sich nicht und können daher zugleich zutreffend sein. Marina kann Konkurrenzgefühle gegen ihre Schwester hegen und gleichzeitig die Haltung ihrer Eltern kritisieren.

Zunächst sei an dieser Stelle auf die Problematik des ‚*Verwöhnens'* eingegangen, da diese Thematik in der Beziehung zwischen Marina und ihrer Schwester an mehreren Interviewstellen thematisch ist.

Für denjenigen, der verwöhnt wird, ist der Sachverhalt, viel Zuwendung zu erhalten, zunächst einmal sehr angenehm. Die an sich außergewöhnliche Aufmerksamkeit wird zur Normalität, der Verwöhnte gewöhnt sich daran und seine Ansprüche werden immer höher. Allerdings

---

[227] Diese Lesart bestätigte sich auch in zahlreichen anderen Gesprächen im Rahmen des Projektes.

führt das ‚*Verwöhnt werden*' langfristig zu einer passiven Haltung: im Verlauf der Zeit büßt der Verwöhnte immer mehr seiner Eigenständigkeit ein.

Bei demjenigen, der verwöhnt, stellt sich zunächst ein positives Gefühl ein, denn er tut etwas ‚*Gutes*' und erhält im Gegenzug in der Regel Dankbarkeit. Zudem führt die Passivität des Verwöhnten zu einer dauerhaften Abhängigkeit vom Verwöhnenden.

Diese an sich negative Schattenseite des Verwöhnens für den Verwöhnten kann der Verwöhnte nur schwer kritisieren, denn der Verwöhnende tut ja Gutes. Er muss daher, will er nicht undankbar sein, in der Abhängigkeit und Passivität vom Verwöhnenden bleiben. Hieran wird die Dialektik des Verhältnisses sichtbar: nicht nur der ‚*Verwöhnte hat einen Gewinn*', der Verwöhnende erhält im Gegenzug in der Regel Dankbarkeit und gewinnt Macht über den Verwöhnenden.[228] Zudem ist er gegen Kritik immunisiert, denn er tut ja Gutes.

Hieraus resultiert eine Problematik, die einem Kreislauf erzeugt, der einer selbstständigen Lebensgestaltung des Verwöhnten im Wege steht. Auch kann der Verwöhnte von dem Verwöhnenden nicht mehr als gleichwertiger Partner betrachtet werden.

Um aus diesem verzwickten Kreislauf des ‚*Verwöhnt Werdens*' zu entkommen sind zwei Möglichkeiten denkbar.

Der Verwöhnte kann sich nur befreien, in dem er undankbar wird, und sich damit aus diesem Abhängigkeitsverhältnis befreit. Dies wäre ein erster Schritt in die Unabhängigkeit.[229]

---

[228] Marcel Mauss beschreibt in seinem Werk die Gabe eindrucksvoll die Tücke, die hinter dem Geben stehen kann. Beispielsweise laden sich die Völker gegenseitig zu einem Festessen ein. Hierdurch entsteht eine Überbietungslogik. Derjenige der eingeladen wurde, muss das nächste mal zu einem noch größeren Fest einladen. (Überbietungslogik des Pottlache). Dem kann sich keiner entziehen, so dass der zuletzt eingeladene nur noch den Bankrott und damit die Niederlage eingestehen muss (Mauss 1990).

[229] Beispielhaft für diese ‚Undankbarkeit' kann auch der Sündenfall angesehen werden. Adam und Eva lebten im Paradies, der Preis dafür war ihre Unselbstständigkeit. Um sich daraus zu befreien, musste Eva den Sündenfall begehen: sie aß, obwohl es verboten war, vom Baum der Erkenntnis. Damit war sie undankbar, was zu dem Rausschmiss aus dem Paradies führte. Dieser aber erst ermöglichte Adam und Eva, ein Leben in Autonomie zu führen, denn das Trügerische des Paradieses lag darin, dass dieses nur ein unselbständiges Leben zuließ. Auf diese Sichtweise des Sündenfalls wies Ullrich Oevermann im Rahmen eines Seminars hin.

Der Verwöhnende hört auf zu geben. Dies würde dem Verwöhnten die Möglichkeit eröffnen dem Verwöhnenden gegenüber ärgerlich zu sein und damit dem Abhängigkeitsverhältnis zu entgehen.

Int.: *Ja? Was heißt das?*
Marina: *Ah ... alles, was sie wollte, hat man für sie, für sie gemacht. Also ... äh ... ich glaub', da sind meine Eltern auch mit schuld, dass sie jetzt so ist. Ähm ... sehr verwöhntes Kind ...*

Anhand der Äußerung der Tochter wird eine neue Sichtweise von Svetlanas Behinderung thematisiert, die die Behauptung der Behinderung relativiert. Die Beteiligung der Eltern wird in den Blickpunkt gerückt. Für eine Familie mit einem behinderten Menschen stellt sich die Thematik des Verwöhnens verschärft dar.

Denn hier erscheint es auf den ersten Blick weitaus mehr als sonst nachvollziehbar, dass der Bedürftige verwöhnt wird. Da ein behinderter Mensch viel mehr auf die Unterstützung seiner Eltern als ein Nichtbehinderter angewiesen ist, kann er sich der Logik des Verwöhnens viel weniger entziehen als andere. Eine Möglichkeit diesem Kreislauf zu entkommen böte beispielsweise eine externe Betreuung, da hier die Gefahr einer Verwöhnung weniger gegeben ist und sich der Behinderte um mehr Selbständigkeit bemühen muss. Besteht allerdings bereits ein Verhältnis der Verwöhnung, so ist es unwahrscheinlich, dass es den Eltern gelingt dieses aufzuheben. Denn sie meinen es ja gut, und haben ja auch einen Nutzten von diesem asymmetrischen Verhältnis. Und der Behinderte kann dem Kreislauf aus eigenen Stücken nicht entkommen, da er auf die Unterstützung des Verwöhnenden angewiesen ist, und von alleine kein selbständiges Leben beginnen kann.

Ein Ausweg aus diesem Verhältnis stellt die Inanspruchnahme externer Betreuungskräfte dar. Dies fördert zwar die Selbstständigkeit des behinderten Familienmitgliedes, hätte aber aus der Perspektive des Verwöhnenden gleich zwei Nachteile:

1) er müsste die externe Betreuung finanzieren,[230] obwohl er meint die Betreuung gut selber leisten zu können

---

[230] An dieser Stelle wird die Problematik bestimmter Aspekte der deutschen Pflegeversicherung deutlich. So können die Angehörigen z. B. im Rahmen der

2) gegen seine eigenen Interessen müsste er das Abhängigkeitsverhältnis, dass ja auch ihm als dem Verwöhnenden Vorteile wie eine ‚wichtige Position in der Beziehung bringt' aufgeben.

Daher müssten Eltern, die eine externe Unterstützung wählen und damit auch die Selbständigkeit ihres Kindes fördern, besonders viel Einsicht aufbringen.

Indem Marina aussagt, dass Svetlana durch die Verwöhnung nicht richtig gefördert wurde. erkennt sie die strukturelle Mitbeteiligung ihrer Eltern an der Situation und spricht ihnen damit eine Mitverantwortung zu.

Marina: *man muss jetzt behinderte Kinder, denk ich mal, besonders geistige, immer nicht so verwöhnen, weil ... ah .... dann können die mit einem spielen*

Marina drückt ihre Ansicht aus, dass ihrer Schwester kaum Grenzen gesetzt wurden. Der Ausdruck ‚*dann können die mit einem spielen*' drückt aus der Sicht der Schwester das Verhältnis zwischen der Mutter und Svetlana aus: Svetlana wurde als betreuungsbedürftig angesehen, verwöhnt und daher nicht selbstständig genug behandelt und gefördert.

Gleichzeitig unterstellt Marina ihrer Schwester, das sie instrumentell handelte, und die Bereitschaft der Mutter ihre Tochter gut zu versorgen ausnutzte. Die Äußerung deutet auch darauf hin, dass aus Marinas Perspektive die Eltern in erster Linie ein Erziehungsproblem haben, und nicht konsequent genug mit der Behinderung umgehen.

Pflegeversicherung wählen, ob sie selber die Betreuung leisten und dafür eine Aufwandsentschädigung erhalten oder eine externe Betreuung beauftragen. Auch wenn die Aufwandentschädigung für die Angehörigen finanziell geringer als die staatliche Bezahlung eines Pflegedienstes ausfällt, fördert dieses System den Anreiz für Angehörige, dass sie die Pflege übernehmen. Dies ist auch so intendiert, denn es scheint
a) zunächst humaner, wenn Behinderte/Kranke möglichst lange von ihren Angehörigen betreut werden
b) zudem ist die Betreuung durch Angehörige für das Gesundheitssystem kostengünstiger als die Bezahlung durch externe Kräfte.

Int.: *Was heißt das? Haben Sie Beispiele aus der Kindheit?*
Marina*: Ja, also zum Beispiel hat sie gesagt „Das will ich haben!" und meine Mutter hat ihr gekauft. Oder ... äh ... wenn meine Mutter hat gesagt „Nein! Ich kauf dir das nicht! Es geht nicht!", hat sie nicht verstanden. Weil als Kind wurde ihr ja gezeigt, dass sie alles haben konnte. Und jetzt auf einmal sagt meine Mutter nein. Nein, das geht nicht. Sie wollte das einfach ham und dann hat sie ... äh ... richtig auf der Straße, äh ... mit zwölf, dreizehn ... hat sie richtig geweint und geschrien. Also, jeder konnte sehen, das. Sie richtig hat gesagt „Ich will das haben!" und meine Mutter hat dann mit ihr gestritten, das ging nicht, und trotzdem, nach Streit, am Ende hat sie das gekauft*

Das Beispiel verdeutlicht, dass sich Mutter und Tochter in einem fortwährenden Kreislauf der Verwöhnung befinden, und die Mutter nicht in der Lage ist diesen zu unterbrechen, indem sie nötige Grenzen setzt.
Angesprochen, ob sie ein Problem mit der Behinderung ihrer Schwester habe, antwortet Marina:

Marina*: Überhaupt nicht. Na, überhaupt nicht. Also, wo wir hierher gezogen sind, hab ich ... äh ... sie war vierzehn, ich war sechzehn, da hab ich sie überall mitgenommen, damit sie normale Leute sieht (..), ich hatte russische Freunde, (...) wenn ich ausgegangen bin, war sie immer dabei, mit mir. Also, ich wollte selber das auch. (...) zum Beispiel, wenn ich was mache und wenn sie ein Monat lang mit mir zusammen ist, dann macht sie genau so wie ich es mache.*

Die Antwort von Marina lässt darauf schließen, dass die Behinderung der Schwester nicht problematisch für sie ist. Vielmehr entwickelt sie selber eine Lesart, die die Behinderung ihrer Schwester als Konstruktion erscheinen lässt. Ihr Umgang mit der Schwester erscheint zwanglos, sie selber sieht sich als ein positives Vorbild für die behinderte Schwester, was sie darin bestärkte, sich ihr immer wieder zuzuwenden. Etwas später im Interview sagt sie aus:

Marina: *Ja, fast. Also, eigentlich ist sie, manchmal sagt sie so ... so ein irgendwas, ich sag, nicht mal kluge Menschen können so was sagen. Also, kommen gar nicht dazu, das. Es ist nur ... äh ... weil sie verwöhnt wurde, tut sie so.*

Int.: *Also glauben Sie, sie ist eigentlich gar nicht richtig behindert, oder...?*
Marina: *... also wegen Schreiben und so, find ich schon, sie ist schon ... äh ... behindert. Also, sie ist schon ... äh ... aber eigentlich, wenn man mit ihr richtig redet und .. äh ... nicht verwöhnt und so, dann ... äh ... weiß sie ihren Platz. Also, eigentlich ist sie ja ... äh ... also, man sagt ja auch, behinderte Menschen sind eigentlich richtig klug. Die können nur sehr gut mit Leuten spielen, also.*

Anhand ihrer Aussage wird ersichtlich, dass sie ihrer Schwester gegenüber eine Wertschätzung entgegenbringt.

Über die Behinderung der Schwester spricht sie relativ unberührt, was darauf schließen lässt, dass sie die Behinderung nicht sonderlich belastet hat.

Unterstützt wird die Interpretation dadurch, dass sich im Interview keine Anhaltspunkte dafür finden lassen, dass das Verhältnis zu ihrer Schwester gestört ist. Sie formuliert Kritik an ihr, schildert Streits mit ihr, fühlte sich ihr gegenüber aber nicht zurückgesetzt und zeigt auch immer wieder eine Wertschätzung wie in obiger Textstelle. Gegen Ende des Interviews kommt die Mutter mit Marinas Sohn in das Zimmer, da er nun zu seiner Mutter möchte. Abschließend wird eine Interviewpassage geschildert, in der beide Familienmitglieder gemeinsam über ihr Verhältnis zu Svetlana sprechen.

Int.: *(...) was mich noch interessiert war, hat sich irgendetwas in Ihrer Einstellung verändert zu Svetlana, seit Sie ein Kind waren? Hat sich das Verhältnis verändert?*
Marina: *Ne. Es ist nur, früher, äh ... hat ich genauso wie meine Mutter, ich hab mit ihr nur gestritten, hab sie angeschrien, „Hör jetzt auf"", und so. Aber jetzt weiß ich, ich muss mit ihr nur noch ruhiger reden, also ganz ruhig und... einfach klar machen, nein, das geht nicht, und das war's. Dann... irgendwie... bin ich jetzt ruhiger geworden. Also, mit meinem Onkel auch. Ich schrei nicht wie zum Beispiel meine Mutter und alle. „Hör jetzt auf!", oder so.*

Zunächst schildert die Schwester Marina ihre anhaltenden Schwierigkeiten im Umgang mit Svetlana. Indem Marina im Beisein ihrer Mutter berichtet, dass sie mit Svetlana besser umgehen kann, übt sie implizit eine Kritik an ihrer Mutter. Es deutet sich hier ein Mutter-Tochter (die ja selbst gerade Mutter geworden ist) -Konflikt an, indem es darum geht, wer kompetenter mit einem anderen Menschen umgeht. Dieser Konflikt ist unabhängig von der Behinderung der Schwester und scheint vielmehr auf eine Konkurrenzsituation zwischen Mutter und Tochter hinzuweisen.

Frau Romanow: *(will protestieren, aber Marina spricht weiter)*
Int.: *Gut, aber Sie... jetzt leben Sie auch nicht mehr mit, äh, Ihrer Schwester zusammen.*
Marina: *Ja, trotzdem! Aber... zum Beispiel, bei mir, am Anfang wollte sie genauso machen, dass das so ist zu Hause und so ist, und so. Aber, wenn man nicht zulässt, dann, äh ... macht sie auch nicht.*
Int.: *Ok, Sie zeigen da also eher Grenzen!*
Marina: *Genau! Genau! Und, äh, meine Oma und so, die zeigen keine Grenzen, deswegen macht sie, was sie will.*

Diese Textstelle weißt daraufhin, dass es innerhalb der Familie Meinungsverschiedenheiten hinsichtlich des besseren Umgangs mit Svetlana gibt und die Familienmitglieder darum konkurrieren.

Marina: *Zum Beispiel meine Tante, meine Onkel, die Frau von meinem Onkel, bei ihr kann sie auch nicht alles machen, weil sie zeigt auch Grenzen (...).*

Innerhalb der Familie gibt es verschiedene Koalitionen, was dazu führt, dass sich Konflikte anbahnen. Da Marina die Behinderung ihrer Schwester teilweise auch als eine Konstruktion begreift, kann sie sich vom Verhalten Svetlana besser distanzieren.

Marina: *Ja. Sie weiß halt, äh, bei jedem Schwäche. Jeden Schwächen weiß sie. Wie sie machen soll. Oder es gibt halt Tage, wo sie aggressiv ist und es gibt Tage, wo sie friedlich ist und höflich und alles macht. Oder, äh. Ich weiß nicht, in Frühling, oder? Ist es, dass sie aggressiver ist, immer.*
Frau Romanow.: *(murmelt leise) , ja dann ist es schwieriger...(...)*

Frau Romanow möchte keine weitere Auseinandersetzung mit ihrer Tochter eingehen, daher lenkt sie ein und stimmt Marina zu. Vermutlich ist ihr auch die Anwesenheit der Interviewerin unangenehm. Deutlich wird, dass beide beanstanden, wie sich Svetlana verhält, und dadurch für diesen Augenblick die Meinung teilen.

Marina: *Und ich finde, äh, wenn man sie nicht provoziert, dann ist sie auch ganz friedlich. Also, dann ist sie... man muss einfach sie in Ruhe lassen. Wir sind ja normale Menschen auch genauso, wenn uns jemand provoziert, dann ... wie sagt man? Äh...*
Int.: *Wird man auch aggressiv oder gereizt.*
Marina: *Genau, genau! Gereizter. Ist genauso. Dann muss man dann verstehen. Sie ist ja noch schlimmer, dann. Also, zum Beispiel jetzt, meine Mutter hätte jetzt, äh, zum Beispiel, sag ich ehrlich, hätte gesagt „ja, lass jetzt alles, hier". Für mich wär das ok. Wenn sie will, dann soll sie aufräumen.*
(kurze Diskussion darüber zwischen Mutter und Tochter auf deutsch. Sie ist schwer verständlich. Frau Romanow äußert, wenn sie mit Svetlana allein zu Hause seit, dann ließe sie sie auch, aber wenn Besuch oder Oma und Opa da seien, dann müsse sie ihr das sagen.)
Marina: *Aber jetzt geht es nicht mehr, Du kannst sie nicht mehr ändern.*
Frau Romanow: *Doch kann man schon.*
Marina: *Nein, kann man nicht mehr. Sie will nicht ... (längeres Schweigen).*
Int.: *Gut, ja, vielen Dank. Dann machen wir doch Schluss.*

Allerdings hält die Übereinstimmung zwischen Mutter und Tochter nicht lange: erneut kritisiert Marina das Verhalten ihrer Mutter im Umgang mit Svetlana. Es erscheint hierbei nachrangig, wer sich kompetenter im Umgang mit der behinderten Schwester verhält. Denn es zeigt sich ein Widerspruch in Marinas Aussagen. Begründet sie noch vor kurzem plausibel, dass Svetlana Grenzen gesetzt werden müssen, kritisiert sie in dieser Textstelle, dass ihre Mutter Grenzen in der konkreten Situation des Interviews setzten möchte. Denn dass die Mutter Svetlana während eines auf Tonband aufgenommenen Interviews das Aufräumen untersagt, scheint durchaus gerechtfertigt. Doch die Tochter kritisiert hier das Verhalten der Mutter – Grenzen zu setzten –, und weist stattdessen auf ihr Verhalten als positiv hin. Sie reflektiert nicht ihr Verhalten ihrer Mutter gegenüber und den sich hieraus ergebenden Widerspruch.

Resümee der Fallanalyse und Fallstruktur von Familie Romanow
Die Familie verlässt 1995 Aserbaidschan, und lebt zunächst zwei Jahre in Israel. 1997 wandert sie in die Bundesrepublik aus.

Sieben Jahre später, 2004, trennt sich das Ehepaar. Wie sich an verschiedenen Textstellen im Interview zeigen lässt, bewältigt Frau Romanow im Gegensatz zu ihrem Mann, der depressiv und herzkrank wird, die Lebensverhältnisse in der Bundesrepublik sehr gut. Aufgrund einer aktiven und lebenstüchtigen Haltung gelingt es ihr in verschiedenen Lebensbereichen Ereignisse in ihrem Sinne zu beeinflussen. Beispielsweise gelingt ihr aufgrund ihrer schnellen und pragmatischen Reaktionsweise die Anmietung einer relativ attraktiven Wohnung. Als sie bemerkt, dass es für sie hinderlich ist, mit ihrem Ehemann den gleichen Deutschkurs zu besuchen, erreicht sie mit Unterstützung des Deutschlehrers die Versetzung in eine andere Klasse. Frau Romanow, die in Aserbaidschan vor ihrer Hochzeit eine sie zufriedenstellende Arbeit ausführte, und sich die Zeit nach der Hochzeit traditionellen Erwartungen fügte und nicht arbeiten ging, gelingt es in der Bundesrepublik beruflich wieder Fuß zu fassen. So nimmt sie in der Bundesrepublik zwei Teilzeitjobs an, von denen ihr einer (als selbständige Fußpflegerin) eine relativ große Freiheit und damit auch eine bessere Organisation der Betreuung ihrer Tochter ermöglicht. Auch kann sie mit ihrem Verdienst den Unterhalt für die Familie sichern. Nach der Trennung von ihrem Mann nimmt sie eine Beziehung zu einem Mann aus dem hiesigen Kulturkreis auf und geht damit über die ihr vertrauten Verhältnisse hinaus. Es gelingt ihr, selbstständig und weitestgehend selbstbestimmt zu leben.

Frau Romanows 22-jährige Tochter gilt als geistig behindert; eine Diagnosestellung erweist sich auch in der Bundesrepublik als schwierig. Ihre Behinderung weist auf eine Lernstörung hin, die erst im Schulalter sichtbar geworden ist. Sie kann nicht lesen, schreiben und rechnen, findet sich aber in verschiedenen lebenspraktischen Angelegenheiten (Haushalt aufräumen, öffentliche Verkehrsmittel benutzen) gut zu Recht. In Aserbaidschan verbrachte sie den Tag zu Hause und ging in keine Schule. Die Familie bemühte sich um keine Fördermaßnahmen, weil der Vater sich dem verweigerte, und die Mutter einen Arztbesuch nicht durchsetzten konnte. Die Interpretation der betreffenden Textstellen weist daraufhin, dass der Vater sich um den Ruf der Familie sorgte und befürchtete, dass ein Bekanntwerden der Behinderung die Heiratschancen der älteren Schwester in der traditionellen aserbaidschanischen Gesellschaft wesentlich gemindert hätte.

In der Bundesrepublik arbeitet Svetlana in einer Behindertenwerkstatt, in die sie eigentlich nicht gern geht, da ihr die Arbeitszeit zu lang ist. Insgesamt jedoch gelingt die Integration der Tochter einigermaßen gut.

Bemerkenswert ist, dass Svetlana, in deren Familie die Mitglieder auch aufgrund ihres kulturellen Hintergrundes eine enge Bindung zueinander haben, von sich aus den Wunsch äußert, in eine Wohngruppe zu ziehen. Sie entwickelt damit ein altersgemäßes Bedürfnis nach einer selbständigen Lebensführung.

Ihre Mutter, deren eigene Lebensgestaltung durch ihre Tochter eingeschränkt wird und der selbst der Weg in eine selbständige Lebensgestaltung gelingt, steht diesem Bedürfnis ambivalent gegenüber. Einerseits erkennt sie an, dass auch ihre Tochter eine altersgemäße Entwicklung in Richtung mehr Selbständigkeit durchlaufen muss und der Zeitpunkt kommen wird, zu dem sie auszieht, sie äußert allerdings nur sehr allgemein eine unverbindliche Aufgeschlossenheit diesem Wunsch gegenüber. Konkret unterstützt sie dieses Vorhaben nicht.

Im Interview mit der Schwester Marina thematisiert diese vor allem ihre jüdische Herkunft und die Frage des familiären Umgangs mit Marina.

Hierbei zeigt sich, dass Marina einen relativ unkomplizierten Umgang mit ihrer Schwester pflegt, und sie weniger als behindert als vielmehr als verwöhnt betrachtet, da ihre Eltern ihr nicht genügend Grenzen gesetzt hätten.

Ihre Aussage über das Geschwisterverhältnis ist in weiten Teilen ähnlich der Aussagen aus dem Interview mit dem Bruder der Familie Pasternak.[231] Auch hier wird der selbstverständliche und integrierende Umgang mit dem Geschwisterteil betont, auch hier lassen sich keine Anhaltspunkte dafür finden, dass diese Aussagen nicht stimmen würden.

Die Analyse der Gesprächspassagen weist insgesamt daraufhin, dass die Mitglieder der Familie in einem ambivalenten Verhältnis zueinander stehen. Auch wenn hierbei der Umgang mit der behinderten Svetlana

---

[231] Vergleiche S.143.

thematisch ist, so scheinen doch andere Aspekte wie beispielsweise Machtverhältnisse innerhalb der Familie eine Rolle zu spielen. Dies geschieht subtil, und ist auf den ersten Blick schwer erkennbar. Die Familienverhältnisse scheinen eng, so dass sie eine eigenständige Entwicklung der Familienmitglieder nur schwer zulassen. Dafür spricht beispielsweise, dass die ältere Tochter mit ihrem Mann nur 10 Minuten Fußweg von der Mutter entfernt wohnt und wie Frau Romanow den Beruf der Kosmetikerin erlernte.[232] Indem die Familienmitglieder eng miteinander verwoben sind, reproduzieren sie immer wieder Strukturen, die auf eine Abhängigkeit untereinander verweisen.

Für Marina wird eine gewisse Distanz von ihrer Familie dadurch möglich, dass sie eine andere, nachvollziehbare Lesart von der Behinderung ihrer Schwester entwickelt: die Konstruktion einer Behinderung. Dies ermöglicht ihr einen anderen Umgang zu ihr zu entwickeln.

4.2.1.4 Fallanalyse: Familie Borenko

„Ehrlich gesagt: ich persönlich habe alles verloren: Meine Freunde, meine beliebte Arbeit, meine Kolleginnen"

Die drei vorangegangenen Falldarstellungen haben aufgezeigt, dass die Familien grundsätzlich die Migration als gelungen erleben. Zwar ist es ihnen nicht immer gelungen, die behinderten Familienmitglieder zufriedenstellend im Netzwerk der Behindertenorganisationen zu integrieren, doch grundsätzlich wird in ihren Schilderungen die Bundesrepublik positiv im Gegensatz zur ehemaligen Sowjetunion geschildert. Abschließend werden im Folgenden zwei Familien vorgestellt, die im Gegensatz zu den ersteren zu einem späteren Zeitpunkt migrierten (Anfang 2000) und sich von den vorherigen dadurch unterscheiden, dass sie die die Schwierigkeiten der Migration stärker erleben. Allerdings bewerten auch diese, selbst wenn die Integration als weniger gelungen erlebt wird, die Migration grundsätzlich als positiv. Diese beiden Fallgeschichten werden verkürzt dargestellt, da es bei diesen beiden Darstellungen vordergründig darum geht, Textstellen zu analysieren, die neue Erkenntnisse her-

---

[232] Vor der Geburt ihres Sohnes arbeitete sie in einem Laden, plant aber wieder als Kosmetikerin zu arbeiten.

vorbringen und bisher herausgearbeitete Aspekte bestätigen bzw. widerlegen.
   Folgende zwei weitere Fallgeschichten wurden ausgewählt:

1) Zunächst wurde eine Familie interviewt, die sich im Gegensatz zu den vorangegangenen Fällen dadurch auszeichnet, dass die Interviewte ihren Sohn ohne jegliche weitere familiäre Unterstützung in einem isolierten Umfeld allein groß zieht.
2) Im Weiteren wird eine Familie vorgestellt, die nur über geringe Deutschkenntnisse verfügt, und daher nur bedingt Kontakte zu ihrer deutschen Umwelt aufnehmen kann.

Letztendlich soll herausgefunden werden, ob sich diese beiden Familien hinsichtlich der bisher herausgearbeiteten Aspekten von den anderen drei Familien wesentlich unterscheiden.

Gesprächssituation: Interview mit Mutter im Herbst 2007
Frau Borenko hatte sich im Frühjahr 2007 an die ZWST gewandt, da sie im ländlichen Umkreis wohnte und von daher nur schwer Kontakt zu einer jüdischen Gemeinde aufnehmen konnte. Sie suchte den Anschluss an die jüdische Gemeinschaft. Bei der ZWST erfuhr sie von dem Projekt zur ‚Integration von Menschen mit Behinderung', und wurde auf eine in ihrem Umfeld bestehende Selbsthilfegruppe aufmerksam gemacht. Sie und ihr Sohn Mikael nahmen an dem nächsten Treffen der Gruppe teil. Aufgrund ihres Interesse, bei der Organisation der Gruppe zu helfen und ihrer guten Deutschkenntnisse wurde Frau Borenko in die Arbeit der Gruppe eingebunden. Einige Monate nach dem Erstkontakt fragte ich nach, ob Frau Borenko zu einem Interview bereit wäre.
   Das Interview fand in ihrer Wohnung statt, die sich in einem Neubaugebiet in einem ländlichen Gebiet mit einer schwachen Infrastruktur befindet. Nächst größere Orte und ein Supermarkt sind nur mit einem Bus erreichbar, der in größeren Zeitabständen fährt.
   Frau Borenko lebt mit ihrem Sohn in einer ca. 60m^2 großen Zweizimmer-Wohnung.

Darstellung der Fallgeschichte
Frau Borenko ist mit ihrer bereits gebrechlichen Mutter und ihrem Sohn Mikael 2001 aus Moskau in die Bundesrepublik emigriert.

Sie selber wurde 1950 in Moskau geboren. Ihr Vater, das aus einem kleinen Dorf in Weißrussland stammte, arbeitete als Diplomingenieur; ihre Mutter, die auch in einem kleinen (aber anderen) Dorf in Weißrussland aufgewachsen war, verdiente ihren Unterhalt als Apothekerin. Frau Borenkos Ehemann, ein studierter Soziologe, der sieben Jahre älter als sie ist, ist in Moskau groß geworden und arbeitete als freier Journalist bei einer Literaturzeitschrift.

1974 hatten beide Eheleute geheiratet, 8 Jahre später, Frau Borenko ist bereits 32 Jahre alt, wird Mikael geboren. Zehn Monate später verlässt der Vater die Familie, kurz darauf erfolgt die Scheidung. Zu diesem Zeitpunkt ist keine Behinderung Mikaels erkennbar. Frau Borenko erklärt das Fortgehen des Ehemannes damit, dass dieser kein Familienmensch gewesen sei, und einen anderen Lebensstil führen wollte. Sie wird den Sohn ohne jeglichen Kontakt zum Vater allein aufziehen, er hat keinen Bezug zu männlichen Betreuungspersonen.

Frau Borenko, die an einer Eliteuniversität ihr Studium absolvierte und als Fremdsprachenlehrerin mehrere Sprachen wie beispielsweise Englisch spricht, ist während der Perestroika eine gesuchte Fachkraft. Sie findet lukrative Arbeitsanstellungen und kann ihren Sohn und sich finanziell unterhalten. Ihr Sohn wird während der Arbeitszeit von der Mutter und einer Tante mitversorgt, auch kann sie aufgrund ihrer Anstellung an der Universität ihre Arbeitszeiten einigermaßen flexibel gestalten.

Frau Borenko berichtet, dass Mikael bereits als Kleinkind autistische Symptome wie beispielsweise das Bedürfnis allein zu sein, eine Übersensibilität und Unruhe bei der Konfrontation mit zu viel Reizen zeigt. Zudem leidet er seit dem 11. Lebensjahr unter epileptischen Anfällen. Deshalb konsultiert sie immer wieder verschiedene Ärzte und Therapeuten, die auch alternative Behandlungsmethoden anbieten.[233] Ihren Alltag organisiert sie dergestalt, dass sie Mikael immer zur Schule bringt und ihn auch von dort abholt, da sie befürchtet, er könne jederzeit einen epileptischen Anfall bekommen.

Bis zum 14. Lebensjahr besucht Mikael eine Regelschule, allerdings gerät er dort in große Schwierigkeiten mit seinen Mitschülern. So wird

---

[233] Die Perestroika führte auch zu Veränderungen im Gesundheitssystem. So entstanden nach 1985 zusätzliche private Behandlungszentren und Kliniken, die für Privatzahler eine Vielfalt an Therapiemöglichkeiten anboten.

er aufgrund seiner ‚Andersartigkeit' stark gehänselt und ist auch körperlichen Angriffen seiner Mitschüler ausgesetzt. Als diese Pfefferspray in seine Augen sprühen, entschließt sie sich dazu, ihn auf eine Privatschule zu geben. Sein Zustand verbessert sich auf dieser, daher versucht sie aus finanziellen Gründen ihn wieder auf einer öffentlichen Schule unterzubringen. Erneut kommt es zu Problemen mit den Mitschülern. Wieder schickt sie ihn auf eine Privatschule, die er zunächst nur im Einzelunterricht besuchen kann und die er mit einem Schulabschluß, der etwa der mittleren Reife entspricht absolviert.[234] Sie gibt sowohl für die Privatschule wie die Behandlung mit alternativen Therapiemethoden einen Großteil ihres Geldes aus.

Im Jahre 2000 entschließt sie sich nach Deutschland zu emigrieren, obwohl sie sich in ihrem beruflichen Umfeld sehr wohl fühlt und dort auch gut etabliert ist. Sie begründet dies damit, dass sie für ihren Sohn in Rußland keine Lebensperspektive sieht und sich auch um ihre mittlerweile gebrechliche Mutter sorgt. Ende 2001 wandern Frau Borenko, ihre Mutter und der Sohn nach Deutschland aus. Sie werden einem ländlichen Gebiet zugeteilt, die Mutter wird dement und in ein Pflegeheim eingewiesen. Der Sohn kann sich hier nicht richtig zurechtfinden, eine nächstgelegene Behindertenwerkstatt besucht er äußerst ungern und unregelmäßig.[235] Sein Zustand verschlechtert sich, aufgrund der Umstellung von russischen auf deutsche Medikamente werden nach Ansicht der Mutter die Epilepsieanfälle stärker, auch macht er eine psychotische Episode durch, die zu einer zweimonatigen Einweisung in die Psychiatrie führt. Frau Borenko belastet es, dass sich sein Zustand verschlechtert hat und sie die meiste Zeit mit ihm allein zu Hause verbringt. Sie ist mittlerweile 57 Jahre alt. Frau Borenko kann nur schwer akzeptieren, dass sie trotz ihrer ausgezeichneten Sprachkenntnisse aufgrund des Betreuungsaufwandes und der schwachen Infrastruktur ihres Wohngebietes keiner Arbeit nachgehen kann. So sagt sie im Interview verschiedentlich aus, wie wichtig ihr ihre Erwerbstätigkeit war und ist. Weiterhin wird anhand ihrer Handlungen deutlich, dass sie sich intensiv darum bemüht ihren Sohn zu fördern. Daher wird im Folgenden auf diese Textstellen nicht mehr eingegangen, stattdessen sollen beispielhaft

---

[234] Er absolvierte 10 Klassen mit dem Abschluss Attestat.
[235] Zum Zeitpunkt des Interviews besucht er die Werkstatt mittlerweile dreimal wöchentlich einen halben Tag lang. Mikael geht nicht gerne in die Werkstatt, weil seine Kollegen älter sind und er sich kaum auf Deutsch verständigen kann.

der Interviewanfang und auszugsweise drei Textstellen wiedergegeben werden, die den Aspekt der ‚*Autonomiefrage*' untersuchen.

<u>Analyse des Interviewtextes mit Frau Borenko:</u>
Das Interview begann folgendermaßen:

Int.: *Also.. ja, fangen wir an! Erzählen Sie mir doch einfach... Wie ist es gewesen? Also... wie sind Sie in der Sowjetunion aufgewachsen? (...)*
Frau Borenko*: Äh... Na ja... es ist ganz einfach. Ich bin in Moskau geboren und aufgewachsen. Und, äh... während meinen Leben, ich habe... sozusagen... in zwei soziale Systemen, äh... gelebt! In ehemalige Sowjetunion... äh... Union, und dann in... ähm... demokratische, oder, nicht so demokratische Russland. So. In Sowjetunion und Russland. Ah... mein Leben war ganz einfach und... äh... Schule, Hochschule*

Frau Borenko nimmt Bezug auf die beiden politischen Systeme, unter denen sie aufwuchs und lebte. Völlig korrekt benennt sie die Unterschiede vor und nach der Perestroika (ehemalige Sowjetunion/Russland). Dennoch fällt auf, dass sie den Begriff ‚*während meinen Leben*' wählt, aber gleichzeitig keine Aussage zu den letzten sechs Jahren, denjenigen in der Migration, macht. Dies legt nahe, dass sie diese Zeit als nachrangig, nicht zu ihrem Leben zugehörig, empfindet. Wären diese letzten Jahre aus ihrer Perspektive zufriedenstellend und wichtig gewesen, hätte sie sie, zudem sie noch am eindrücklichsten in ihrem Gedächtnis sein müssten, zumindest erwähnt. Ihre Aussage kann als ein erster Hinweis gewertet werden, dass sie ihre Migration als nicht gelungen empfindet. Als ein Einwand gegen diese Interpretationslesart kann angebracht werden, dass die Interviewerin sie explizit nach ihrer Zeit in der Sowjetunion fragte und dies von daher die Jahre der Migration ausschließen würde. Fraglich bleibt aber dann dennoch, warum sie in ihrer Antwort den Ausdruck ‚*während meinen Leben*' wählt, weil diese Aussage eine Redewendung ist, die die ganze Lebensspanne bis zum aktuellen Zeitpunkt 2007, wiedergibt.

Ihre Aussage ‚*mein Leben war ganz einfach*' und die relativ distanzierte Aufzählung allgemeiner Lebensstationen wie Schule und Hochschule lässt darauf schließen, dass sie diese Lebensabschnitte als zu erfüllende Standards im Sinne einer festgelegten Laufbahn verinnerlicht und ohne weiteren Probleme hinter sich gebracht hat.

Auf S. 12 im Interviewtext sagt Frau Borenko aus:

Frau Borenko: *Ehrlich gesagt; ich persönlich habe alles verloren. Meine Freunde, meine beliebte Arbeit, meine Kolleginnen, Studenten. Das, ähm... habe ich so lieb gehabt! Für mir, es war eine sehr schwierige Entscheidung.*

Damit bestätigt sich die obige Lesart, dass sie noch einen sehr starken inneren Bezug zur ehemaligen Sowjetunion hat und die Migration als nicht gelungen empfindet. Ihre Entscheidung empfindet sie ambivalent, einerseits hat sie persönlich viel verloren, andererseits bereut sie ihre Auswanderung nicht, da sie nur hier ihre Mutter in einem für sie zufriedenstellenden Altersheim unterbringen konnte. In Russland hingegen wäre es sehr schwierig gewesen, sie gut unterzubringen und auch für ihren Sohn hätte es in der Heimat keine Perspektive gegeben.

Im Weiteren soll der Frage nachgegangen werden, ob Frau Borenko mit ihrer Haltung auf eine selbständige Entwicklung ihres Sohnes hinwirkte. Allerdings ist es im Vergleich zu anderen Fragestellungen (beispielsweise der Frage der konkreten Lebenssituation für behinderte Menschen) schwieriger diesen Aspekt herauszuarbeiten, da die Antworten hierzu sehr viel stärker auf einer latenten als manifesten Ebene vorliegen.

<u>Selbständige Entwicklung des Sohnes</u>
Frau Borenko hat im Interview zunächst ausführlich Mikaels Entwicklung und Schulzeit geschildert. Dabei gab sie ein umfassendes Bild seiner Entwicklung gegeben und hat auch positive Fähigkeiten, wie verschiedene Begabungen, herausgestellt.

Anschließend thematisiert sie seine Lebensphase nach der Schulzeit.

Frau Borenko: *Nach dem Schule... hab ich gedacht: Was soll ich machen? Mit meinem Sohn! (lacht) Und, äh... damals habe ich als Lehrerin in eine Privatinstitut gearbeitet. Äh, und, ich habe versucht, Mikael mit mir ins Institut, äh... diese Institut, Fakul... Bereich Fremdsprachen, ah, das er mit mir diese Institut besucht und auch studiert, Fremdsprachen.*

Frau Borenko versucht ihren Sohn in ihrer Arbeitsstelle unterzubringen, da es sehr schwierig ist, ihn an einem unbekannten Arbeitsplatz unterzubringen. Ein Grund für diese Entscheidung wird vermutlich auch sein, dass sie so sicher sein kann, bei auftretenden Problemen- wie beispielsweise einem Epilepsieanfall- in seiner Nähe zu sein. Allerdings wird hier, wie auch schon in der Begründung zur Schulbegleitung deutlich,[236] dass ihr Sohn dadurch unter ihrer, wenn auch wohlgemeinten, ständigen Kontrolle steht. An dieser Textstelle ‚Begleitung zur Schule' thematisiert sie auch, dass sie ihren Sohn möglicherweise überbehütet hat. Zusätzlich erscheint an dem Arbeitsplatz- Arrangement problematisch, dass neben der Mutter-Sohn-Beziehung auch ein Lehrerin Student- Rollenverhältnis zwischen beiden entsteht. Indem Frau Borenko gleichzeitig Mikaels Mutter und Lehrerin ist, werden seine Möglichkeiten einer eigenständigen, von ihr losgelösten Lebensführung weiter eingeschränkt.

An ihrer Äußerung fällt auf, dass sie sich nicht über seine Wünsche äußert; es hat den Anschein, dass sie selbstverständlich davon ausgeht, dass auch für ihn das Erlernen von Sprachen selbstverständlich ist. Sie gibt ihm damit ihr eigenes hohes Bildungsideal vor, obwohl diese Ausbildung vermutlich nicht angemessen für ihn ist. Allerdings muss auch berücksichtigt werden, dass sie vermutlich keine anderen Möglichkeiten der Unterbringung hat.

Frau Borenko: *Ah... das hat nicht geklappt. Das hat nicht geklappt, war... er hat überhaupt... Sein andere Problem ist, dass, es ha... hat keine Motivation, was Sinnvolles zu machen.*
Int.: *Mhm!*

---

[236] Während der konkreten Projektarbeit zeigt sich in verschiedenen Situationen die enge Bindung von Mutter und Sohn: beispielsweise auch an folgendem Beispiel. Frau Borenko und ihr Sohn nahmen an einer Bildungsfreizeit teil. Am dritten Tag beschloss die Projektleitung alle Angehörigen und ihre behinderten Familienmitglieder während eines Mittagsessens einmalig auseinanderzusetzen. Die behinderten Familienmitglieder sollten neben den Betreuern sitzen. Obwohl Mikael aufgrund seiner Fähigkeiten (er kann selbstständig essen) hierzu durchaus in der Lage war, wollte Frau Borenko diese einmalige Trennung zunächst nicht zustimmen. Erst nachdem sie sah, dass sich alle Familien trennten, akzeptierte sie die Trennung. Dabei schaute sie während des Mittagsessens immer wieder nach ihrem Sohn, der anscheinend ohne Schwierigkeiten mit anderen Sitznachbarn zusammen saß. Einen Tag später thematisierte sie während eines Gesprächskreises, zu der ‚Lebenssituation der Familien' offen und ehrlich, dass sie selber merke, dass die Bindung zwischen ihr und ihrem Sohn viel zu eng ist und beiden nicht gut tue.

Frau Borenko: Er hat überhaupt keine Motivation, was regelmäßig zu studieren.
Er hat seine eigene Interessen, und alles, was er gemacht... ähm... bis jetzt gemacht hat, er hat gemacht unter meinem Druck.
Int.: Mhm...
Frau Borenko: Gitarre lernen, unter meinem Druck. Tennis spielen lernen... Alles unter meinem Druck. Freiwillig macht er nichts! Er liest... ja, das kann ich sagen!

Frau Borenko überträgt ihre eigenen Vorstellungen von einer sinnvollen Beschäftigung auf ihren Sohn. Gleichzeitig wird deutlich, dass sie sehr um seine Förderung bemüht ist und ihm auch verhältnismäßig luxuriöse Freizeitbeschäftigungen (z.B. Tennis) ermöglicht. Sie versucht ihn zu aktivieren, um damit das Leben in eine Normalität hin zu ermöglichen. Allerdings fällt es ihr schwer zu akzeptieren, dass er diese Interessen nicht teilt und es sich bei diesen Aktivitäten vermutlich nicht um seine, sondern vielmehr um ihre eigenen, nicht verwirklichten Wünsche handelt. Ihr Sohn hat aufgrund ihrer Vorstellungen wenige Möglichkeiten eigene Interessen zu verfolgen.

Indem sie zunächst aussagt, dass *'hat keine Motivation, was Sinnvolles zu machen'* und gleich im Anschluss daran fortfährt *'Er hat seine eigene Interessen'* macht sie implizit deutlich, dass sie seine Interessen für nicht sinnvoll hält. Vor ihrem akademischen Hintergrund beurteilt sie bestimmte Interessen für sinnvoll, gleichzeitig missfallen ihr seine Vorlieben. Bei den von ihr favorisierten Freizeitaktivitäten *'Gitarre'* und *'Tennis'* handelt es sich um Aktivitäten, die schwerpunktmäßig Personen mit einem akademischen Hintergrund bevorzugen und durch ihre Exklusivität das soziale Prestige des sie Ausübenden erhöhen. Während der Perestroika sind sie aufgrund der schwierigen finanziellen Lage nur für wenige Menschen zugänglich.

Frau Borenko: Er liest. Äh, er ist immer mit Bücher beschäftigt. Er blättert, oder was guckt, was er machen kann. Er zeichnet was für seine Bücher. Er ist ein bisschen eigenständig, aber was Sinnvolles regelmäßig zu machen, das macht... Das macht er! Unter Druck macht er!

Mikael ist in der Lage eigene Interessengebiete zu entwickeln, was sich daran zeigt, dass er gerne liest und zeichnet. Allerdings liegt zwischen ihren und seinen Vorstellungen der Alltagsgestaltung eine Diskrepanz. Dabei kann angenommen werden, dass Frau Borenko aufgrund ihres Bildungshintergrunds auch ‚*Lesen und Zeichnen*' für sinnvoll erachtet. Es fällt auf, dass sie, zu den konkreten Leseinteressen ihres Sohnes keine Aussage macht. Vielmehr stört sie, wie ihr Sohn vorgeht. Sie hat eine genaue Vorstellung von dem Ablauf sinnvoller Tätigkeiten und kann seiner Handlungsweise wenig Positives abgewinnen. Anhand dieser Textstelle wird erneut deutlich, dass Frau Borenko einerseits ihren Sohn bestmöglich unterstützen möchte, andererseits seine Interessen nur wenig akzeptiert. So misst sie der Tätigkeit '*Tennis spielen*' eine höhere Priorität als seinem Interesse ‚*in Büchern zu blättern*' zu. Dadurch wird es für sie schwierig ihn aktiv in seinen Fähigkeiten zu unterstützen.

Auffallend ist, dass sie mehrmals den Ausdruck ‚*unter meinem Druck macht er Aktivitäten*' wählt.

Dies belegt, dass es ihm schwer möglich ist, erst einmal Interessen zu entwickeln.

Frau Borenko: *Aber manchmal bin ich so müde. Immer zwingen, dazu zwingen, weil, das gesagt... ok! Ich kann nichts mehr! Und wenn ich... er.. k... kein Druck spürt, dann macht er... Er liegt im Bett den ganzen Tag. Aber das ist nur hier in Deutschland. In Moskau war er noch lebendiger! Lebendiger!(...) Er liest ab und zu, aber, äh... sein Alltag gefällt mir nicht.*

Sie kann Mikael zu einer ihren Vorstellungen entsprechenden Lebensgestaltung nicht bewegen. Die Aussage ‚*sein Alltag gefällt mir nicht*' hat in dem Zusammenhang der Textstelle einen resignierenden Charakter. Weil in der Bundesrepublik ihre ‚*Kräfte*' nachgelassen habe, übt sie keinen Druck mehr aus.

Gleichzeitig wird anhand der Aussage ‚*In Moskau war er noch lebendiger!*' deutlich, dass auch Mikael resigniert, denn im Vergleich zu seiner Heimat wird auch er immer antriebsloser, da er auch aufgrund seiner sprachlichen Schwierigkeiten immer weniger Anregungen in der Umwelt findet. Dafür spricht auch, dass er sehr viel im Bett liegt und russische Popmusik in der ihm vertrauten Sprache hört.

Denkbar ist auch, dass seine deutlich vorgetragene Passivität ein Stück weit aus einer Protesthaltung gegenüber den Vorstellungen seiner

Mutter resultiert.[237] Da sich beide resigniert in ihre eigene Welt zurückziehen sind sowohl Mikael als auch seine Mutter nicht in der Lage eine selbständige Lebensführung zu entwickeln. Eine entwicklungspsychologisch mögliche Ablösung von der Mutter gelingt daher nicht, und auch die Mutter kann sich von ihrem Sohn kaum lösen.

<u>Fallresümee</u>
Frau Borenko und ihr Sohn lebten in Moskau in einer ihnen vertrauten Umgebung. Die Mutter hat eine erfolgreiche und sie ausfüllende Position, als Sprachlehrerin für Englisch ist ihre Arbeit während und nach der Perestroika sehr gesucht. Durch ihre Arbeit an der Universität ist sie zudem in einem sie geistig anregenden Umfeld tätig. 2001 wandert Frau Borenko mit ihrer bereits dementen Mutter und ihrem Sohn Mikael in die Bundesrepublik aus. Die Ausreise in die Bundesrepublik fällt ihr schwer, Sie wandert nur deshalb aus, da sie sich um die Zukunft der Mutter und des Sohnes sorgt und für beide keine Perspektive in der Heimat erkennt. In der Bundesrepublik werden Mutter und Sohn einem an Infrastruktur armen ländlichen Gebiet zugewiesen. Beiden fällt es schwer sich an diesem Ort einzuleben. Die Familie lebt sowohl familiär als auch sozial isoliert, es gibt keine weiteren Verwandten; zudem muss sie sich auch um ihre demente Mutter im Altersheim kümmern.[238] Ihr Sohn Mikael, der in der Sowjetunion die Schule besuchte und einige wenige Kontakte hatte, findet sich in der Behindertenwerkstatt kaum zurecht. Er fühlt sich durch die monotone Arbeit unterfordert und kann, da er nur über äußerst wenige Deutschkenntnisse verfügt, kaum Kontakte zu anderen aufnehmen. Deshalb geht er lediglich an drei Vormittagen in der Woche ungerne in die Behindertenwerkstatt.

Anhand der analysierten Textstellen lässt sich aufzeigen, dass Frau Borenko, die ihren Sohn ohne Ehemann aufzog, eine sehr enge und überfürsorgliche Beziehung zu ihrem Sohn hat. Sie ist um eine gute Förde-

---

[237] Insbesondere für Frau Borenko ist der Kontakt zu anderen russischsprachigen Mitgliedern der Selbsthilfegruppe sehr wichtig. Obwohl beide während gemeinsamer Unternehmungen sehr gut integriert wirken und auch private Kontakte mit anderen Familien entstehen, kommt es vor, dass Frau Borenko einige Male geplante Verabredungen absagen muss, weil ihr Sohn plötzlich nicht mitkommen möchte oder so bummelt, dass sie es nicht schaffen, zu den Verabredungen dazuzukommen. Unter der verhinderten Teilnahme leidet sie jedes Mal mehr als ihr Sohn.
[238] Einige Monate nach dem Interview stirbt diese.

rung ihres Sohnes sehr bemüht und investiert in diese bereits in der Sowjetunion sehr viel Geld und Mühe. Dabei entwickelt sie sehr genaue Vorstellungen davon, wie Mikaels Lebensführung aussehen sollte. Den Interessen und Vorlieben ihres Sohnes (ein in ihrer Sichtweise sinnloses Rumblättern und Zeichnen in Büchern), kann sie wenig abgewinnen, weil es nicht den von ihr präferierten Vorstellungen und Leistungsmaßstäben entspricht. Stattdessen bemüht sie sich darum, in ihren Augen sinnvolle Tätigkeiten für ihn zu finden, die er allerdings nicht annimmt. In der Bundesrepublik insistiert Frau Borenko weniger auf die Erfüllung bestimmter Leistungsmaßstäbe durch ihren Sohn. Hierbei bemerkt sie selber, dass sie aufgrund der für sie schwierigen Lebensverhältnisse- des sie sehr belastenden Umstandes der Arbeitslosigkeit und der Sorge um die demente Mutter- immer mehr resigniert und deshalb keine Kraft mehr hat auf Mikael einzuwirken.

Mutter und Sohn verbringen letztendlich in einer engen Beziehung die meiste Zeit allein und mit nur wenig Kontakten zur Außenwelt, obwohl Frau Borenko sehr schnell deutsch lernt. Die Integration in die Angebote des Behindertennetzwerkes glückt nur bedingt. Letztendlich gelingt es weder Mutter noch Sohn möglich, sich gut zu integrieren.

4.2.1.5 Fallanalyse: Familie Tarassow

> *"Was ihnen fehlt, ist natürlich Kontakt zu den anderen Menschen"*

<u>Gesprächssituation: Interview mit den Eltern im Frühjahr 2007</u>
Familie Tarassow hatte ich bei einem Treffen der von dem ZWST-Projekt organisierten Selbsthilfegruppe kennen gelernt. Die Sozialabteilung der jüdischen Gemeinde hatte die Familie über das Treffen informiert. Zu dem Treffen, einem Zoobesuch, waren 5 Familien gekommen. Direkt nach dem Eintritt hatte sich der Vater mit dem 15 jährigen Sohn Roman, dar an Autismus leidet und motorisch durch spastisch wirkende Bewegungsstörungen auffällt, von der Gruppe entfernt. Nach Auskunft der Mutter hielt ihr Sohn die Nähe zur Gruppe nicht aus. Als die Gruppe eine Stunde später zufällig wieder auf Vater und Sohn traf, wirkte der Sohn sehr unruhig und entfernte sich unmittelbar von der Gruppe. An dem gemeinsamen Kaffeebesuch gegen Mittag nahm nur die Mutter teil.

Beide Eltern machen einen sehr zurückhaltenden Eindruck. Sie sprechen und verstehen nur wenig deutsch.

Die Mutter und der Sohn besuchen einen von der ansässigen jüdischen Gemeinde initiierten Deutschkurs für Menschen mit einer geistigen/psychischen Behinderung. Über die Deutschlehrerin fragte ich einen Termin für das Gespräch im Rahmen der Doktorarbeit an. Das Ehepaar stimmte zu, das Gespräch fand mit einer ihnen unbekannten Dolmetscherin in dem Raum des Deutschkurses im Frühjahr 2007 statt. Das Interview wurde mit beiden Elternteilen gemeinsam durchgeführt und dauerte ca. 2 Stunden. Während dieser Zeit nahm ihr Sohn an einer Gruppenaktivität der Lebenshilfe teil.

Darstellung der Fallgeschichte
Familie Tarassow emigrierte mit ihrem Sohn Roman 2004 aus St. Petersburg in die Bundesrepublik. Frau Tarassow wurde 1966 in Leningrad geboren, ihr Ehemann 1960 in einer mittelgroßen Stadt in Kasachstan. Frau Tarassow arbeitete in ihrer Heimat als Energie-Ingenieurin, Herr Tarassow als Wasserinstallateur. 1989 heiraten sie, 1990 wird ihr Sohn Roman geboren. Bereits als Kleinkind fällt er auf, da er sehr unruhig ist und verschiedene physische Auffälligkeiten, die auf eine gestörte Motorik hinweisen, zeigt. Frau Tarassow bleibt daher zu Hause, der Vater arbeitet sehr viel. Die Familie konsultiert verschiedene Ärzte. Diese können das Krankheitsbild zunächst nicht bestimmen, schließlich wird, als der Sohn 4 Jahre alt ist, die Diagnose Autismus gestellt. 2001 entschließt sich die Familie zur Auswanderung, da sie für die Zukunft ihres Sohnes in Russland keine Perspektive sieht Deutschland beginnt Roman, mittlerweile schon 14, eine Schule für praktisch Bildbare zu besuchen; er erhält einige Stunden am Tag einen individuellen Unterricht. Die Eltern von Frau Tarassow wandern 2005 nach Deutschland aus. Sie leben in der Nähe der Familie und helfen bei der Betreuung von Roman, der nicht alleine bleiben kann. Das Ehepaar Tarassow spricht aufgrund seiner kurzen Aufenthaltsdauer in der Bundesrepublik nur wenig deutsch und hat auch nur sehr wenig außerfamiliäre Kontakte.

Analyse des Interviewtextes mit Familie Tarassow:
Zu dem Interview wurde eine diplomierte Übersetzerin hinzugezogen. Dennoch insbesondere zu Beginn des Interviews immer wieder zu Irritationen, da die Ehepartner überlegten, wer antworten sollte, bzw. auf

Fragen beide Ehepartner gleichzeitig reagierten. Auch entstanden öfters kurze Zwiegespräche zwischen den Interviewpartnern und der Übersetzerin, die diese dann anschließend zusammengefasst übersetzte.[239] Dies bedeutet, dass dadurch möglicherweise Details in der Zusammenfassung weggelassen werden, die durchaus wichtig sein können. Beispielsweise zeigte sich dies in einem längeren Dialog über die Perestroika, deren Auswirkungen sowohl die Eheleute als auch die Übersetzerin selbst erlebt hatten.

Die Dynamik des Gespräches brachte es mit sich, dass ich ein paar Mal für die Übersetzung nachfragen musste und damit gleichzeitig den Interviewfluss störte.

Die genannten Punkte erschweren die Interviewanalyse. Im Rahmen dieser werden im Folgenden nur die Textstellen vorgestellt, die neue Gesichtspunkte hervorbringen bzw. bisherige Erkenntnisse ergänzen. Auch wird auf den Interviewanfang in diesem Interview nicht eingegangen, da er sich über einen längeren Abschnitt allein mit der Klärung der Übersetzung beschäftigte.

<u>Lebenssituation in Russland</u>

Int.: *Und, mmmh... wie war die Versorgung? Also, haben Sie von staatlicher Seite Hilfe bekommen? Unterstützung? Hat man sich unter... also, hatten Sie das Gefühl, eine gute medizinische Betreuung zu haben oder...?*
(russische Übersetzung)
Ü/Frau Tarassow: *Also, ja auf jeden Fall. Sie sind in... in ein Zentrum für Kinder mit physischen und psychischen, äh... Kranken... de...*
Int.: *... Behinderungen[240]...*
Ü/Frau Tarassow: *... Behinderungen gegangen... ja. Da... da war der Junge gut versorgt, hat er Massage bekommen, und auch... äh... ärztlich, war er gut untersucht....(...)*

---

[239] Nach dem Gespräch hat die Übersetzerin das auf Tonband aufgezeichnete Interview erneut abgehört, um sich zu vergewissern, dass sie nichts überhört hat.
[240] Beispielsweise zeigen sich bereits bei dem Begriff *'geistige Behinderung'* Schwierigkeiten bei der Übersetzung, da es hierfür im Russischen keinen adäquaten Ausdruck gibt.

Anhand weiterer Ausführungen wird ersichtlich, dass die Familie von einem 1997 in St. Petersburg aufgebauten privaten Behandlungszentrum spricht, das mit der finanziellen Hilfe amerikanischer und israelischer Organisationen in Anbindung an die dort ansässige jüdische Gemeinschaft aufgebaut wurde.

Dort wurden Kindern mit einer Behinderung verschiedene Angebote wie beispielsweise eine musikalische und künstlerische Therapie oder den Angehörigen eine psychologische Beratung unterbreitet.

Die Familie ging dort dreimal wöchentlich hin, ihr Sohn Roman fühlte sich dort wohl. Bis zum jetzigen Zeitpunkt unterhält die Familie Tarassow Kontakt zu anderen Familien aus dieser Zeit. Von staatlicher Seite erhielten sie jedoch keine gesonderten Angebote und Förderung für ihr Kind. Dieses Interview bestätigt somit die Erkenntnisse aus den anderen Interviews, die die mangelnden staatlichen thematisieren.

*Ü/**Herr Tarassow**: Also damals hatte man keinerlei Informationen über Autismus in Russland. Also, in Deutschland oder in Amerika, äh... war schon bekannt. Gut bekannt. Also, Russland aber nicht. Und wir konnten gar nicht, äh... verstehen, was das Kind hat.*

Diese Aussage weist daraufhin, dass der Kenntnisstand über bestimmte Behinderungen, wie in diesem Fall Autismus, in der ehemaligen Sowjetunion geringer als im westlichen Ausland war. Dies wiederum könnte ein Indiz sein, dass die fehlende Unterstützung gegenüber den Familien nicht nur aus einem Desinteresse, sondern auch aus einer Unkenntnis heraus bestand. Hinsichtlich der mangelnden staatlichen Unterstützung zeigt sich anhand weiterer Textstellen ein differenziertes Bild: So sagt die Familie aus, dass ihr Sohn sowohl in einen Kindergarten als auch auf eine Sonderschule ging und dreimal in der Woche je 3 Stunden individuell unterrichtet wurde. So hat er zwar keine besondere medizinische bzw. sonderpädagogische Förderung erhalten, ist aber in der Aneignung von Wissen gefördert worden.

Weitere Textstellen im Interview bestätigen die Erkenntnisse aus den vorangegangenen Interviews, dass die grundsätzliche gesellschaftliche Haltung gegenüber behinderten Kindern von Unfreundlichkeit und Unverständnis geprägt war.

Lebenssituation in der Bundesrepublik
Die Familie berichtet, dass sie auswanderten gesellschaftlichen Umgang (unfreundliche Atmosphäre) ihrem Sohn gegenüber als belastend empfanden und in der Heimat keine Lebensperspektive für ihn sahen. Dabei machten sie sich große Sorgen, ob er als Autist die Migration verkraften würde, da er aufgrund seines Behinderungsbildes Stereotypen[241] entwickelt hatte und eine gewohnte Umgebung und der exakt genaue Ablauf von Tätigkeiten für ihn sehr wichtig waren und sind. Allerdings zeigte sich bereits nach kurzer Zeit, dass es ihrem Sohn in der Bundesrepublik sehr viel besser geht, da ihm die Umwelt grundsätzlich freundlich begegnete und auch für die Familie das Alltagsleben leichter geworden ist.

In der Bundesrepublik wendet sich das Ehepaar an verschiedene Institutionen im Behindertensektor, beispielsweise die Lebenshilfe und einen speziellen Verein[242], der autistische Kinder betreut. Ihr Sohn besucht eine Sonderschule und nimmt angebotene Freizeitangebote (Ausflüge usw.) wahr.

Int.: *Ok! ... Und, äh... wie ist es jetzt? Was macht Ihr Sohn jetzt? Wie ist die Situation jetzt, von Ihrem Sohn?*
(russische Übersetzung)
Ü/Frau Tarassow: *Äh... Er geht in die Schule.*
Int.: *In eine normale Schule, oder...?*
Frau Tarassow: *Nein! Nein, nein.*
(russische Übersetzung)
Herr Tarassow: *Für praktische Bildbare...*
Int.: *...praktisch Bildbare... Mhm, ja,.in Kleinstadt E...?*
Frau Tarassow: *Ja! Ja,*
(russische Übersetzung)
Ü/Frau Tarassow: *Aha! ... Die Kinder werden dort gar nicht unterrichtet, in der Schule. Also... es geht nur um soziale Integration...*
Int.: *Mhm. Ja, ok...*
(russische Übersetzung)

---

[241] Bei Stereotypen handelt es sich um verbale Äußerungen oder Bewegungen, die über lange Zeit in immerwährender gleicher Weise wiederholt oder beibehalten werden (Pschyrembel, Medizinisches Wörterbuch 1994).
[242] Sie nehmen die Angebote der Lebenshilfe wahr, können sich aber die weitere Beratung des Vereines nicht leisten, weil dieser privat finanziert wird, und daher von seinen Mitgliedern einen relativ hohen Eigenbetrag verlangt.

Ü/**Frau Tarassow:** Mhm... Ja, ok! Und was er ge... gelernt hat, vergisst er schon, langsam.
Int.: ...was er in der Sowjetunion gelernt hat...?
(russische Übersetzung)
Frau Tarassow: Ja, Ja, ja...

In Frau Tarassows Aussage liegt ein Vorwurf.

Anhand ihrer Äußerungen ‚*Die Kinder werden dort gar nicht unterrichtet*' und ‚*Und was er ge... gelernt hat, vergisst er schon, langsam*' wird ersichtlich, dass sie eine genaue Erwartung von Romans Lernprozessen hat, die diese Schule ihrer Ansicht nach nicht erfüllt. Ihre Vorstellungen orientieren sich an einem standardisierten Bildungsprogramm, wie sie es aus der Sowjetunion kennt: Die Aneignung von Wissen ist wichtig, dieses ist klar abfragbar und Lernerfolge sollten messbar und effektiv sein. Da er bereits in der Sowjetunion in diesem Sinne gefördert wurde, erwartet sie dies auch in der Bundesrepublik.

Der Aspekt ‚*soziale Integration*', dem in dieser Schule, einer Förderschule, eine entscheidende Bedeutung eingeräumt wird, hat hingegen für sie nicht die zentrale Priorität.

Die Textstelle zeigt, dass die Eltern, aufgrund ihrer Sozialisation in der Sowjetunion, erwarten, dass die Sonderschule primär Wissen vermittelt. Ihre Erwartung wird hierbei enttäuscht, da bundesrepublikanische Konzepte der Sonder- und Heilpädagogik auch andere Schwerpunkte, wie beispielsweise die Förderung von Selbständigkeit, in den Vordergrund ihrer Arbeit stellen.[243]

Auch wenn der Wunsch der Mutter nach mehr Wissensvermittlung nachvollziehbar ist, stellt sich die Frage, ob zum jetzigen Zeitpunkt von Romans Entwicklung der sozialen Integration nicht zu Recht eine übergeordnete Bedeutung durch die Schule zugemessen wir. Denn aufgrund seines Behinderungsbildes wirkt er verunsichert im sozialen Umgang und zeigt auch Schwierigkeiten in der Kontaktaufnahme zu anderen Menschen.[244]

Aufgrund der erst kurzen Zeit, die die Familie in der Bundesrepublik lebt, ist ihr das sie umgebende Wertesystem der Bundesrepublik noch

---

[243] Siehe nähere Ausführungen hierzu Kapitel 3.1.
[244] Wie Frau Tarassow an einer weiteren Stelle im Interview aussagt, hat ihr Sohn auch Angstzustände.

relativ unvertraut. Auch dies kann erklären, dass sie grundsätzliche Normen der ehemaligen Sowjetunion (eine anspruchsvolle Schulausbildung) weiter schätzt und ihr mental die Verhältnisse in der UDSSR vertraut bleiben. Paradigmen des bundesrepublikanischen Behindertensektors sind ihr daher noch unvertraut.

Abschließend soll eine Textpassage über die Integration der Eheleute in der Bundesrepublik Auskunft geben. Gefragt wurde danach, wie die Eheleute in der Migration mit ihrer Lebenssituation umgehen.

*Ü/**Frau Tarassow**: ... Für sie, der war des schon ein bisschen schwieriger, weil ihr... die Kommunit... äh... die Kommunikation... äh, die... d... ja! Die Kontakt zu den anderen gefehlt haben.*
***Int.**: Mhm...*
Ü: Ansonsten... ist das für... für sie gleich!
***Int.**: ...für Beide gleich? Ja...*
Ü: ...für Beide, ja.
***Int.**: Ja... gut. Ok...*
(russische Übersetzung)
*Ü/**Frau Tarassow**: Mhm... Er hat... er ist, äh... mehr oder weniger öfters... hier und her gezogen. Also... und so ist nichts Unbekanntes für ihn. Und, äh... sie, war es schon ein neues Leben... sehr... die... das ganze Leben fast nur gelebt hat, und dann... auf einmal wurde sie... verpflanzt. Sozusagen.*

Anhand dieser Interviewaussage wird ersichtlich, dass sich die Ehefrau schwerer an die neuen Lebensumstände als ihr Ehemann gewöhnt, da dieser schon öfter umgezogen ist. Auch sprechen beide aufgrund der relativ kurzen Aufenthaltsdauer nur wenig deutsch, was die Kontaktaufnahme zur Umwelt erschwert.

*Ü/**Herr Tarassow**: (...) Mhm... Andererseits aber... also, innerhalb der Familie... sind sie eng zueinander.*
***Int.**: Mhm.*
*Ü/**Herr Tarassow**: Aber sie haben... dafür haben sie weniger Kon... Kontakte außerhalb de..., außerhalb der Familie. (Längere Pause)*

Ersichtlich wird, dass die Familie zu Frau Tarassows Eltern, die in der Nähe wohnen, ein enges Bindungsverhältnis hat. Die Familie unterstützt sich gegenseitig, auch helfen Frau Tarassows Eltern bei der Betreuung von Roman. Damit einhergehend nimmt die Familie allerdings auch weniger Kontakte zu ihrer Außenwelt auf, was ihre Integration erschwert.[245] Letztendlich reproduzieren sich hierdurch die engen Familienverhältnisse, die für sowjetische Familien typisch sind, auch in der Migration.[246]

Fallresümee
Aufgrund der erst kurz zurückliegenden Migration aus der Sowjetunion spricht das Ehepaar Tarassow nur wenig deutsch.

Auch diese Familie beurteilt wie die anderen Interviewpartner die Migration, insgesamt als gelungen, da sich ihre allgemeine Lebenssituation und insbesondere die ihres Sohnes, der unter Autismus leidet, entscheidend verbessert hat. So bemerken die Eheleute den freundlicheren gesellschaftlichen Umgang in der Bundesrepublik.

Die Familie engagiert sich wie andere interviewte Familien in der Förderung ihres Sohnes auf vielfältige Art und Weise. Beispielsweise absolviert die Mutter mit ihrem Sohn einen Deutschkurs. Auch bemühen sie und ihr Ehemann sich um die Teilnahme an verschiedenen Freizeitaktivitäten der Lebenshilfe und anderen Institutionen. Es hat den Anschein, dass Romans Integration trotz des Behinderungsbildes *‚Autismus'*, das sich gerade durch soziale Anpassungsstörungen auszeichnet, gut gelingt.

Von den bisherigen Interviewpartnerinnen unterscheidet sich Frau Tarassow dadurch, dass sie ihr Berufsleben überhaupt nicht thematisiert, und auch nicht berufliche Pläne anspricht, obwohl sie noch relativ jung ist.[247] In der Sowjetunion hatte sie eine Zeitlang gearbeitet, und dann aufgrund der erforderlichen Betreuung ihres Sohnes ihre Arbeitsstelle aufgegeben. Das Arbeitsleben scheint zunächst keinen wichtigen Aspekt in ihrem Leben darzustellen.

Anhand der Analysen einiger weniger Textstellen zeigt sich, dass die Familie trotz der grundsätzlich positiven Beurteilung der bundesrepu-

---

[245] Verschiedene Studien belegen, dass dieser Umstand typisch für Familien mit einem behinderten Kind ist. Vergleiche auch Kapitel 3.2., S. 67.
[246] Siehe hierzu auch die Ausführungen zu Familien in der Sowjetunion, S.67ff.
[247] Zum Zeitpunkt des Interviews ist sie 41 Jahre alt und hat ein Studium zur Energie-Ingenieurin und eine Ausbildung zur Buchhalterin absolviert. Sie lebt in einer Großstadt mit einer guten Infrastruktur. Ihr Mann ist arbeitslos.

blikanischen Lebensverhältnisse in zwei entscheidenden Aspekten weiter auch sowjetischen Werten und Normen anhängt.

Das Ehepaar beurteilt:

1) Die schulische Betreuung ihres Sohnes als zu wenig wissensvermittelnd und bemängelt, dass in dieser primär soziale Lernziele vermittelt werden. Ihre Erwartungen entsprechen damit sowjetischen Ansprüchen, die auf die Aneignung von Bildung großen Wert legen.[248]
2) Die Bindungen zur eigenen Familie sind eng: Eltern und Großeltern wohnen in räumlicher Nähe. Das Verhältnis ist durch gegenseitige Unterstützung geprägt. Damit werden auch in der Bundesrepublik sowjetische Verhältnisse reproduziert. Gleichzeitig begünstigt dieser Umstand auch eine Haltung, sich zurückzuziehen und weniger Kontakt zu seiner nichtfamiliären Umwelt aufzunehmen.

Insgesamt scheint die Integration des Sohnes gut gelungen, doch das Ehepaar selber scheint sich schwerer in die neuen Lebensverhältnisse einzugewöhnen.

Abschließend kann festgestellt werden, dass sich die Haltung dieser Familie nicht wesentlich von den Einstellungen der anderen Familien unterscheidet, obwohl das Ehepaar selber im Gegensatz zu den anderen interviewten Familien nur über wenig Deutschkenntnisse verfügt.

Dies wäre ein Hinweis dafür, dass der Einstellung des untersuchten Personenkreises (beispielsweise Vorstellung von Bildung) eine grundsätzliche Haltung zugrunde liegt, die relativ unabhängig von Aspekten wie Deutschkenntnissen bzw. Aufenthaltsdauer ist.

Insgesamt zeigt die Auswertung des qualitativen Teils, dass folgende Gesichtspunkte in den Interviews fast immer zentral sind, auch wenn die Gesprächspartner in ihren Erzählungen zusätzlich weitere individuelle Schwerpunkte setzten.

---

[248] Dieser Umstand wurde auch in der praktischen Arbeit des Projektes immer wieder deutlich. So kritisieren in persönlichen Gesprächen Zuwanderer immer wieder, dass das Bildungsniveau an deutschen Schulen geringer als in der Sowjetunion ist. Darüber hinaus zeigte sich während verschiedener Diskussionen im Rahmen des Projektes, dass eine zukünftige gute Ausbildung der behinderten Kinder bei den Eltern eine sehr hohe Priorität genießt.

Folgende fünf übergeordnete Aspekte haben sich aus der Analyse des qualitativen Teils dieser Studie ergeben:

1) Die schwierige Lebenssituation für behinderte Menschen in der UDSSR
2) Das Bemühen der Familien um Unterstützungsangebote
3) Die Bedeutsamkeit der Erwerbstätigkeit für die Mütter
4) Die engen Familienbeziehungen, die auch die Autonomie behindernde Aspekte beinhalten
5) Es finden sich Hinweise dafür, dass die Integration in den bundesrepublikanischen Behindertensektor Menschen mit einer ‚leichteren Behinderung' schwerer gelingt als denjenigen mit einer ‚auffälligen/schweren Behinderung'.[249]

Um zu überprüfen, ob sich diese Erkenntnisse aus den qualitativen Interviews mit gut deutsch sprechenden Gesprächspartnern auch auf weniger deutsch sprechende Familien übertragen lassen, habe ich mich nach der Analyse der qualitativen Interviews entschlossen, zusätzlich einen Datensatz zu der untersuchten Personengruppe zu analysieren, der insbesondere auch Familien mit mangelnden Deutschkenntnissen berücksichtigt.

Auf die Ergebnisse dieser quantitativ orientierten Auswertung wird in Kapitel 4.3 eingegangen. Eine ausführliche Darstellung und Begründung zu den Erkenntnissen aus dem gesamten empirischen Abschnitt, insbesondere den fünf oben aufgeführten Gesichtspunkten, findet sich abschließend am Ende des empirischen Abschnittes im Resümee zur Empirie in Kapitel 4.4.

Doch zuvor soll im folgenden Kapitel 4.3 anhand zweier Experteninterviews eine von betroffenen Familien unabhängige Sichtweise auf die Lebenssituation betroffener Familien in der Sowjetunion geworfen

---

[249] Diese Arbeit nimmt keinen Bezug auf spezielle medizinische Diagnosen und Behinderungsbilder, die Begrifflichkeiten ‚leicht' und ‚schwerer' werden relativ verstanden. Die Wahrnehmung der Familienangehörigen ist die Grundlage für die Einteilung der Krankheitsbilder in diese beiden Kategorien. In der vorliegenden Arbeit sind Personen mit einer leichteren Behinderung relativ selbstständig. Beispielsweise weisen sie eine Lernstörung oder ein Down-Syndrom auf. Personen mit einer schwereren Behinderung brauchen eine stärkere pflegerische und hauswirtschaftliche Unterstützung. Hierzu zählen beispielsweise Personen mit einer gestörten Motorik und spastischen Lähmungen.

werden, um zu überprüfen, ob sich auch andere Darstellungen zu diesem Aspekt finden lassen.

4.2.2 Expertengespräche: Die Lebenssituation behinderter Menschen in der ehemaligen Sowjetunion

Um für diese Arbeit weitere, von meinen Interviewpartnern unabhängige, Aussagen zur Lebenssituation behinderter Menschen in der ehemaligen Sowjetunion zu gewinnen, habe ich zwei Experteninterviews geführt. Ziel war es, zu überprüfen, ob diese die Aussagen der Familien zur Lebenssituation behinderter Menschen bestätigen oder sich Widersprüche zeigen.

Die Lage behinderter Menschen wurde in der ehemaligen Sowjetunion weder in der Öffentlichkeit noch in Fachzeitschriften thematisiert.[250] Eine dazu von mir in Auftrag gegebene Internetrecherche, die eine in der Sowjetunion aufgewachsene Soziologiestudentin durchführte, bestätigte, dass es kaum Material zu dieser Thematik gibt. Dabei zeigt sich auf den wenigen zum Thema vorhandenen russischen Internetseiten, dass die Verhältnisse für behinderte Menschen, die zu den Ärmsten der Gesellschaft gehörten, während der Perestroika noch schwieriger wurden. Beispielsweise war es vor der Perestroika Blinden vorbehalten gewesen, Deckel und Wäscheklammern zu produzieren. Mit der Perestroika wurde dieser Bereich in den freien Markt überführt und damit auch für Konkurrenten freigegeben. Dies erschwerte es den Betroffenen, ihren Lebensunterhalt zu finanzieren.[251]

Im Folgenden gebe ich die Aussagen zweier bereits zu Sowjetzeiten im heilpädagogischen Bereich professionell arbeitender Interviewpartner zusammengefasst wieder.[252]

---

[250] Verschiedene Sozialarbeiterinnen, die bereits in der Sowjetunion gearbeitet haben, wiesen mich daraufhin, dass es zu dieser Thematik kaum russische Literatur gab.

[251] http://www.arsvest.ru/archive/issue665/right/view6218.html, oder auch http://www.voanews.com/russian/archive/2005-04/2005-04-26-voa5.cfm?renderforprint=1&textonly ;Stand Oktober 2008

[252] Die beiden Interviews wurden handschriftlich protokolliert. In ihnen stand die Wiedergabe von möglichst viel Faktenwissen im Vordergrund im Gegensatz zu den Familieninterviews, die sich um die Rekonstruktion einer Fallstruktur bemühten.

Im ersten Interview berichtet eine Sozialarbeiterin von ihren Erfahrungen, die in einer Behinderteneinrichtung gearbeitet hat. Die zweite Interviewpartnerin war eine Ärztin und auch selbst Betroffene, die eine Selbsthilfegruppe in Weißrussland aufgebaut hat.

4.2.2.1 Frau J., Lehrerin für Sonder- und Heilpädagogik

Frau J. hatte von 1979-1984 an der Moskauer pädagogischen Fachhochschule Sonder- und Heilpädagogik studiert und in Moskau bis zu ihrer Auswanderung 1993 sechs Jahre lang an einer Schule für geistig behinderte Kinder als Erzieherin und Lehrerin gearbeitet. Die Versorgung geistig behinderte Kinder erwies sich in der Hauptstadt der ehemaligen Sowjetunion verglichen mit der Situation in anderen Städten und Regionen als besonders gut: Allein in Moskau existierten acht dieser Schulen.

Frau J. unterrichtete an einer Schule, die an die pädagogische Universität angegliedert war und deshalb ein besonders hohes Prestige hatte. Beispielsweise wurde ihre Schule regelmäßig von verschiedenen Gremien überprüft, was auf andere Einrichtungen nicht zutraf.[253] Diese Schule konnten nur Kinder besuchen, deren Eltern eine gesellschaftlich anerkannte Position innehatten.[254]

In einer Klasse befanden sich durchschnittlich 8-16 Kinder, von denen höchstens drei eine schwere Behinderung aufwiesen. Der Unterricht fing, später als in regulären Bildungseinrichtungen, um 9.00 Uhr an. Gegen 17.00-18.00 Uhr wurden die Kinder von ihren Eltern abgeholt. Von der 1. bis zur 4. Klasse standen auf dem Lehrplan insbesondere Mathematik, Geometrie, Geographie und schwerpunktmäßig die Vermittlung hauswirtschaftlicher und handwerklicher Fertigkeiten. An die Schule angeschlossen war eine kleine Werkstatt, die für eine Fabrik in der Nähe kleine Aufträge wie z.B. das Falten von Briefumschlägen, die Herstellung von Handschuhen und Hockern und das Nähen von Bettwäsche übernahm. Diese Arbeiten wurden von leicht behinderten Jugendlichen in zwei großen Räumen der Schule erledigt.

---

[253] In diesem Zusammenhang berichtete Frau J. auch, dass sie ihren Unterricht immer besonders gut und strukturiert vorbereiten musste, da jederzeit eine unangemeldete Überprüfung erfolgen konnte.
[254] Für die Schule ausgewählt wurden die Kinder durch eine pädagogische Kommission. In der Praxis wurde die Zuteilung der Kinder zu dieser Schule auch mittels Bestechung erwirkt.

Frau J. hatte eine Klasse mit schwerstbehinderten Kindern übernommen, die nur aus acht Kindern bestand. Für den Unterricht stand ihr tagsüber eine Dreizimmerwohnung mit einem Klassenraum, einem Spielzimmer, einem Schlafzimmer, einer Küche und einem Telefon zur Verfügung. Unter diesen für die ehemalige Sowjetunion außerordentlich guten Bedingungen konnte sie im Rahmen des Lehrplans den Unterricht frei gestalten. So legte sie einen großen Wert auf die Spracherziehung, die sie mit den Kindern zweimal wöchentlich über das Spielen mit einem Puppentheater übte. Der Unterricht fand auch oft außerhalb der Schule statt, dabei lernten die Kinder beispielsweise praktische Dinge wie das Einkaufen oder machten Ausflüge in ein Museum.

Neben dieser für sowjetische Verhältnisse außergewöhnlichen Sonderschule hat Frau J. im Laufe ihrer Berufstätigkeit aber auch andere Einrichtungen kennen gelernt, in denen betroffene Kinder unter weitaus schlechteren Bedingungen lebten.

Dies galt insbesondere für Internate, die meist außerhalb der Großstädte lagen und in denen Eltern häufig ihre behinderten Kinder unterbrachten, wenn sie sie nicht selbst versorgen konnten oder sich für sie schämten. Da hier im Gegensatz zu der oben beschriebenen Schule die Eltern nicht täglich kamen, waren die Kinder in diesen Einrichtungen der Willkür und den Launen einzelner Erzieher ungeschützt ausgesetzt.

In den Internaten waren oft viele Kinder in einem Schlafsaal untergebracht, auch berichtete Frau J. von Einrichtungen, in der die Kinder sehr wenig zu essen hatten. Insgesamt wurden sie oft geschlagen, besonders hart wurden diejenigen bestraft, die Verhaltensstörungen aufwiesen. Da es in russischen Familien durchaus üblich war, Kinder körperlich zu züchtigen, wurde diese Art der Bestrafung als nicht ungewöhnlich betrachtet. Allerdings zeigten sich einzelne Betreuer auch human gegenüber den ihn Anvertrauten.

Frau J. erwähnt weiterhin, dass in der Regel jüdische Familien ihre Kinder nicht in ein Heim gaben, weil in diesen Familien ein starkes gegenseitiges Verantwortungsgefühl herrschte. Dies erklärte sie damit, dass in diesen Familien aufgrund der erlebten antisemitischen Ressentiments der Umwelt das Familienbewusstsein besonders groß war.

Insgesamt beschreibt Frau J. die ehemals sowjetische Gesellschaft der damaligen Zeit als eine Gesellschaft, in der aufgrund der schwierigen Lebensbedingungen die Menschen gereizt und aggressiv miteinander umgingen. Besonders betroffen waren davon schwächere Mitglieder der Gesellschaft. Für Familien mit einem behinderten Kind gab es in der sowjetischen Gesellschaft keine Unterstützung: so haben sie sich nirgendwo informieren können, auch gab es in der Regel keine professionellen Hilfsangebote oder finanzielle Unterstützung.[255] Nach der Schulausbildung, die nur einige behinderte Kinder absolvieren konnten, standen keine Einrichtungen wie Behindertenwerkstätten oder Angebote einer weiterführenden Ausbildung zur Verfügung. Die Perspektive betroffener Jugendlicher bestand daher darin, bis zu ihrem Lebensende bei ihren Eltern bzw. in einem Heim ohne Beschäftigungsmöglichkeit zu leben.

Auch die Lehrer der avantgardistischen Moskauer Schule, in der Frau J. arbeitete, haben diese Perspektivlosigkeit für selbstverständlich gehalten und nicht in Frage gestellt.

Da die Bildung von Bürgerinitiativen staatlicherseits nicht gewünscht und auch kaum zugelassen wurde, konnten sich auch keine Selbsthilfegruppen der Familien bilden, die die fehlende staatliche Unterstützung kompensiert hätten.

Mit der Perestroika verschlechterten sich die Lebensbedingungen, so wurden Lehrer und Erzieher kaum noch bezahlt. Als sich gegen Mitte der 1990er Jahre die wirtschaftliche Situation wieder stabilisierte, mussten die Eltern im Gegensatz zu früher auch einen finanziellen Anteil für die Unterbringung in den Schulen selbst tragen.

Abschließend berichtet Frau J. von einigen Freundinnen, die sich in den letzten Jahren selbstständig gemacht und eine eigene Schule eröffnet haben. Mittlerweile gibt es insbesondere in Moskau ein vielfältiges Angebot an Schulen und anderen Einrichtungen, die allerdings grundsätzlich von den Eltern privat finanziert werden müssen. Als Beispiel nannte sie eine Privatschule für autistische Kinder, die ein eigenes Schwimmbad mit Delphinen und einen Ponyhof haben und dementsprechende Therapien anbieten.

Allerdings sind mittlerweile auch verschiedene staatliche ambulante Unterstützungshilfen eingerichtet worden, wie beispielsweise eine Telefonseelsorge, Drogenberatung oder auch eine Familienberatung. Dies ist

---

[255] Allein der Unterricht durch einen Privatlehrer für schwerstbehinderte Kinder wurde vom Staat für 4 Jahre bezahlt. Zu den Berechtigten zählten beispielsweise Kinder mit Down-Syndrom.

vor allem durch die finanzielle Unterstützung amerikanischer Stiftungen sowie durch Einzelspender möglich geworden.

Im Folgenden werden die Aussagen einer zweiten Expertin, Frau M., wiedergegeben, die eine Selbsthilfegruppe nahe der Stadt Tschernobyl aufbaute. Sie ist zugleich auch Betroffene, da sie selbst Mutter eines behinderten Kindes ist und dieses selbst betreut.

4.2.2.2 Frau M., Mitgründerin einer Selbsthilfegruppe in Weißrussland[256]

Frau M. lebte bis 1997 in einer Kleinstadt in Weißrussland, die 80 km von Tschernobyl entfernt liegt. Sie und ihr Mann hatten als Ärzte gearbeitet und Anfang der 1990er Jahre einen Selbsthilfeverein für geistig und körperlich behinderte Kinder und Jugendliche gegründet. Vor allem zwei Aspekte waren für diese Gründung entscheidend:

1) Aufgrund des Reaktorunfalls von Tschernobyl 1986 war die Geburtenanzahl behinderter Kinder in der Umgebung sprunghaft angestiegen.[257] Da aber im sowjetischen Gesundheitssystem die Versorgung behinderter Kinder keine Rolle spielte, blieben die betroffenen Familien auf sich allein gestellt. Daher entschlossen sich Frau M. und einige Mitstreiter, etwas für diese Personengruppe zu unternehmen.
2) Ein weiterer Grund für Frau M.'s Engagement lag in ihrer persönlichen Situation. In den 1980er Jahren hatte sie ihren Sohn mit einer Rhesusunverträglichkeit geboren. Obwohl sie laut ihrer Aussage aufgrund dieser Diagnose das Kind nicht hätte stillen dür-

---

[256] Das Interview mit Frau M. dauerte insgesamt 3 Stunden und wurde an 2 Terminen geführt, bei denen eine Übersetzerin dolmetschte. Während dieser Termine brachte Frau M. verschiedene Dokumente wie z.B. deutschsprachige Zeitungsartikel, Projektanträge ihrer Selbsthilfegruppe wie auch mehrere Fotoalben über die von ihr mitbegründete Einrichtung mit.

[257] Nach einer Schätzung des Behindertenzentrums Raduga bei Tschernobyl leben in Weißrussland mindestens 35.000 behinderte Kinder. Nach dem Reaktorunfall in Tschernobyl hatte sich die Zahl an Erkrankungen gravierend vergrößert. Bei Kindern und Jugendlichen treten am häufigsten Erkrankungen des Nervensystems und Entwicklungsfehler auf (unveröffentlichte Unterlagen der Interviewten).

fen, tat sie dies, weil sie durch die Ärzte nicht informiert worden war. Hinzu kam, dass die Diagnose an Heiligabend gestellt wurde und das Kind aufgrund einer zu schwachen Personalbesetzung daraufhin falsch versorgt wurde.

Ihr Sohn erkrankte und leidet seitdem unter cerebralen Störungen. Da es keine speziellen Einrichtungen für behinderte Kinder gab, brachte sie ihren Sohn mithilfe ihrer beruflichen Kontakte zu anderen Ärzten für einige Monate in einem Sanatorium unter. Da die Eltern ihre Kinder in Sanatorien damals kaum besuchen durften, erreichte sie, dass sie gegen eine Mithilfe (Putzen der Toiletten, Austeilen von Essen usw.) ihren Sohn sehen konnte. In dem Krankenzimmer ihres Sohnes lagen acht weitere Kinder, die kaum betreut wurden.

Über weitere Beziehungen ermöglichte sie ihrem Sohn einige Zeit später einen zweiten Aufenthalt in einer Klinik in Moskau, was sehr ungewöhnlich war, da es zur damaligen Zeit schwierig war, überhaupt eine Besuchserlaubnis für den Aufenthalt in einer anderen Stadt zu erhalten.[258] Grundsätzlich gab es nur in den großen Städten vereinzelte Behandlungsangebote. Einfachste Medikamente waren häufig nicht erhältlich und ihr Mann und sie bestachen andere Ärzte, um notwendige Medikamente zu erwerben. Die ersten zehn Lebensjahre blieb ihr Sohn zu Hause, da es keine Einrichtung gab, die ihn hätte aufnehmen können. Ein Privatlehrer, den sie nach längerer Suche gefunden hatte, gab ihm Unterricht.[259] 1993 gründete sie dann zusammen mit anderen betroffenen Eltern eine Initiative, um die Situation behinderter Kinder zu verbessern. Aufgrund ihrer Erfahrung als Ärztin wusste sie, welche Unterstützung diese Kinder benötigten. Durch ihre beruflichen Kontakte zu verschiedenen Polikliniken, Psychiatern und Neurologen bekam sie die Daten von betroffenen Familien. Insgesamt kamen beim ersten Treffen 28 interessierte Familien zusammen. Fortan traf sich die Gruppe dreimal in der Woche nach der Arbeit und am Wochenende. Im Laufe der

---

[258] Auch wäre sie gerne an das Schwarze Meer gereist, aber Familien mit behinderten Kindern erhielten keine staatliche Einladung, die notwendig war, um das Schwarze Meer zu besuchen.
[259] Dieser wurde vom Staat bezahlt, da ab den 1990er Jahren ein neues Gesetz in Kraft getreten war, wonach Kinder, die nicht dem regulären Schulunterricht folgen konnten, einen Anspruch auf einen Sonderlehrer hatten, um auch ihnen Bildung zu ermöglichen.

Zeit unterstützte der Verein bis zu 300 Familien und deren Kinder. Vornehmlich handelt es sich hierbei neben Kindern, die eine geistige Behinderung aufwiesen, auch um Kinder, die infolge der Reaktorkatastrophe an Schilddrüsenkrebs oder Leukämie erkrankt waren.

Anfang der 1990er Jahre reiste sie nach Deutschland und besuchte verschiedene bundesdeutsche Initiativen (z.B. auch die Lebenshilfe). Mit deren Unterstützung baute sie 1995 das Zentrum für die Rehabilitation behinderter Kinder in Mosyr (bei Tschernobyl) auf.[260] Allerdings war es schwierig dieses Zentrum zu betreiben, weil es kein ausgebildetes Personal gab, das bereit war, für eine nur geringe Entlohnung zu arbeiten.

Da Frau M. an der Berufschule medizinisches Personal unterrichtete, fing sie an, die ihrer Ansicht nach am meisten geeigneten Studenten zur Mitarbeit in diesem Heim zu bewegen. So konnte sie einen ausgebildeten Mitarbeiterstab aufbauen, der zunächst lediglich für eine geringe Aufwandsentschädigung arbeite.

Vom Staat wurde die Einrichtung nicht unterstützt. Da aber der atomare Zwischenfall in Tschernobyl und die damit verbundene Folgen weltweit bekannt geworden waren, fanden sich einige westeuropäische Einrichtungen – insbesondere Deutschland, Italien und Spanien – die bereit waren diese private Initiative zu unterstützen. Die Unterhaltskosten für das Heim wurden beispielsweise von einem privaten Unterstützer aus Deutschland getragen,[261] Sachspenden wie Rollstühle und Lifte kamen von verschiedenen ausländischen Institutionen und dem Deutschen Roten Kreuz.

Die finanzielle Situation der Einrichtung verbesserte sich erst 1996, als sie als offizielle Zweigstelle des staatlichen Behindertenheimes der Stadt Minsk anerkannt wurde und finanzielle Unterstützung durch den Staat erhielt.

Im Jahre 2000 gewann die Einrichtung bei einem weißrussischen Wettbewerb für soziale Projekte den ersten Preis für ihre Professionalität, im selben Jahr stellten Frau M. und ihre Mitarbeiter ihr Projekt in London auf einer Wohltätigkeitsmesse für soziale Projekte vor.

---

[260] Das Zentrum wurde als Tagestätte aufgebaut und wird von 85 Kindern mit Behinderungen der unterschiedlichsten Art besucht (z.B. Down-Syndrom. Epilepsie, Autismus usw.).
[261] Ein mittelständischer Unternehmer aus Baden-Württemberg finanzierte die Miete für diesen Raum und übernahm die Kosten für verschiedene Austauschkontakte.

Mittlerweile hat die Initiative neben dem Heim auch eine Werkstätte für behinderte Menschen und eine Schule mit einer Früherkennungsstelle aufgebaut. Obwohl Frau M. 2004 mit ihrer Familie nach Deutschland immigrierte fährt sie zweimal jährlich zu dem Verein nach Weißrussland und sammelt Geld für ihn. Sie arbeitet auch weiterhin im Leitungsteam des Zentrums.

In ihrem Gespräch sprach Frau M. die gesellschaftlichen Zustände in Weißrussland und bezeichnete die Gesellschaft dort als eine ‚böse Gesellschaft'. Behinderte Menschen wurden im alltäglichen Leben schlecht behandelt, Nichtbehinderte wollten mit ihnen nichts zu tun haben. Allgemein schauten Passanten weg, wenn ihnen behinderte Kinder begegneten. Als Beispiel für die Ignoranz gegenüber Menschen mit einer Behinderung schilderte sie einen Vorfall, den sie persönlich erlebte. Ihr ca. 10jähriger behinderter Sohn saß während eines Sommertages draußen auf einer Bank vor ihrem Arbeitsplatz, als Kinder kamen und auf ihn einschlugen. Obwohl Menschen auf der Straße umhergingen, griff niemand ein. Ab diesem Zeitpunkt ließ sie ihn nicht mehr allein auf der Straße, was wiederum seine Isolation und Einsamkeit verstärkte. Frau M. berichtete vereinzelt von weiteren Beispielen gesellschaftlicher Gleichgültigkeit, die auch in Zusammenhang der in der Gesellschaft weit verbreiteten Alkoholsucht stünden. So zeigte sie Bilder von einem 14 jährigen Jungen aus dem Heim, den seine alkoholisierten Eltern bei minus 30 Grad Celsius nachts auf die Straße geschickt hätten. Da er nirgendwo Unterschlumpf fand, waren, als er aufgefunden wurde, seine Finger so erfroren, dass sie amputiert werden mussten.

Weiterhin berichtet sie von wenigen staatlichen Einrichtungen für behinderte Menschen in der ehemaligen Sowjetunion. In der Regel handelte es sich hierbei um große Anstalten, in denen die Kinder in der Regel abgeschoben und ohne besondere Fürsorge vor sich hin vegetierten. Öffentlich wurde über diese Einrichtungen nicht gesprochen, aber allgemein waren sie berüchtigt. So existierten für behinderte Kinder in der ehemaligen Sowjetunion vornehmlich psychoneurologische Internate, in denen 200-400 Menschen hinter einem hohen Zaum, mit Gittern an den Fenstern von der Außenwelt abgeschirmt lebten. Frau M. beschreibt die 1995 in Weißrussland herrschende Situation in einem unveröffentlichten Projektantrag, mit dem sie Unterstützung für ihre Einrichtung bei einer westeuropäischen Organisation beantragte, wie folgt:

> „Sie leben in Not, müssen seelisch und körperlich leiden, dabei bleiben die Behörden völlig teilnahmslos an ihrem Schicksal. Sie haben keine Rechte, sie werden geschlagen und erniedrigt: Sie haben keine persönlichen Sachen. Sie sind schmutzig und zerlumpt, sie hungern, haben selten Zahnpasta, Toilettenpapier, Shampoo. Ihre Toiletten sind Eimer im dunklen Korridor oder dreckiges Loch im Holzschüpplein, wohin man bei Kälte und Regen gehen muss Der Hauptvertreib der Menschen hier ist auf dem Zementboden zu kauern oder zu liegen. Und wenn sie bettlägerig sind, so müssen sie bei lebendigem Leibe verfaulen oder im Geruch ihrer eigenen Exkremente ersticken. Sie haben keine Hoffnung auf soziale Teilnahme und Einschließung in die gemeinnützige Arbeit. Langanhaltende Untätigkeit, soziale Isolation und menschenunwürdige Bedingungen rufen erneute Degradierung, Aggression und einen tierähnlichen Zustand hervor.(...) Die Entwicklungsmöglichkeiten, die behinderten Menschen in den Ländern Westeuropas zur Verfügung stehen, sind für uns ein Beispiel des Humanismus, der Menschlichkeit, dem wir auch folgen möchten."[262]

Auch wenn angenommen werden kann, das dieser Antrag die vorherrschenden Zustände etwas überspitzt beschreibt, um erfolgreich beschieden zu werden, so werden dennoch aus Frau M. Aussagen die herrschenden Mängel und Schwierigkeiten, unter denen betroffene Familien in der ehemaligen Sowjetunion lebten, deutlich.

---

[262] Zitiert aus einem unveröffentlichten Antrag, der als Material für diese Arbeit vorliegt.

Resümee der beiden Experteninterviews:[263]
Beide Expertinnen haben in der Sowjetunion in unterschiedlichen Regionen und unter verschiedenen Bedingungen gearbeitet. Frau J. arbeitete in einer sehr exponierten Position: Sie hat als eine der wenigen ausgebildeten Sonderschullehrerinnen in einer für sowjetische Verhältnisse vorbildhaften Schule gearbeitet. Ihre Einrichtung war an eine pädagogische Fachhochschule angegliedert und befand sie sich in Moskau, wo die Versorgung noch am ehesten gewährleistet war. Allein Kinder aus einem privilegierten Elternhaus konnten diese Einrichtung besuchen.[264] Die Bedingungen, die sie schildert, können als die bestmöglichen für geistig behinderte Kinder und ihre Angehörigen in der ehemaligen Sowjetunion beschrieben werden.

Frau M. hingegen arbeitete in der Peripherie, in einem ländlichen Gebiet, dass sich allerdings aufgrund seiner traurigen ‚Berühmtheit' auch in einer exponierten Lage befand: Tschernobyl. Frau M. hat in dieser Gegend eine Selbsthilfegruppe aufgebaut. Dies ist eine für sowjetische Verhältnisse außergewöhnliche Aktivität, denn die Bildung von Eigeninitiativen und Ehrenamt waren in dem sowjetischen Gesellschaftssystem nicht vorgesehen.[265] Dabei konnte diese Selbsthilfegruppe unter ver-

---

[263] Einige Tage vor Abschluss meiner Doktorarbeit ergab sich die Gelegenheit mit zwei weiteren Expertinnen zu sprechen.
1) Frau B., die als Kinderärztin auf einer psychiatrischen Abteilung gearbeitet hatte, bestätigte meine bisherigen Erkenntnisse und ergänzte:
Allgemein war die Situation in der Stadt besser als auf dem Lande. So hat es in den größeren Städten einige spezielle Schulen insbesondere für lernbehinderte Kinder gegeben. Behinderte Jugendliche erhielten ab dem 16. Lebensjahr eine sehr kleine Rente, weil anerkannt wurde, dass sie nicht in der Lage waren, ihren Lebensunterhalt allein zu bestreiten.
2) Frau W. hatte als Lehrerin in einer Taubstummenschule in St. Petersburg gearbeitet und wies mich darauf hin, dass sie hierzu an einer speziellen Fach-Fakultät studiert hatte. Sie beschrieb die Bedingungen für die Kinder in der Schule, in der sie gearbeitet hatte, als gut. Nach ihrer Kenntnis gab es in St. Petersburg einige Schulen für Kinder mit einer geistigen Behinderung.
[264] Dies könnte auch erklären, warum in der Wahrnehmung von Frau Pasternak in St. Petersburg nur eine Schule existierte, auch wenn es wahrscheinlich theoretisch mehr Schulen gab. Denn wie das Beispiel Moskau zeigt: Auch wenn es in Moskau offiziell 8 Schulen für Kinder mit einer Behinderung gab, so standen diese nicht allen Kindern offen.
[265] Mit der Perestroika und der damit einsetzenden Liberalisierung formierten sich zunehmend auch Bürgerinitiativen. Auch auf dem Gebiet des Behindertensektors haben sich in den letzten Jahren einige Initiativen gebildet. Typisch für

gleichsweise guten Bedingungen arbeiten. Aufgrund ihrer Nähe zu dem berühmten Ort Tschernobyl erhielt sie Unterstützung aus Westeuropa, ohne die ihre Aktivitäten nicht möglich gewesen wären.

Beide Expertinnen, die unter vergleichsweise guten strukturellen Bedingungen arbeiteten, bestätigen durch ihre Aussagen grundsätzlich die Äußerungen der Interviewpartner aus den Familieninterviews. Kennzeichnend für die Lebenssituation von Menschen mit einer Behinderung in der ehemaligen Sowjetunion war, dass

> a) für diesen Personenkreis staatlicherseits keine oder nur geringe Unterstützungsangebote gemacht wurden. Allein ein schulische Förderung lernbehinderter Kinder hat es in der Regel gegeben. Auch wurde der Besuch eines Privatlehrers staatlicherseits finanziert. Dies bestätigt, dass der Bildung vom Staat eine große Bedeutung beigemessen wurde.[266] Das Beispiel der ‚Vorzeigeeinrichtung', in der Frau J. arbeitete, zeigt, dass zumindest in Fachkreisen eine Idee davon bestand, wie eine die Kinder fördernde Einrichtung aussehen könnte. In den restlichen staatlichen Heimen für behinderte Kinder herrschten häufig katastrophale Zustände. An dem Beispiel der von der Selbsthilfegruppe aufgebauten und allein getragenen Tageseinrichtung lässt sich erkennen, dass sich der sowjetische Staat für die Unterstützung solcher Einrichtungen grundsätzlich nicht verantwortlich fühlte und diese daher auch nicht förderte. Nach der Perestroika[267] wurden mit Spenden aus dem Ausland erste Ansätze einer sozialen Versorgung wie Telefonberatung, Sozialarbeiter etc. aufgebaut. Auch etablierten sich verschiedene Angebote für Behinderte, die von den Familien allerdings privat bezahlt werden mussten.

---

diese ist, dass sie oft von Personen, die professionell mit behinderten Kinder zu tun haben, gegründet wurden. Diese versuchen dann die Angebote der Selbsthilfegruppe mit anderen Unterstützungsmaßnahmen zu kombinieren.

[266] Siehe auch Kapitel, 3.2.

[267] Mitte der 1990er Jahre wurden auch verschiedene Gesetzte zum Schutz dieser Personengruppe erlassen. Beispielsweise trat 1995 in der russischen Föderation das Gesetz ‚Sozialer Schutz Behinderter' in Kraft Dieses Gesetz findet vor allem auf Personen mit einer körperlichen Behinderung Anwendung und sollte hauptsächlich der Wiedereingliederung in das Berufsleben dienen. (Tscherpuchna/Bellermann 2002:37ff, zit. n. Poltawez/Rivin 2006: 59).

b) der Umgangston der sowjetischen Gesellschaft als aggressiv und gereizt im Umgang mit Schwächeren bezeichnet werden kann. Beide Interviewpartnerinnen erklären dies mit den schwierigen Lebensverhältnissen und der grundsätzlich in russischen Familien vor herrschenden Akzeptanz der körperlichen Züchtigung von Kindern.

Die Aussagen der beiden Experteninterviews betätigen die Berichte der interviewten Familien zu den Lebensverhältnissen in der ehemaligen Sowjetunion.
Im folgenden Kapitel 4.3 sollen Annahmen der aus den qualitativen Interviews gewonnenen Erkenntnisse überprüft werden.
Hierzu wird im sich nun anschließenden quantitativen Forschungsteil dieser Arbeit eine Sekundäranalyse anhand eines Datensatzes zu dieser Personengruppe durchgeführt.

4.3 Quantitative Analyse

Im folgenden Abschnitt werden die Ergebnisse einer Sekundäranalyse vorgestellt, die durchgeführt wurde, um drei der insgesamt fünf in der qualitativen Analyse gewonnenen Aspekte zu überprüfen. Dadurch soll eruiert werden, ob sich die Erkenntnisse aus den Interviews mit den gut deutsch sprechenden Interviewpartnern

a) auch für einen größeren Personenkreis bestätigen lassen und
b) auch für Personen, die über weitaus schlechtere Deutschkenntnisse verfügen, gelten.

Die Sekundäranalyse basiert auf 60 der insgesamt 128 Fälle des Datensatzes, der für die Zentralwohlfahrtsstelle der Juden in Deutschland (ZWST e.V.) im Rahmen des Projektes ‚*Integration von Menschen mit geistiger oder psychischer Behinderung in das jüdische Gemeindeleben*' erstellt wurde.[268]

Bei diesem Teildatensatz handelt es sich allein um Familien mit einem geistig behinderten Angehörigen, die aus der ehemaligen Sowjetunion

---

[268] Vergleiche auch Bader/Kohan 2011.

stammen. Die restlichen, hier nicht berücksichtigten 68 Fragebögen wurden von Familien beantwortet, die nicht aus der ehemaligen Sowjetunion stammen oder die ein Familienmitglied mit einer psychischen Erkrankung betreuen.

Zunächst werde ich das methodische Vorgehen dieses von der ZWST e.V. initiierten Projektes beschreiben. Anschließend gebe ich einen kurzen Überblick hinsichtlich einiger demographischer Merkmale der betroffenen Personengruppe, um dann drei zentrale Erkenntnisse der qualitativen Analyse aufzugreifen und zu überprüfen.

Methodisches Vorgehen

Da über die Lebenssituation jüdischer Menschen mit einer geistigen/ psychischen Behinderung keine Informationen vorlagen, beschloss die ZWST e.V. im Jahr 2005 eine Befragung durchzuführen, um sich einen Überblick über die Lage der Betroffenen zu verschaffen und geeignete Unterstützungsangebote in die Wege zu leiten. Dazu wurde vom November 2005 bis zum Mai 2007 eine schriftliche Erhebung durchgeführt, in deren Rahmen ein Fragebogen in einer deutschen und einer russischen Version mit einem Begleitschreiben und einem frankierten Rückumschlag an die Betroffenen gesendet bzw. verteilt wurde.

Da es sich bei der vorliegenden Thematik um ein äußerst sensibles Thema handelt und auch keine Adressdatei von Menschen mit einer Behinderung existierte, wurden die zu Befragenden auf verschiedene Art und Weise auf die Fragebogenaktion aufmerksam gemacht:

1) Während verschiedener regionaler und überregionaler Informationstreffen zu dem Projekt wurden an die anwesenden Familienangehörigen Fragebögen verteilt. Dabei wurden sie gebeten, diese auch für andere Betroffene, die ihnen persönlich bekannt waren, mitzunehmen.[269]
2) Auf verschiedenen überregionalen Fortbildungen für Sozialarbeiter und ehrenamtliche Mitarbeiter der jüdischen Gemeinden

---

[269] Insgesamt wurde während zweier großer Tagungen, zweier Bildungsurlaube und dreier regionaler Treffen der Fragebogen an Angehörige verteilt. Ca. 100 betroffene Familien erhielten diesen somit direkt. Etwa 15% (n=26) der Befragten gaben Kopien des Fragebogen an Freunde und Bekannte weiter, die diesen teilweise in eigens frankierten Umschlägen zurückschickten.

wurde der Fragebogen an die Teilnehmer verteilt, die ihn an Betroffene weiterleiteten.
3) Im Frühjahr 2006 wurde dem ZWST-Newsletter, der an alle jüdische Gemeinden verschickt wird, ein gesondertes Anschreiben für die Sozialarbeiter beigelegt, um sie über die Fragebogenaktion zu informieren und um die Weitergabe der Information an Betroffene zu bitten.
4) In der ‚Jüdischen Allgemeinen' wie in der ‚Jüdischen Zeitung', den zwei zentralen überregionalen Zeitungen der jüdischen Gemeinschaft, wurde im Rahmen eines Artikels auf das Projekt und die Fragebogenaktion hingewiesen.
5) Betroffenen, die sich telefonisch an die ZWST wendeten, wurde ein Fragebogen zugesendet.

Insgesamt gingen 128 Fragebögen ein. Dies ist für eine ‚Randgruppe' – zu 90%[270] russische Kontingentflüchtlinge mit einer Behinderung – eine große Anzahl. Allerdings können die hier gemachten Aussagen aufgrund der Stichprobenauswahl über die betroffene Personengruppe nicht repräsentativ im statistischen Sinne sein.[271]

Dennoch kann davon ausgegangen werden, dass die vorliegenden Aussagen für den betreffenden Personenkreis – aus der Sowjetunion stammende Familien, die Mitglied einer jüdischen Gemeinde sind und gleichzeitig einem Angehörigen mit einer Behinderung betreuen – insgesamt aussagekräftig sind:[272] Denn während der Auswertung zeigte sich, dass die untersuchte Personengruppe in zwei zentralen statistischen Merkmalen

---

[270] Bei den restlichen 10% der Befragten handelt es sich um jüdische Behinderte mit der deutschen oder einer anderen Staatsangehörigkeit.
[271] Um von Repräsentativität im statistischen Sinne zu sprechen, müsste eine Gesamtdatei der Adressen aller jüdischen Menschen mit Behinderung in der BRD existieren, aus der eine Zufallsstichprobe gezogen wird. Eine solche Datei existiert nicht. Für die hier betrachtete Personengruppe konnte nur ein bewusstes Auswahlverfahren, das keine statistische Repräsentativität gewährleistet, angewendet werden. In dieser Studie wurde das Schneeballverfahren angewendet (Schnell et al. 1993: 279ff).
[272] Da dieses Projekt von einer jüdischen Organisation durchgeführt wurde, sprach es in erster Linie Mitglieder der jüdischen Gemeinden an. Tatsächlich zeigte sich, dass 95% der die Fragebogenaktion beantwortenden Familien Mitglied einer jüdischen Gemeinde waren.

1) dem Verhältnis zwischen ‚*Alteingesessenen*' und Zuwanderern und
2) der Verteilung der Befragten auf die Bundesländer, die der des so genannten Königsberger Schlüssel entspricht.[273]

Zunächst möchte ich im Folgenden anhand einiger ausgewählter demographischer Merkmale – Art der Behinderung, Geschlecht, Alter und An-

---

[273] Vergleicht man die Angaben der Befragten zu ihrem Wohnort mit der Zuteilung der Zuwanderer nach dem Königsteiner Schlüssel (vgl. Kapitel 3.3), so zeigt sich, dass die Verteilung der Wohnorte der Befragten recht gut der Verteilung aller Kontingentflüchtlinge auf die Bundesländer nach dem Königsteiner Schlüssel entspricht. Natürlich muss hierbei berücksichtigt werden, dass die absoluten Fallzahlen pro Bundesland im ZWST-Projekt ausgesprochen klein sind. Dennoch ist die Übereinstimmung der Prozentzahlen zwischen beiden Statistiken bemerkenswert.

Tabelle 2: Vergleich Rücklauf ZWST-Projekt/Königsteiner Schlüssel

Bundesland	Absolute Anzahl (ZWST-Projekt)	Prozent (ZWST-Projekt)	Prozent (Königsteiner Schlüssel) 2004
Schleswig Holstein	3	3,1	2,8
Hamburg	1	1,0	2,6
Niedersachsen	9	9,2	9,3
NRW	23	23,5	22,4
Hessen	20	20,4	7,4
Rheinland Pfalz	3	3,1	4,7
Baden Württemberg	11	11,2	12,2
Bayern	11	11,2	13,9
Saarland	4	4,1	1,4
Berlin	4	4,1	2,3
Brandenburg	1	1,0	3,6
Me. Vorpommern	1	1,0	2,8
Sachsen	7	7,1	6,4
Bremen	0	0	1,0
Sachsen-Anhalt	0	0	3,9
Thüringen	0	0	3,3

Quelle: ZWST Projekt 2007, n=111

Die Verteilung der Betroffenen auf die Bundesländer entspricht fast derjenigen des Königberger Schlüssels. Nur für Hessen fällt auf, dass überproportional viele Fragebögen zurück gesendet wurden. Dies kann damit erklärt werden, dass zentrale Veranstaltungen des Projektes immer wieder in Frankfurt/Hessen stattfanden, so dass Mitglieder hessischer Gemeinden auf diesen stärker vertreten waren.

zahl der Aufenthaltsjahre in der Bundesrepublik – einen Überblick über die Personengruppe des Teildatensatzes gegeben.

Demographische Merkmale

Behinderung

Eine Gruppierung der Befragten anhand ihrer unterschiedlichen Behinderungen erwies sich als schwierig, da die Befragten teilweise sehr ungenaue Angaben machten. In einigen Fällen wurde nur ganz allgemein der Begriff *‚geistige Behinderung'* oder *‚verlangsamte Entwicklung'* genannt. Hinzu kommt, dass sich manche der genannten Symptome nicht eindeutig aus dem Russischen ins Deutsche übersetzten lassen. Dies zeigt sich schon am einfachen Begriff *‚geistige Behinderung'*. Im russischen Sprachgebrauch existiert keine wortwörtliche Übersetzung für diesen Ausdruck. Daher wird allgemein der Begriff Behinderung bzw. des Wort Invalide verwendet. Dieser assoziiert beim Zuhörer allerdings häufig, dass es sich um eine körperliche oder Kriegsbehinderung handelt. Erst durch die Nennung der Diagnose kann der Zuhörer erkennen, welcher Behinderungstyp gemeint ist.[274]

Am häufigsten nannten die Angehörigen folgende Diagnosen: Oligophrenie, Down-Syndrom, frühkindliche Hirnschädigung, Geburtsschäden wie Neugeborenentrauma und Hydrozephalus. In Einzelfällen wurden aber auch seltenere Erkrankungen wie beispielsweise die *‚Tai-Sachs-Erkrankung'* oder das *‚Fragile X'* genannt.[275]

Zusätzlich wurde im Fragebogen auch nach weiteren vorhandenen Krankheiten bzw. Behinderungen gefragt. Insgesamt zeigte die Auswertung der Zweitdiagnosen, dass ein nicht unerheblicher Anteil aller Personen neben einer geistigen Behinderung auch psychische Symptome aufweisen.

---

[274] Diese Problematik zeigt sich immer wieder auf Informationsveranstaltungen, wenn der Begriff *‚geistige Behinderung'* übersetzt werden sollte und sich die Dolmetscher an dieser Stelle mit Umschreibungen behelfen mussten.

[275] Bei der *Tai-Sachs-Erkrankung* handelt es sich um eine vererbte Stoffwechselerkrankung, die sich in einer motorischen und geistigen Retardierung zeigt. Das *Syndrom des fragilen X-Chromosoms* ist eine Erberkrankung, die auf einer Veränderung des x-Chromosons beruht und insbesondere mit Hyperaktivität und motorischen und geistigen Entwicklungsstörungen wie Sprachdefiziten einhergeht (Pschyrembel 1994).

Geschlecht

Das Geschlechterverhältnis der geistig behinderten Personen stellt sich folgendermaßen dar:

Graphik 3: Geschlecht der behinderten Personen

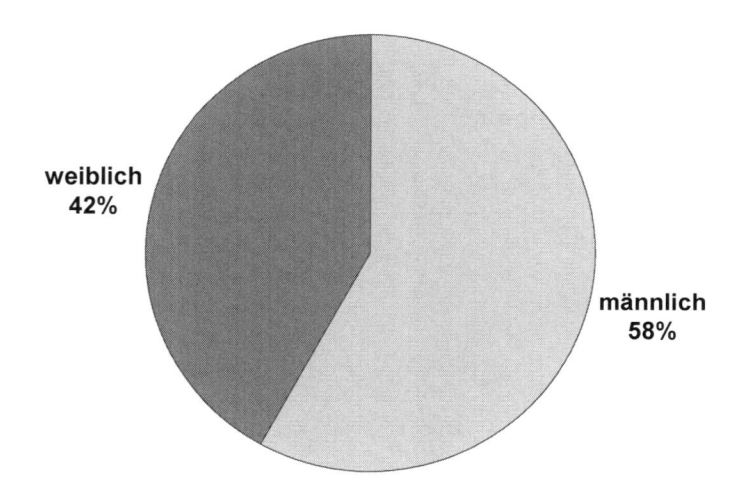

weiblich
42%

männlich
58%

Quelle: ZWST Projekt 2007, n=60
Unter den Betroffenen sind männliche Personen mit 58% überrepräsentiert, allerdings zeigen auch andere Statistiken, dass es grundsätzlich in der Bevölkerung mehr behinderte Männer als Frauen gibt.[276]

---

[276] Beispielsweise zeigen statistische Tabellen der Gesundheitsberichterstattung des Bundes ein ähnliches Bild. Vgl.: http://www.gbe-bund.de, Stand: September 2008.

Alter

Unterteilt nach Altersgruppen[277] zeigt sich folgende Altersverteilung der behinderten Menschen:

Graphik 4: Altersgruppen der Menschen mit Behinderung

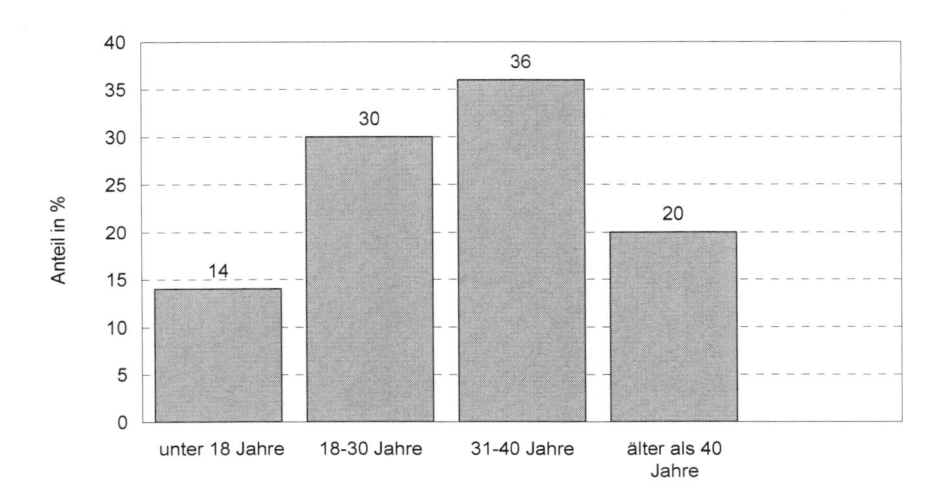

[Balkendiagramm: Anteil in %
- unter 18 Jahre: 14
- 18-30 Jahre: 30
- 31-40 Jahre: 36
- älter als 40 Jahre: 20]

Quelle: ZWST Projekt 2007, n=59

Die Altersverteilung der behinderten Angehörigen zeigt, dass 86% der Befragten 18 Jahre und älter sind. Nur 14% (n=8) der Personen mit einer Behinderung sind unter 18 Jahre alt. Die größte Gruppe mit ca. 36% (n=21) stellen die Erwachsene im Alter von 31-40 Jahre dar. 20 % (n=12) sind bereits über 40 Jahre alt. Der Median dieser Altersverteilung liegt bei 33 Jahren; dies bedeutet 50% der betrachteten Gruppe sind jünger/gleich 33 Jahre und 50% sind älter/gleich 33 Jahre.

---

[277] Diese Altersgruppen wurden nach entwicklungspsychologischen Kriterien festgelegt: Jugendlicher: unter 18 Jahren; junges Alter: 18-30 Jahre; mittleres Alter: 31-40 Jahre und vorangeschrittenes Erwachsenenalter: ab 40 Jahre. Bei dieser Einteilung wurde berücksichtigt, dass Menschen mit Behinderung in der Regel schneller altern.

Betrachtet man das Alter der Angehörigen, so zeigt sich folgendes Bild:

Graphik 5: Altersgruppen der Angehörigen

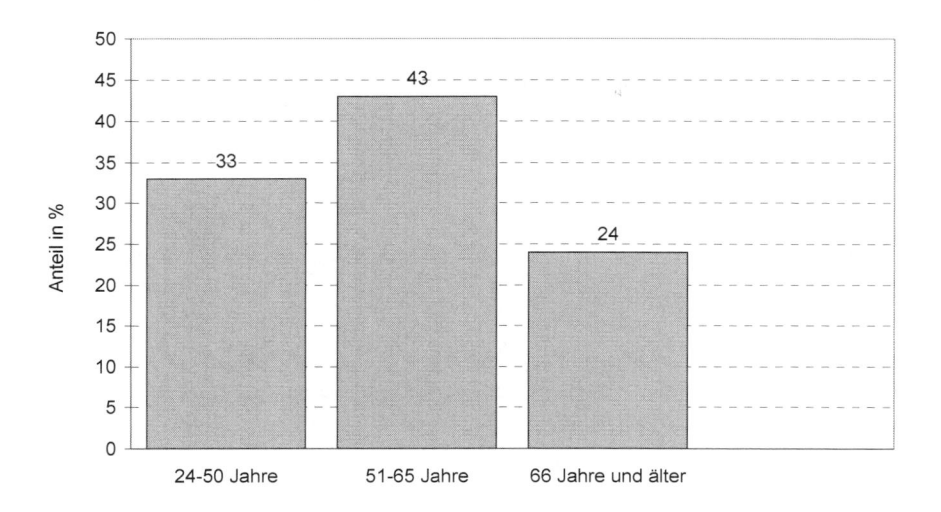

Altersgruppe	Anteil in %
24-50 Jahre	33
51-65 Jahre	43
66 Jahre und älter	24

Quelle: ZWST Projekt 2007, n=55

Ein Viertel der Angehörigen ist über 66 Jahre. Weiterhin ist erkennbar, dass fast die Hälfte 43% (n=53) der Angehörigen zwischen 51 und 65 Jahre alt ist. Der Median der Angehörigen liegt bei 57 Jahren.

Aufenthaltsdauer in der Bundesrepublik

Befragt danach, seit wann der behinderte Angehörige in der Bundesrepublik lebt, zeigt sich folgendes Bild:

Tabelle 3: Behinderter Mensch: seit wann in der BRD?

		Häufigkeit	Prozent	Gültige Prozente	Kumulierte Prozente
Gültig	bis unter 5 Jahre	20	33,3	35,7	35,7
	5-10 Jahre	33	55,0	58,9	94,6
	mehr als 10 Jahre	3	5,0	5,4	100,0
	Gesamt	56	93,3	100,0	
Fehlend	System	4	6,7		
Gesamt		60	100,0		

Quelle: ZWST Projekt 2007, n=60

Die überwiegende Mehrheit der Betroffenen, etwa 65% (n=36) lebt seit mindestens fünf Jahren in Deutschland und ist damit schon vor längerer Zeit in die Bundesrepublik migriert.

Ausgehend von diesen ersten demographischen Analysen sollen im Folgenden Resultate der quantitativen Studie, die einen Bezug zu den aus der qualitativen Analyse herausgearbeiteten Ergebnissen haben, dargestellt werden.

Ich konzentriere mich dabei auf die drei Themen *‚Annahme von Unterstützungsangeboten'*, *‚Selbstständigkeit des behinderten Angehörigen'* und *‚Integration hinsichtlich des Behinderungsbildes'*, die sich bereits im qualitativen Teil als wesentliche Aspekte ergeben haben.[278]

1) Annahme von Unterstützungsangeboten

Bei der Auswertung der qualitativen Interviews hatte sich gezeigt, dass sich die untersuchten Familien schon in der Sowjetunion intensiv um Fördermaßnahmen für ihre Kinder bemüht hatten und daher den in der

---

[278] Die beiden Aspekte *‚Erfahrungen in der Sowjetunion'* und *‚Frauenerwerbstätigkeit'*, die sich anhand der qualitativen Analyse als weitere zentrale Punkte ergaben, wurden im Fragebogen des Projektes nicht erhoben. Sie können daher nicht ausgewertet werden.

Bundesrepublik angebotenen Unterstützungsmaßnahmen aufgeschlossen gegenüber standen.

Im Folgenden wird eine Übersicht über die Inanspruchnahme verschiedener Hilfsangebote gegeben, um zu überprüfen, ob sich dieses Ergebnis auch in der quantitativen Auswertung widerspiegelt. Dabei zeigt sich die grundsätzliche Problematik einer Sekundäranalyse: Die Variablen des Ursprungsdatensatzes sind häufig aufgrund eines anderen theoretischen Blickwinkels entstanden und passen daher nicht genau zu dem aktuellen Forschungsvorhaben (Schnell et al. 1993: 267ff.). Der spezifische Bereich der jeweiligen Fördermaßnahmen, den die Befragten in den Interviews nannten,[279] wurde im Fragebogen nicht erfasst. So wurde nur allgemein die Inanspruchnahme von Unterstützungsmaßnahmen eruiert. Allerdings gibt auch diese einen Hinweis auf die Bereitschaft der Befragten Unterstützungsangebote wahrzunehmen.

Schwerbehindertenausweis[280]

Der Schwerbehindertenausweis ist ein zentrales Dokument, um verschiedene Erleichterungen und Ermäßigungen im Alltag zu nutzen.

Tabelle 4: Besitz eines Schwerbehindertenausweises

		Häufigkeit	Prozent	Gültige Prozente	Kumulierte Prozente
Gültig	1 ja	57	95,0	95,0	95,0
	3 nein	3	5,0	5,0	100,0
	Gesamt	**60**	**100,0**	**100,0**	

Quelle: ZWST Projekt 2007, n=60

95% (n=57) der untersuchten Personengruppe sind im Besitz dieses Dokumentes, was dafür spricht, dass die Familien hierüber sehr gut informiert sind.

---

[279] In vielfachen Gesprächen mit Personen, die durch das Projekt angesprochen wurden, zeigt sich, dass ein Teil der Familien therapeutische Angebote (z.B. Sprachtherapie, Krankengymnastik) in Anspruch nimmt.
[280] Der Schwerbehindertenausweis gilt als Nachweis dafür, dass ein Mensch als schwerbehindert gilt. Hierfür muss mindestens ein Grad der Behinderung von 50% festgestellt worden sein (http://www.vdk.de, Stand: Sep. 2008).

Gesetzlicher Betreuer

Des Weiteren wurde nach dem Themengebiet ‚*Gesetzliche Betreuung*' gefragt. Auf Antrag kann ein gesetzlicher Betreuer bestellt werden, der verschiedene Aspekte der Lebensgestaltung regelt. Hierbei wird zwischen verschiedenen Aufgabenbereichen, den so genannten Wirkungskreisen, unterschieden. Diese sind beispielsweise Angelegenheiten, die die Gesundheitsvorsorge, Vermögensverhältnisse und Vertretungsaufgaben gegenüber den Behörden betreffen. Hierzu antworteten die Familien folgendermaßen:

Tabelle 5: Gibt es eine gesetzliche Betreuung?

		Häufigkeit	Prozent	Gültige Prozente	Kumulierte Prozente
Gültig	1 ja	45	75,0	77,6	77,6
	2 ist beantragt	1	1,7	1,7	79,3
	3 nein	12	20,0	20,7	100,0
	Gesamt	**58**	**96,7**	**100,0**	
Fehlend	9 keine Angabe	2	3,3		
Gesamt		**60**	**100,0**		

Quelle: ZWST Projekt 2006, n=60

75% (n=45) der behinderten Familienmitglieder haben einen gesetzlichen Betreuer, häufig ist dies auch ein Elternteil. Dies spricht dafür, dass der Großteil der Betroffenen auch hinsichtlich dieses sozialrechtlichen Aspektes gut informiert ist.

Unterstützung durch Institutionen aus dem Behindertensektor

Zudem wurden die Familien gefragt, welche institutionellen Einrichtungen sie in Anspruch nehmen.

Graphik 6: Unterstützung durch Institutionen

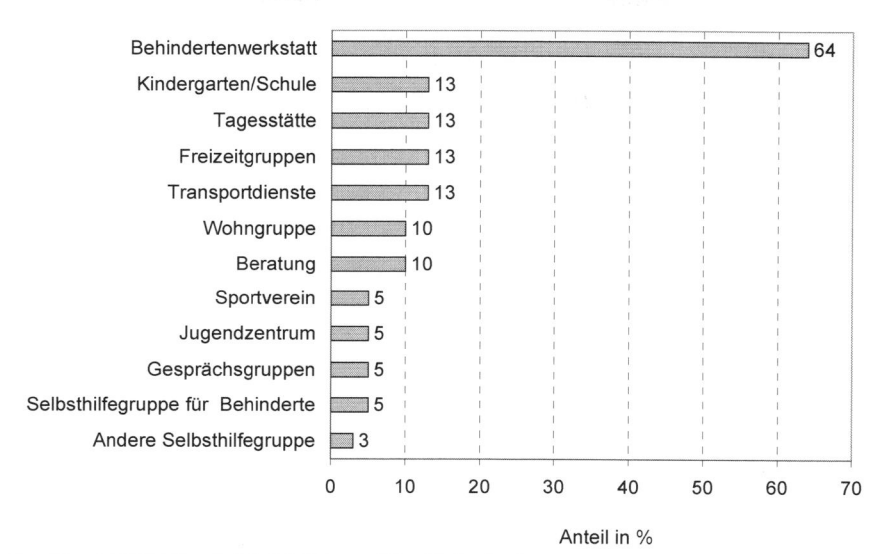

Institution	Anteil in %
Behindertenwerkstatt	64
Kindergarten/Schule	13
Tagesstätte	13
Freizeitgruppen	13
Transportdienste	13
Wohngruppe	10
Beratung	10
Sportverein	5
Jugendzentrum	5
Gesprächsgruppen	5
Selbsthilfegruppe für Behinderte	5
Andere Selbsthilfegruppe	3

Quelle: ZWST Projekt 2007, n=39, Mehrfachnennung möglich

Da Mehrfachnennungen möglich waren, hatten insgesamt 39 Familien 62 Angaben gemacht. 65% (n=39) der 60 befragten Familien nutzen somit ein institutionelles Angebot. Allerdings nehmen auch etwa 35% (n=21) der Familien keines wahr. Von denen, die eine Unterstützung in Anspruch nehmen, nennen 64% (n=25) an 1. Stelle den Besuch der Behindertenwerkstatt.[281] Die anderen Angebote wie Beratung, Freizeitaktivität werden nur sehr vereinzelt wahrgenommen.

Allerdings werden von den Betroffenen im Rahmen des Werkstattbesuches häufig Angebote wie Freizeitaktivitäten, Beratung und ähnliches wahrgenommen, die in dieser Aufzählung nicht erscheinen.[282]

Da von der befragten Personengruppe mindestens ein Familienmitglied Mitglied einer jüdischen Gemeinde ist, besteht für die Betroffenen auch die Möglichkeit bei dieser Institution um Unterstützung, Beratung

---

[281] Weitere detaillierte Auswertungen zeigen, dass 80% der Betroffenen, die in einer Behindertenwerkstatt arbeiten, grundsätzlich mit ihrer Arbeitssituation zufrieden sind.
[282] Beispielsweise berichteten Befragte, dass sie im Rahmen des Werkstattbesuches einen Deutschkurs besuchten.

und Hilfestellung nachzusuchen.[283] Der Wunsch danach kann als ein weiteres Indiz für ein Interesse an Unterstützungsangeboten gewertet werden.

Graphik 7: Wunsch nach Beratung durch die jüdische Gemeinde

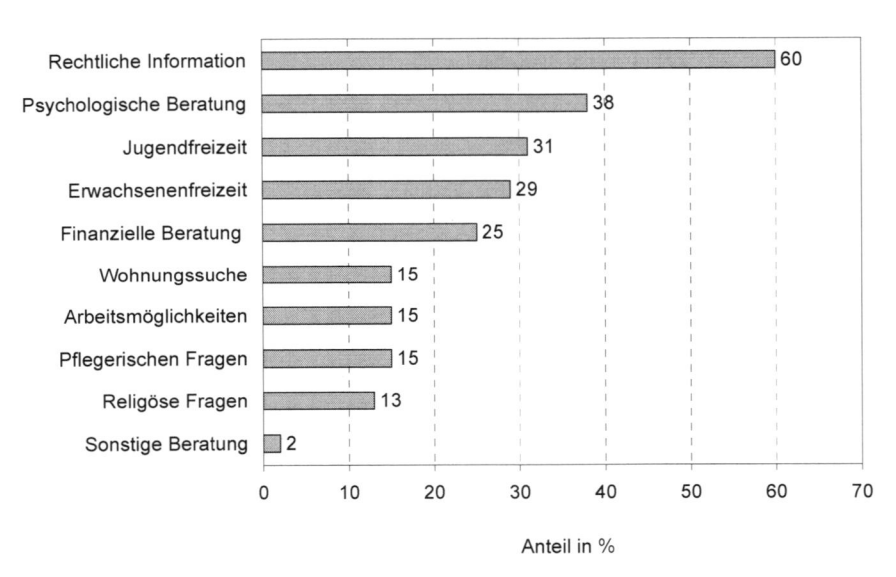

Kategorie	Anteil in %
Rechtliche Information	60
Psychologische Beratung	38
Jugendfreizeit	31
Erwachsenenfreizeit	29
Finanzielle Beratung	25
Wohnungssuche	15
Arbeitsmöglichkeiten	15
Pflegerischen Fragen	15
Religöse Fragen	13
Sonstige Beratung	2

Quelle: ZWST Projekt 2007, n=48, Mehrfachnennung möglich

Graphik 7 zeigt ein grundsätzliches Interesse an mehr Beratung und damit auch eine vorhandene Bereitschaft diese wahrzunehmen.

So haben 80% (n=48) der insgesamt 60 befragten Familien einen Wunsch nach mehr Beratung. Hierbei steht an erster Stelle der Wunsch nach rechtlicher Information, der von über 60 % (n=29) der an Beratung Interessierten geäußert wird.

An zweiter Stelle steht der Wunsch nach psychologischer Beratung, den 38% (n=18) derjenigen, die Beratung wünschen, äußerten. Dies spricht dafür, dass unter den Befragten ein grundsätzliches Interesse und Offenheit gegenüber Angeboten besteht.

---

[283] Die Sozialabteilungen der jüdischen Gemeinden, in denen russischsprachige Mitarbeiter tätig sind, sind häufig die erste Kontakt- und Anlaufstelle für die jüdischen Einwanderer aus der ehemaligen Sowjetunion.

Als letztes soll überprüft werden, inwieweit die Befragten über die finanziellen Unterstützungsmöglichkeiten informiert sind und diese nutzen.

Finanzielle Unterstützung

Um den Aspekt der finanziellen Unterstützung näher zu untersuchen wurde nach den verschiedenen Finanzierungsquellen des Lebensunterhaltes gefragt.

Graphik 8: Finanzierung durch Hilfen

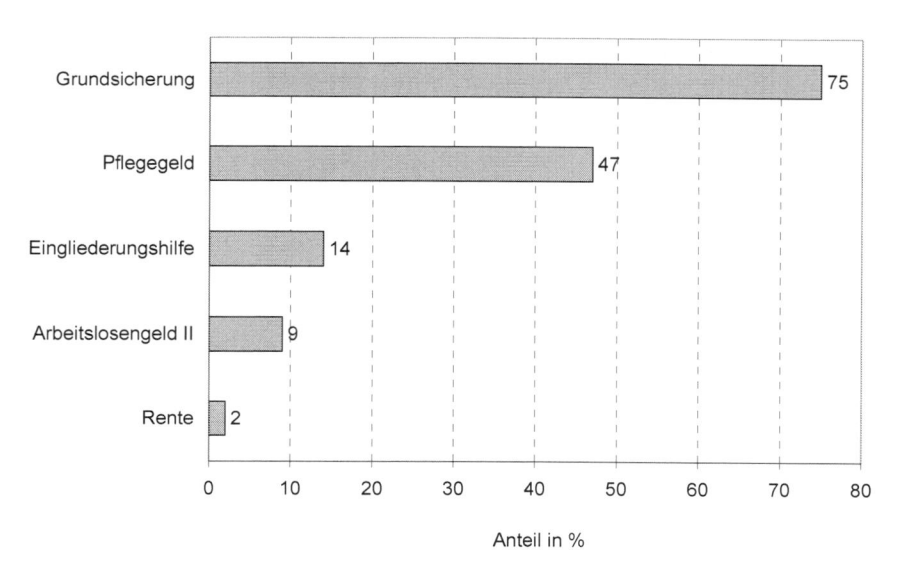

Kategorie	Anteil in %
Grundsicherung	75
Pflegegeld	47
Eingliederungshilfe	14
Arbeitslosengeld II	9
Rente	2

Quelle: ZWST Projekt 2007, n=57, Mehrfachnennung möglich

Insgesamt gaben 57 Familien 86 Antworten, da Mehrfachnennungen möglich waren.

Von den 57 Familien, die diese Frage beantworteten, gab der überwiegende Teil, 75% (n=43), an erster Stelle die Grundsicherung an. Diese sichert ein soziokulturelles Existenzminimum, ist unabhängig vom Krankheitsbild und steht allen Personen zu, die nicht erwerbstätig sind, und sich daher nicht allein versorgen können.

Etwa die Hälfte der Befragten, 47% (n=27), nennt das Pflegegeld.[284] Des Weiteren werden Arbeitslosengeld II und die Eingliederungshilfe[285] genannt. Arbeitslosengeld II, auch unter dem Begriff Hartz IV, bekannt, sichert das soziokulturelle Existenzminimum für arbeitsfähige Hilfebedürftige.

Diejenigen, deren Familienmitglieder im Rahmen der Pflegeversicherung Unterstützung erhalten, sind in folgende Pflegestufen eingeteilt:

Tabelle 6: Pflegestufe

		Häufigkeit	Prozent	Gültige Prozente	Kumulierte Prozente
Gültig	1	13	21,7	59,1	59,1
	2	6	10,0	27,3	86,4
	3	3	5,0	13,6	100,0
	Gesamt	**22**	**36,7**	**100,0**	
Fehlend	9 keine Angabe	38	63,3		
Gesamt		**60**	**100,0**		

Quelle: ZWST Projekt 2007, n= 60

Wie aus Tabelle 6 ersichtlich wird, ist etwa ein Drittel der Befragten einer Pflegestufe zugeordnet, was dafür spricht, dass immerhin ein Drittel der behinderten Familienmitglieder auch aus Sicht des Medizinischen Dienstes der Krankenkassen (MDK) betreuungsbedürftig ist und daher die Berechtigung zum Erhalt des Pflegegeldes zugesprochen wird.

Allerdings bleibt unklar, wie vielen anderen Familien diese Unterstützung auch zusteht, die sie allerdings nicht erhalten. Es kann aber davon ausgegangen werden, dass der Prozentsatz der Familien, die das Pflegegeld tatsächlich in Anspruch nehmen recht hoch ist, weil einem Großteil der 60 befragten Personen aufgrund ihrer Diagnose (beispielsweise

---

[284] Das Pflegegeld sind die finanziellen Leistungen, die die Angehörigen für ihre geleistete häusliche Pflege von der Pflegeversicherung erhalten. Hierbei werden drei Pflegestufen unterschieden: (http://www.pflegestufe.info/pflege/pflegebedarf.html, Stand: Sep.2008).
[285] Unter der Eingliederungshilfe werden verschiedene Hilfen für behinderte Menschen verstanden. Hierzu gehören insbesondere Leistungen zur medizinischen Rehabilitation, zur beruflichen Eingliederung sowie zur gesellschaftlichen Teilhabe am Leben.

Down-Syndrom, Lernschwäche etc.) grundsätzlich kein Pflegegeld zusteht.[286]

Zusammenfassend kann festgestellt werden, dass ein Großteil der betroffenen Familien über ihre Rechte gut informiert ist, und auch die Unterstützungsmöglichkeiten, die sich bieten in Anspruch nimmt.[287] In dieser Hinsicht werden die Ergebnisse aus den qualitativen Interviews bestätigt. Auch zeigte sich bei den im Rahmen des Projekts durchgeführten Veranstaltungen immer wieder, dass die Betroffenen im Prinzip über grundlegende Unterstützungsangebote gut informiert waren, aber vor allem Detailinformationen zu rechtlichen Aspekten und Widerspruchsmöglichkeiten unbekannt waren.

Hierbei zeigen weitere Auswertungen, dass diese Ergebnisse sowohl auf die Gruppe der Angehörigen mit guten wie schlechten Deutschkenntnissen zutreffen. Beispielhaft zeigt Tabelle 7, die den Einfluss vorhandener Deutschkenntnisse auf die Beantragung eines Schwerbehindertenausweises untersucht, dass die beiden Gruppen sich hinsichtlich dieses Aspektes nur wenig unterscheiden.

Tabelle 7

Schwerbehindertenausweis * Deutschkenntnisse : Angehöriger recodiert Kreuztabelle

			Deutschkenntnisse : Angehöriger recodiert			
			versteht und spricht deutsch	versteht deutsch, kann es nicht sprechen	versteht und spricht nur Muttersprache	Gesamt
Schwerbehindertenausweis	ja	Anzahl	22	18	9	49
		Spalten%	100,0%	94,7%	81,8%	94,2%
	nein	Anzahl	0	1	2	3
		Spalten%	,0%	5,3%	18,2%	5,8%
Gesamt		Anzahl	22	19	11	52
		Spalten%	100,0%	100,0%	100,0%	100,0%

Quelle: ZWST Projekt 2007, n= 52

---

[286] Hierbei muss berücksichtigt werden, dass es problematisch ist, von der gestellten Diagnose auf den tatsächlichen Pflegebedarf eines Menschen zu schließen. Der Betreuungsaufwand kann bei verschieden Personen mit dem gleichen Behinderungsbild durchaus unterschiedlich sein.

[287] Als weiteres Indiz dafür, wie gut die Familien sich eigenständig informieren, wurde gefragt, ob sie das Internet nutzen. Hierbei zeigte sich allerdings, dass etwa nur ein Drittel der befragten Familien über einen Internetanschluss verfügt. Von diesen nutzen nur etwa 20% das Internet, da in russischer Sprache nur wenige Informationen zu diesem Themengebiet vorliegen.

Selbst in der Gruppe der nur russischsprachigen Angehörigen geben 82% (n=9) an, einen Schwerbehindertenausweis zu besitzen.

Auch haben weder die Deutschkenntnisse der behinderten Familienmitglieder noch der Angehörigen einen Einfluss auf den Besuch einer Behindertenwerkstatt.

Als nächsten soll überprüft werden, inwiefern sich in der quantitativen Studie auch Hinweise zum Aspekt ‚*Unterstützung der Selbstständigkeit des behinderten Angehörigen*' finden lassen.

2) *Selbstständigkeit des behinderten Angehörigen*

Beim Begriff ‚*Selbstständigkeit*' handelt es sich zunächst um ein abstraktes Konstrukt, das sich nicht so einfach wie andere Sachverhalte (beispielsweise Geschlecht, Wohnort) in einem Fragebogen erfassen lässt. Für diese nicht direkt beobachtbare Begrifflichkeit muss daher zunächst einmal eine Konzeptspezifikation[288] erfolgen, um anschließend die hieraus abgeleiteten einzelnen Aspekte zu operationalisieren.[289] Dies muss gemäß dem quantitativ orientierten Forschungsprozess (Schnell, Hill und Esser 1993: 118) während der Fragebogenkonstruktion erfolgen und daher vor der Befragung geleistet werden.

Erneut stellt sich in der Sekundäranalyse das Problem, dass in dem Originaldatensatz aus dem Projekt die Fragestellung der Selbstständigkeit nicht enthalten war. Es muss daher im Nachhinein eruiert werden, ob es andere, wenn auch nicht ursprünglich in dem Sinne intendierte Fragen gibt, die zu diesem Aspekt eine Auskunft geben könnten.

Um sich der Thematik der Selbstständigkeit anzunähern soll daher der Schwerpunkt des Fragebogens, ‚*Unterbringung in einer Wohneinrichtung*', herangezogen werden. Dieser war auf ausdrücklichen Wunsch der Betroffenen in den Fragebogen mit aufgenommen worden.[290] Hier-

---

[288] Unter der Konzeptspezifikation wird die Phase im Forschungsprozess verstanden, die sich um die Präzisierung und Klärung des verwendeten Konzeptes bzw. Begriffes bemüht. (Schnell, Hill und Esser 1993: 121).
[289] Bei der Operationalisierung eines theoretischen Begriffes werden diesem messbare Indikatoren zugewiesen (Schnell, Hill und Esser 1993: 121f.).
[290] Da bereits im Vorfeld der Befragung der Wunsch nach der Errichtung einer Wohngruppe, die unter der Aufsicht der jüdischen Gemeinschaft stehen sollte, von verschiedenen Familien immer wieder auf verschiedenen Veranstaltungen angesprochen worden war, nahm dieser Aspekt einem Schwerpunkt des Fragebogens ein. Unter anderem sollte mit diesem Fragbogenteil auch eruiert wer-

bei werte ich die Bereitschaft sein behindertes Familienmitglied aus der Familie zu entlassen als ein Indiz dafür, diesem mehr Selbständigkeit zu ermöglichen.

Wie bereits auf S.266ff. gezeigt wurde, befinden sich sowohl die behinderten Menschen als auch ihre Angehörigen im Durchschnitt im fortgeschrittenen Erwachsenalter. So liegt der Median der behinderten Menschen bei 33 Jahren und der der Angehörigen bei 57 Jahren. Der überwiegende Teil der behinderten Familienmitglieder befindet sich somit in einem Alter, in dem sie, orientiert man sich an den Vorstellungen eines selbstbestimmten Lebens, in einer betreuten Wohngruppe oder ähnlichen Einrichtung leben könnte. Betrachtet man die Wohnverhältnisse der Familien, so zeigt sich folgendes Bild:

Graphik 9: Wohnverhältnis Behinderter/Angehöriger

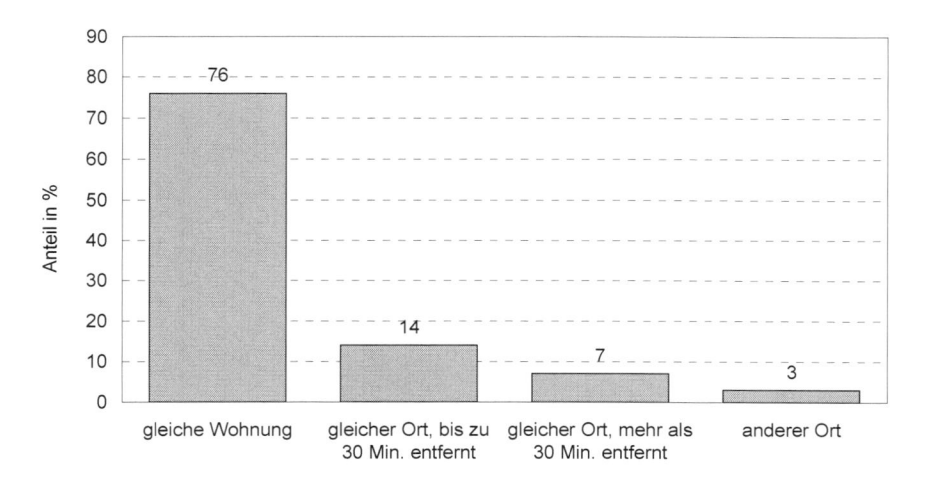

Quelle: ZWST Projekt 2007, n=59

---

den, ob es einen Bedarf an Wohnplätzen bzw. einer Wohngruppenunterbringung gibt. In Frankfurt hatte sich sogar eine kleine Angehörigengruppe gebildet, die sich nur diesem Thema widmete. Auf Betreiben dieser Gruppe wurde von der ZWST e.V. eine Anzeige in verschiedenen jüdischen regionalen Gemeindezeitungen geschaltet, um Interessenten für ein jüdisches Wohnheim anzusprechen. Die Resonanz darauf war allerdings sehr gering.

Drei Viertel, insgesamt 76% (n=45), der behinderten Angehörigen leben mit ihrer Familie in einer Wohnung, obwohl sie zum überwiegenden Teil erwachsen sind. Das spricht für eine starke Bindung der Familienmitglieder untereinander. Allerdings scheinen solche engen Familienbindungen auch in betroffenen Familien ohne Migrationshintergund typisch zu sein. So leben nach einer Statistik der Lebenshilfe noch etwa 60% der erwachsenen Menschen mit einer geistigen Behinderung bei ihren Eltern bzw. Angehörigen (Wagner-Stolp 2007: 2). Vor diesem Hintergrund zeigt Graphik 9 für diesen Bereich durchaus typische Wohnverhältnisse, die nicht extrem von den hiesigen abweichen.[291]

Weitere detaillierte Auswertungen zeigen, dass in knapp 80% (n=41) der Fälle die Mutter mit im Haushalt lebt und nur in der Hälfte aller Familien, 49% (n=26), wohnt auch der Vater im selben Haushalt. Dies könnte ein Hinweis darauf sein, dass die Belastung:

    a) sich in einem neuen Land zurecht finden zu müssen und
    b) ein Familienmitglied mit einer Behinderung versorgen zu müssen,

verstärkt zu Spannungen in den Familien führen.

Bei der Trennung der Familie ist es zumeist die Mutter, die schließlich die Sorge für den behinderten Angehörigen alleine übernimmt.

Schaut man sich an, wie viel Unterstützung die betreuenden Angehörigen durch andere Personen erhalten, so zeigt sich, dass sie weitgehend auf sich allein gestellt sind.

---

[291] Berücksichtigt man, dass unter den 59 Familien, die eine Angabe machten, acht Familien (13%) einen Angehörigen unter 18 Jahren betreuen, der aufgrund seines Alters noch nicht allein in einer Wohngruppe leben könnte, dann wohnen nur 37 von 51 Erwachsenen mit einer Behinderung bei ihrer Familie, also 72%. Allerdings stößt eine statistischer Vergleich dieser Zahlen schnell an seine Grenze, da streng genommen die 76% bzw. 72% aus dieser Erhebung und 60% aus der Erhebung von der Lebenshilfe nicht miteinander verglichen werden können, da es sich bei dem Kollektiv der russischen Kontingentflüchtlinge um eine bewusste Auswahl (Schneeballverfahren, welches nicht die Schlussfolgerungen einer Zufallsstichprobe erlaubt) und dem bundesrepublikanischen Kollektiv hingegen um die geschätzte Grundgesamtheit handelt. Da aber auch nicht ein exakter statistischer Vergleich, sondern vielmehr die Einordnung dieser Zahlen in ein Gesamtbild im Vordergrund steht, sind in diesem Fall die Zahlen dennoch aussagekräftig.

Graphik 10: Wer leistet Hilfestellungen

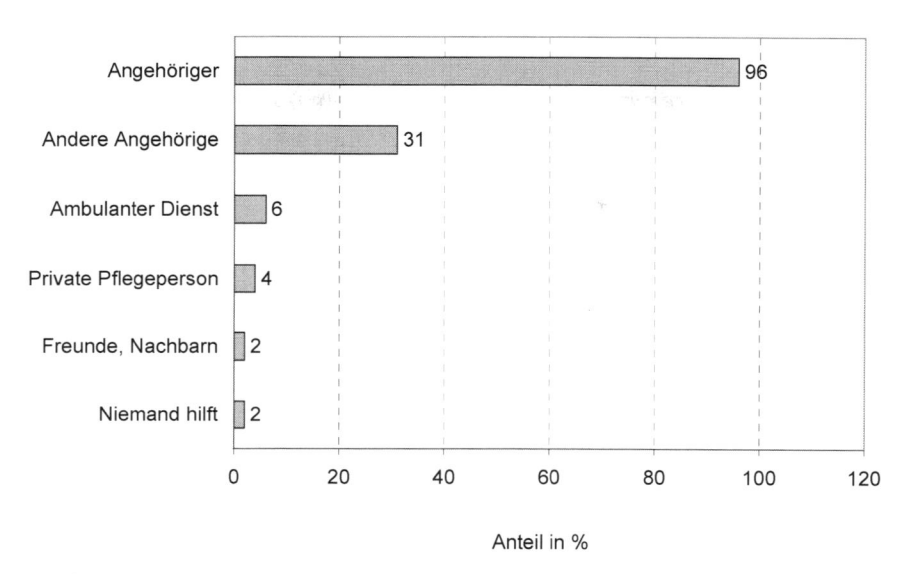

Kategorie	Anteil in %
Angehöriger	96
Andere Angehörige	31
Ambulanter Dienst	6
Private Pflegeperson	4
Freunde, Nachbarn	2
Niemand hilft	2

Quelle: ZWST Projekt 2007, n= 55, Mehrfachnennung möglich

Graphik 8 zeigt, dass nur ein knappes Drittel, 31% (n=17), der ‚Hauptangehörigen' angibt, dass sie von weiteren Angehörigen unterstützt wird. Kaum eine externe Hilfe wie ein ambulanter Dienst oder eine private Pflegeperson wird hinzugezogen. Folgende Erklärungen sind hierfür möglich:

1) Aufgrund der gesellschaftlichen Bedingungen in ihrer Heimat ist es für die Befragten selbstverständlich ihre Angehörigen ohne fremde Hilfe zu versorgen.
2) Die betroffenen Familien müssen in der Bundesrepublik soziale Beziehungen neu aufbauen. Dies gestaltet sich schwierig, da sie häufig für die Betreuung eines behinderten Familienmitgliedes viel Zeit aufwenden und daher eigene soziale Kontakte vernachlässigen. Hinzukommt, dass viele im Verlauf des Lebens gewachsene Freundschaften (wie z.B. Jugendfreundschaften) enden mussten, da die Freunde in der Heimat zurückgelassen wurden. Daher können die Befragten auf langjährige, in der Regel beson-

ders intensive menschliche Beziehungen wie Freundschaften oder Nachbarschaften nur sehr begrenzt zurückgreifen.

3) Zwar hatte Tabelle 6, S. 274, gezeigt, dass etwa ein Drittel (22 Personen) aller Befragten Leistungen der Pflegekasse erhält, wie aber Graphik 10 zeigt, ziehen nur drei Familien zusätzlich einen Pflegedienst hinzu. Dies erklärt sich zum einen dadurch, dass die Angehörigen jahrzehntelang fremde Hilfe nicht gewohnt waren. Zum anderen deckt die Inanspruchnahme durch einen professionellen Pflegedienst (als Sachleistung durch die Pflegekasse) nur den Bruchteil einer professionellen Betreuung (wenige Pflegestunden) ab. Aus der Sicht der Angehörigen scheint es daher lohnenswerter, die Pflege allein zu leisten und dafür die Geldleistungen der Pflegeversicherung in Anspruch zu nehmen.

Gegen eine häusliche Betreuung und deren finanzielle Förderung ist grundsätzlich nichts einzuwenden. Allerdings kann die Entscheidung dafür dann problematisch werden, wenn Angehörige, sei es auch aus gutgemeinten Gründen, eine selbstständige Entwicklung der ihnen anvertrauten Person damit behindern. Dies scheint für junge behinderte Menschen, die möglichst lange an das häusliche Elternhaus gebunden werden, zuzutreffen. Denn auch für Menschen mit einer Behinderung ist ein normaler Loslösungsprozess von ihren Eltern selbstverständlich.

Insgesamt zeigt sich, dass die zu Betreuenden eng an den elterlichen Haushalt gebunden sind, und beide –sowohl Betreuer wie Betreuender– in einem sehr engen, kaum Außenkontakte zulassenden, Beziehungsverhältnis zueinander stehen.

Abschließend wurde im Fragebogen die Bereitschaft der Familien ihren Angehörigen in eine zu gründende Wohngruppe für Menschen mit Behinderung zu geben abgefragt.

In diesem Teil des Fragebogens zeigt sich ein besonders inkonsistentes Antwortverhalten. So beantworteten manche Familien einige Fragen sehr genau, andere wiederum ließen sie völlig unbeantwortet. Insgesamt fiel auf, dass zwar viele Angehörige ein Interesse an einer externen Unterbringung äußerten, sich aber dazu nicht konkret festlegen wollten.

So äußerten grundsätzlich 65% (n=39) der befragten Familien, dass sie die Gründung einer russischsprachigen bzw. jüdischen Einrichtung für sehr wichtig halten, aber nur 32% (n=19) der befragten Familien mit einem geistig behindert Angehörigen gaben an, dass sie eine solche Einrichtung suchen.

Graphik 11: Suche nach Wohnmöglichkeit

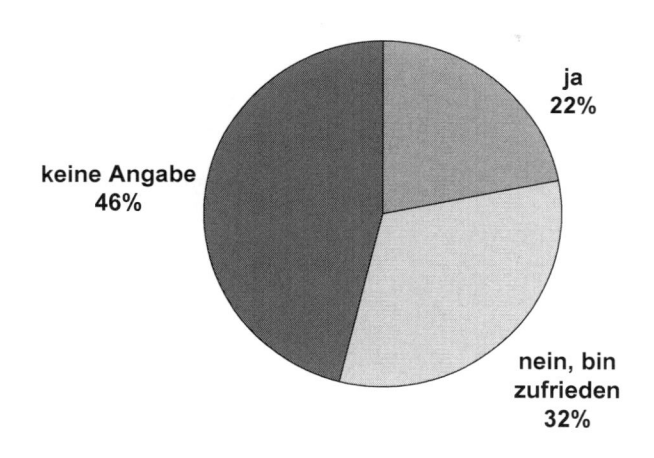

Suchen Sie eine neue Wohnmöglichkeit?

- ja 22%
- keine Angabe 46%
- nein, bin zufrieden 32%

Quelle: ZWST Projekt 2007, N= 60

Von den 22% Familien, die nach einem Wohnplatz suchen, geben wiederum nur ein gutes Viertel, 26% an, dass sie nach einer sofortigen Unterbringungsmöglichkeit suchen, fast drei Viertel, 74% , sagen jedoch aus, dass sie eine Unterbringung für einen späteren Zeitraum suchen oder machen keine Angabe hierzu. Dies scheint vor dem Hintergrund, dass sowohl die behinderten Menschen als auch die Angehörigen bereits relativ alt sind, bemerkenswert. Hierin wird die Ambivalenz deutlich, mit der die Familien dieser Fragestellung begegnen: Grundsätzlich erkennen sie die Notwendigkeit einer Loslösung aus dem Elternhaus an, gleichzeitig sind sie dazu noch nicht bereit.

Als Beweggründe nannten die 19 Familien, die eine Unterbringung suchen, folgende:

Graphik 12: Gründe für Suche

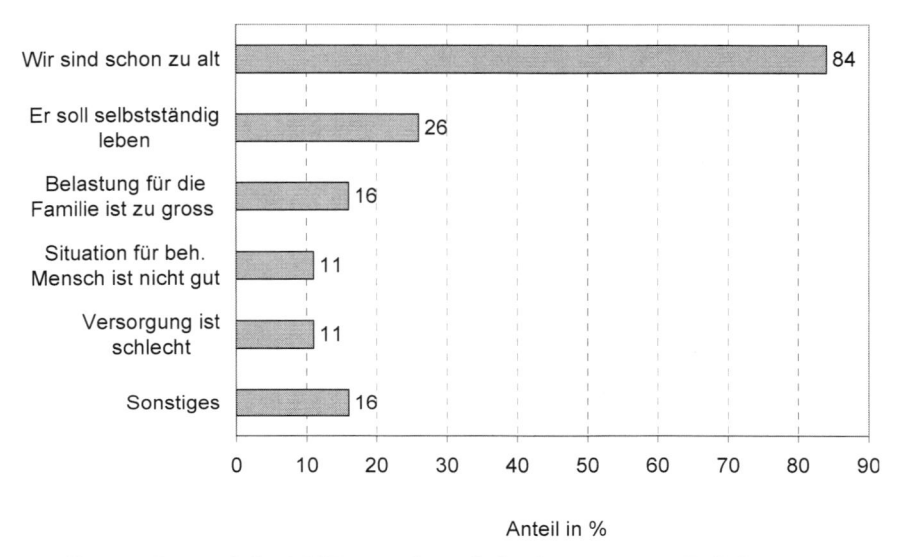

Grund	Anteil in %
Wir sind schon zu alt	84
Er soll selbstständig leben	26
Belastung für die Familie ist zu gross	16
Situation für beh. Mensch ist nicht gut	11
Versorgung ist schlecht	11
Sonstiges	16

Quelle: ZWST Projekt 2007, n=19, Mehrfachnennung möglich

Von den 19 suchenden Familien geben 84% (n=16) ihr Alter, und damit die Sorge, bald zu einer Betreuung nicht mehr in der Lage zu sein, als Begründung an. Lediglich 26% (n=5) äußern den Wunsch nach mehr Selbständigkeit für ihr Familienmitglied.

Diese Ergebnisse unterstützen die bisherigen Erkenntnisse über eine Distanziertheit gegenüber der Selbstständigkeit des behinderten Familienmitgliedes und können folgendermaßen begründet werden:

1) Da die Familien über Jahrzehnte hinweg ihr behindertes Familienmitglied allein betreuten, ist die Bindung unter den Familienangehörigen sehr eng. Die Betreuung nimmt eine zentrale Rolle im Leben der Familien ein. Daher möchten die Befragten auch keine Zeitpunkt nennen, ab dem sie die Betreuung nicht mehr leisten können. Ein Folgeproblem liegt hierbei darin, dass Eltern, die zu lange mit einem Umzug ihrer behinderten Kinder in eine betreute Wohneinrichtung warten, diese nicht mehr gut in die Selbstständigkeit begleiten können. Für die noch nicht losgelös-

ten behinderten Angehörigen ist es dann besonders schwierig, sich plötzlich von ihren Eltern lösen zu müssen (zum Beispiel im Fall einer schweren Krankheit).

2) Auch in Familien mit nichtbehinderten Kindern haben aufgrund des eklatanten Wohnungsmangels in der ehemaligen Sowjetunion Eltern und erwachsene Kinder oft bis ins hohe Alter zusammengelebt. Das Konzept einer autonomen selbstständigen Lebensführung, unabhängig davon ob es sich um behinderte Menschen handelt oder nicht, ist eine für westeuropäische Länder typische Sichtweise, die aber in der Sowjetunion kaum gelebt werden konnte. Daher ist das Ideal ‚*einer autonomen Lebensgestaltung behinderter Menschen*' für die hier Befragten zunächst neuartig.

3) Bei einem Teil der Befragten spielt eine Rolle, dass die Angehörigen für die Betreuung ihres Familienangehörigen Leistungen wie beispielsweise Pflegegeld, Grundsicherung usw. erhalten. Diese ermöglichen es häufig erst, das Leben des Betroffenen und seiner Familie besser zu gestalten. Mit dem Einzug in eine Wohneinrichtung würde diese Unterstützung wegfallen. Auch diese Tatsache erschwert einigen Familien eine Entscheidung für eine Wohngruppe.

Der hier ausgewählte Fragenteil zum Aspekt ‚*Wohnen*' hat gezeigt, dass die Eltern zwar grundsätzlich ein Interesse an einer selbstständigen Lebensweise ihrer Kinder bekunden, sich aber nicht intensiv darum bemühen. Die Ergebnisse lassen daher darauf schließen, das die Eltern aus, wenn auch aus ihrer Sicht nachvollziehbaren Gründen, eine selbstständige Entwicklung ihrer Kinder nicht fördern. Das bundesrepublikanische Versorgungssystem, das finanzielle Anreize für die häusliche Betreuung bereitstellt, erschwert hierbei zusätzlich die Loslösung, da die Familien in diesem Falle auf eine finanzielle Unterstützung verzichten müssten.

Abschließend werde ich überprüfen, inwiefern sich in der Auswertung der Sekundäranalyse auch Hinweise zum Aspekt ‚*Integration anhand des Behinderungsbildes*' finden lassen.

3) Integration anhand des Behinderungsbildes

Die Ergebnisse der qualitativen Interviews weisen darauf hin, dass sich Menschen mit einem relativ ‚weniger *auffälligen*' Behinderungsbild besser integrieren lassen als Menschen mit einem ‚stärker *auffälligem*' Behinderungsbild.[292] Abschließend soll daher überprüft werden, ob sich für diese Vermutung auch Indizien im Sekundärdatensatz finden lassen.

Bei der Beantwortung dieser Frage zeigt sich die gleiche Problematik, die ich bereits in den Ausführungen zum Konstrukt ‚*Selbstständigkeit*' beschrieben habe. Auch diese Fragestellung war bei der Konstruktion des Fragebogens nicht intendiert gewesen, daher müssen hierzu nachträglich Indikatoren im Befragungsinstrument gefunden werden, die Aufschluss geben könnten.

Anhand des Fragebogens bieten sich zunächst drei erhobene Variablen an, mittels derer die Schwere des Behinderungsbildes festgestellt werden kann. Diese sind ‚**Auswirkung der Behinderung auf die Lebensgestaltung**' (Frage 15), ‚**Anzahl der benötigten Stunden für die ‚Betreuung/Pflege' pro Tag/Woche oder Monat** ' (Frage 16) und ‚**Finanzierung der Hilfen: Von welchen Seiten bekommt der behinderte Mensch Geld für Pflege und Hilfestellungen**? (Frage 29).

Bei genauerer Sichtung der Daten zeigte sich, dass zur Beantwortung dieses Sachverhalts nur Frage 15 herangezogen werden konnte, da Frage 16 sehr ungenau[293] beantwortet worden war und Frage 29 nur von wenigen Befragten beantwortet worden war.[294]

---

[292] Diese Arbeit nimmt keinen Bezug auf spezielle medizinische Diagnosen und Behinderungsbilder, die Begrifflichkeiten ‚*weniger*' und ‚*stärker*' *auffällig* werden relativ verstanden. Die Wahrnehmung der Familienangehörigen ist die Grundlage für die Einteilung der Krankheitsbilder in diese beiden Kategorien. In der vorliegenden Arbeit sind Personen mit einer leichteren Behinderung relativ selbstständig. Beispielsweise weisen sie eine Lernstörung oder ein Down-Syndrom auf. Personen mit einer schwereren Behinderung brauchen eine stärkere pflegerische und hauswirtschaftliche Unterstützung. Hierzu zählen beispielsweise Personen mit einer gestörten Motorik und spastischen Lähmungen.
[293] Bei der Datenanalyse zeigte sich, dass diese Frage nicht gut genug operationalisiert worden war. So eruierte die Fragestellung nicht, ob es sich um den Zeitaufwand ausschließlich zu Hause oder insgesamt am Tag (inklusive Behindertenwerkstatt) handelt. Dadurch erwiesen sich die Angaben untereinander als nicht vergleichbar. Hinzukommt, dass die Frage nach der Einschätzung des Zeitaufwandes grundsätzlich sehr schwierig zu beantworten ist, da sie sehr subjektiv beantwortet wird. So besteht ein Problem bei geschätzten Zeitangaben darin, dass eigene Zeitangaben häufig überschätzt werden, da es für die Betroffenen sehr schwierig ist, die aufgewendete Zeit insgesamt anzugeben. Auch müssten die Befragten auch Unterbrechungen von abgefragten Tätigkei-

Eine Häufigkeitsverteilung zur Auswirkung der Behinderung (Frage 15) zeigt folgendes Bild:

Graphik 13: Auswirkung der Behinderung auf die Lebensgestaltung

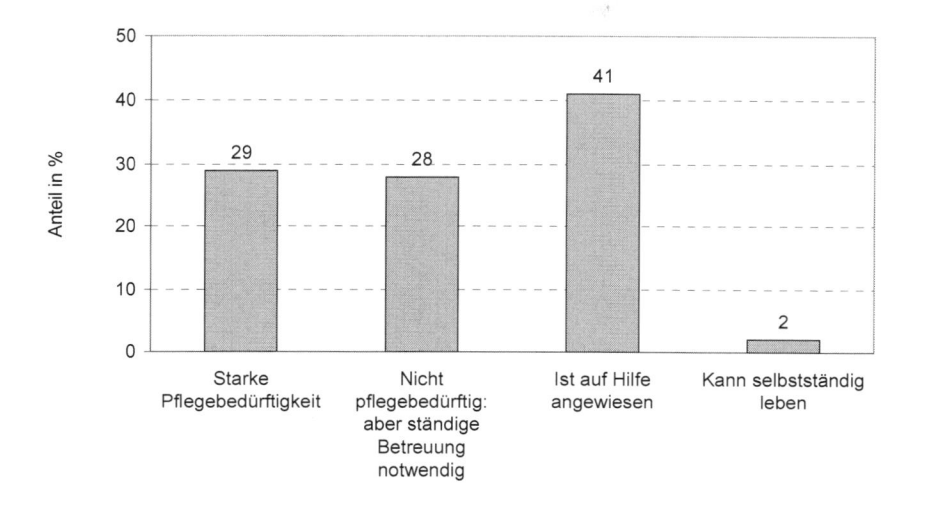

Kategorie	Anteil in %
Starke Pflegebedürftigkeit	29
Nicht pflegebedürftig: aber ständige Betreuung notwendig	28
Ist auf Hilfe angewiesen	41
Kann selbstständig leben	2

Quelle: ZWST Projekt 2007, n= 58

Um im Folgenden Unterschiede zwischen Familien mit stärker und weniger Pflegebedürftigen herauszufinden, wurden für die weitere Analyse einerseits die Kategorien ‚starke Pflegebedürftigkeit' und ‚nicht pflegebedürftig, aber ständige Betreuung notwendig' und andererseits die Ausprägungen, ‚ist auf Hilfe angewiesen', und ‚kann selbständig leben' zusammengefasst. Für die in Graphik 13 dargestellte Auswertung wurde auch eine Analyse mit einer anderen Zusammenfassung (Kategorie 1

---

ten berücksichtigen, was in der Regel sehr schwer fällt. Für eine objektivere Zeitangabe müssten daher Zeittagebücher geführt werden. (Ehling, Manfred et al. 2001: 427ff.) Im konkreten Fall dieser Erhebung muss auch berücksichtigt werden, dass die soziale Erwünschtheit gerade bei dieser Thematik (Aufwand der Versorgung) eine wichtige Rolle spielt, und Zeitangaben daher mit besonderer Vorsicht zu betrachten sind.

[294] Insgesamt beantworteten nur 22 Familien (36,7%) diese Frage. Grundsätzlich wird in Untersuchungen die Frage nach dem Einkommen/finanziellen Verhältnisse als heikel empfunden, was zu einer großen Anzahl fehlender Werte führt.

versus Kategorie 2,3,4) durchgeführt. In beiden Fällen ergaben sich – trotz unterschiedlicher Zusammenfassungen – grundsätzlich gleiche Ergebnisse, die nur minimal voneinander abwichen. Des Weiteren wurde auch überprüft, ob das Antwortverhalten hinsichtlich der Variablen *‚Auswirkung der Behinderung auf die Lebensgestaltung'* (Variable 15) und *‚erforderliche Hilfestellung'* (Frage 18) konsistent ist. Dabei bestätigte sich: Diejenigen, die eine höhere Pflegebedürftigkeit bei ihren Angehörigen angegeben hatten, berichteten auch, dass diese mehr Hilfestellungen bei der Körperpflege und Nahrungsaufnahme benötigten.

Somit wurde eine neue Variable konstruiert, die einen Überblick über Personen mit einer vergleichsweise *‚schweren'* bzw. *‚leichten'* Behinderung geben soll.

Graphik 14: Auswirkung der Behinderung auf die Lebensgestaltung/ zusammengefasst

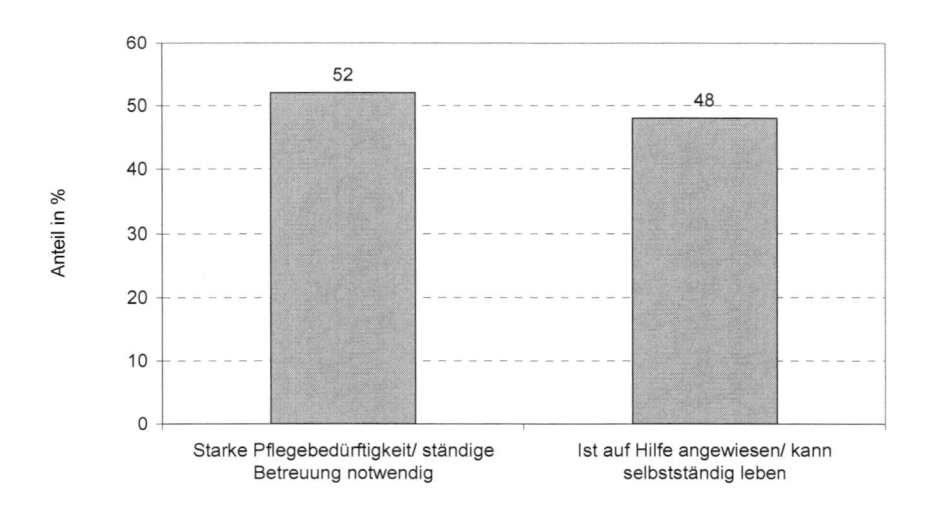

Kategorie	Anteil in %
Starke Pflegebedürftigkeit/ ständige Betreuung notwendig	52
Ist auf Hilfe angewiesen/ kann selbstständig leben	48

ZWST Projekt 2007, n= 58

Anhand dreier Aspekte, die für die Integration zentral sind, soll nun überprüft werden, ob sich ein Unterschied hinsichtlich der Menschen mit einer *‚schweren'* und *‚leichteren Behinderung'* und ihren Familien zeigen lässt.[295] Es handelt sich um die Themenfelder *‚Deutschkenntnisse'*, *‚Wunsch nach Unterstützungsangeboten'* und *‚Bereitschaft zur Unterbringung in einer Wohngruppe'*. Insgesamt muss gerade bei diesem Teil der Auswertung berücksichtigt werden, dass sich durch die Einteilung der Personen in zwei Gruppen für die einzelnen Auswertungen sehr kleine Fallzahlen ergeben, die allein betrachtet wenig aussagekräftig sind, sondern nur Tendenzen andeuten können.

1) Deutschkenntnisse:

Ein zentraler Faktor für eine selbstständige Lebensgestaltung sind die Sprachkenntnisse eines Menschen. Für Menschen mit einer geistigen Behinderung ist es besonders schwierig, neben ihrer Muttersprache noch eine weitere Sprache zu erlernen. In den zentralen Einrichtungen der Behindertenhilfe, wie beispielsweise Werkstätten und Wohngruppen, ist es daher für sie auch besonders schwierig, Kontakte zu knüpfen. Dies bedeutet, dass es für russischsprachige behinderte Menschen noch schwerer ist, sich in der bundesrepublikanischen Gesellschaft zurechtzufinden als für deutschsprachige Menschen mit einer geistigen Behinderung. Im Folgenden soll eruiert werden, ob sich Unterschiede zwischen Menschen mit einer leichten oder schweren Behinderung hinsichtlich ihrer Sprachkenntnisse zeigen lassen, um hieraus auf Integrationsmöglichkeiten und -hindernisse schließen zu können.

---

[295] Es wurde des Weiteren auch nach Unterschieden hinsichtlich anderer Gesichtspunkte (wie z.B. der Arbeitszufriedenheit) gesucht. Diese fanden sich nicht.

Graphik 15: Deutschkenntnisse

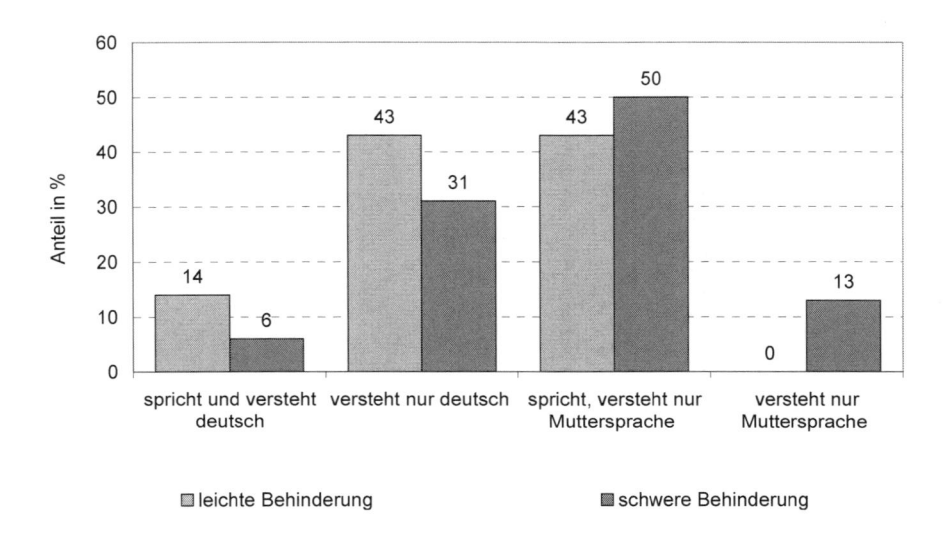

[Bar chart showing:
- spricht und versteht deutsch: leichte Behinderung 14, schwere Behinderung 6
- versteht nur deutsch: leichte Behinderung 43, schwere Behinderung 31
- spricht, versteht nur Muttersprache: leichte Behinderung 43, schwere Behinderung 50
- versteht nur Muttersprache: leichte Behinderung 0, schwere Behinderung 13]

Quelle: ZWST Projekt 2007, n=53

Wie erwartet zeigt sich, dass von den Menschen mit einer ‚leichteren' Behinderung über die Hälfte 57% (n=12) zumindest deutsch versteht, während dies nur für 37% (n=12)[296] der Menschen mit einer ‚schwereren Behinderung' gilt.

Im Rahmen weiterer Analysen fällt auf, dass sich auch Unterschiede bei den Angehörigen finden lassen.

---

[296] Die unterschiedlichen Prozentzahlen in beiden Gruppen trotz gleicher Fallzahl (n=12) ergeben sich dadurch, dass der Gruppe mit der leichten Behinderung 21 Familien zugeordnet wurden, während in die Gruppe der schweren Behinderung 32 Familien eingeteilt wurden.

Graphik 16: Deutschkenntnisse der Angehörigen

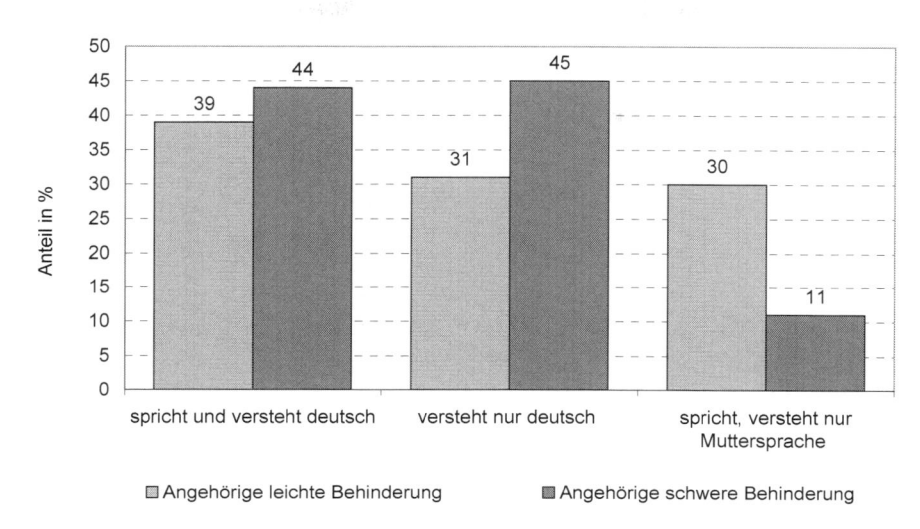

	spricht und versteht deutsch	versteht nur deutsch	spricht, versteht nur Muttersprache
Angehörige leichte Behinderung	39	31	30
Angehörige schwere Behinderung	44	45	11

Anteil in %

Quelle: ZWST Projekt 2007, n=50[297]

Hinsichtlich der Sprachkenntnisse der Angehörigen zeigt sich, dass diejenigen, die einen Angehörigen mit einer schwereren Behinderung betreuen, über bessere Sprachkenntnisse verfügen.[298] So verstehen zumindest 88% (n=24) der Betreuenden eines Schwerbehinderten deutsch, die Hälfte dieser Gruppe, 44% (n=12), gibt an auch deutsch zu sprechen. Von denjenigen, die einen Angehörigen mit einer leichteren Behinderung betreuen, verstehen nur 69% (n=16) deutsch. Und nur 11% (n=3) der Angehörigen von Menschen mit einer schwereren Behinderung verstehen/sprechen allein russisch, während dies in der Gruppe der Angehörigen von leicht behinderten 30% (n=7) sind. Es kann vermutet werden, dass aufgrund der stärkeren Hilfsbedürftigkeit

---

[297] Angehörige_L.Behinderung: Angehörige eines leicht Behinderten. Angehörige_S.Behinderung: Angehörige eines schwer Behinderten.
[298] Um sicherzugehen, dass nicht eine mögliche Drittvariable *‚Aufenthaltsdauer in der Bundesrepublik'* für dieses Ergebnis verantwortlich ist, wurde auch eine Kreuztabulierung hinsichtlich der Aufenthaltsdauer und Familien mit weniger bzw. mehr Pflegeaufwand durchgeführt. Es zeigten sich keine Unterschiede zwischen diesen beiden Gruppen in Bezug auf die Aufenthaltsdauer.

und der hieraus resultierenden Notwendigkeit, Unterstützungsmaßnahmen in Anspruch zu nehmen, für Familien mit einem schwer behinderten Mitglied ein größerer Druck besteht, die deutsche Sprache zu erlernen. Auch können behinderte Familienmitglieder mit einer schweren Behinderung die mangelnden Sprachkenntnisse ihrer Eltern nicht kompensieren: Dies ist in Familien mit einem Mitglied mit einer leichteren Behinderung denkbar, so dass dort für die Angehörigen die Notwendigkeit, deutsch zu sprechen, weniger gegeben ist.

Das vorliegende Ergebnis weist darauf hin, dass

a) zum einen Menschen mit einer leichten Behinderung die Integration hinsichtlich der Sprache leichter fallen könnte
b) zum anderen aber Angehörige mit einem schwer behinderten Familienmitglied besser deutsch sprechen und sich dadurch – betrachtet man allein den Aspekt Sprache – besser in der Bundesrepublik zurechtfinden können als Angehörige von leicht behinderten Familienmitgliedern.

Des Weiteren soll der ‚*Wunsch nach Unterstützungsangeboten'* der beiden Gruppen untersucht werden.

2) Wunsch nach Unterstützungsangeboten

Im Folgenden gehe ich der Frage nach, welche Hilfestellung sich die Familien wünschen, um herauszufinden, ob sich zwischen beiden Angehörigengruppen Unterschiede finden lassen.

Um dies zu beantworten habe ich Frage 30 herangezogen, die explizit nach Wünschen hinsichtlich einer Beratung bezüglich verschiedener Aspekte durch die jüdische Gemeinschaft fragte.

Graphik 17: Hilfestellung durch jüdische Gemeinschaft

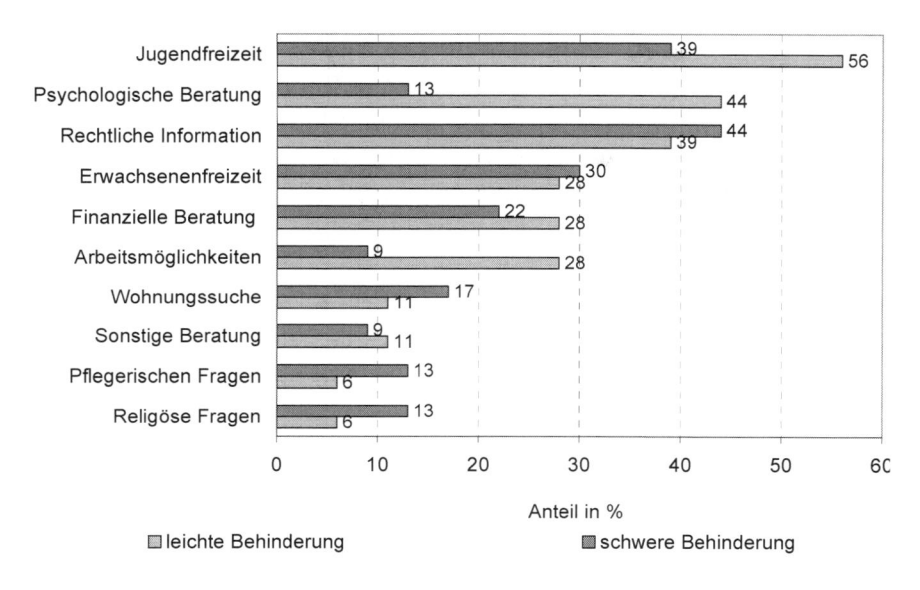

Kategorie	leichte Behinderung	schwere Behinderung
Jugendfreizeit	39	56
Psychologische Beratung	13	44
Rechtliche Information	39	44
Erwachsenenfreizeit	28	30
Finanzielle Beratung	22	28
Arbeitsmöglichkeiten	9	28
Wohnungssuche	11	17
Sonstige Beratung	9	11
Pflegerischen Fragen	6	13
Religöse Fragen	6	13

Quelle: ZWST Projekt 2007, n=47

Tendenziell zeigt sich, dass in drei zentralen Aspekten bei den Familien mit einem Angehörigen mit einer leichten Behinderung weitaus mehr Unterstützungsbedarf besteht als bei den Familien, die angeben, ein stark pflegebedürftiges Familienmitglied zu betreuen.

1) Am deutlichsten fällt der Unterschied hinsichtlich des Wunsches, psychologisch unterstützt zu werden' auf: Während nur 13% (n=3) der Familien mit einem stark Pflegebedürftigen dieses Bedürfnis angeben, sind es in der Gruppe der Familie mit einem mit weniger Pflegeaufwand zu Betreuenden 44% (n=8).
2) Nur 9% (n=2) der Familien mit stärker Pflegebedürftigen wünschen sich eine Hilfestellung hinsichtlich ihrer Arbeitsmöglichkeiten, bei den Familien mit einem weniger stark Pflegebedürftigen sind es immerhin 28% (n=5). Dies erklärt sich dadurch, dass bei letzteren die Notwendigkeit einer sinnvollen Tagesbeschäftigung und -strukturierung sowohl bei den behinderten Fa-

milienmitgliedern als auch den Angehörigen viel stärker thematisch ist.

3) Während sich nur 39% (n=9) der Familien mit einem stärker pflegebedürftigen zu Betreuenden Hilfestellung zur Teilnahme an Jugendfreizeiten wünschen, sind es in den Familien mit einem weniger pflegebedürftigen Angehörigen immerhin 56% (n=10). Dies scheint nachvollziehbar, da für die Familienmitgliedern mit einer leichten Behinderung eine Teilnahme an einer integrativen Jugendfreizeit leichter vorstellbar scheint. Da aber dieser Personenkreis zum jetzigen Zeitpunkt in der Regel an von jüdischen Organisationen angebotenen Freizeiten nicht teilnehmen kann, sind diese Familien auch leichter zu enttäuschen.[299]

Der erstgenannte Aspekt, der Wunsch nach einer psychologischen Beratung, weist daraufhin, dass die Alltagsbewältigung für Familien mit einem weniger pflegeaufwendigen Angehörigen schwerer erscheint. Es kann vermutet werden, dass gerade diese Personen sich eine stärkere Teilhabe am gesellschaftlichen Leben wünschen und viel eher die ihnen gesetzten Hindernisse erkennen müssen. Dies kann zu einer stärkeren Enttäuschung führen, als beispielsweise bei denjenigen, die aufgrund ihrer schwereren Behinderung verschiedene Lebenswünsche erst gar nicht thematisieren. Es kann auch angenommen werden, dass es für die Angehörigen eines schwer behinderten Familienmitgliedes in der Regel leichter ist, auf die Notwendigkeit unterstützender Maßnahem hinzuweisen und diese auch zu erhalten.

Abschließend soll die Frage der ‚Bereitschaft zur Unterbringung in einer Wohneinrichtung' hinsichtlich des Aspektes Schwere des Behinderungsbildes thematisiert werden.

3) Bereitschaft zur Unterbringung in einer Wohneinrichtung

Wie bereits ausgeführt wurde, stellte sich die Frage nach der zukünftigen Unterbringung der behinderten Angehörigen nicht zuletzt auch wegen des in vielen Fällen vorangeschrittenen Alters der Eltern.

---

[299] Da die jüdischen Gemeinden bisher nur über wenig Erfahrung mit diesem Personenkreis verfügen, müssen solche Angebote erst einmal geschaffen werden.

Graphik 11, Seite 234, hatte gezeigt, dass 19 Familien angegeben hatten, eine Wohneinrichtung zu suchen. Betrachte man dieses Antwortverhalten gesondert nach der Schwere der Behinderung, so zeigt sich folgendes Bild:

Tabelle 8:

Suche neue Wohnform * Lebensgestaltung recodiert Kreuztabelle

			1 stark pflegebedürftig bzw. ständige Betreuung erforderlich	2 kann sich teilweise selbst versorgen bzw. ist selbstständig	Gesamt
Neue Wohnform?	1 nein, zufrieden	Anzahl	6	6	12
		Spalten%	31,6%	50,0%	38,7%
		Gesamt%	19,4%	19,4%	38,7%
	2 ja	Anzahl	13	6	19
		Spalten%	**68,4%**	**50,0%**	**61,3%**
		Gesamt%	41,9%	19,4%	61,3%
Gesamt		Anzahl	19	12	31
		Spalten%	100,0%	100,0%	100,0%
		Gesamt%	61,3%	38,7%	100,0%

Quelle: ZWST Projekt 2007, n=31[300]

Während 68% (n=13) der Angehörigen mit einem schweren Behinderungsbild eine neue Wohnform suchen, äußern nur 50% (n=6) der Familien eines Angehörigen mit einem leichten Behinderungsbild diesen Wunsch. Die anderen verneinen dies oder antworten nicht. Dabei könnte gerade diese Gruppe, die im Durchschnitt 30 Jahre alt ist, relativ leicht in die Selbstständigkeit entlassen werden und eigene Lebenswege gehen. Dies weist erneut daraufhin, dass der Aspekt einer ‚selbstständigen Lebensführung' in vielen Familien nur eine untergeordnete Rolle einnimmt bzw. nach Ansicht der Familien nicht durch die Unterbringung in einer Wohneinrichtung erreicht wird.[301]

---

[300] Es wurden 60 Familien befragt, aber 29 Familien gaben keine Antwort. Daher werden in der Tabelle nur 31 Fälle angegeben.
[301] Eine in dem Projekt arbeitende Psychiaterin berichtete mehrfach von Familien, in denen während einer plötzlichen Trennung von einem betreuenden Angehörigen das behinderte Familienmitglied aufblühte und mehr Selbstständigkeit gewann. Dies war beispielsweise der Fall, wenn aufgrund unerwarteter

Abschließend wurden weitere zusätzliche Gruppenbildungen vorgenommen und detailliert ausgewertet. Unter anderem bin ich der Frage nachgegangen, ob sich Befragte mit einer kurzen Aufenthaltsdauer (bis zu drei Jahren) von den Interviewten mit einer längeren (mindestens 5 Jahre) unterscheiden. Hierbei zeigten sich einige Unterschiede, die aber nicht überraschen. Beispielsweise verstehen und sprechen sowohl in der Gruppe der Behinderten als auch der Angehörigen Personen, die schon länger in der Bundesrepublik leben, besser deutsch. Auch haben mehr Familien mit einer längeren Aufenthaltsdauer einen gesetzlichen Betreuer eingeschaltet. Ebenfalls arbeiten mehr Behinderte mit einer längeren Aufenthaltsdauer in einer Behindertenwerkstatt als diejenigen mit einer kurzen Aufenthaltsdauer.[302]

Resümee der Ergebnisse des quantitativen Abschnittes:

Drei aus den qualitativen Interviews gewonnenen Aspekte wurden mittels einer Sekundäranalyse überprüft, um zu erkennen, ob sie

1) auch für eine größere Personengruppe und
2) auch für Personen, die sehr viel schlechter als die interviewten Personen deutsch sprechen, gelten.

Hierbei zeigen die Resultate der statistischen Analyse, die aufgrund der kleinen Fallzahlen allerdings nur auf eine Tendenz hinweisen können, bestätigende Ergebnisse hinsichtlich der Überprüfung der Erkenntnisse aus dem qualitativen Teil.

So zeigt sich hinsichtlich der drei bereits im qualitativen Teil auffallenden Gesichtspunkte Folgendes:

Umstände (plötzliche auftretende schwere Erkrankung des versorgenden Elternteils mit langem Krankenhausaufenthalt) die Mitglieder voneinander getrennt wurden.

[302] Dafür sind von den Personen mit einer kurzen Aufenthaltsdauer alle mit ihrem Arbeitsverhältnis zufrieden 100%(n=4), während es bei denjenigen, die seit 4-10 Jahren hier leben, nur 75% (n=12) sind. Von denjenigen, die seit mehr als 10 Jahren hier leben, sind wiederum alle Befragten zufrieden, 100% (n=3).

1) Annahme von Unterstützungsangeboten:

Die Interviewanalysen hatten ergeben, dass die Angehörigen sich um Unterstützungsangebote für ihre Kinder bemühen und diese bereitwillig annehmen.

Die Ergebnisse der quantitativen Auswertung zeigen, dass ein großer Teil der Angehörigen verschiedene angebotene Unterstützungsleistungen (Schwerbehindertenausweis, gesetzlicher Betreuer, Besuch der Behindertenwerkstatt) für ihre behinderten Familienmitglieder nutzt. Auch zeigt eine Frage nach dem Interesse an Unterstützung, dass sich der überwiegende Teil der Befragten mehr rechtliche und psychosoziale Beratung wünscht.

Daher kann festgestellt werden, dass ein Großteil der betroffenen Familien über ihre Rechte gut informiert ist und auch die Unterstützungsmöglichkeiten, die sich ihnen bieten, beispielsweise einen Schwerbehindertenausweis oder die Möglichkeit eines Werkstattbesuchs, für ihre Familienmitglieder in Anspruch nimmt. In diesen Bereichen werden die Ergebnisse aus den qualitativen Interviews bestätigt.

2) Selbstständigkeit des behinderten Angehörigen:

Die Ergebnisse der qualitativen Interviews wiesen darauf hin, dass die Angehörigen ihre behinderten Familienmitglieder nur schwer in die Selbständigkeit entlassen können.

Da sich dieser Aspekt nicht, wie beispielsweise die Akzeptanz von Unterstützungsmaßnahmen, direkt erfragen lässt, wurde dieser Aspekt in der Sekundäranalyse anhand der Bereitschaft sein schon erwachsenes Familienmitglied in eine jüdische/russischsprachige Wohngruppe, und damit in ein selbständiges Leben zu entlassen, eruiert.

Hierbei zeigt sich, dass diese Antworten von einer großen Ambivalenz geprägt sind. Grundsätzlich interessiert sich nur ein Drittel der Angehörigen für die Unterbringung ihrer Angehörigen, obwohl sie sich selbst und auch ihr Angehöriger in einem fortgeschrittenen Alter befinden. Von denjenigen, die grundsätzlich einer Aufnahme zustimmen, ist auch nur ein geringer Teil bereit, sein behindertes Familienmitglied bald in eine solche noch zu gründende Einrichtung zu entlassen. Des Weiteren zeigen die Ergebnisse, dass der Aspekt der Selbstständigkeit als Grund für einen Auszug nur eine untergeordnete Rolle spielt, insofern bestätigen sich auch hier die Erkenntnisse aus dem qualitativen Teil.

Dabei haben weitere Auswertungen gezeigt, dass nach einer Trennung der Eltern zumeist die Mutter die Sorge für das behinderte Familienmitglied allein übernimmt. Dies lässt darauf schließen, dass ‚*Mutter und Kind*' unter diesen Bedingungen eine noch engere Beziehung miteinander haben, als in einer Familie, in der auch der Vater anwesend ist. Die Beziehung zu dem behinderten Familienmitglied steht somit im Mittelpunkt des Familienlebens. Ein Auszug des Kindes würde in dieser Situation bedeuten, dass das erziehende Elternteil allein zurückbleibt.

Die Migration verschärft diesen Umstand: Die oft alten Eltern können ihren Beruf nicht ausüben und haben in der Regel auch nur wenige soziale Kontakte. Die Sorge um das behinderte Familienmitglied stellt daher ihre zentrale Lebensaufgabe dar.

3.) Integration hinsichtlich des Behinderungsbildes:

Die Ergebnisse des qualitativen Teils erweckten den Eindruck, dass die Familien mit einem Angehörigen mit einer schwereren Behinderung zufriedener wirkten als diejenigen, die ein behindertes Familienmitglied mit einer anscheinend leichteren Behinderung betreuten. Um diese Frage anhand des Sekundärdatensatzes beantworten zu können, wurde eine Gruppierung der Familien in zwei Gruppen vorgenommen: Familien mit einem ‚*leicht behinderten*' und solche mit einem ‚*schwerbehinderten*' Familienmitglied wurden jeweils gemeinsam betrachtet. Als einen -Indikator für die Integration einer Familie habe ich deren Deutschkenntnisse und die Nachfrage nach Beratung betrachtet, beides Variablen, die im Erhebungsinstrument enthalten waren. Hierbei zeigte sich, dass die Angehörigen in der Gruppe der Personen mit einer schweren Behinderung bessere Deutschkenntnisse vorwiesen als diejenigen, die einen leicht Behinderten versorgen. Es kann vermutet werden, dass dieser Umstand aus der Notwendigkeit resultiert, bei verschiedenen Institutionen vorstellig zu werden. Des Weiteren fiel auf, dass der Wunsch nach Beratung, insbesondere psychologischer, bei Familien mit einem leichter behinderten Mitglied größer ist. Diese beiden Ergebnisse scheinen die Erkenntnisse aus den qualitativen Interviews, die darauf hinweisen, dass Familien mit einem schwerer behinderten Familienmitglied mit ihrer Situation zufriedener sind, zu bestätigen.

Es zeigt sich somit, dass die Erkenntnisse aus dem qualitativen Teil, die durch die Sekundäranalyse bestätigt wurden, auch für einen größeren Personenkreis gelten und sich zudem hinsichtlich der herausgearbeiteten Aspekte keine wesentlichen Unterschiede zwischen der Gruppe derjenigen, die gut und denjenigen, die schlechter deutsch spricht, finden lassen.

Im Anschluss an dieses Kapitel folgt im nächsten Kapitel 4.4 ein abschließendes Resümee zu den empirischen Ergebnissen dieser Arbeit.

4.4 Resümee zum empirischen Teil dieser Arbeit

Im Folgenden möchte ich die Ergebnisse der qualitativen Fallgeschichten, der Experteninterviews und der quantitativen Datenanalyse zusammenfassend darstellen.

Die vorliegenden drei ausführlich und zwei punktuell dargestellten Falldarstellungen haben gezeigt, dass die Migration für die betroffenen Familien sowohl Chancen als auch Einschränkungen in der konkreten Lebensführung mit sich bringt. Abhängig von

1) den strukturellen örtlichen Gegebenheiten,
2) den persönlichen Lebens- und Familienverhältnissen und
3) der individuellen Lebenshaltung

gestaltet sich die Integration der behinderten Menschen, aber auch der Angehörigen, sehr unterschiedlich.

So zeigte sich, dass zumindest in größeren Städten durch ein gutes Angebot an Unterstützungs- und Betreuungsmöglichkeiten Bedingungen gegeben sind, die die Lebenssituation der Familien erleichtern. Damit erhöhen sich auch für die Angehörigen die Chancen, einen Arbeitsplatz zu finden und ihr Leben neu auszurichten. In Familien, in denen sich außerhalb der Betreuungszeiten von Einrichtungen neben der Hauptbetreuungsperson auch noch weitere Angehörige um den behinderten Menschen kümmern, ist es für die einzelnen Familienmitglieder – in der Regel die Mutter – leichter, auch eigene Ziele wie z.B. die Berufssuche zu verfolgen.

Neben der Bedeutung struktureller Gegebenheiten und persönlicher Lebensverhältnisse lässt sich aber auch zeigen, dass die individuelle

Haltung einzelner Familienmitglieder wesentlich die Integration und Lebenssituation der Familie mitbestimmen. So unterstützen das Vorhandensein einer aktiven Haltung gegenüber auftretenden Schwierigkeiten oder auch Eigeninitiative die Chancen dafür, dass sich sowohl das behinderte Familienmitglied als auch seine Angehörigen besser integrieren können und zufriedener mit ihrem Leben sind.

Die Fallbeispiele zeigen, dass sich die Interviewpartner in ihrer individuellen Haltung Krisen zu bewältigen unterscheiden. In zwei Familien (Familie Pasternak und Familie Romanow) gehen die alleinerziehenden Mütter immer wieder aktiv auf sich ergebende Lebenssituationen zu und sind unter anderem auch dadurch in der Lage, schwierige Lebensverhältnisse zufriedenstellend zu bewältigen. Hierbei zeigte sich besonders im Fall der Familie Pasternak, dass Frau Pasternak schon in der ehemaligen Sowjetunion eine aktive Handlungsweise verinnerlicht hatte und diese auch in der Bundesrepublik weiterführt. Sie reproduziert damit die vertraute Fallstruktur einer aktiven Haltung. Frau Romanows Beispiel hingegen zeigt, dass hier eine Transformation der Fallstruktur vorliegt. Während sie sich in ihrer Heimat traditionellen Umständen fügte und ein in verschiedener Hinsicht fremdbestimmtes Leben führte, gelingt es ihr in der Bundesrepublik, ihr Leben weitgehend selbstbestimmt zu gestalten. Das Beispiel der Familie Kravitz wiederum zeigt, dass die Integration der Angehörigen gut, aber eine Einbindung des behinderten Familienmitgliedes in ein institutionelles Unterstützungsnetz – trotz Bemühen der Angehörigen – schwer gelingt. Hierbei zeigt sich, dass neben anscheinend institutionellen Schwierigkeiten und dem vermutlich schwierigen Verhalten der Tochter auch eine Rolle spielt, dass sich die Familie schon in der Sowjetunion durch eine nicht eindeutig aktive Haltung auszeichnete. So bemüht sie sich einerseits um die Förderung ihrer Tochter und engagiert sich hierfür, andererseits zeigt sich aber auch, dass sie bei auftretenden Schwierigkeiten zurückweicht und nachgibt. Dies erklärt sich auch damit, dass diese Familie antisemitischen Ressentiments ihrer Umgebung im Vergleich zu den anderen Familien stärker ausgesetzt war[303] und daher eine vorsichtig agierende Haltung entwickelte.

---

[303] Die Aspekt einer antisemitisch geprägten Umwelt wird sowohl von Frau Kravitz als auch Herrn Kravitz in den Interviews stärker als von anderen Familien thematisiert. Dies erklärt sich aufgrund ihrer Herkunft aus der Ukraine, in der der Antisemitismus aus historischen Gründen tendenziell stärker ausgeprägt als in anderen Sowjetrepubliken war. So existierten dort vor dem 2.Weltkrieg star-

Die Fallstruktur, die sich schon in der Heimat zeigte, scheint sich hier zu reproduzieren. Bei der Familie Borenko wird ersichtlich, dass die Mutter in Moskau ein sie zufriedenstellendes Leben führte, aber in der Migration unglücklich wird und zeitweilig resigniert. Hierbei spielen die ungünstigen infrastrukturellen Lebensbedingungen der ländlichen Gegend, in der sie nun lebt, eine bedeutende Rolle. Auch der Sohn kann sich nur begrenzt integrieren. Bei Frau Borenko liegt daher wiederum eine Transformation der Fallstruktur vor. Die alleinerziehende Mutter, die in der ehemaligen Sowjetunion ihr Leben allein und aktiv meisterte, wird in der Bundesrepublik depressiv.

Das Beispiel der russisch sprechenden Familie Tassow zeigt, dass den Eltern aufgrund einer guten örtlichen Infrastruktur und aktiven Haltung die Integration ihres behinderten Sohnes in das Behindertennetzwerk gut gelingt, sie sich aber selbst aufgrund ihrer zurückhaltenden Art nur schwer in der Bundesrepublik integrieren können. Insgesamt kann aber aufgrund des Interviews, das übersetzt werden musste, und der nur punktuellen Interviewauswertung dieser Familie nichts Genaues über die vorliegende Fallstruktur gesagt werden. Allerdings scheint sich hier ein Verhaltensmuster, wie es bereits in der Ex-Sowjetunion vorlag, zu reproduzieren.

Betrachtet man allein die Aspekte ‚*Reproduktion*' oder ‚*Transformation*' der Fallstruktur, so zeigt sich, dass bei den vorliegenden Familien anhand dieser Termini keine eindeutigen Aussagen gemacht werden können, die einen Rückschluss auf die Bewältigung der Migration erlauben. Beispielsweise zeigen die Beispiele von Frau Pasternak und Frau Romanow, dass beide Fälle als Ausdruck einer im Großen und Ganzen gelungenen Integration betrachtet werden, auch wenn es sich im ersten Fall um eine Reproduktion und im zweiten Fall um eine Transformation der Fallstruktur handelt.

---

ke nationalistische Strömungen, die in den Juden Komplizen der Bolschewiki, und damit auch der russischen Besatzung, sahen. Als daher die Wehrmacht einmarschierte, wurde diese zunächst als Befreier erlebt, was auch dazu führte, dass sich zahlreiche Ukrainer fanden, die die Wehrmacht bei der Verfolgung der Juden unterstützten (Hilberg 1996).

Dies verdeutlicht, dass die beiden Begrifflichkeiten Reproduktion und Transformation der Fallstruktur lediglich eine analytische Aussage und keine Wertung im Sinne von Gelingen oder Misslingen darstellen.[304]

Die Betrachtung der Aussagen innerhalb einer Familie zeigen, dass die Familienmitglieder prinzipiell ähnlich Aussagen zum Umgang mit ihrem Familienmitglied machen. Dabei ist die Haltung den behinderten Menschen gegenüber grundsätzlich von Wertschätzung und emotionaler Wärme gekennzeichnet. Es fallen keine Widersprüche oder sich stark unterscheidende Verhaltensweisen auf. Lediglich in der Familie Romanow kritisiert die Schwester das Verhalten ihrer Mutter, die die behinderte Schwester zu sehr verwöhnt hätte, und berichtet, dass sie konsequenter mit ihrer Schwester umginge. Dabei entwickelt sie im Gespräch sogar die Lesart einer zeitweise vorgetäuschten Behinderung durch ihre Schwester.

Beide Geschwisterinterviews zeigen ein grundsätzlich unkompliziertes Verhältnis der nichtbehinderten Geschwister mit den behinderten Familienmitgliedern und betonen die Normalität im Umgang miteinander. So nehmen sowohl die Schwester in der Familie Romanow als auch der Bruder in der Familie Pasternak ihre behinderten Geschwister zu Freizeitaktivitäten mit Freunden mit. Beide thematisieren die Fähigkeiten ihrer Geschwister und halten sie für kompetenter als die Umwelt der behinderten Familienmitglieder.

Beide interviewten Geschwister leben in einer engen Beziehung zu ihrer Familie. Marina (23 Jahre), die gerade selber Mutter geworden ist, wohnt mit ihrem Mann in einer Wohnung in der Nähe und sieht ihre Herkunftsfamilie häufig.

Wladimir (26 Jahre) wohnt noch bei seiner Familie, nicht zuletzt auch um seine Mutter zu unterstützen. Dabei zeigt sich, dass auch aufgrund seiner Einbindung in die Versorgung des Bruders eine eigene selbständige Lebensgestaltung für ihn nur eingeschränkt möglich ist.

---

[304] Aus einer strukturtheoretischen Perspektive wird bei einer Fallrekonstruktion analysiert, wie eine Person, die sich im Laufe ihres Lebens naturgemäß immer aufs Neue mit lebenspraktischen Anforderungen auseinandersetzen muss, diese Entscheidungsprozesse gestaltet. Dabei können sich diese immer wieder ähneln (Reproduktion) oder auch neuartig gestalten (Transformation). Die Herausarbeitung dieser den besonderen Fall kennzeichnenden Struktur ist das Anliegen der Fallrekonstruktion (Hildenbrand 1995: 257).

Während der Interviewanalysen zeigte sich des Weiteren, dass anhand der Interviewergebnisse fünf zentrale Aspekte herausgearbeitet werden konnten, die teilweise grundlegende Erfahrungen der Befragten wiedergeben und die zugleich über den einzelnen individuellen Fall hinausgehen. Diese fünf Aspekte haben einen wesentlichen Einfluss auf die Lebenshaltung und Lebenssituation dieser Familien in der Bundesrepublik. Sie können dazu beitragen zu erklären, warum im Großen und Ganzen alle Familien subjektiv die Migration bzw. die Integration ihrer behinderten Familienmitglieder als gelungen bezeichnen, auch wenn sie Schwierigkeiten thematisieren.

Bei diesen fünf Aspekten handelt es sich um die Themen ‚Umgang mit geistiger Behinderung in der ehemaligen Sowjetunion', ‚An*nahme von Fördermaßnahmen*' ‚Berufstätigkeit der Mutter', 'Selbstständigkeit/ Verwöhnung' des Menschen mit Behinderung' und ‚Integration in das Behindertennetzwerk in Abhängigkeit von der Schwere des Behinderungsbildes'.

1) Umgang mit geistiger Behinderung in der ehemaligen Sowjetunion

Übereinstimmend berichten alle Interviewpartner, dass die existenziellen Rahmenbedingungen für betroffene Familien in der ehemaligen Sowjetunion sehr schwierig waren und es für die behinderten Angehörigen kaum eine staatliche Unterstützung gab. Die Familien waren grundsätzlich auf sich allein gestellt. War es im Kindergarten häufig noch möglich, behinderte Kinder unterzubringen, so fehlten spätesten mit dem Eintritt in das Schulalter geeignete Einrichtungen. Obwohl die Situation in Großstädten nach Aussagen der Gesprächspartner besser als auf dem Lande war, berichtet beispielsweise Frau Pasternak, dass es in der 5 Millionen Einwohner zählenden Großstadt St. Petersburg nur eine Sonderschule gab und auch diese nur Kinder mit einer leichteren Behinderung aufnahm. Familien, die ihre Kinder nicht unterbringen konnten, mussten sie zu Hause betreuen. Allerdings berichten auch zwei Familien, dass es möglich war, ihr Kind ein- bis dreimal wöchentlich durch einen vom Staat finanzierten Privatlehrer unterrichten zu lassen.

Auch die Versorgung von behinderten Menschen in den existierenden Heimen kann als schlecht betrachtet werden, da dort häufig unwürdige Lebensbedingungen herrschten.

Neben dem grundsätzlich angesprochenen Manko in der Versorgung behinderter Menschen thematisieren die Interviewten auch den unfreundlichen gesellschaftlichen Umgang gegenüber ihren Familienmitgliedern. So berichteten sie über eine generell in der Gesellschaft verbreitete rücksichtslose und vorwurfsvolle Haltung. Beispielsweise schilderten die Gesprächspartner unfreundliche Reaktionen (skeptische Blicke, unhöfliche Bemerkungen), wenn sie sich mit ihren Kindern im öffentlichen Raum zeigen. Eine Interviewpartnerin beschreibt, dass sie, da sie ein behindertes Kind geboren habe, ein Schuldgefühl gegenüber ihren Mitmenschen entwickelt hatte. Dieses habe sie erst nach der Migration in die Bundesrepublik verloren. Dabei berichteten die Interviewpartner auch differenziert über ihre Erfahrungen: Unbekannte seien ihnen gegenüber oft unfreundlich gewesen[305], im Bekannten- und Freundeskreis hingegen wäre den behinderten Menschen grundsätzlich eine emotionale Zuneigung und Unterstützung zu Teil geworden. Beispielsweise hätten sie mit ihren Kindern an Familienfeiern oder Freizeitaktivitäten im Freundeskreis ohne Schwierigkeiten teilgenommen. Auch hätten sich immer wieder einzelne Erzieher oder Lehrer gefunden, die sich engagierten.

Diese Aussagen der betroffenen Familien zum gesellschaftlichen Umgang wurden von den befragten Expertinnen, die bereits in der Ex-Sowjetunion auf diesem Feld professionell gearbeitet hatten, bestätigt.[306]

Wie erklärt sich der gesellschaftliche Umgang mit Behinderung in der ehemaligen Sowjetunion? Vor allem drei Gründe können hierfür angeführt werden:

---

[305] Verschiedentlich wiesen Gesprächspartner darauf hin, dass sich aufgrund der allgemein unfreundlichen gesellschaftlichen Stimmung Familien mit einem behinderten Angehörigen nur wenig in der Öffentlichkeit zeigten.

[306] Laut Aussage der Interviewpartner konnten nach der Perestroika jüdische Familien in größeren Städten wie St. Petersburg oder auch Baku (Aserbaidschan) kostenlose/preisgünstige Therapieangebote für ihre behinderten Familienmitglieder in Anspruch nehmen, da private jüdische amerikanische und israelische Organisationen, deren Mitarbeiter nun in die ehemalige Sowjetunion reisen durften, in den jüdischen Gemeinden Aufbauhilfe leisteten und auch Therapiezentren aufbauten.

a) Wie bereits in Kapitel 3.2 ausgeführt,[307] nahm sowohl in der Ideologie als auch der praktischen Sozialisation der Sowjetunion die Erziehung des Einzelnen zum ‚*Sowjetmenschen*' eine herausragende Rolle ein. Individuelle Wünsche mussten den Interessen des Kollektivs untergeordnet werden, als übergeordnetes gesellschaftliches Ziel galt es, eine sozialistische Gesellschaft aufzubauen. Diese Erwartung spiegelte sich in verschieden Bereichen wie der Kunst, dem Sport usw. wieder.[308] Aus dieser Perspektive konnte ein Mensch mit einer Behinderung die an ihn gestellten Anforderungen nicht erfüllen. Vielmehr stellte er sogar eine Behinderung beim zügigen Aufbau der Gesellschaft dar.[309] Dies erklärt auch, warum einzig Kriegsversehrte unter den Menschen mit einer Behinderung etwas besser gestellt waren: Denn sie hatten bereits im Zweiten Weltkrieg ihren Beitrag zum Aufbau einer sozialistischen Gesellschaft geleistet und werden daher bis heute geehrt.[310] Der Umstand, dass staatlichen kollektiven Interessen immer die Priorität vor den Bedürfnissen des Einzelnen zugebilligt wurde, hat eine Haltung gefördert, die zu einer gesellschaftlichen Ignoranz und Missachtung gegenüber Menschen mit einer Behinderung führte.[311]

---

[307] Vgl. Kapitel 3.2.
[308] Vgl. Levent 2004.
[309] Das gesellschaftliche Desinteresse diesem Personenkreis gegenüber drückte sich auch darin aus, dass öffentliche Einrichtungen (Gebäude, Verkehrsmittel) in der Regel nicht behindertengerecht ausgestattet waren (und bis heute sind). Süddeutsche Zeitung vom 4.3.2009, Seite 3.
[310] Für diese Veteranen gab es einige wenige spezielle Arbeitsplätze, auch erhielten sie eine kleine Rente (lt. Aussage von Gesprächspartnern).
[311] Diese Behauptung wurde auch in einem Kolloquium diskutiert. Es wurde eingewandt, dass die Missachtung der Bedürfnisse von Menschen mit einer Behinderung auch in anderen, nicht sozialistischen Gesellschaften stattfinde, beispielsweise in Entwicklungsländern in Südamerika. Daher treffe das Argument, die Missachtung erkläre sich durch die sowjetische Ideologie, nicht zu. Jedoch kann meiner Ansicht nach beispielsweise die Situation in Entwicklungsländern nicht mit der in der ehemaligen Sowjetunion verglichen werden, weil es in den Ländern der Dritten Welt ein weitaus weniger funktionierendes Sozial- und Gesundheitswesen gibt, dass häufig Schwachen auch kaum helfen kann. In der Sowjetunion hingegen existierte ein Sozial- und Gesundheitswesen, das zwar den betroffenen Familien offen stand, sie aber nicht in dem Maße unterstütze, wie es erforderlich gewesen wäre.

b) In der ehemaligen Sowjetunion herrschten – insbesondere während der Perestroika – schwierige Lebensbedingungen und die Bewältigung des alltäglichen Lebens stellte für die Menschen eine ständige Herausforderung dar (stundenlanges Anstehen für Lebensmittel, enge Wohnverhältnisse). Dies führte dazu, dass sich trotz der propagierten ‚*kollektiven Sozialisation*' die Menschen Fremden gegenüber distanziert und tendenziell abweisend verhielten, und allgemein im gesellschaftlichen Leben (Einkaufsläden, öffentliche Verkehrsmittel) ein unfreundlicher Ton und eine gewisse Gereiztheit herrschten. In dieser Hinsicht störten Menschen mit einer Behinderung den Ablauf von Routinen im öffentlichen Raum: ihre Familien spürten diese negative Lebensstimmung daher besonders.

c) Diese verbreitete unhöfliche Haltung gegenüber Schwächeren in der Sowjetunion wurde auch dadurch begünstigt, dass die russisch-orthodoxe Kirche aufgrund historischer Gründe insbesondere der Liturgie und dem Sakrament eine herausgehobene Stellung zubilligte, während sie hingegen eine christliche Ethik innerhalb des sozialen Lebens vernachlässigte (Benz 1957: 175).[312] Hierdurch fehlte es an einer weiteren gesellschaftlichen Instanz, die auf die Bedürfnisse von behinderten Menschen hätte hinweisen und diese unterstützen können.

2) Annahme von Fördermaßnahmen

Aufgrund der fehlenden staatlichen Unterstützung in der Sowjetunion waren die Familien gezwungen, sich eigenständig um eine möglichst gute Versorgung ihrer Kinder zu bemühen. Dies taten alle Familien: Beispielsweise suchten sie verschiedene Ärzte und Krankenhäuser auf und bezahlten – inoffiziell und in Form von Zuwendungen – verschiede-

---

[312] Allerdings wurde zusätzlich in der Sowjetunion deren Tätigkeit im sozialen Bereich auch unterdrückt, so blieben auch „"traditionell soziale Tätigkeiten wie Wohltätigkeit und Barmherzigkeit verboten".(Welitschko 1991: 91) Seit Mitte der 1990er Jahre engagiert sich die russisch orthodoxe Kirche vermehrt auf dem Gebiet der sozialen Dienste, so wurden beispielsweise 1996 von der Eparchie Moskau Verträge über die geistliche Betreuung von Patienten mit Ministerien und Behörden abgeschlossen. Auch wurden gemeinsame Projekte auf dem Gebiet der medizinischen Versorgung ins Leben gerufen (Kamkin 2002: 183f., zit. n. Poltawez/Rivin 2006: 66).

ne Behandlungen privat, in der Hoffnung, dass sich dadurch der Zustand ihrer Kinder verbessere. Lediglich in einer Familie (Familie Romanow aus Aserbaidschan) untersagte der Vater den Arztbesuch. Weiterhin ermöglichten einzelne Eltern ihren Kindern auch Nachhilfeunterricht bzw. in einem Fall auch den Besuch einer Privatschule. Dies zeigt, dass fast alle befragten Familien einen höheren Bildungsstandard ihrer Kinder anstrebten und dem eine wichtige Bedeutung zumaßen. Damit zeigen fast alle befragten Familien eine Haltung, bei der sie sich trotz schwieriger gesellschaftlicher Verhältnisse und auch privater knapper finanzieller Ressourcen darum bemühten, für ihre Kinder eine bestmögliche Unterstützung zu organisieren. Eine Ausnahme hiervon ist Frau Romanow aus Aserbaidschan, da sie erst in der Bundesrepublik, als der Einfluss ihres Ehemannes schwächer wird, (dieser hatte Fördermaßnahmen untersagt) diese Haltung entwickelt.

Nach ihrer Migration nehmen die befragten Familien in die Bundesrepublik die angebotene Unterstützung für ihre behinderten Familienmitglieder daher bereitwillig an. Auch sind sie in der Regel vergleichsweise gut informiert und versorgt. Dies zeigten sowohl die Ergebnisse der qualitativen Interviews als auch der quantitative Analyse.

Wie erklärt sich die im Großen und Ganzen gelingende Annahme von Fördermaßnahmen für die behinderten Familienmitglieder?

Vor allem vier Gründe können hierfür angeführt werden:

a) Die Familien kommen aus einer Gesellschaft, in der der Förderung der Gesundheit durch das staatlich organisierte Gesundheitswesen, auch wenn es Mängel aufwies, eine wichtige Bedeutung zukam. Beispielsweise Präventionsmaßnahmen, wie regelmäßige betriebliche Vorsorgeuntersuchungen, nahmen hierbei einen wichtigen Stellenwert ein.[313] Aufgrund ihrer Sozialisation in diesem System setzen auch die Angehörigen entsprechende Prioritäten. Da sie sich zudem in ihrer Heimat häufig unter großen Mühen um eine Versorgung ihrer behinderten Familienmitglieder bemühen mussten, nehmen sie in der Bundesrepublik, wo ein verhältnismäßig gutes Unterstützungsnetzwerk für diesen Perso-

---

[313] Vergleiche Kapitel 3.2.

nenkreis existiert, angebotene Leistungen (z.B. Ergotherapie, Besuch einer Behindertenwerkstatt etc.) gerne an. Hierbei kann auch davon ausgegangen werden, dass die befragten Familien der Bundesrepublik als dem westlichen Ausland (ehemals als ‚*goldener Westen'* bezeichnet) eine Wertschätzung entgegenbringen und daher dem Angebot auch grundsätzlich erst einmal positiv gegenüber stehen.

b) Bildung allgemein – und damit auch die Fähigkeit sich Wissen anzueignen – nahm in der sowjetischen Gesellschaft grundsätzlich einen sehr hohen Stellenwert ein.[314] Dies zeigt sich beispielsweise an dem Umstand, dass behinderte Familienmitglieder zwar grundsätzlich keine Unterstützung erhielten, aber als Ausnahme hiervon einige Schulen für diesen Personenkreis existierten und der häusliche Unterricht durch einen Privatlehrer staatlicherseits gefordert wurde. An diesem Punkt wich das Gesellschaftssystem von seiner Ignoranz gegenüber behinderten Menschen ab.

c) Bei der befragten Personengruppe kommt hinzu, dass sie zum überwiegenden Teil aus Großstädten stammt und gebildet ist. Zudem maßen und messen jüdische Familien Bildung allgemein einen hohen Wert zu.[315] Diese bildungsorientierte Haltung begünstigt ein grundsätzliches Interesse an Informationen, was dazu führt, dass die Familien in der Lage sind sich mit existierenden Unterstützungsangeboten vertraut zu machen.

d) Der Umstand, in einer Mangelwirtschaft gelebt zu haben und für viele Dienstleistungen stundenlang anstehen zu müssen, prägte

---

[314] Ein Indiz dafür, dass russischstämmige Elternhäuser der Bildung einen hohen Stellenwert zuweisen, zeigt sich auch darin, dass aus der Sowjetunion stammende Schüler neben polnischen und kroatischen relativ erfolgreich im bundesrepublikanischen Schulsystem abschneiden. Zu diesem Ergebnis kommt das Bundesamt für Migration und Flüchtlinge anhand der Auswertung verschiedener Datensätze der amtlichen Schulstatistik, repräsentativer Surveys und Schulleistungsstudien wie PISA (Siegert 2008: 4).

[315] So existierten bereits im 5. Jahrhundert v. Chr. jüdische Lehrhäuser, die als der Wegbereiter des rabbinischen Judentums und eines Schulwesens betrachtet werden können. Ab Mitte des 2. Jahrhunderts n. Chr. schickten viele jüdische Familien ihre Söhne ganztätig in eine jüdische Elementarschule. Daran schloss sich für diese der Besuch einer Talmud-Tora Schule an. Aber auch der Familie, und damit auch Müttern, kam ein wichtige Bedeutung als Ort des Lernens zu. Die Wichtigkeit von Bildung ist daher auch Gegenstand verschiedener Legenden im Talmud (Herweg 1993: 79ff).

die Haltung der Menschen mit. Dies führte dazu, dass viele Menschen Waren, die gerade zum Verkauf angeboten wurden oder die sie privat organisierten konnten, erst einmal bereitwillig annahmen, auch wenn sie sie im Augenblick nicht benötigten, um sie aufzubewahren und in späteren Zeiten tauschen zu können. Die Befragten stehen daher auch aufgrund dieser erworbenen Haltung (Unterstützungs-)Angeboten in der Regel aufgeschlossen gegenüber, und nehmen sie an, auch wenn sie diese nicht materiellen Leistungen nicht aufbewahren oder tauschen können.[316]

3) Berufstätigkeit der Mutter

In der ehemaligen Sowjetunion gab es keine/ausgesprochen wenige Betreuungsmöglichkeiten für behinderte Kinder. Die Mütter konnten daher nur dann arbeiten, wenn sie die Betreuung durch Verwandte organisieren konnten. Für betroffene Mütter bedeutete die Nicht-Erwerbstätigkeit dabei eine doppelte Stigmatisierung.

Zum einen hatten sie ein behindertes Kind geboren, was gesellschaftlich negativ angesehen wurde; zum anderen nahmen sie durch ihre Nicht-Erwerbstätigkeit den Status eines Außenseiters an und waren auch dadurch gesellschaftlich benachteiligt, da viele Vergünstigungen (Kuraufenthalt, Freikarten für das Theater usw.) an einen Arbeitsplatz gebunden waren. Gleichzeitig erwiesen sich die Lebensverhältnisse als so schwierig, dass ein Einkommen häufig nicht ausreichte, um eine Fa-

---

[316] Darauf weisen verschiedentlich in der Sowjetunion sozialisierte Gesprächspartner hin. Ein Gesprächspartner berichtete, dass, "sah man ein Menschenschlange, war es erst einmal üblich war sich anzustellen. Gerade erhältliche Waren kaufte man, auch wenn man sie nicht brauchte, um sie als Tauschgut aufzubewahren." Ein anderer Gesprächspartner berichtete, „hatte beispielsweise ein Arbeiter einer Porzellanfabrik die Gelegenheit 10 Wascharmaturen unbemerkt mitnehmen zu können, so tat er dies. Er bewahrte sie auf, da sie eine wichtige Ware im Austausch gegen andere Mangelprodukte waren". Diese Haltung wurde dadurch begünstigt, dass fast alle Menschen in der Sowjetunion jahrelang insbesondere unter der stalinistischen Herrschaft gelitten hatten und daher häufig nur wenig Wertschätzung dem Staat gegenüber zeigten. In fast jeder Familie fand sich der Fall, dass ihre Mitglieder oder ihre Vorfahren sozusagen enteignet (also nach ihrem Verständnis bestohlen worden waren), was dazu führte, dass viele Menschen keine Scheu hatten, sich auch an Staatseigentum, wenn es möglich war, zu bereichern.

milie zu versorgen. Auch nahm die Arbeit im Selbstverständnis der Frauen eine wichtige Rolle ein.

Die Interviewanalysen zu diesem Aspekt zeigen Folgendes:

Alle interviewten Mütter sind bei ihrer Einreise über 40 Jahre alt und haben aufgrund infrastruktureller und arbeitsmarktpolitischer Gegebenheiten große Schwierigkeiten eine Arbeit zu finden. Zwei der interviewten Mütter haben bereits in der Sowjetunion gearbeitet, in ihren Erzählungen nimmt die Berufstätigkeit einen hohen Stellenwert ein. Während sich die eine Gesprächspartnerin (Frau Kravitz) mittlerweile im Rentenalter befindet, kann die andere Interviewte (Frau Borenko) nur sehr schwer akzeptieren, dass sie in der Bundesrepublik keine Arbeit findet.

Die drei anderen befragten Mütter sind in der Sowjetunion nicht arbeiten gegangen. In der Bundesrepublik angekommen, nehmen zwei von ihnen die hier angebotenen Betreuungsmöglichkeiten (z.B. Werkstattangebot) wahr, um arbeiten zu gehen. Sehr aktiv bemühen sie sich dabei um eine Stelle. Beispielsweise nimmt eine Interviewpartnerin (Frau Pasternak) einen sehr hohen Organisationsaufwand auf sich (Hinzuziehung eines Pflegedienstes, weiter Anfahrtsweg und lange Abwesenheit von zu Hause) um ein Praktikum und eine weniger qualifizierte Ausbildung in dem Beruf, den sie bereits in der Sowjetunion mit einem Hochschuldiplom abgeschlossen hatte (Dipl. Biologin), absolvieren zu können.

Für die andere Interviewpartnerin (Frau Romanow), die in Aserbaidschan auch aufgrund traditioneller Gründe (Anweisung des Ehemannes) nicht arbeiten gehen konnte, ist es durch die Unterbringung ihrer Tochter in einer Werkstatt möglich, sich als Fußpflegerin selbstständig zu machen und zeitweise sogar zwei weitere Teilzeitstellen anzunehmen.[317]

Lediglich eine Interviewpartnerin, die russisch sprechende Frau Tarassow thematisiert den Aspekt der Berufstätigkeit nicht, obwohl auch sie in ihrer Heimat ein Fachhochschulstudium abgeschlossen hat.

---

[317] Die Ergebnisse eines Projektes der Universität Dortmund weisen darauf hin, dass viele russische Kontingentflüchtlinge aufgrund ihrer Sozialisation und Lebenserfahrung in der Sowjetunion eine typische innere Haltung an den Tag legen, die sich im Auftreten ausdrückt. So wird diese Personengruppe bei der Arbeitssuche als eher passiv geschildert, da sie es aus der ehemaligen Sowjetunion gewohnt war, dass jedem Bürger ein Arbeitsplatz zugewiesen wurde. (Gruber 2000: 14).Diese Aussage scheint einleuchtend: Allerdings widersprechen Frau Romanow und Frau Pasternak diesem Bild.

Wie die Interviewanalysen ergeben, nimmt insgesamt die Thematik der Berufstätigkeit bei den Befragten eine zentrale Rolle ein. Die Wichtigkeit dieses Aspektes liegt in der sowjetischen Sozialisation begründet.

4) 'Selbständigkeit/Verwöhnung des Menschen mit Behinderung'

An verschiedenen Interviewstellen wird ersichtlich, dass die Eltern eine sehr enge Beziehung zu ihren Kindern haben und eine selbstständige und eigenständige Entwicklung ihrer Kinder nur bedingt zulassen können. Allerdings drücken die Interviewpartner diese elterlichen Widerstände sprachlich nicht so eindeutig wie beispielsweise die schwierigen ex-sowjetischen Lebensverhältnisse aus; daher sind diese schwieriger aufzuspüren. Sie zeigen sich beispielsweise darin, dass Mütter einem selbstständigen Leben skeptisch gegenüber stehen, obwohl sie gleichzeitig um die Wichtigkeit dieses Aspektes wissen und dies auch äußern. Bei Frau Romanow zeigt sich die Ambivalenz darin, dass sie ihrer Tochter weniger Eigenständigkeit zutraut, als diese objektiv betrachtet aufgrund ihrer Kompetenzen zeigen könnte. So äußert die Mutter gegenüber dem konkreten Wunsch ihrer Tochter nach dem Auszug in eine Wohngruppe Bedenken, obwohl ihre Tochter seit mehreren Jahren in einer Behindertenwerkstatt arbeitet, sich relativ selbständig in einem weiteren Umfeld bewegt. Im Fall der Familie Borenko verstärkt sich die sehr enge Beziehung von Mutter und Sohn und die daraus resultierende gegenseitige Abhängigkeit dadurch, dass beide Familienmitglieder sozial isoliert in einer ländlichen Gegend leben.

Auch die Ergebnisse der quantitativen Auswertungen weisen darauf hin, dass grundsätzlich sehr enge Familienverhältnisse in dieser Personengruppe vorherrschen und die Eltern eine ambivalente Einstellung gegenüber der Selbständigkeit ihrer Familienmitglieder zeigen. Dabei realisieren die Angehörigen durchaus, dass eine eigenständige zukünftige Lebensplanung ihrer behinderten Familienmitglieder notwendig ist.[318]

---

[318] An dieser Stelle muss allerdings darauf hingewiesen werden, dass die befragten Familien noch zu denjenigen gehören, die eine selbstständige Lebensweise ihrer behinderten Kinder am ehesten unterstützen und dies auch öffentlich vertraten. Denn während der Projektarbeit zeigte sich, dass insbesondere in den Familien, deren Mitglieder kaum die deutsche Sprache beherrschen und die daher über besonders wenig Kontakte zur Außenwelt verfügten, sich der Rückzug in die Familie als besonders augenfällig erwies. Eine Loslösung der behinderten Angehörigen schien hier noch schwieriger.

Bei allen Familien zeigt sich grundsätzlich die enge Familienbindung untereinander auch dadurch, dass mit eingewanderte Großeltern, soweit sie noch leben, in unmittelbarer Nähe wohnen und die tägliche Lebenspraxis untereinander auch durch einen engen gegenseitigen Kontakt geprägt ist.

Wie erklärt sich die starke Abhängigkeit der Familienmitglieder untereinander?

    a) In der ehemaligen Sowjetunion war die Lebensführung des Einzelnen sehr viel festgelegter als es beispielsweise in der Bundesrepublik der Fall ist.[319] Für individuelle und abseits der Norm liegende Lebensentwürfe gab es nur wenige Freiräume, vielmehr wurde vom Einzelnen erwartet, dass er eigene Interessen zurückstellt und sich in das Kollektiv einordnet. Für Menschen mit einer Behinderung existierten keine staatlichen Zukunftsvisionen, was sich auch darin ausdrückte, dass es keine Unterstützungsangebote hinsichtlich eines ‚Lebens ohne Eltern' gab (z.B. Behindertenwerkstätten, geeignete Wohnformen). Diese gesellschaftlichen Maßstäbe aus der Heimat sind den Eltern vertraut. Der Aspekt einer eigenständigen Lebensführung (z.B. in einer Wohngruppe) für ihre behinderten Familienmitglieder, dem in der Bundesrepublik zumindest theoretisch eine wichtige Bedeutung zugesprochen wird, ist für sie erst einmal fremd und ungewohnt. Aufgrund ihrer Erfahrungen, die sich aus der mangelnden Unterstützung ihrer behinderten Angehörigen speist, nimmt insbesondere der Wunsch nach einer guten Versorgung einen hohen Stellenwert ein. Angeboten, die eine Loslösung der Kinder von den Eltern fördern, stehen sie daher zunächst einmal skeptisch gegenüber.[320]

---

[319] Auch in westeuropäischen Staaten wie der Bundesrepublik kann von einer Institutionalisierung des Lebenslaufes gesprochen werden (Kohli 1985:1 ff). Das Absolvieren verschiedener institutioneller Lebensstationen wie Schule, Ausbildung entsprechen gesellschaftlichen Normen, deren Einhaltung von dem Einzelnen erwartet wird. Allerdings waren in der Sowjetunion die gesellschaftlichen Vorgaben an die Sozialisation des Einzelnen sehr viel ausgeprägter, auch drohten bei einer Nichtbeachtung Sanktionen.
[320] Während der konkreten Projektarbeit zeigte sich, dass der Sozialisationshintergrund der Angehörigen zu Meinungsverschiedenheiten mit in diesem Sektor tätigen Mitarbeitern führen kann. Dies wurde beispielsweise hinsichtlich der

b) Eine zusätzliche Rolle spielt, dass in der Sowjetunion Familienbindungen grundsätzlich eng waren. Die Familie wurde als ein sicherer Ort des Rückzuges betrachtet, da es aufgrund der politischen Erfahrungen und Verhältnisse sinnvoll war, Fremden gegenüber zunächst einmal misstrauisch zu sein. Hinzukam, dass es aufgrund der vorherrschenden Wohnungsmisere durchaus üblich war, dass auch mehrere Familien bzw. Generationen in einer Wohnung wohnten. Für die Angehörigen ist es daher selbstverständlich, dass ihr behindertes Familienmitglied so lange wie möglich bei ihnen wohnt. Dies gilt vermutlich besonders dort, wo die nahe Bezugsperson (in der Regel die Mutter) ihren ganzen Lebensentwurf auf die Versorgung des behinderten Kindes ausgerichtet hat. Dieser wird durch mehr Selbstständigkeit, beispielsweise bei einem altersgerechten Auszug in eine Wohngruppe, in Frage gestellt.

c) Die scheinbare Unselbständigkeit des behinderten Familienmitgliedes steht auch in einen engen Zusammenhang mit einer Verwöhnung durch die Angehörigen. Beispielsweise schickt Frau Romanow ihre Tochter aufgrund deren Widerstands nicht in den Kindergarten bzw. Schule (zur fraglichen Zeit lebt die Familie in Israel, wo es geeignete Schulen gibt). Sie begründet dies mit der Behinderung und gibt wiederholt den Launen ihrer Tochter nach.

Frau Borenko unternimmt zwar alle möglichen Anstrengungen um ihren Sohn zu fördern, aber auch sie gibt ihm immer wieder nach. Auch Herr Kravitz thematisiert diesen Aspekt. Die Verwöhnung ihrer Tochter lässt nur wenig Freiraum für die Eltern und erschwert die Gestaltung eines selbständigen Lebens für die Angehörigen. So unterschiedlich die Fälle auch sind, gemeinsam ist ihnen, dass die Eltern den Wünschen ihrer

---

Frage, wie die Zukunft eines jungen behinderten Menschen aussehen soll, deutlich. In Bezug darauf äußerten einige Familien den Wunsch, einen jungen behinderten Mensch schon beizeiten mit seinen Eltern in ein Altersheim zu geben, damit die Familie zusammenbliebe und er dort auch nach dem Tod der Eltern weiter versorgt werden könne. Dies allerdings widerspricht gängigen westeuropäischen Vorstellungen im Behindertensektor, die eine nicht altersgerechte Unterbringung für einen jungen behinderten Menschen ablehnen. Dieses Beispiel zeigt, dass die westeuropäischen Sonder- und Heilpädagogik durch Standards geprägt ist, die wiederum vielen in der Sowjetunion sozialisierten Menschen fremd sind.

Kinder immer wieder nachgeben, auch wenn dies ihre eigene Lebensführung erheblich einschränkt.

5) Integration in das Behindertennetzwerk in Abhängigkeit von der Schwere des Behinderungsbildes

Verschiedene Interviewpassagen deuten darauf hin, dass sich für Menschen mit einer ‚*auffälligeren Behinderungsbild'*[321] die Integration leichter darstellt als für Menschen mit einem ‚*weniger auffälligen Behinderungsbild'*.
So berichten die Familien mit einem Angehörigen mit einer objektiv augenfälligeren Behinderung (Familie Tarassow und Familie Pasternak) stärker über die positiven Veränderungen durch die Migration als die restlichen Familien. Auch die Ergebnisse der quantitativen Untersuchung bestätigen dieses Ergebnis. Sie zeigen, dass der Beratungsbedarf in den Familien, die ein Familienmitglied mit einem ‚*auffälligeren Behinderungsbild'* betreuen, geringer ist als in den Familien, die einem Angehörigen mit einem '*weniger auffälligen Behinderungsbild'* versorgen

Dies erscheint zunächst paradox, doch kann dieser Umstand folgendermaßen erklärt werden:

a) Für die Angehörigen, die ein Familienmitglied mit einem ‚*augenfälligeren Behinderungsbild*' versorgen, ist die positive Veränderung, die die Migration mit sich bringt, viel schneller und deutlicher sichtbar als für andere Familien. So berichtete beispielsweise Frau Pasternak begeistert von den vielen für sie ungewohnten Hilfsmitteln der Krankenkasse und vielfältigen Angeboten (in der Schule, Freizeit) für ihren Sohn, die diesem vorher nicht zur Verfügung standen. Auch Familie Tassow ist mit der Vielfalt der Angebote zufrieden.

b) Auch den Familien, die ein Familienmitglied mit einem ‚*weniger leichteren Behinderungsbild'* versorgen, stehen nun neue ungewohnte Betreuungsmöglichkeiten zur Verfügung. So können ihre behinderten Familienmitglieder erstmalig eine Behindertenwerkstatt besuchen. Auch wenn dies für die Angehörigen zunächst ei-

---

[321] Vgl. auch S. 283ff.

ne Erleichterung darstellt, so zeigt sich doch bei genauerer Betrachtung der drei Fälle mit einem ‚*weniger auffälligem Behinderungsbild*', dass der Werkstattbesuch auch Probleme birgt. Frau Kravitz berichtet davon, dass ihre Tochter aufgrund von Schwierigkeiten mit Kollegen und Erziehern aus der Werkstatt entlassen wird. Frau Borenko thematisiert den großen Unwillen ihres Sohnes, in die Werkstatt zu gehen, was zu einem reduzierten Besuch der Einrichtung führt. Auch Frau Romanow spricht die Unzufriedenheit ihrer Tochter in Zusammenhang mit der monotonen Tätigkeit und der für sie langen Arbeitszeit an. Es entsteht der Eindruck, dass die Menschen mit einem ‚*weniger auffälligen Behinderungsbild*' unter dem Wechsel aus einem ihnen vertrauten Umfeld mehr leiden als diejenigen, die ein ‚stärker auffälliges *Behinderungsbild*' aufweisen. Folgende Erklärungen bieten sich hierfür an:

a. In der Regel waren Menschen mit einem ‚'*weniger auffälligem Behinderungsbild*' in die ex-sowjetischen gesellschaftlichen Institutionen (z. B. die wenigen Sonderschulen) stärker eingebunden als Personen mit einem ‚*auffälligerem Behinderungsbild*'. Sie erleben daher deutlicher den Wechsel von einem in das andere Gesellschaftssystem und vermissen auch die vertraute Umgebung.
b. b) Hinzukommt, dass sie sich aufgrund ihrer mangelnden Deutschkenntnisse häufig als Außenseiter empfinden.[322] Beispielsweise können sie mit ihren Kollegen in der Werkstatt nur kommunizieren, wenn sie deutsch sprechen. Damit wird von ihnen eine größere Integrationsleistung abverlangt, als von einem Menschen, bei dem schwerpunktmäßig die Versorgung im Vordergrund steht. Diese Umstände führen zu mehr sichtbaren Schwierigkeiten mit der Umwelt, und belasten daher auch die Angehörigen stärker.

---

[322] Während der konkreten Projektarbeit war genau dieser Umstand ‚*Konflikte, Ausgeschlossensein in der Behindertenwerkstatt mit Kollegen aufgrund mangelnder Deutschkenntnisse*' ein immer wieder thematisierter Aspekt zum Thema Arbeit.

Anhand der Präsentation der fünf herausgearbeiteten Aspekte zeigt sich, dass die Haltung der Familien zumindest hinsichtlich der ersten vier Gesichtspunkte

1) ‚Umgang mit geistiger Behinderung in der ehemaligen Sowjetunion',
2) ‚Annahme von Fördermaßnahmen',
3) ‚Berufstätigkeit der Mutter' und
4) 'Selbstständigkeit/Verwöhnung des Menschen mit Behinderung' stark durch die Sozialisation in der Sowjetunion geprägt sind.

Hierbei zeigte sich während der Datenerhebung und -auswertung, dass die Interviews dieser Arbeit, die zunächst den Fokus auf das Thema ‚Behinderung' gelegt hatten, viel stärker biographisch geprägt waren, als dies von mir erwartet worden war. So kommen die oben beschriebenen Endergebnisse, die die Personengruppe als ein Kollektiv betrachten, aufgrund der einzelnen stark biographisch geprägten Interviews zustande. Verschiedene Textstellen belegen, dass einzelne persönliche Schilderungen zugleich sehr eindeutig Auskunft über gesamtgesellschaftlich herrschende Zustände geben können. Frau Pasternaks Aussage, dass es in der Fünfmillionen Einwohner zählenden Großstadt St. Petersburg nur eine Sonderschule für ‚*leichter behinderte* Kinder' gab, die ihr behinderte Sohn daher nicht besuchen durfte, gibt ebenso auch Auskunft über die Lebensumstände anderer betroffener Familien. Es zeigt sich damit, dass eine zentrale Grundannahme der Biographieforschung zutreffend ist. So kann eine Biographie in ihrer Individualität stets auch als ein soziales Phänomen betrachtet werden, das durch gesellschaftliche Rahmenbedingungen bestimmt ist. Die Rekonstruktion von Lebensgeschichten bringt somit gleichermaßen individuelle und gesellschaftliche Einflüsse hervor und zeigt damit deutlich die Wechselwirkung zwischen den gesellschaftlichen Bedingungen und der lebensgeschichtlichen individuellen Erfahrung (Rosenthal 2005: 161ff).

> *„...we highlighted the problem of the relation between biographical analysis and social reality, as well as the grounds for generalising from single case studies. Our key point has been that a very detailed and sophisticated formal analysis of different sorts of text revealed the impact of social macro-*

structures in the single case, and the substantive concerns with macro-structural conditions and processes directed research interests and activities." (Apitsch, Inowlocki 2000, S. 63).

Nachdem insbesondere durch die Fallrekonstruktionen ein Einblick in das gesamte Kollektiv betreffende typische Themen gegeben wurde, möchte ich im nächsten Kapitel die gewonnenen Ergebnisse in ein theoretisches Konzept einbinden, um weitere Erklärungen abzuleiten. Es handelt sich dabei um das Habitusmodell des französischen Soziologen Pierre Bourdieu.

5. Integration der empirischen Ergebnisse in ein theoretisches Konzept

Im Zentrum dieser Arbeit steht die Frage, mit welcher Haltung die Befragten ihre Lebenssituation, die Migration mit einem geistig behinderten Angehörigen, bewältigen.

Die Ergebnisse der Interviews zeigen, dass die Mitglieder der fünf befragten Familien aufgrund ihrer individuellen Biographien unterschiedliche Lebenserfahrungen in der Sowjetunion machten und auch in der Bundesrepublik verschiedene Lebenswege gingen. Dennoch sind bei den Befragten Gemeinsamkeiten in Einstellungen und Haltungen hinsichtlich der Setzung von Prioritäten im Lebensalltag erkennbar und auch die von ihnen favorisierten Lebensentwürfe für ihre behinderten Familienmitglieder weisen große Ähnlichkeiten auf. Beispielsweise zeigen die Angehörigen ein starkes Interesse, Angebote des Behindertensektors wahrzunehmen oder bemühen sich um eine gute Schulausbildung für ihre behinderten Familienmitglieder. Dies kann ein Indiz dafür sein, dass ihre in verschiedener Hinsicht analoge Einstellungen und Verhaltensweisen auch in einer ähnlichen Sozialisation in der ehemaligen Sowjetunion begründet liegen. Im Folgenden möchte ich daher versuchen, die empirischen Ergebnisse dieser Arbeit in ein theoretisches Konzept einzubinden, das eine Erklärung hierzu anbieten kann. Dieses ist beim Habitus-Konzept des französischen Soziologen Pierre Bourdieu der Fall. Im Fokus seiner theoretischen Schriften zum Habitusmodell steht das Anliegen, zu erklären, inwiefern individuelle Handlungen von Menschen immer auch als in ihrer Gesellschaft verhaftete erkennbar sind.[323] Bourdieu zufolge spiegelt sich das kollektive gesellschaftliche System, in dem eine Person sozialisiert wurde, auch im individuellen Denken und Handeln jedes einzelnen Menschen wieder. Damit bemüht er sich um eine Vermittlung zwischen Individuum und Gesellschaft. Im Folgenden stelle ich das Habitus-Modell vor, um anschließend seinen Gewinn für diese Arbeit zu zeigen.

---

[323] Beispielsweise nimmt das Habitus-Konzept in seinen Werken ‚*Entwurf einer Theorie der Praxis*', und ‚*Die feinen Unterschiede*' eine zentrale Rolle ein. (Bourdieu 1979, Bourdieu 1987(a): 760).

Das Habitus-Modell nach Pierre Bourdieu

Für den Soziologen Pierre Bourdieu (1930-2002) ist das *‚Habitus-Modell'* ein zentraler Bestandteil seines Gesamtwerkes. Leitend ist für ihn die Frage, inwiefern sich in den Handlungen und Haltungen von Individuen immer auch zeigt, dass diese gesellschaftlich bedingt sind.

Erste Gedanken zum Habitus-Konzept leitete Bourdieu anhand seiner Erkenntnisse aus empirischen Studien bei den Einwohnern in Kabylien, einem traditionell orientierten Berggebiet in Algerien, zu Beginn der 1960er Jahre, ab. Bourdieu entwickelte aufgrund dieser Beobachtungen dieses Modell, das er in späteren Werken weiter ausdifferenzierte. Bei den Kabylen beobachtete er, dass diese an alten Riten und Sitten in zentralen sie betreffenden Angelegenheiten (Tausch von Gaben, Gestaltung sozialer Beziehungen) festhielten, obwohl diese traditionellen Gewohnheiten einer nun auch in Algerien einziehenden modernen marktwirtschaftlichen Lebensweise scheinbar im Wege standen. Beispielsweise tauschten die Mitglieder dieses Stammes weiterhin ihre Waren, und weigerten sich diese voneinander zu kaufen und bzw. sie einander zu verkaufen, weil sie ein Misstrauen gegenüber Geld hegten. Bourdieu erkannte, dass die Betroffenen vertraute Wahrnehmungs- und Handlungsmuster beibehielten und sie nicht den neuen gesellschaftlichen Verhältnissen anpassten. Er zog daraus den Schluss, dass sich ein einmal im Laufe der Sozialisation gebildeter Habitus nicht mehr wesentlich ändert, sondern auch dann bestehen bleibt, wenn er – von außen betrachtet – den Umständen nicht mehr angemessen scheint. Am algerischen Beispiel lässt sich beispielsweise erkennen, dass Menschen mit einem sogenannten *‚vorkapitalistischen'* Habitus diesen beibehalten, auch wenn sie in einen *‚kapitalistischen Kosmos'* versetzt werden (Bourdieu/Wacquant 1996: 164).

Eine Erklärung hierfür ist Bourdieus zentrale Annahme, dass die primäre Sozialisation eines Menschen in den frühen Kindheitsjahren einen wichtigen Einfluss auf seine spätere Haltung hat. Insbesondere durch die Herkunft und Erfahrungen im Elternhaus ist der Einzelne von frühester Kindheit an in die sozialen Zusammenhänge eines bestimmten Milieus eingebunden. Die kulturelle und ökonomische Ausstattung einer Familie, ihre Wohn- und Freizeitgewohnheiten beispielsweise, schaffen Handlungsräume, die bestimmte Erfahrungen ermöglichen oder behindern. Gewisse Freizeitaktivitäten, beispielsweise der Besuch der Oper, die Mitgliedschaft im Tennisclub oder Reitverein, aber auch die Möglichkeiten, andere Menschen kennenzulernen und sich mit ihnen auseinanderzusetzen werden durch das Herkunftsmilieu des Einzelnen entscheidend mitgeprägt.

Diese aufgrund der gegebenen Möglichkeiten gemachten Erfahrungen, die stark durch die Herkunft in einem speziellen Milieu bedingt sind, wiederholen sich im Laufe der Kindheit regelmäßig. Indem diese Erfahrungen vertraut werden, gehen sie als abgespeicherte Muster ins Unbewusste ein und werden im Laufe der Zeit verinnerlicht. Als konkrete Haltungen zeigen sie sich im Denken, Lebensstil und Alltagshandeln eines Menschen, der diese Muster, in der Regel ohne bewusst darüber nach zu denken, immer wieder erzeugt und im konkreten Lebensalltag verwirklicht. Der Habitus kann letztlich als ein System von Handlungsschemata begriffen werden. Er tritt dabei sowohl als Produzent von Praktiken als auch gleichzeitig als deren Produkt auf.

Empirisch belegt Bourdieu dieses Konzept insbesondere in seinem Hauptwerk ‚*Die feinen Unterschiede*' (Bourdieu 1987(a)). Anhand von Milieustudien in verschiedenen gesellschaftlichen Klassen Frankreichs versucht er nachzuweisen, dass sowohl Lebensgewohnheiten als auch kulturelle Einstellungen eines Menschen wesentlich durch seine soziale Herkunft bestimmt werden. Mitglieder der gleichen gesellschaftlichen Schicht sehen sich häufig mit vergleichbaren Situationen und Erlebnissen konfrontiert und weisen daher einen ähnlichen Geschmack und Lebensgewohnheiten auf. Beispielsweise ähneln sich in einem Milieu die Wahl der Kleidungsstile, die Häufigkeit der Urlaube, die Schulform der Kinder oder auch das Einkommen (Bourdieu 1979: 187). Strukturell lassen sich daher dort viele Übereinstimmungen in den Denk- und Handlungsweisen der in ihm lebenden Menschen finden, auch wenn Personen desselben Umfeldes im konkreten Geschmack Unterschiede zeigen und auch zwei Mitglieder eines Milieus nie genau die gleichen Erfahrungen in der gleichen Reihenfolge machen. Dabei möchten sich die Individuen eines bestimmten Milieus, dem sie sich zugehörig fühlen, von den Personen anderer gesellschaftlichen Milieus unterscheiden. Die andere Klasse wird dann sozusagen als Negativfolie zur eigenen empfunden. Bourdieu veranschaulicht dies beispielhaft am Theatergeschmack der Unterschicht und des großbürgerlichen Milieus. So bevorzugt die Unterschicht den Besuch populärer Veranstaltungen wie des Circus und des Kaspertheaters und besitzt keine Hemmungen, hierbei seine Empfindungen durch Geschrei, Pfiffe und Gegröle zu zeigen. Dem gegenüber verhält sich das großbürgerliche Milieu bei den von ihnen bevorzugten kulturellen Veranstaltungen (Theater, Oper etc.) geradezu distanziert und stark ritualisiert, wie der Pflichtapplaus zeigt (Bourdieu 1987(a): 760).

Bourdieu zufolge umfasst der Habitus

> „die aktive Präsenz früherer Erfahrungen, die sich in jedem Organismus in Gestalt von Wahrnehmungs-, Denk- und Handlungsschemata niederschlagen und die Übereinstimmung und Konstantheit der Praktiken im Zeitverlauf viel sicherer als alle formalen Regeln und expliziten Normen zu gewährleisten suchten" (Bourdieu 1987(b): 101).

Diese Schemata drücken sich in den Einstellungen, Gewohnheiten und Haltungen eines Menschen aus und wirken als eine Einheit zusammen. Hierbei trifft Bordieu an verschiedenen Stellen seines Werkes diese Unterscheidungen aus analytischen Gründen, häufig jedoch, ohne explizit konkrete Beispiele für die Schemata zu benennen. So bleiben die Begrifflichkeiten bisweilen unklar,[324] dennoch soll im Folgenden der Versuch unternommen werden, sie im Bordieuschen Verständnis zu beschreiben.

1) Die Wahrnehmungsschemata strukturieren die soziale Welt, wie der Einzelne sie alltäglich wahrnimmt. Beispielsweise ist der Kauf von Spielzeug von den Wahrnehmungs- und Wertungsschemata der Eltern abhängig. Dabei bestimmen die Kaufenden aufgrund ihrer Erziehungsstrategien die Bedeutung, die dem Spielzug beigemessen wird und aus der sich sein erzieherischer Wert ergibt. Daher wird gerade in intellektuellen Kreisen Holzspielzeug oder Spielzeug mit einfachen Formen favorisiert, das die Intelligenz des Kindes fördern soll (Bourdieu 1987(a): 352ff).

2) Mit Hilfe der Denkschemata interpretiert das Individuum die soziale Welt, wie es sie vorfindet. Hierzu nutzt es Klassifikationsmuster, die ihm vertraut sind. Gleichzeitig enthalten die Denkschemata auch ethische Normen, die gesellschaftliche Handlun-

---

[324] Siehe hierzu auch Schwingel 1995: 62.

gen beurteilen und ästhetische Maßstäbe, die die kulturellen Objekte und Praktiken bewerten. Bourdieu benennt als Beispiel hierfür eine Befragung zur Sexualaufklärung im Schulunterricht. In dieser Umfrage spricht sich die Mehrheit von Landarbeitern dafür aus, Sexualkundeunterricht erst nach dem 15.Lebensjahr zu erteilen, während Angestellte und mittlere Führungskräfte diesen schon vor dem 11. Lebensjahr befürworten (Bourdieu 1987(a): 659 ff).

3) Als Handlungsschemata bezeichnet Bourdieu die individuellen oder kollektiv geprägten Praktiken, die der Einzelne ausführt. Beispielsweise übt der Einzelne gewisse Sportarten aus, zeigt einen bestimmten Geschmack hinsichtlich seines Kleidungs- und Wohnungsstils, der seinem Milieu entspricht (Bourdieu 1987(a): 282 ff).

In seinem Habitus-Konzept misst Bourdieu auch dem Umfeld, der sogenannten Doxa, eine wichtige Bedeutung bei. Bourdieu versteht hierunter, dass in dem konkreten Umfeld eines Individuums Bedingungen und Strukturen existieren, die es kaum beeinflussen kann. Diese bestehen als unausgesprochene Regeln, die den Mitgliedern vertraut sind und von diesen befolgt werden. Daher ist der Einzelne äußeren Zwängen ausgesetzt, was dazu führt, dass er sich in der Praxis im Rahmen dieser Grenzen, die ihm selbstverständlich sind, bewegt.

Hierbei sind die ökonomischen und sozialen Daseinsbedingungen einer bestimmten gesellschaftlichen Klasse entscheidend dafür, welche Strukturen eines Habitus erzeugt werden. Die konkrete Lebensumwelt (das Feld) findet sich im Habitus des Einzelnen wieder.

Die soziale Umwelt des Einzelnen, die sogenannte Doxa, zeichnet sich zudem auch dadurch aus, dass sie dem Einzelnen einen unterschiedlichen Zugang zu zentralen Ressourcen ermöglicht. Bourdieu benennt diese Ressourcen als Kapital, dabei unterscheidet er zwischen dem ökonomischen, kulturellen und sozialen Kapital (Bourdieu 1997: 49ff).

1) Unter dem ökonomischen Kapital versteht Bourdieu den finanziellen Besitz, z.B. Vermögen und Grundeigentum, eines Menschen.
2) Das kulturelle Kapital unterteilt Bourdieu in drei Aspekte:
    a) Das verinnerlichte inkorporierte kulturelle Kapital ist über einen längeren Zeitraum gewonnen (d.h. verinnerlicht)

worden und an den Einzelnen gebunden. Dies ist beispielsweise bei der Bildung der Fall, die von frühester Kindheit an erworben wird. Es kann nicht an andere weitergegeben werden. Insbesondere das inkorporierte Kapital ist fester Bestandteil des Habitus.
b) Zu dem objektivierten kulturellen Kapital zählen kulturelle Güter wie Bilder und Bücher. Gemeinsam ist diesen, dass sie im Gegensatz zum verinnerlichten inkorporierten Kapital auf andere Personen übertragbar sind.
c) Unter institutionalisiertem Kapital werden formale Bildungsabschlüsse verstanden, die dem Einzelnen eine institutionelle Anerkennung verleihen können. Sie sind an das konkrete Individuum gebunden.
3) Mit sozialem Kapital bezeichnet er die Gesamtheit der sozialen Beziehungen eines Menschen, die als Ressourcen dienen können. Dies sind die Familie, Schulkameraden usw. Auch benennt Bourdieu die Zugehörigkeit zur Kommunistischen Partei in der Sowjetunion als soziales Kapital, denn diese hat beachtliche Vorteile und Privilegien mit sich gebracht (Bourdieu/Wacquant 1996:152).

Zwischen diesen drei Kapitalarten, die aus analytischen Gründen getrennt dargestellt werden, besteht eine Wechselbeziehung. Sie sind voneinander abhängig. Beispielsweise hängt das soziale Netzwerk eines Menschen immer auch von seinen ökonomischen und kulturellen Ressourcen ab. Individuen, die über mehr Ressourcen verfügen, sind daher eher in der Lage sich ihnen bietende Gelegenheiten zu nutzen und damit ihre Lebenssituation zu verbessern, als diejenigen, die „kulturell und ökonomisch minderbemittelt sind" (Bourdieu 1987(b): 119).

„Die für einen spezifischen Typus von Umgebung konstitutiven Strukturen (etwa die eine Klasse charakterisierenden materiellen Existenzbedingungen), die empirisch unter der Form von mit einer sozialen strukturierten Umgebung verbundenen Regelmäßigkeiten gefaßt werden können, erzeugen Habitusformen, d.h. Systeme dauerhafter Dispositionen, strukturierte Strukturen, die geeignet sind, als strukturierende Strukturen zu wirken, mit anderen Worten: als Erzeugungs- und Strukturierungsprinzip von Praxisformen und Repräsentationen, die

objektiv >>geregelt<< und >>regelmäßig<< sein können, ohne im geringsten das Resultat einer gehorsamen Erfüllung von Regeln zu sein." (Bourdieu 1979: 164f.).

Der Habitus als ein Produkt einer bestimmten Umwelt, in die ein Mensch hineinsozialisiert wurde, ermöglicht es, dass ein Individuum sich selbstverständlich in dieser ihm vertrauten Umwelt bewegt. Daher entsprechen sich Habitus und Feld, denn die soziale Realität findet ihre Entsprechung sowohl in den Individuen als auch außerhalb dieser, in den Feldern. Der Habitus und die Doxa, das konkrete Umfeld eines Individuums, sind daher eng miteinander verbunden. Allerdings existiert nicht nur ein Feld, in dem sich das Individuum bewegt, sondern vielmehr prägen unterschiedliche Felder die Lebenswelt eines Menschen.

Dabei neigen gemäß dem Modell ähnliche Milieus dazu, immer wieder neue, ähnliche Milieus zu schaffen. Dies führt zu einer Homogenität der Habitusformen innerhalb eigener Umwelten, deren Formen von ihren Mitgliedern als selbstverständlich angesehen werden. Allerdings erleben nur diejenigen, die Teil dieses Milieus sind, die implizierten Handlungs- und Interpretationsschemata als voraussehbar, da sie sich von den anderen Individuen durch ihre Kenntnis und Verinnerlichung dieser Habitusformen unterscheiden (Bourdieu 1979: 172 f). Bourdieu spricht in diesem Zusammenhang von einem *Universalisierungs- und Partikularisierungseffekt*, weil sich die Mitglieder eines Milieus einer Einheit zugehörig fühlten und daher die Handlungen der anderen Mitglieder des gleichen Milieus ohne ausdrücklichen Grund und Absicht als sinnhaft und vernünftig empfinden (Bourdieu 1979: 179).

„Indem der Habitus als ein zwar subjektives, aber nicht individuelles System verinnerlichter Strukturen, als Schemata der Wahrnehmung, des Denkens und Handelns angesehen wird, die allen Mitgliedern derselben Gruppe oder Klasse gemein sind und die die Voraussetzung jeder Objektivierung und Apperzeption bilden, wird derart die objektive Übereinstimmung der Praxisformen und die Einmaligkeit der Weltsicht auf der vollkommenen Unpersönlichkeit und Austauschbarkeit der singulären Praxisformen und Weltsichten gegründet". (Bourdieu 1979: 187f).

Im individuellen Lebenslauf eines Individuums zeigt sich daher immer auch eine Spezifizierung der kollektiven Erfahrungen der ihm zugehörigen Gruppe (Bourdieu 1979: 189).[325] Der Lebensstil drückt hierbei somit nicht nur etwas Äußerliches, sondern vielmehr die grundsätzliche Beziehung zu sich und der Welt aus. Für die Individuen wird der Lebensstil zur Grundlage, anhand derer sie eine eigene Wahrnehmung und die Beurteilung der sie umgebenden Welt vornehmen.

Hierbei zeigt sich der Habitus nicht nur im Verhalten und den Entscheidungen eines Menschen. Vielmehr drücken sich die im Laufe eines Lebens gemachten Erfahrungen auch in der Physiognomie und Körperhaltung des Einzelnen aus. Bourdieu umschreibt dies mit dem Begriff der Hexis, womit er ein ganzes System von Körperhaltungen meint. Auch wenn die Geste eines Individuums singulär scheint, so ist diese Geste doch typisch für die Gemeinschaft, in die es hineingeboren ist. Denn verschiedene Gesten wie eine spezifische Kopfhaltung oder eine bestimmte Redeweise, die ein Handelnder unbewusst und selbstverständlich ausführt, sind immer mit einem spezifischen Bewusstseinsinhalt verbunden, der für ein bestimmtes Milieu typisch ist (Bourdieu 1979: 190ff). Dabei zeigt sich auch in der Ausübung dieser Gesten, der Körperhaltung eines Individuums, also der körperlichen Hexis, das gesamte Moral und Ehrverhalten seines Kollektivs. Auch hier drückt das Persönliche und Subjektive eine gesellschaftliche, sozialisierte Subjektivität aus (Bourdieu/Wacquant 1996: 159).

All diese Aspekte des Habitus führen dazu, dass sich der Habitus durch eine gewisse Trägheit, den Hystereseeffekt, auszeichnet. Daher erzeugt der Habitus in verschiedenen Situationen immer wieder ähnliche Muster, die sich zwar den neuartigen Bedingungen immer wieder anpassen, aber in der Struktur ähneln. Das erklärt auch, warum Menschen in ver-

---

[325] Überraschenderweise unterscheidet Bourdieu in seinem Werk ‚*Sozialer Sinn, Kritik der theoretischen Vernunft*' zwischen einem Klassenhabitus und dem individuellen Habitus. Dies scheint zunächst widersprüchlich zu seinen sonstigen Ausführungen, die darauf beruhen, dass sich beides – Individuum und Gesellschaft – in einem einzigen Habitus ausdrückt. Den Klassenhabitus kann man Bourdieu zufolge als ‚*subjektives, aber nicht individuelles System verinnerlichter Strukturen, gemeinsamer Wahrnehmung, Denk und Handlungsschemata betrachten.*' Diese erst ermöglichten die Einheitlichkeit und Praktiken von Kollektiven, deren Personen jederzeit austauschbar seien (Bourdieu 1987(b): 112ff).

schiedenen Situationen Ereignisse ähnlich wahrnehmen oder danach handeln, auch wenn das den aktuellen Bedingungen nicht mehr angemessen ist. Beispielsweise lässt sich der Hysteresiseffekt gut an der Bedeutung von Abschlüssen und Titeln beobachten. Dies zeigt sich am Festhalten an der Wertschätzung von Bildungstiteln, auch wenn diese ihrer objektiven Bedeutung nicht mehr entsprechen. In diesem Fall hält der Betreffende an überkommenen alten Vorstellungen fest und nimmt nicht wahr, dass sich der ‚Markt' für diese Abschlüsse geändert hat und sie nicht mehr die Bedeutung früherer Zeiten haben. Dabei zeigt sich auch, dass der Hyteresiseffekt umso größer ist, je weniger sich der Einzelne auf dem Gebiet auskennt (Bourdieu 1987(a): 238ff).

Um die Entwicklung seines Habitusmodells zu verdeutlichen zieht Bourdieu auch den Vergleich mit dem Modell generativer Grammatik, das von dem Sprachwissenschaftler Noam Chomsky in den 1970er Jahren entwickelt worden war. Chomsky ging davon aus, dass jeder Sprecher über ein Repertoire an angeborener Universalgrammatik verfügt, aus der er die Grammatik seiner Sprache hervorbringt. Theoretisch können hieraus unendlich viele sprachliche Äußerungen erzeugt werden. Ähnlich diesem Sprachgrammatik-Modell verfügt ein Individuum über ein inneres System generativer Strukturen, anhand derer er unbegrenzt viele Äußerungen produzieren kann. Durch dieses vorhandene Repertoire ist es in der Lage, auf verschiedene Situationen stimmig zu reagieren, so dass sie gleichzeitig der Situation sowie seiner Person angemessen sind. Beiden Modellen ist gemeinsam, dass sie die Ursache für das Hervorbringen der zahlreichen Produktionsformen in der Anlage des Individuums sehen. Dessen inneres Produktionssystem hat sich von der frühesten Kindheit an durch die konkrete Sozialisation so entwickelt und strukturiert, dass das Hervorbringen der Äußerungen mit den gesellschaftlichen Normen und Erwartungen stimmig ist. Der wesentliche Unterschied zwischen beiden Modellen liegt jedoch darin, dass Chomsky annimmt, dass das Produktionssystem angeboren sei, während Bourdieu davon ausgeht, dass es während der Sozialisation erworben wird (Krais/Gebauer 2002: 31f).

Bourdieu, in dessen Habitusmodell der Fokus immer auf dem wechselseitigen Bezug zwischen Subjekt und gesellschaftlichen Strukturen liegt, versucht mit seinem Konzept auch, methodologisch zwischen einer subjektivistischen und objektivistischen Perspektive zu vermitteln.

So gibt es für ihn drei Modi einer theoretischen Erkenntnis (Bourdieu 1979: 146f.):

1) Die phänomenologische Sichtweise[326] stellt die subjektive Sichtweise der Individuen in das Zentrum des Interesses. Demnach nehmen gegebene strukturelle Bedingungen, unter denn der Einzelne lebt, keinen – beziehungsweise einen zu vernachlässigenden – Stellenwert ein.
2) Eine objektivistische Perspektive betrachtet im Gegensatz zur phänomenologischen primär objektiv gegebene Strukturen der sozialen Umwelt als entscheidend für die Lebensgestaltung des Einzelnen.
3) Da für Bourdieu die ersten beiden Modi für eine umfassende Erkenntnis der Lebenswelt und -bedingungen nicht ausreichen, ist für ihn ein dritter Modus, den er als ‚praxeologische' Erkenntnisweise bezeichnet, notwendig. Diese zeichnet sich dadurch aus, dass sie die beiden ersten Modi gemeinsam berücksichtigt und gegenüberstellt und somit einen alleinigen Subjektivismus bzw. Objektivismus überwinden kann. Denn weil sich im Handeln von Individuen immer mehr Sinn findet, als diese selber erkennen und reflektieren können, reicht eine rein subjektivistische Sichtweise für die Erklärung von Phänomenen nicht aus. Auch berücksichtigt eine rein subjektivistische Perspektive nicht, dass auch die subjektiven Ansichten von Individuen in eine objektive Welt eingebettet sind. Eine allein objektivistische Perspektive hingegen beachtet nicht die subjektiven Erfahrungen der Individuen, die diese auch in einem objektiv gegeben Umfeld machen.

Daher führt Bourdieu in seinem Werk ‚*Die feinen Unterschiede*' das Feldkonzept mit dem Habituskonzept zusammen, um diese beiden unterschiedlichen Perspektiven miteinander zu verbinden. Er lehnt sich hierbei an Max Weber an, der auch eine subjektive Sichtweise, die die persönlichen Präferenzen der Lebensführung berücksichtigt, mit den objektiven Gegebenheiten der Umwelt verbindet (Schwingel 1995: 104ff).

---

[326] Näheres hierzu findet sich unter anderem bei Kleinig 1995: 17f.

Für die theoretische Einbindung der Ergebnisse dieser Arbeit scheint mir das Habitusmodell aus verschiedenen Gründen sinnvoll und angemessen.

1) Bereits zu Beginn der empirischen Analyse zeigte sich, dass sich die sowjetische Sozialisation, aber auch der Einfluss eines säkular jüdischen Umfeldes, in den Denk-, Wahrnehmungs- und Handlungsschemata der Befragten auch in der Bundesrepublik widerspiegelt.
2) Auch aus einer methodologischen Perspektive erweist sich die Anbindung an Bourdieu in dieser Arbeit gerechtfertigt. So ist die in dieser Arbeit angewendete Auswertungsmethode, die sich an die ‚*Objektive Hermeneutik*' anlehnt, vereinbar mit dem Bourdieuschen methodologischen Vorgehen.[327] Auch die objektive Hermeneutik berücksichtigt wie Bourdieus ‚*praxeologische Erkenntnisweise*' gleichzeitig eine subjektive und objektive Sichtweise der Interviewaussagen.
3) Zum anderen hat Bourdieu sehr praxisorientiert gearbeitet: In der Regel bildete er aus zunächst empirisch gewonnenen Ergebnissen seinen theoretischen Bezugsrahmen.[328] Ähnlich ging auch ich in meiner Arbeit vor. Als die Interviews geführt wurden, hatte ich noch keine Vorstellung von möglichen Ergebnissen bzw. einer Einbindung in einen theoretischen Bezugsrahmen.[329] Was aus einer wissenschaftstheoretischen Perspektive als empiristisch be-

---

[327] So hat Bourdieus Werk ‚*Das Elend der Welt*' zahlreiche weitere Studien inspiriert, unter denen sich auch eine Schweizer Untersuchung befindet, die die Methode der ‚*objektiven Hermeneutik*' anwendete. Rehbein 2006: 243.
[328] Dies ist beispielsweise in einem seiner ersten Studien, der Feldforschung bei den Kabylen, veröffentlicht in seinem Werk ‚*Entwurf einer Theorie der Praxis*' der Fall. Vgl. Bourdieu 1976: 11ff.
[329] In den Sitzungen des Dokorandenkolloquiums bei Prof. Friebertshäuser wurde die Problematik dieser Vorgehensweise mehrfach diskutiert. Ein Vorschlag von Teilnehmern des Kolloquiums war beispielsweise sich im Vorhinein im Rahmen dieser Arbeit mit konstruktivistischen Ansätzen, wie sie in der Sonder- und Heilpädagogik seit einigen Jahren aktuell sind, zu beschäftigen. Nach der Lektüre einiger Schriften nahm ich jedoch den Vorschlag nicht auf, weil er mir nicht geeignet schien, um die realen Lebensverhältnisse der Familien, wie sie sich praktisch immer wieder zeigten, abzubilden. Zudem hätte diese Arbeit dann auch mit anderen Methoden, beispielsweise einem dekonstruktivistischen Ansatz, wie der Diskursanalyse, arbeiten müssen. Hinweise zur Diskursanalyse finden sich bei Amann u. Knorr-Cetina 1995: 421.

trachtet werden kann, erwies sich jedoch als geeignete Vorgehensweise, um eine Offenheit den Ergebnissen gegenüber möglichst lange zu wahren und dem fremden Gegenstand angemessen zu begegnen.

Worin besteht nun die Aussagekraft des Habitusmodells für die Einstellungen und Verhaltensweisen der Befragten?

1) Alle Interviewteilnehmer schildern die Lebenssituation für ihre Angehörigen aufgrund der Rahmenbedingungen in der ehemaligen Sowjetunion als schwierig. Kollektiv erlebten sie, dass ihre behinderten Familienmitglieder eine gesellschaftliche Ablehnung erfuhren. Daher nehmen die Angehörigen die sich in der Migration darstellenden Lebensbedingungen für ihre behinderten Familienmitglieder als eine so gravierende Verbesserung ihrer Lebenssituation wahr, dass sie eigene persönliche Nachteile durch die Migration (wie z.B. den Verlust des Arbeitsplatzes, des sozialen Umfeldes) demgegenüber in den Hintergrund stellen. Diese **ähnlichen Wahrnehmungsschemata über die schwierigen Verhältnisse in der Heimat und die grundsätzliche leichteren Lebensbedingungen in der Bundesrepublik bestimmen wesentlich ihre Haltung** gegenüber dem Einwanderungsland. Die Familien erleben die Migration aufgrund der verbesserten Situation ihrer behinderten Familienmitglieder insgesamt als ein gelungenes Projekt, auch wenn sie persönlich dafür Nachteile in Kauf nehmen mussten. Dies ist erstaunlicherweise auch dort der Fall, wo die behinderten Angehörigen nicht gelungen in das bundesrepublikanische Unterstützungsnetzwerk integriert werden können [330]: Immer noch werden die in der Bundesrepublik gemachten Erfahrungen, auch wenn sie negativ sind, von dieser Personengruppe als besser wahrgenommen.
2) Alle Interviewpartner zeigen sich den Einrichtungen des Gesundheits- und Behindertensektors gegenüber grundsätzlich offen und **nehmen die möglichen Angebote für ihre behinderten Angehörigen gerne wahr. Diese Handlungsschemata lassen sich folgendermaßen erklären:**

---

[330] Dies ist beispielsweise bei der Fallgeschichte Kravitz, Borenko der Fall.

a.) Durch ihre Vertrautheit mit dem russischen Gesundheitssystem, das einen Schwerpunkt auf die Prävention legte, haben die Befragten über Jahre hinweg grundsätzlich eine annehmende Grundhaltung zur Gesundheitsprävention entwickelt. Gleichzeitig machten sie aber in ihrer Heimat die Erfahrung, dass die Behandlungsangebote für ihre behinderten Familienmitglieder ungenügend waren (beispielsweise wurden keine logopädischen oder ergotherapeutische Behandlungen durchgeführt). Deshalb haben sich die Familien häufig unter Mühen schon in der Sowjetunion eigenständig um eine bessere Versorgung ihrer Angehörigen gekümmert.

b.) Aufgrund ihrer Bildung ist es den Befragten ‚*leichter*' möglich sich zu informieren und entsprechende Angebote anzunehmen als Einwanderer, die aus bildungsfernen Schichten stammen. Denn ihre bildungsorientierte Haltung begünstigt grundsätzlich ein allgemeines Interesse nach Informationen, was auch dazu führt, dass die Familien in der Lage sind, sich mit existierenden Unterstützungsangeboten vertraut zu machen[331] Es gelingt ihnen daher in der Regel die sich bietenden Angebote für ihre behinderten Angehörigen auch wahrnehmen.[332]

Das relativ gut ausgebaute bundesrepublikanische Versorgungssystem im Gesundheitssektor nehmen sie auch deshalb positiv auf, weil es die Defizite der Heimat ausgleicht und die bundesrepublikanischen Angebote einer in ihrer Heimat erworbenen

---

[331] Im Rahmen der Projektarbeit zeigt sich die Bildungsorientiertheit der Familien auch an zwei weiteren Punkten:
a) Immer wieder wünschten sich die Angehörigen insbesondere die Etablierung geeigneter Deutschkurse für ihre behinderten Familienmitglieder, damit diese sich besser integrieren können.
Verschiedentlich wurde der Wunsch nach der Schaffung von Ausbildungsmöglichkeiten geäußert, da die Arbeit in den Behindertenwerkstätten von den Familien als zu monoton empfunden wurde.
[332] Das zeigt sich auch konkret bei den Veranstaltungen des Projektes. Viele Teilnehmer waren über grundsätzliche Unterstützungsmöglichkeiten gut informiert und fragten vor allem Detailwissen zu ihrer persönlichen Situation nach.

Grundhaltung gegenüber Prävention entgegenkommen. Diese Haltung ist auch noch in der neuen Heimat wirksam.[333]

3) **Die Bedeutung von Arbeit und der Wunsch eine berufliche Tätigkeit auszuüben** nimmt insbesondere bei den weiblichen Befragten einen zentralen Platz in ihren Ausführungen ein. Auch dies erklärt sich durch ihre Sozialisation; denn die Familien kommen aus einem Gesellschaftssystem, in der die Arbeitsaufnahme für alle ihre Mitglieder einschließlich der Frauen verpflichtend war. Derjenige, der nicht arbeitete, nahm eine gesellschaftliche Außenseiterposition ein: Dies galt auch für Mütter mit kleinen Kindern, denn es wurde erwartet, dass sie diese in die staatliche Obhut geben. Obwohl manche der Befragten im Laufe ihres Lebens tatsächlich nur wenig arbeiten konnten, da sie ihre Angehörigen versorgen mussten, zeigt sich, dass der Wunsch zu arbeiten in ihren Lebensentwürfen einen zentralen Platz einnimmt. Es zeigt sich ein Deutungsschema über persönliche Werte, dass entscheidend von dem gesellschaftlich bedingten Gedanken der Frauenerwerbstätigkeit geprägt ist. Gerade auch an diesem Beispiel, dem starken Wunsch arbeiten zu können, zeigt sich, dass die gesellschaftlichen Sozialisationsbedingungen Haltungen von Menschen erzeugen, die auch in einem anderen Gesellschaftssystemen mit veränderten Paradigmen weiterhin gelten. Grundlegende zentrale Haltungen, wie beispielsweise zur Frauenerwerbstätigkeit, die die Befragten aufgrund ihrer Sozialisation in einem kommunistischen Gesellschaftssystem einnehmen, behalten sie

---

[333] Verschiedene aus der Ex-Sowjetunion kommende Gesprächspartner wiesen mich daraufhin, dass die Befragten aufgrund der teilweise sehr schwierigen Lebensverhältnisse in ihrer Heimat (ständiger Mangel an Waren) auch eine Haltung entwickelt haben, präsentierte Angebote zunächst anzunehmen, auch wenn diese im konkreten Fall nicht direkt notwendig sind. Dies erkläre sich dadurch, dass es häufig sehr mühsam und nur durch Korruption möglich war, überhaupt Angebote oder irgendwelche Vergünstigen zu erhalten und Familien auch nicht sicher sein konnten, ob diese auch noch zu einem späteren Zeitpunkt vorhanden gewesen wären. Die aus der Sowjetunion Eingewanderten nähmen daher die Unterstützungsleistungen im bundesrepublikanischen Behindertensektor auch aus diesem Grund positiv an. Allerdings ‚*normalisiere*' sich diese Haltung im Laufe der Zeit, weil auch Zugewanderte erkennen, dass in der Bundesrepublik Angebote beständig sind und kein akuter Mangel droht.
In den analysierten Interviews habe ich allerdings keine Belege für dieses von Gesprächspartnern geschilderte Haltungsmuster finden können.

weiter, auch wenn sich die gesellschaftlichen Bedingungen verändern.
4) Auch an einem weiteren Aspekt zeigt sich, dass gesellschaftlich vorherrschende Paradigmen einen Einfluss auf die Lebensentwürfe und -ziele von Menschen haben und deren Haltung wesentlich mitbestimmen. So lässt sich bei den Interviewpartnern **bezüglich der Entwicklung der Selbstständigkeit ihrer behinderten Angehörigen eine ambivalente Haltung** erkennen. Diese Ambivalenz kann sowohl durch gesellschaftliche als auch individuell bedingte Faktoren erklärt werden:
   a.)Der Aspekt eines selbstgestalteten und -bestimmten Lebens nahm in der ehemaligen Sowjetunion eine untergeordnete Rolle ein. Eine Sozialisation mit fest institutionalisierten und vorbestimmten Lebensstationen setzte andere Prioritäten. Die Unterordnung individueller Lebenspläne unter allgemein anerkannte kollektive Normen der Lebensführung wurde selbstverständlich erwartet und bei Nichtbeachtung sanktioniert. Während in den kapitalistischen Industriegesellschaften individualistische Lebensziele, die Selbstbestimmung und die Gewinnung von Autonomie einen allgemein anerkannten gesellschaftlichen Stellenwert einnimmt[334] und auch behinderten Menschen zumindest theoretisch zugebilligt werden, traf dies auf die sowjetische Gesellschaft nicht zu. Damit lässt sich erklären, dass auch die Angehörigen aufgrund ihrer Sozialisation den Aspekt einer zukünftigen selbstständigen Lebensgestaltung ihrer behinderten Familienmitglieder als weniger entscheidend betrachten. Für sie nimmt eine gute Versorgung, um die sie sich in der ehemaligen Sowjetunion jahrelang vergeblich bemühten, einen zentralen Stellenwert ein.
   b.) Manche Angehörige fürchten einen Teil ihres Lebensinhaltes, der insbesondere in der Betreuung ihres behinderten Familienmitgliedes besteht, zu verlieren. Dies trifft insbesondere auf Mütter zu, die jahrelang ihre behinderten Angehörigen allein betreuen mussten und deren Lebensinhalt daher hauptsächlich in der Versorgung ihres Kindes liegt.

---

[334] Vgl. Beck 1998.

Daher ist die Bindung zu den dem behinderten Familienmitglied besonders eng und kann auch in der Fremde nicht einfach modifiziert werden. Damit einhergehend nehmen die Bedeutung der Familie und die gegenseitige Unterstützung untereinander einen zentralen Platz in den Lebensentwürfen und der Lebenspraxis der Menschen ein. Dies erklärt sich auch dadurch, dass aufgrund der jahrzehntelang politisch schwierigen Verhältnisse gegenüber Fremden ein grundsätzliches Misstrauen innerhalb der Gesellschaft herrschte. Auch begünstigten die gesellschaftlichen schwierigen Verhältnisse, wie beispielsweise der Wohnungsmangel, dass Eltern und auch schon erwachsene Kinder jahrzehntelang in einem Haushalt lebten.

c.) Zusätzlich können die engen Familienbeziehungen aber auch durch die jüdische Herkunft der Befragten miterklärt werden. Denn aufgrund der jahrzehntelangen gesellschaftlichen Benachteiligung, die diese Personengruppe in der ehemaligen Sowjetunion erfuhr, entstanden häufig zwangsläufig besonders enge Familienbindungen. Weil sich die Umwelt bisweilen auf verschiedenste Art und Weise feindlich zeigte,[335] war daher der Zusammenhalt innerhalb der Familien besonders wichtig.

Hinsichtlich des Aspektes einer zukünftigen selbstständigen Lebensgestaltung der behinderten Familienmitglieder zeigt sich bei den Familien ein Deutungsschema, dass einer zukünftigen guten Versorgung eine höhere Priorität als dem Ziel einer selbständigen Entwicklung zuweist. Auch dies erklärt sich vor dem Hintergrund der Erfahrungen, die die Befragten in der ehemaligen Sowjetunion machten.

Für Bourdieu nimmt die Bildung, das so genannte **verinnerlichte inkorporierte kulturelle Kapital,** eine entscheidende Rolle bei der Ausbildung des Habitus ein. Bei der untersuchten Personengruppe zeigt sich, dass die Interviewpartner der Bildung, auch ihrer behinderten Angehörigen, einen hohen Wert beimessen. Dies drückt sich folgender-

---

[335] Dies wird beispielsweise in dem Interview mit der aus der Ukraine stammenden Familie Kravitz deutlich.

maßen aus: Schon in der Sowjetunion haben sich die Angehörigen, soweit dies möglich war,[336] darum bemüht, ihren behinderten Angehörigen eine Schulbildung oder die Teilnahme an kulturellen Freizeitaktivitäten zu ermöglichen. Dabei zeigten die Interviews, dass sich die Lernerwartungen der Eltern an ihre Kinder sehr ähneln: Der Wunsch nach einem strukturierten, auf Leistung ausgerichteten Lernprozess ihrer Kinder steht im Vordergrund der Vorstellung von einem gelingenden Lernen, was auch dem Paradigma des sowjetischen Schulwesens entspricht. Ein eher offenes, weniger strukturiertes Lernen beurteilen sie skeptischer. Dies zeigt sich beispielsweise bei Familie Borenko, Familie Kravitz oder Familie Tarassow, die unzufrieden mit dem niedrigen Lernniveau ihrer Angehörigen sind und höhere Erwartungen an die Schule bzw. ihr behindertes Familienmitglied stellen.[337] Auch dieses Deutungsschema über eine gute Schulausbildung stützt die Annahme, dass in den Lernprozessen eines Individuums immer auch gesellschaftliche Anforderungen präsent sind: Die Erwartungen der Eltern an ihre Kinder spiegeln gesellschaftliche Normen wieder.[338]

Das die Eltern der Bildung ihrer Kinder grundsätzlich einen sehr hohen Bedeutung zugemessen haben,[339] zeigt sich empirisch daran, dass Juden in der Sowjetunion über proportional an Gymnasien und Universitäten vertreten waren.[340]

---

[336] Die Interviews belegen diese Bemühungen an verschiedenen Stellen: beispielsweise Familien Borenko, Kravitz und Pasternak.
Auch drückte sich diese Haltung während der Projektarbeit dadurch aus, dass Angehörige, befragt nach gewünschten Angeboten für ihre Familienmitglieder, immer wieder die Einrichtung von Deutschkursen nannten.
[337] Diese Aussagen machten verschiedene aus der Sowjetunion stammende Gesprächspartner. Dabei schlossen sie sich der Meinung an, dass die Schulausbildung in der ehemaligen Sowjetunion im Vergleich zur Bundesrepublik in verschiedenen Bereichen wie Mathematik oder auch Literatur anspruchsvoller war.
[338] Diese Annahme widerspricht daher auch radikalkonstruktivistischen Selbstlernkonzepten, die den Einfluss der Umwelt verleugnen und damit das Individuum aus einer sozialen, es umgebenden Welt herauslösen (Bremer 2006: 290). Die Interviewergebnisse (Erwartungshaltung der Eltern) bestätigen Bremers Annahme und verneinen radikalkonstruktivistische Annahmen.
[339] Dies erklärten Gesprächspartner. Auch in Filmpassagen des Dokumentarfilms ‚Mazel Tow' (2009) wird hierauf hingewiesen.
[340] 1) So zeigen beispielsweise Statistiken aus der Sowjetunion aus dem Jahre 1970, die den Schulbesuch nach Nationalität auflisteten, dass 51,2% aller über 16-jährigen jüdischen Kinder (Juden wurden als eigenständige Nationalität betrachtet) höhere Bildungsreinrichtungen besuchten, während dies bei anderen Nationalitäten nur zu 11,5% (Ukrainern), 14,7% (Litauern) oder noch am

Diese starke Bildungsorientiertheit sowjetischer Juden kann durch zwei historische Fakten erklärt werden.

1) Für das sowjetische Judentum ist kennzeichnend, dass viele seiner Mitglieder gegen Ende des 20. Jahrhunderts (ab ca. 1850) die isolierte Shtetl- und Ghettowelt des russischen Reiches, in der sie zumeist als einfache Handwerker und Händler arbeiteten, verließen. Zum einen bot sich jungen Juden auf diesem Weg, über die Bildung, die Möglichkeit die engen Grenzen des Ghettos zu verlassen, und sich neue Chancen in einer immer moderner werdenden Gesellschaft zu erschließen. An dieser Entwicklung waren Rabbinerseminare entscheidend beteiligt, da sie als erste ihren jüdischen Studenten gleichzeitig Russisch und Themen einer säkular geprägten Bildungswelt vermittelten. Sie trieben damit die Entwicklung von der religiösen in eine säkulare Bildungswelt entscheidend voran (Dohrn 2008). Zum anderen konnte die jüdische jüngere Generation durch die Aneignung säkularen Wissens gegen die in ihren Augen enge religiöse Welt ihrer Eltern rebellieren und sich damit ein Stück Eigenständigkeit von der Welt ihrer Familien erkämpfen. Diese Faktoren führten dazu, dass zu Beginn des 21.Jahrhunderts Juden zu einem verhältnismäßig großen Prozentteil Mitglieder der sowjetischen Intelligenz waren. Insgesamt führte der Weg aus den Schtedls dazu, dass in den darauffolgenden Jahrzehnten Juden in den akademischen Berufen in der Sowjetunion im Vergleich zur einheimischen Bevölkerung überproportional zu finden waren. So studierten im Jahre 1939 *"ein Drittel aller sowjetischen Juden im Alter von 19-24 Jahren an einer Hochschule. Die entsprechende Zahl für die Sowjetunion insgesamt lag zwischen vier und fünf Prozent.(…)Der jüdische Anteil an Hochschulabsolventen war zehnmal so hoch wie der der Gesamtbevölkerung und dreimal so hoch wie der städtischen Bevölkerung."* (Slezkine 2006:225).
2) In der Sowjetunion herrschte ein (je nach Region und Zeitphase unterschiedlich ausgeprägter) Antisemitismus in der Gesellschaft.

---

höchsten, 21,1%, Georgiern der Fall war. Auch stellten Juden 14,0% aller Doktoren der Wissenschaft, obwohl sie nur 0,9% der Gesamtbevölkerung ausmachten (Mertens 1991: 278f).

Dies drückte sich unter auch dadurch aus, dass an vielen Universitäten Quoten für die Zulassung jüdischer Studenten existierten (Juchnova 1993:5f). Für junge Juden bedeutete dies, dass sie sich um bestmöglich gute Leistungen bemühen mussten, damit sie eine Chance auf einen Studienplatz und damit ein besseres Leben hatten. Die in dieser Zeit besonders häufigen und brutalen Pogrome gegen Juden führten dazu, dass sich insbesondere viele junge Juden von den an vielen Orten entstehenden sozialistisch geprägten Jugendbewegungen angezogen fühlten, und die sozialistische Bewegung entscheidend mit voranbrachten, um den zunehmenden Antisemitismus zu bekämpfen. Sie kamen dort mit gebildeten Nichtjuden zusammen und nahmen Anregungen aus einer säkularen Bildungswelt auf .So waren in den Jahren 1886-1889 je nach Region ca. 25-40% aller Aktivisten der Partei ‚*Volkswille*' Juden, obwohl sie nur insgesamt 4% der Bevölkerung ausmachten(Slezkine 2006:159).

Diese Bildungsorientierung wirkt bis in die heutige Zeit nach.[341]

In den Interviews zeigt sich dies beispielsweise in ähnlichen Freizeitinteressen der Befragten. In den einleitenden Gesprächen fiel immer wieder auf, dass viele Gesprächspartner einen ähnlichen Geschmack hinsichtlich bestimmter Formen der Freizeitgestaltung aufweisen. So berichteten sie beispielsweise von sich aus über Museen und typische Ausstellungen in ihrer Stadt oder anderen bildungsorientierten Freizeitinteressen.

Die Ergebnisse dieser Arbeit bestätigen damit eine von Bourdieus zentralen Behauptungen, dass sich im individuellen Habitus erworbene kollektive Haltungen habitualisieren. Sie haben damit einen überdauernden Charakter und bestehen auch bei gesellschaftlichen Änderungen fort. Insgesamt wird erkennbar, dass **im Habitus die Deutungs- und Haltungsmuster der Vergangenheit fortwirken**. Einstellungen und Haltungen, die ein Mensch aufgrund seiner Sozialisation in einem bestimmten Umfeld erworben hat, prägen sein Verhalten noch über Jahre hin-

---

[341] So zeigt eine empirische Studie, die Erziehungseinstellungen bei Aussiedlern und jüdischen Migranten aus der Sowjetunion vergleicht, dass russische jüdische Eltern an ihrer Kinder eine höhere Erwartung hinsichtlich eines möglichst hohen Bildungsabschlusses als Aussiedler haben (Krentz 2002: 85).

weg. Die oben beschriebenen Haltungsmuster bilden einen Habitus heraus, der für die Personengruppe der russischen jüdischen Kontingentflüchtlinge spezifisch zu sein scheint. Er ist im Laufe der sowjetischen Sozialisation erworben, verinnerlicht worden und prägt auch die Lebensführung in der Migration mit. Er beeinflusst die Lebensweisen und zukünftige Entscheidungen weiter und nimmt auch eine wichtige Rolle bei der Herausbildung möglicher Kompetenzen ein.[342]

Das Habituskonzept scheint mir daher geeignet, um kollektive Haltungen der von mir untersuchten Personengruppe zu erklären, auch wenn seine Anwendung im Rahmen dieser Arbeit kritisiert werden kann.

1) Eine Kritik am Habituskonzept ist, dass dieses zu deterministisch sei, und die Möglichkeit des freien Willen und Handelns eines Menschen nicht ausreichend berücksichtige.[343] Daher sei das Habitus-Modell auch nicht in der Lage gesellschaftliche Veränderungen, die ja tatsächlich vonstattengehen, zu erklären, denn es gehe ja von der Konstanz des Habitus eines Individuum aus. Dies würde auch implizieren, dass letztendlich die herrschenden Normen einer Schicht immer als selbstverständlich von allen anerkannt werden. Dieser Kritik hält Bourdieu entgegen, dass sein Habituskonzept zwar den Verdacht der Determiniertheit nahelegt, er macht aber deutlich, dass das jeweilige Handeln nicht nur vorbestimmt bzw. determiniert ist.[344] Denn innerhalb seines Habitusrepertoire hat der Einzelne immer auch eine Handlungsfreiheit. Damit existiert neben dem kontinuierlichen Element, das der Habitus beinhaltet, immer auch ein offenes Dispositionssystem, in dem weitere Muster aufgrund neuer Erfahrungen entstehen kön-

---

[342] Allerdings kann dieser Habitus auch hinderlich sein, wenn z.B. bei der Berufsfindung, gerade ein Großteil der älteren russischen Kontingentflüchtlinge eine zu zögerliche, unselbständige Handlungsweise an den Tag legt. Vgl. Kapitel 3.3.

[343] Henritz et.al. weisen auf diese Kritik auch aufgrund der an manchen Textstellen (miss)verständlichen Ausdrucksweise Bourdieus hin (Henritz et. al. 2005: 132).

[344] Bourdieu weist darauf hin, dass dieser Einwand als eine Reaktion auf die Kränkung, die das Habitusmodell auslöse, verstanden werden könne. Denn aus einer existenzialistischen Perspektive werde der uneingeschränkte Willen des Menschen in Frage gestellt (Bourdieu/Wacquant 1996: 167f).

nen. Diese Erfahrungen wiederum beeinflussen den Habitus, so dass er, auch wenn er sehr kontinuierliche Muster aufweist, dennoch veränderbare Elemente zulässt.[345]

2) Eine weitere Kritik an dem Bourdieuschen Konzept formuliert Ullrich Oevermann: Bourdieu würde, insbesondere in seinem Werk ‚Die feinen Unterschiede' nicht Habitusformationen analysieren, sondern vielmehr Lebensstile herausarbeiten. Zwischen diesen beiden Konzepten bestehe jedoch ein Unterschied, denn

„Während Habitusformationen als kaum bewusstseinsfähige, tief verankerte Muster der Weltsicht und der Praxis – somit auch der Krisenbewältigung anzusetzen sind und als Verkörperungen einer >schicksalhaften<, jedenfalls nur bedingt selbstgewählten und kontrollierbaren Milieuzugehörigkeit gelten müssen, stellen Lebensstile unter der Voraussetzung der milieuabgelösten Wahlfreiheit prinzipiell >kaufbare< konventionalisierte Selbstdarstellungs-Verkleidungen dar, die immer schon deren kulturindustrielle Produktion voraussetzten (einen Grönland-Eskimo oder einen mittelalterlichen Mönch zu fragen, welchen Lebensstil er habe, liefe auf einen Anachronismus hinaus)" (Oevermann 1998: 9f. (unveröffentlichtes Manuskript), zit. n. Wagner 2001:84).

Hierbei kritisiert Oevermann insbesondere, dass Bourdieu eine Kulturtheorie entwickelt habe, ohne die beobachteten Werke konsequent zu analysieren. Damit begehe Bourdieu einen Katego-

---

[345] Allerdings suchten und machten die meisten Menschen Erfahrungen, die den ursprünglich vertrauten Mustern entsprächen. Denn, wie oben ausgeführt, nähmen die Individuen verschiedene Erlebnisse mit den ihnen vertrauten Kategorien wahr, so dass vertraute Einsichten bevorzugt entwickelt würden. Beate Krais weist darauf hin, dass Ergebnisse neuerer Gehirnforschung zeigen, dass die Aktivität des Subjektes für das Erfassen der Welt von wichtiger Bedeutung sei. Denn dadurch würden im Gehirn netzartige neuronale Systeme erzeugt, die ermöglichen, dass der Einzelne die Umwelt als strukturierte Ordnung wahrnimmt. Ähnlich verhalte es sich mit dem Habitus. Auch dieser sei wie ein Netz mit Ankopplungsstellen aufgebaut, die die sinnlichen Eindrücke und Erfahrungen aufnehmen und verarbeiten. Ähnlich dem Gehirn nehme daher auch der Habitus nur die Eindrücke wahr, für die Ankopplungspunkte existierten. Daher integriert der Habitus vornehmlich bekannte sinnliche Eindrücke und Erfahrungen, was seine Stabilität und Konstanz erkläre (Krais/Gebauer 2002: 63f).

rienfehler, denn er analysiere nur den Umgang mit Werken. Dies führe aber letztendlich dazu, dass nur an der Oberfläche liegende Selbst-Subsumptionen unter Lebensstile, die jederzeit auswechselbar seien, erkannt werden. Beispielsweise sage die Rezeption von Ravels Bolero, seine Verwendung in der Werbung, Ansichten von dazu Befragten nichts über das Werk als autonomes Werk aus (Wagner 2001: 85). Insofern könne Bourdieu in seinem Werk nicht vom Habitus sprechen. Ich habe in dieser Arbeit aber nicht den Geschmack, Freizeitgewohnheiten und ähnliche Aspekte untersucht, um daraus einen Rückschluss auf den Habitus der Einzelnen zu ziehen. Eine differenzierte Unterscheidung zwischen Lebensstil und Habitus ist daher an dieser Stelle nicht relevant. Im Vordergrund steht vielmehr die Frage, ob sich die Haltung von Menschen am Beispiel des Umgangs mit einem behinderten Angehörigen durch die Migration und in diesem Fall den Wechsel von einem kommunistischen in ein kapitalistisch geprägtes Gesellschaftssystem ändert. Daher ist die Oevermannsche Kritik, auch wenn sie als gerechtfertigt betrachtet werden kann, für diese Arbeit nicht relevant.

3) Als eine weitere Kritik kann eingewendet werden, dass Bourdieu sein Habituskonzept für gesellschaftliche Klassen und Schichten entwickelt hat, während es in dieser Arbeit auf eine ethnische Gruppe angewendet wird. Daher sei es auf diese nicht übertragbar. Dem kann allerdings entgegnet werden, dass Bourdieu ursprünglich sein Habituskonzept aus den Beobachtungen bei einer ethnischen Gruppe, den Kabylen, entwickelte. In den Vordergrund seiner Betrachtungen stellte er hierbei die Reaktion dieser ursprünglich traditionell lebenden Gruppe auf die sich nun ändernden Bedingungen des modernen Algerien. Auch spricht Bourdieu in seinem Werk ‚Entwurf einer Theorie der Praxis', in der er diese ethnographische Studie entwickelten, von Gruppen bzw. differenzierten Gesellschaften statt von Klassen. Damit sagt er selbst aus, dass sein Konzept über Klassen hinweg anwendbar ist. Die zentrale über Klassen hinausgehende Grundannahme Bourdieus, dass sich gesellschaftlich gemachte Erfahrungen im Handeln von Individuen zeigen, bestätigt sich aufgrund der Interviews. Diese Annahme auf Klassen einengen zu wollen, scheint seinem Grundkonzept nicht gerecht zu werden.

4) Auch wenn Bourdieu sein Habituskonzept gerade anhand der Untersuchung in einer modernen Gesellschaft, Frankreich, anschließend weiter entwickelte und Unterschiede der Klassen in Frankreich empirisch belegte, lässt dies nicht darauf schließen, dass er es für andere Gesellschaften ausschloss. Dem würde auch widersprechen, dass er in seinen Schriften explizit als Beispiel für das soziale Kapital die Zugehörigkeit zur kommunistischen Partei in der Sowjetunion benennt (Bourdieu/Wacquant 1996:152). Damit geht er davon aus, dass sein Grundmodell vom Habitus über kapitalistische Gesellschaften hinaus anwendbar ist. Da Bourdieu Aspekte moderner Gesellschaften, wie beispielsweise Wandlungsprozesse (Krisen) kaum thematisierte, kann sogar behauptet werden, sein Modell gelte gerade auch für Gesellschaften mit einem begrenzten Wandel wie beispielsweise der ehemaligen Sowjetunion (Niethammer 1990: 91, zit. n. Henritz et. al. 2005: 126f).

Insgesamt scheint mir daher das oben dargestellte Habituskonzept von Bourdieu auf die hier vorgestellte Personengruppe gut anwendbar zu sein. Die Ergebnisse dieser Arbeit zeigen, dass die Befragten trotz der mehrfachen Transformationsprozesse, die sie bewältigen müssen, grundlegende Haltungen auch nach der Migration beibehalten.

Die in dieser Arbeit befragten Personen zeigen verschiedene gemeinsame Haltungen, die auf einen ähnlichen Habitus schließen lassen. Dies lässt sich dadurch erklären, dass die objektiven Lebensbedingungen, unter denen die Menschen in der ehemaligen Sowjetunion aufwuchsen, gleichförmiger waren als dies in kapitalistisch orientierten Gesellschaften der Fall ist. Die Lebensbedingungen für die Einzelnen (der kein Mitglied der kommunistischen Partei war, was auf etwa 90% der Bevölkerung zutraf) ähnelten sich mehr oder weniger und der Lebenslauf war bis in die 1990er Jahre (also bis zu den durch die Perestroika stattfindenden Transformationsprozessen) weitaus stärker institutionalisiert als dies z.B. in Westeuropa der Fall ist. Durch eine vergleichsweise ähnliche Sozialisation seit der frühesten Kindheit haben die Befragten in zentralen Angelegenheiten der Lebenspraxis analoge Erfahrungen gemacht, auch wenn sich ihre konkrete Lebenssituation in wesentlichen Aspekten unterschied (beispielsweise Wahl des Ehepartners, Arbeitssituation, persönlicher Bekanntenkreis, Möglichkeiten des Engagements für den behinderten Angehörigen). Das *Eingebundensein* in eine Umwelt, in der die in der sowjetischen Gesellschaft anerkannten Normen und Werte eine zentrale und verpflichtende Rolle einnahmen[346] und die gleichzeitig jüdische säkulare Herkunft der Befragten, ist eine Erklärung dafür, warum sich bei dieser Gruppe ähnliche Haltungsmuster viel deutlicher zeigen als beispielsweise bei Mitgliedern einer stärker individualistisch geprägten Gesellschaft

---

[346] Auch in kapitalistischen Gesellschaften herrschen verpflichtende Werte und Regeln, deren Nichteinhaltung gravierende Folgen für den Einzelnen haben kann. Betrachtet man jedoch die Bedingungen der sowjetischen Gesellschaft, insbesondere der Stalin-Ära, so kann behauptet werden, dass allein ein Infragestellen der herrschenden Normen fatale Repressalien für die Menschen nach sich ziehen konnte. Vgl. Kapitel 3.2.

6. Schlusswort und Ausblick

Die vorliegende Dissertation hat sich mit einem Forschungsgebiet auseinandergesetzt, dem in der Wissenschaft bisher nur wenig Beachtung geschenkt wurde. Zwar gibt es einige Studien, die sowohl die Lebensumstände von behinderten Menschen und ihren Familien als auch von insbesondere aus dem Mittelmeerraum stammenden Migranten thematisieren. Die Kombination von Behinderung und Migration ist jedoch noch ein weißer Fleck in dem wissenschaftlichen Forschungsfeld. Hinzu kommt, dass die in dieser Arbeit betrachtete Bezugsgruppe, jüdische Migranten aus der ehemaligen Sowjetunion, in der bisherigen Forschung eine vernachlässigte soziale Größe darstellen. Mit der Aufgabe, die Lebenssituation jüdischer Zuwanderer mit einem *‚geistig behinderten'* Familienmitglied erforschen zu wollen, hat sich diese Arbeit somit in ein noch weitgehend unbekanntes Terrain vorgewagt.

Die grundlegende Frage dieser Arbeit lautet, ob bei dieser Personengruppe aufgrund ihrer Lebenssituation eine doppelte Belastung vorliegt. Dies scheint zunächst einleuchtend, da sowohl eine Behinderung als auch die Migration als ein krisenhaftes Ereignis betrachtet werden können.
   Aber so plausibel das auch ist, trifft diese nahe liegende Annahme nicht bei dieser Personengruppe – jüdische aus der Sowjetunion stammende Zuwanderer mit einem geistig behinderten Familienmitglied – zu.
   Dieses vor dem Hintergrund der bisherigen Migrationsliteratur unerwartete Ergebnis meiner Studie rückt die allgemeinere Frage in den Fokus der Betrachtung, ob hier nicht jenseits aller individueller biographischer Unterschiede auch bestimmte gemeinsame, geradezu typische Haltungsmuster bestehen, mit denen der betroffene Personenkreis die Schwierigkeiten seines neuen Lebensalltag in der Bundesrepublik Deutschland zu meistern versucht.
   Dieses habe ich anhand der Rekonstruktion fünf individueller Familien-Fallgeschichten untersucht, da sich wiederkehrende gruppenspezifische Prägungen stets auch in der Gestalt individueller Entscheidungsmuster erkennen lassen. Begleitet wurden die Ergebnisse dieser Rekon-

struktionen durch eine zusätzliche Sekundäranalyse quantitativer Daten, die die Annahme eines Bestehens bestimmter gemeinsamer Haltungsmuster innerhalb der Gruppe der jüdischen Migranten unterstützt.

Folgende gemeinsame Rahmenbedingungen sind für die untersuchte Gruppe zunächst kennzeichnend:

1) Alle Beteiligten sind in einer modernen bürokratischen Gesellschaft sozialisiert worden, in der ein staatliches Gesundheitswesen bestand, dass ein Augenmerk, nicht zuletzt auch aus ideologischen Gründen, auf Massen- Präventionsmaßnahmen legte. Allerdings gab es im Falle des Vorliegens einer Behinderung für die betroffenen Familien ausgesprochen wenig gesellschaftliche Unterstützung. Stattdessen waren sie mit einer verbreiteten gesellschaftlichen Ablehnung ihrer behinderten Familienmitglieder konfrontiert. Für behinderte Menschen existierten in der Sowjetunion daher kaum Entwicklungsperspektiven.
2) In der sowjetischen Gesellschaft hatte Bildung einen hohen Stellenwert. Dies galt insbesondere für Menschen in Großstädten, zu denen alle Befragten gehörten.
3) Alle Befragten sind jüdischer Herkunft, was bereits für sich genommen ein Indikator für eine stärkere Bildungsorientiertheit ist.[347]

Diese drei Rahmenbedingungen legen die Basis für eine gemeinsame Haltung, die sich dadurch auszeichnet, dass für fast alle Familien schon in der Sowjetunion die Förderung ihrer behinderten Kinder oberste Priorität hatte.

Die Chance, durch die Migration den Widrigkeiten des sowjetischen Systems zu entkommen, nehmen die betroffenen Familien daher bereitwillig an.

---

[347] Von verschiedenen Gesprächspartnern wurde ich darauf aufmerksam gemacht, dass bei dieser Personengruppe sogar eine Dreifachbelastung vorliegt: indem sie gleichzeitig Migrant, behindert und jüdisch sind. Dies kann durch die Ergebnisse meiner Arbeit nicht bestätigt werden. Vielmehr beschreiben viele Gesprächspartner die gesellschaftlichen Verhältnisse in der Sowjetunion im Vergleich zur Bundesrepublik als sichtbar antisemitisch, so dass sie in der Regel die Bundesrepublik in dieser Hinsicht *(„Jude zu sein")* als weniger problematisch empfinden.

In der Bundesrepublik angekommen, erkennen die Angehörigen die Unterstützungsmöglichkeiten, die der Behindertensektor bietet. Aufgrund ihrer Herkunft sind sie hierbei, wenn auch mit Schwierigkeiten, in der Lage, Informationen zu einer Verbesserung der Lebenslage ihres behinderten Familienmitgliedes zu suchen und anzunehmen.

Alle befragten Familien bewerten die Migration als eine richtige Lebensentscheidung, da sich objektiv betrachtet die Lebenssituation für ihre Kinder entscheidend verbessert hat. Dies ist selbst dort der Fall, wo einzelne Angehörige schwere persönliche Einbußen, wie den Verlust des Arbeitsplatzes und Freundeskreises durch die Migration zu beklagen haben. Persönliche Enttäuschungen infolge der Auswanderung treten jedoch in den Hintergrund, da der Gewinn für das behinderte Familienmitglied sichtbar ist.[348]

Besonders deutlich wird dies am Beispiel der Berufstätigkeit. Dieser maßen Frauen in der Sowjetunion einen hohen Stellenwert bei, was sich auch in den Interviewergebnissen widerspiegelt. Aber selbst in dem Extremfall einer gut ausgebildete älteren Befragten, die in der Sowjetunion einen sie ausfüllenden und privilegierten Arbeitsplatz besaß, und nun auf dem deutschen Arbeitsmarkt keinen Fuß fasst, wird die Migration als richtiger Schritt bewertet, da sie ihrem Sohn Perspektiven eröffnet.

Diese positive Bewertung gilt umso mehr für diejenigen Frauen, die aufgrund einer fehlenden Betreuung in der Sowjetunion nicht arbeiten gehen konnten, und denen sich nun erstmalig durch das gut ausgebaute Unterstützungs- und Betreuungssystem in Deutschland hierzu die Chance bietet.

Im Weiteren zeigen die Ergebnisse einen überaus engen Familienzusammenhalt der befragten Familien, der in Einzelfällen soweit reicht, dass hierdurch sowohl die Autonomiebestrebungen des behinderten Familienmitgliedes als auch die Lebensentwürfe der Angehörigen einschränkt werden. Diese engen Familienbande resultieren sicherlich aus

---

[348] Ob diese Erkenntnisse auch auf die Gruppe der russisch jüdischen Migranten mit einem ‚*psychisch behinderten Familienmitglied*' zutreffen, müsste gesondert untersucht werden. Allerdings bezweifle ich das, da sich hier andere Ausgangsbedingungen vorfinden. Hierbei hat es den Anschein, dass sich die Angehörigen dieses Personenkreises sehr viel schwerer in ihre Lebenssituation einfinden können.

der sozialen Sonderstellung der Familien, jüdisch zu sein und gleichzeitig ein behindertes Familienmitglied zu betreuen, her.[349]

Für diese Ergebnisse dieser Arbeit bietet nun das Habitus-Modell Pierre Bourdieus eine Erklärung an, da Denk-, Wahrnehmungs- und Haltungsmuster der Befragten auffallende Ähnlichkeiten aufweisen. So zeigt sich, dass individuelle Einstellungen und Verhaltensweisen immer auch gesellschaftlich bedingt sind. Auch eine weitere Annahme dieses Konzeptes bestätigt sich hier. Denn Bourdieu geht davon aus, das in der frühen Jugend erworbene Deutungs- und Haltungsmuster einen überdauernden Charakter haben und selbst beim Wechsel von einem in ein anderes Gesellschaftssystem bestehen bleiben.

Auch lassen sich zwei hier gewonnene Erkenntnisse auf die ganze Gruppe der ‚jüdischen Zuwanderer' übertragen, auch wenn der Fokus dieser Studie lediglich auf der Gruppe der Familien mit einen ‚geistig behinderten' Familienmitglied lag.

1) Der Wunsch der Frauen erwerbstätig zu sein nimmt im gesamten Kollektiv eine herausragende Bedeutung ein.
2) Die befragten Eltern bemühen sich um eine möglichst gute Ausbildung ihrer behinderten Kinder, auch wenn eine berufliche Karriere im herkömmlichen Sinn nicht absehbar ist. Daher kann angenommen werden, dass dieses Bemühen um eine gute Schulausbildung für das gesamte untersuchte Kollektiv typisch ist.[350]

Der untersuchte Personenkreis zeichnet sich somit durch eine Haltung aus, die die in der Bundesrepublik anerkannten Werte ‚Frauenerwerbstätigkeit' und ‚Bildung', nicht nur teilt, sondern sogar höchste Priorität beimisst.

---

[349] Verschiedene Gesprächspartner wiesen mich daraufhin, dass auch der Aspekt der die ‚Autonomie einengenden Familienbindungen' über das untersuchte Kollektiv hinaus für jüdische Kontingentflüchtlinge typisch sei. Dazu kann diese Arbeit keine Auskunft geben.
[350] Hierfür sprechen auch die guten schulischen Leistungen russischer Migranten. Siehe hierzu die Ergebnisse des Integrationsreportes zur schulischen Bildung von Migranten (Siegert 2008: 4).

Aufgrund ihrer Sozialisation seit dem Kleinkindalter hat diese Gruppe zudem grundsätzlich eine Haltung erworben sich in ein bestehendes gesellschaftliches Kollektiv einzufügen. Dies geschieht nun in der Bundesrepublik.

Letztendlich spielt auch ihre jüdische Herkunft eine nicht zu unterschätzende Rolle beim gesellschaftlichen Integrationsprozess. Denn als Juden waren sie als Minderheit jahrzehntelang mit einem staatlich geduldeten und, je nach Herkunftsregion und historischer Periode unterschiedlich ausgeprägten, Antisemitismus konfrontiert. Sie mussten daher zwangsläufig eine Haltung entwickeln, die sich dadurch auszeichnete, nicht allzu unangenehm aufzufallen.

All diese Aspekte weisen daraufhin, dass bei der untersuchten Personengruppe insgesamt die Ausgangsbedingungen für eine gelingende Integration in die bundesrepublikanische Gesellschaft gegeben sind.

Die Ergebnisse dieser Arbeit erweisen sich darüberhinaus für drei weitere Forschungsgebiete als anschlussfähig:

1) Ältere Studien der Migrationsforschung betrachteten häufig nur den ‚männliche Migranten' als Forschungsobjekt, während eingewanderte Frauen lediglich als ein Anhängsel der Männer angesehen wurden. Seit Ende der 1990er Jahre zeigen jedoch vermehrt Studien, dass auch die Lebenswelt von Migrantinnen facettenreich und vielfältig ist (Treibel 2008:142f.). Eine Einordnung von Migrantinnen als ‚nur familienorientiert' trifft daher nicht die realen Verhältnisse, unter denen diese in Deutschland leben (Westphal 2000: 185). Dabei zeigen neuere Forschungsarbeiten, dass sich gerade auch unter den Einwanderinnen sehr bildungsorientierte und gut ausgebildete Frauen befinden. Allerdings ist es gerade für Akademikerinnen mit einem Migrationshintergrund trotz intensiver Anstrengungen besonders schwierig, auf dem Arbeitsmarkt Fuß zu fassen. Im Vergleich zu Migrantinnen ohne einen akademischen Abschluss sind sie überproportional arbeitslos (Farrokhzad 2008: 312).[351] Die Ergebnisse dieser Studie bestätigen die Erkenntnisse dieses neueren Zweiges der Migrationsfor-

---

[351] So ist es für Migrantinnen mit einem akademischen Abschluss besonders schwierig eine Arbeitsstelle zu finden (Farrokhzad 2008: 312).

schung. Auch unter den Befragten - vornehmlich Akademikerinnen – ist die Berufstätigkeit selbstverständlich und gehört zu ihrem Lebensentwurf.

2) Die Resultate dieser Arbeit berühren am Rande auch eine erziehungswissenschaftliche Debatte der Erwachsenenbildung über Lern-und Bildungsprozesse des Einzelnen. In dieser stehen sich zwei gegensätzliche Positionen gegenüber. Auf der einen Seite rücken radikalkonstruktivistische Konzepte individuelle Lern- und Bildungsdispositionen und deren Aneignungserfahrungen in den Mittelpunkt der Betrachtung. Hierbei vernachlässigen sie den gesellschaftlichen Aspekt des Lernprozesses, indem sie die soziale Zugehörigkeit des Individuums nicht genügend berücksichtigen. Auf der anderen Seite vernachlässigen statistisch durchgeführte Untersuchungen, die allein die ungleiche Weiterbildungsbeteiligung strukturell unterschiedlicher Gruppen betrachten, den individuellen Lernprozess. Das Habituskonzept von Bourdieu bietet in diesem Zusammenhang eine Möglichkeit zwischen beiden Perspektiven zu vermitteln, indem es darauf hinweist, dass ein konkretes Individuum immer in einen sozialen Kontext eingebunden ist. Demnach ist die Haltung und der Zugang des Einzelnen zur Bildung immer auch an das ihn umgebende soziale Milieu und einen daraus resultierenden Habitus gebunden (Bremer: 287ff.). Auch wenn diese Arbeit nicht die Bedingungen des individuellen Lernprozesses im Erwachsenenalter untersucht, weist sie daraufhin, dass Lernprozesse stark an gesellschaftliche Rahmenbedingungen gebunden sind. Die Ergebnisse zeigen dies in zweifacher Hinsicht. a) Zum einen sind die Lernerwartungen der Eltern an ihre Kinder, auch noch in der Bundesrepublik, durch das in der Sowjetunion an Wissensvermittlung orientierte Schulsystem geprägt. b) Zum anderen wird deutlich, dass in der befragten Personengruppe dem Elternhaus eine wesentliche Bedeutung bei der Initiierung bzw. Unterstützung des Lernprozesses zukommt. Dass die behinderten Familienmitglieder, trotz einer gesellschaftlichen Gleichgültigkeit diesem Personenkreis in der Heimat gegenüber, wenn möglich, in die Schule gingen oder Privatunterricht erhielten, ist auch stark an ihr Herkunftsmilieu gebunden.

3) Schließlich verweisen die Ergebnisse dieser Dissertation auch auf einen religionssoziologischen Anknüpfungspunkt für weitere For-

schungsarbeiten. Während der Projektarbeit wurde ich von Gesprächspartnern immer wieder darauf hingewiesen, dass sie zwar eindeutig säkular leben würden, aber ihre Bildungs- und Familienorientiertheit typisch für ihre jüdische Herkunft sei. Da die jüdische Religionsausübung in der ehemaligen Sowjetunion unterdrückt wurde, zeichnet sich dieser Personenkreis vor allem durch eine sowjetisch säkulare Sozialisation aus. Dieser ausgedrückten Verbundenheit mit der jüdischen Kultur fehlen hierbei in der Regel die religiösen Elemente. Nur in Ausnahmefällen wurden Personen in einem intakten jüdisch traditionellen Milieu groß. Es stellt sich daher die Frage, auf welche Art und Weise dieses für sich in Anspruch genommene ‚Jüdisch Sein' der Gesprächspartner innerhalb der Familien weitergegeben wurde und wie es sich dort jenseits aller religiös-rituellen Praktiken realisieren konnte. Wurden also religiös verankerte Haltungen auf eine säkulare Art und Weise weitergegeben, und wenn ja, wie geschah das?

7 Bibliographie

Achilles, Ilse 2003: Die Situation der Geschwister-„Wir behandeln alle unsere Kinder gleich". Von solchen und anderen Irrtümern in Familien mit behinderten oder chronisch kranken Kindern. S.60-69 in Udo Wilken/Barbara Jeltsch-Schudel (Hg.), Eltern behinderter Kinder. Empowerment-Kooperation-Beratung. Stuttgart: Kohlhammer.

Alheit, Peter 2005: Biographie und Mentalität: Spuren des Kollektiven im Individuellen. S.21-45 in Völter, Dausien u.a. (Hg.), Biographieforschung im Diskurs. Wiesbaden: Verlag für Sozialwissenschaften.

Amann, Klauss/Knorr-Cetina, Karin 1995: Qualitative Wissenschaftssoziologie. S. 419-423 in Uwe Flick, Ernst v. Kardorff, Heiner Keupp, Lutz v. Rosenstiel und Stephan Wolff (Hg.). Handbuch Qualitative Forschung. Weinheim: Beltz Verlag.

Amelang, Manfred/Bartussek, Dieter/Stemmler, Gerhard/Hagemann, Dirk 1981: Differentielle Psychologie und Persönlichkeitsforschung. Stuttgart: Verlag Kohlhammer.

Andreewa, Galina M. 1999: Das Problem der Identität im Prozeß der radikalen sozialen Umgestaltung Russlands. S. 67-72, in: Helmut Steiner und Wladimir A. Jadow (Hg), Rußland-wohin?: Rußland aus der Sicht russischer Soziologen. Social Studies on Eastern Europe.

Apitzsch, Ursula/Inowlocki, Lena 2000: Biographical Analysis. A ‚german' school?. S. 53-70 in: P. Chamberlayne/J. Bornat/T. Wengraf, The Turn to Biographical Methods in Social Science. London. New Yotk: Routledge.

Äslund, Anders 2002: Building capitalism: the transformation oft he former soviet bloc. Cambridge University press.

Babajew, Aser 2007: Autoritäre Transformation des postkommunistischen Übergangssystem in Aserbaidschan. S.19-22 in: Forschungsstelle Osteuropa an der Universität Bremen, Regimewechsel und Gesellschaftswandel in Osteuropa. Arbeitspapiere und Materialien Nr. 85.

Bader, Michael/Kohan, Dinah 2011: Die Versorgungssituation jüdischer Kontingentflüchtlinge. Ergebnisse einer Befragung, Zentralwohlfahrtsstelle der Juden in Deutschland. Books on Demand Gmbh Norderstedt. Eine Zusammenfassung der wichtigsten Ergebnisse zu der Gesamtstudie findet sich unter http://www.zwst.org/cms/documents/133/de_DE/zwst_behindertenhilfe_strategie2009.pdf., Stand November 2008.

Barsch, Sebastian/Bendokat, Tim/Brück, Markus 2004: In eigener Sache. Anmerkungen zum fachkritischen Diskurs in der Heil- und Sonderpädagogik. Heilpädagogik online 04/05: 6-18.

Beck, Ulrich 1998: Risikogesellschaft: auf dem Weg in eine andere Moderne. Frankfurt: Suhrkamp.

Becker, Franziska/Körber, Karen 2001: „Juden, Russen , Flüchtlinge". Die jüdisch russische Einwanderung nach Deutschland und ihre Repräsentation in den Medien. S. 425-450 in: Freddy Raphael (Hg.), „ das Flüstern eines leisen Wehens..". Beiträge zur Kultur und Lebenswelt europäischer Juden. Tübingen.

Bendel, Klaus 1999: Behinderung als zugeschriebenes Kompetenzdefizit von Akteuren. Zur sozialen Konstruktion einer Lebenslage. Zeitschrift für Soziologie, Jg.28, Heft 4: 301-310.

Ben-Rafael, Eliezer 2006:Building a Diaspora. Russian Jews in Israel, Germany and the USA. Leiden, The Netherlands: Koninkliyke Brill NV.

Benz, Ernst 1957: Geist und Leben der Ostkirche. Hamburg: Rowolth.

Berliner Zeitung, 1.9.2005.

Bessonova, Olga 1992:The reform of the Soviet housing model. S. 276-289 in: Bengt Turnner, Jószef Hegedüs and Iván Tosics (Hg), The Reform of Housing in Eastern Europe and the Soviet Union. London and New York.

BHH Post, BHH Behindertenhilfe Hamburg, AWO. http://www.vfb.net/fileadmin/content_vfb/pdfs/Aktuelles_BHH/7-1-08-BHH-Post.pdf, Stand: März 2008.

Bourdieu, Pierre 1979: Entwurf einer Theorie der Praxis: auf der ethnologischen Grundlage der kabylischen Gesellschaft. Frankfurt: Suhrkamp.

Bourdieu, Pierre 1987(a): Die feinen Unterschiede. Frankfurt: Suhrkamp.

Bourdieu, Pierre 1987(b): Sozialer Sinn. Kritik der theoretischen Vernunft. Frankfurt: Suhrkamp.

Bourdieu, Pierre/Wacquant Loic J.D. 1996: Reflexive Anthropologie. Frankfurt: Suhrkamp.

Bourdieu, Pierre 1997: Die verborgenen Mechanismen der Macht. Schriften zur Politik & Kultur 1. Hamburg: VSA-Verlag.

Boysen, Iris 1992: Die revisionistische Historiographie zu den russischen Judenpogromen von 1881 bis 1906. S.13-42 in: Zentrum für Antisemitismusforschung der technischen Universität Berlin (Hg), Jahrbuch für Antisemitismusforschung 8. Frankfurt a. Main.

Brackhane, R. 1988: Behinderung, Rehabilation, Rehabilationspsychologie: Terminologische Vorbemerkungen und Begriffsklärungen. S. 20-34 in. Koch, U./Lucius-Hoene, G./Stegie, R.(Hg.), Handbuch der Rehabilationspsychologie. Berlin/Heidelberg/New York.

Brändle, Klaus 1989: Eltern geistig Behinderter. Eine Erhebung mit 32 Familien in Oberösterreich. Geistige Behinderung, 3: 194-202.

Brainerd, Elizabeth 2000: Women in Transition: Changes in gender wage differentials in eastern Europe and the former Soviet Union. Industrial & Labor Relations Review, 54/1: 140.

Breckner, Roswitha 2005: Migrationserfahrung- Fremdheit- Biografie. Zum Umgang mit polarisierten Welten in Ost-West-Europa. Wiesbaden: Verlag für Sozialwissenschaften.

Bremer, Helmut(2006): Die Notwendigkeit milieubezogener pädagogischer Reflexivität. Zum Zusammenhang von Habitus, Selbstlernen und sozialer Selektivität. S.287- 306 in:

Barbera Friebertshäuser/Markus Rieger-Ladich/Lothar Wigger (Hg.), Reflexive Erziehungswissenschaft. Forschungsperspektiven im Anschluss an Pierre Bourdieu. Wiesbaden: VS Verlag für Sozialwissenschaften.

Brezinski, Horst 2000: Der Stand der wirtschaftlichen Transformation zehn Jahre nach der Wende. S.153-180 in: Georg Brunner (Hg), Politische und ökonomische Transformation in Osteuropa. Osteuropaforschung. Schriftenreihe der Deutschen Gesellschaft für Osteuropakunde, Band 36, Berlin.

Bühler, Christoph 2003: Additional Work, Familiy Agriculture, and the Birth of a First or a Second Child in Russia at the Beginning of the 1990s.

Working Paper WP 12, Max-Planck-Institut für demographische Forschung.

Bundesamt für Migration und Flüchtlinge (2005a): Jüdische Zuwanderer in Deutschland. Ein Überblick über den Stand der Forschung. Working Papers 3/2005, Nürnberg.

Bundesamt für Migration und Flüchtlinge (2007): Soziodemographische Merkmale, Berufstruktur und Verwandtschaftsnetzwerke jüdischer Zuwanderer. Working Paper 8 der Forschungsgruppe des Bundesamtes, Nürnberg.

Bundeszentrale für gesundheitliche Aufklärung (2006): Infodienst Migration und öffentliche Gesundheit. Nr.2, http://www.infodienst.bzga. de, Stand: März 2008.

Cholschreiber, Rosemarie 1980: Familiendynamik und Abwehrmechanismen im Hinblick auf das Erziehungsverhalten in Familien mit einem geistig behinderten epilepsiekranken Kind. Zeitschrift für Heilpädagogik, 7/31: 501-512.

Christiansen-Berndt, Kerrin 1981: Vorurteile gegenüber geistig behinderten Kindern. Wien-München: Jugend und Volk.

Cloerkes, Günther 2007: Soziologie der Behinderten. Eine Einführung. Heidelberg.

Denzin, N.K. 1970: The research act. New York: Mc Graw Hill 1978.

Deutscher Bundestag 2000: Sechster Familienbericht. Familien ausländischer Herkunft in Deutschland.

Dohrn, Verena 2008: Jüdische Eliten im Russischen Reich. Beiträge zur Geschichte Osteuropas Köln: Böhlau Verlag GmbH & Cie.

Drobizeva, Leokadija 1997: Ethnizität und Nationalismus in der postsowjetischen Gesellschaft. Diskussionspunkte der 90er Jahre. S.184-203 in : Sozialwissenschaften in Russland, Band 2: 184-203.

Droste, Thomas 2000: Die Geschichte der Geistigbehindertenpädagogik in fachlicher Abhängigkeit von der Psychiatrie. Geistige Behinderung, Heft 1: 5-20.

Ehling, Manfred/Holz, Erlend/Kahle, Irene 2001: Erhebungsdesign der Zeitbudgeterhebung 2001/2002. Wirtschaft und Statistik 6/200: 427-436.

Eichhofer, André 2002: Die Aufnahme jüdischer Flüchtlinge aus der ehemaligen Sowjetunion als Kontingentflüchtlinge (Hausarbeit am Institut für Rechtspolitik, Universität Trier).

Farrokhzad, Schahrzad 2008: Erfahrungen, Strategien und Potentiale von Akademikerinnen mit Migrationshintergrund. S. 303-322 in: Gudrun Hentgens/Volker Hinnenkamp/Almut Zwengel (Hg.), Migrations- und Integrationsforschung in der Diskussion. Biografie, Sprache und Bildung als zentrale Bezugspunkte. Wiesbaden: Verlag für Sozialwissenschaften.

Felkendorff, Kai 2004: Wer wird behindert? Heilpädagogik online 04: 3-20.

Flick, Uwe 1995: Stationen des qualitativen Forschungsprozesses. S.147-173 in: Uwe Flick, Ernst v. Kardorff, Heiner Keupp, Lutz v. Rosenstiel und Stephan Wolff (Hg.), Handbuch Qualitative Forschung. Weinheim: Beltz Verlag.

Flick, Uwe 1995: Triangulation. S. 432-434 in: Uwe Flick, Ernst v. Kardorff, Heiner Keupp, Lutz v. Rosenstiel und Stephan Wolff (Hg.), Handbuch Qualitative Forschung. Weinheim: Beltz Verlag.

Flick, Uwe 1996:Qualitative Forschung. Reinbek bei Hamburg: Rowolth.

Flick, Uwe 2000: Qualitative Forschung: Theorie, Methoden. Anwendung in Psychologie und Sozialwissenschaften. Reinbek bei Hamburg: Rowolth.

Frankfurter Allgemeine Zeitung vom 29.2.2008, S.5.

Fuchs- Henritz, Werner/König Alexandra(2005): Pierre Bourdieu. Eine Einführung. Konstanz: UVK Verlagsgesellschaft.

Fügner, Nadine 2005: Jüdische Zuwanderung im Land Brandenburg. Regionale Arbeitstelle für Ausländerfragen, Jugendarbeit und Schule. Brandenburg e.V., Potsdam.

Füllsack, Manfred 1996: Postsowjetische Gesellschaft. Wien: Verlag Turia und Kant.

Gesundberichtserstattung des Bundes 2008. http://www.gbe-bund.de, Stand: Mai 2009.

Götz, Roland/Halbach, Uwe 1992 : Die Nachfolgestaaten der UdSSR-kurz vorgestellt (III). Daten zur Geographie, Bevölkerung und Politik und Wirtschaft der Republik der ehemaligen Sowjetunion (Armenien, Aserbajdshan, Georgien). S. 680-693 in: Osteuropa, Zeitschrift für Gegenwartsfragen des Ostens, Heft 8/42.Jahrgang.

Grode, Walter 2002: Selbstbestimmt leben und das soziale Modell von Behinderung. Heilpädagogik online, 03: 3-19.

Gröschke, Dieter 2007: Normalisierung, Normalisierungsprinzip. S.242-243 in Georg Theunissen/Wolfram Kulig/Kerstin Schirbort (Hg.), Handlexikon Geistige Behinderung. Stuttgart.

Gruber, Sabine 2000: Berufliche Qualifikationen jüdischer Kontingentflüchtlinge und Hindernisse ihrer beruflichen Integration. Bildungsarbeit in der Zweitsprache Deutsch, 1/2000: 13-16.

Gruber, Sabine/Rüßler, Harald 2002: Warum gute Qualifikation, hohe Motivation und großes Engagement von Zuwanderern nicht zum Wiedereinstieg ins Berufsleben führen. IZA, Zeitschrift für Migration und soziale Arbeit, 2/2002:46-49.

Gudkow, Lew/Dubin, Boris 1996: Veränderungen im Massenbewusstsein. S.74-83, in: Forschungsstelle Osteuropa (Hrsg.), Russland- Fragmente einer postsowjetischen Kultur. Bremen.

Günther, Marga 2009: Adoleszenz und Migration. Adoleszenzverläufe weiblicher und männlicher Bildungsmigranten aus Westafrika. Wiesbaden: VS Verlag für Sozialwissenschaften.

Gusset-Bährer, Sinikka 2004: „Dass man das weiterträgt, was älteren Menschen mit geistiger Behinderung wichtig ist": ältere Menschen mit geistiger Behinderung im Übergang in den Ruhestand. Dissertation Universität Heidelberg, Online-Ressource, http://archiv.ub.uni-heidelberg.de/volltext.

Halder, Cora 2003: Elternselbsthilfe und Empowerment. S.43-59 in: Udo Wilken, Barbara Jeltsch-Schudel (Hg.): Eltern behinderter Kinder. Empowerment –Kooperation -Beratung. Stuttgart: Kohlhammer.

Harris, Paul 1998: Jewish Migration to the New Germany. S.105-141 in: Thränhardt, Dietrich (Hg.), Einwanderung und Einbürgerung in Deutschland. Jahrbuch Migration-Yearbook. Münster.

Haug, Sonja 2000: Klassische und neuere Theorien der Migration. Arbeitspapiere- Mannheimer Zentrum für europäische Sozialforschung.

Hermanns, Harry 1995: Narratives Interview. S. 182-185 in: Uwe Flick, Ernst v. Kardorff, Heiner Keupp, Lutz v. Rosenstiel und Stephan Wolff (Hg.), Handbuch Qualitative Forschung. Weinheim: Beltz Verlag.

Herweg, Rachel Monika 1993: Die jüdische Frau als Mutter-ein Bild im Umbruch? Zur historischen Stellung und Funktion der Mutter in der jüdischen Familie. Dissertation. Hohenhausen: Verlag Hänsel.

Hilberg, Raul 1990: Die Vernichtung der europäischen Juden. Frankfurt a. Main: 1990.

Hildenbrand, Bruno 1995: Fallrekonstruktive Forschung. S. 256-260 in: Uwe Flick, Ernst v. Kardorff, Heiner Keupp, Lutz v. Rosenstiel und Stephan Wolff (Hg.), Handbuch Qualitative Forschung. Weinheim: Beltz Verlag.

Hinz, Andreas 1996: „Geistige Behinderung" und die Gestaltung integrativer Lebensbereiche. Überlegungen zu Erfahrungen und Perspektiven. Sonderpädagogik 16: 144-153.

Hirchert, Annette 2005: Zur familialen und beruflichen Situation von Müttern behinderter Kinder. Geistige Behinderung, 44: 321-336.

Hohmeier, Jürgen 1996: Frühe Hilfen für ausländische Familien mit behinderten Kindern. Ergebnisse einer Befragung in Frühförderstellen. Geistige Behinderung 3/96: 241-248.

Hohmeier, Jürgen 2003: Gleich doppelt behindert?. Neue Caritas 7: 24-28.

Hopf, Christel 1995: Qualitative Interviews in der Sozialforschung. Ein Überblick. S. 177-182 in: Uwe Flick, Ernst v. Kardorff, Heiner Keupp, Lutz v. Rosenstiel und Stephan Wolff (Hg.), Handbuch Qualitative Forschung. Weinheim: Beltz Verlag.

Initiative für den Bund sozialistischer Lehrer und Erzieherinnen (BSLE) 1977: Erziehung im Dienste des Volkes. Erziehung in der Sowjetunion.

Institut für komplexe Sozialforschung der Russischen Akademie der Wissenschaften (IKSI RAN) 2003: Lebensumstände und Einstellungen von Armen und Reichen in Russland. Ergebnisse einer landesweiten Umfrage. Forschungsstelle Osteuropa Bremen, Arbeitspapiere und Materialien.

Integrationsbeauftragte der Landesregierung Nordrhein-Westfalen 2007: Infobrief Nr.10, http://www.integrationsbeauftragter.nrw.de, Stand: Juli 2009.

Juchneva, Natalja V. 1993: Der Antisemitismus in Rußland heute. In: Berichte des Bundesinstitutes für ostwissenschaftliche und internationale Studien, Nr.6:1-45.

Kalinina, Natasha (1992): Housing and housing policy in the UDSSR. In: Bengt Turnner, József Hegedüs and Iván Tosics (Hg), The Reform of Housing in Eastern Europe and the Soviet Union. London and New York: 245-275.

Kasakewitsch, Alexander/Zeidler, Manfred (1985): Wohnungsnot und Wohnungsrecht. Osteuropa, 4/35: A232-A233.

Kauczor, Cornelia 2002:Zur transkulturellen Öffnung der deutschen Behindertenhilfe. Warum ist sie so wichtig und worin liegt das Handicap?. Zeitschrift Behinderung und Dritte Welt, 2/2002: 58-65.

Kauczor, Cornelia 2003: Die deutsche Behindertenhilfe steht vor einer großen Herausforderung: Migration und Kultur. Migration und Soziale Arbeit, 1/25: 35-38.

Kauczor, Cornelia 2005: Etablierte Mängel. Der Assimilierungsdruck der deutschen Behindertenhilfe und seine Folgen. Migration und Soziale Arbeit: 242-248.

Klauß, Theo 1988: Probleme der Loslösung bei geistig Behinderten und ihren Familien. Geistige Behinderung, 2: 111-120.

Knoll, Joachim 2007: "Lebenslanges Lernen" – Ein neuer Begriff für eine alte Sache? Eine historische Spurensuche. Bildung und Erziehung Heft 2/60:195-207.

König 1946/2002: Die Familie der Gegenwart: ein interkultureller Vergleich. München: Beck.

Kohli, Martin 1985: Die Institutionalisierung des Lebenslaufs. Historische Befunde und theoretische Argumente. Kölner Zeitschrift für Soziologie und Sozialpsychologie, 37:1-29

Kolb, Beate/Hennige, Ute/Berg/Jo. 2004: Familien ausländischer Herkunft mit einem assistenzbedürftigen Kind. Zwei Einzelfallstudien. Zeitschrift Behinderung und Dritte Welt, 1/2000: 30-36.

Krais, Beate/Gebauer, Gunter 2002: Habitus. Bielefeld: Transcript Verlag.

Krentz, Susann 2002: Intergenerative Transmission von Erziehungseinstellungen bei Migranten aus der ehemaligen Sowjetunion in Deutschland und Israel. Zeitschrift für Soziologie der Erziehung und Sozialisation. H1/22: 79-99.

Kriechammer, Sabine 2007: Interkulturelle Öffnung der Behindertenhilfe. Zwischenbericht des Projektes. Paritätisches Bildungswerk, Bundesverband: 1-12, http://www.ikb.paritaet.org/html/bericht_07.htm, Stand: Januar 2010.

Kuchenbecker, Anja 1992: Die jüdische autonome Provinz und der Antisemitismus während der „schwarzen Jahre" (1948-1953). S.43-59 in: Zentrum für Antisemitismusforschung der technischen Universität Berlin (Hg.), Jahrbuch für Antisemitismusforschung 8, Frankfurt a. Main.

Kussmann, Thomas 1991: Mütterliche Berufstätigkeit und Tagesbetreuung für Kleinkinder in der Sowjetunion. Psychologie in Erziehung und Unterricht, Zeitschrift für Forschung und Praxis: 225-230.

Lanfranchi, Andrea 1988: Immigrantenfamilien aus Mittelmeerländern. Systemische Überlegungen zur Beziehung Herkunftsfamilie-Kernfamilie. Praxis der Kinderpsychologie und Kinderpsychatrie:124-131.

Lanfranchi, Andrea 2000: Stagnation statt Wandel in Einwandererfamilien. Folge erlebter Diskrimierung sowie biographiegeleiteter Wirklichkeitskonstruktion. S.143 -160 in: Hansjosef Buchkremer/Wolf-Dietrich Bukow/Michaela Emmerich (Hg.): Die Familie im Spannungsfeld globaler Mobilität. Zur Konstruktion ethnischer Minderheiten im Kontext der Familie, Opladen: Leske und Budrich.

Lelgemann, Reinhard 2004: (Radikaler) Konstruktivismus und Sonderpädagogik. Thesen und Anfragen aus theoretischer und praktischer Perspektive. Heilpädagogik online 03: 4-20.

Levent, Nina Sobol 2004: Healthy Spirit in a Healthy Body. Reprensen tations of the Sports body in Soviet Art of the 1920s and 1930s. Frankfurt: Peter Lang.

Levecke, Bettina (2009): "Empty Nest' – wenn die Kinder das Haus verlassen...
http://www.familienhandbuch.de/cmain/f_Fachbeitrag/a_Familienforschung/s_1349.html Stand: Januar 2010.

Lewada, Jurij A. 1999: Der "Homo Sowjeticus" fünf Jahre danach: 1989-1994. S. 54-66 in: Helmut Steiner u. Wladimir A. Jadow (Hg.), Russland aus der Sicht russischer Soziologen. Berlin: Trafo-Verlag.

Liegle, Ludwig 1979: Kindheit und Familie im interkulturellen Vergleich. Vierteljahreszeitschrift für Erziehung und Gesellschaft, 5/19: 471-488.

Likhachev, Vyacheslav 2006: Political Anti-Semitism in Post-Soviet Russia. Actors and Ideas in 1991-2003. Stuttgart 2006.

Lindmeier, Christian 2007:ICF. S.165-167 in: Georg Theunissen/Wolfram Kulig/Kerstin Schirbort (Hg.), Handlexikon Geistige Behinderung.

Lorenzkowski, Stefan 2002: Zusammenhänge von Flucht und Migration mit Behinderung. Zeitschrift Behinderung und Dritte Welt, 2/2002: 52-58.

Mannteufel, Ingo 1999: Antisemitismus in Russland. Übersetzung eines Artikels von Mark Krasnosel'skiy in der Nezavisimaja gazeta (1997). In: Osteuropa, Zeitschrift für Gegenwartsfragen des Ostens, Heft 4/49. Jahrgang. A156-A163.

Mauss, Marcel 1970: Die Gabe. Frankfurt: Suhrkamp Verlag.

Mathyl, Markus (1999): Staatlicher Antisemitismus in Russland - Renaissance oder Auflösung?. S. 60-81 in: Wolfgang Benz (Hg.), Jahrbuch für Antisemitismusforschung 8. Frankfurt a. Main.

Mauss, Marcel 1970: Die Gabe. Frankfurt: Suhrkamp Verlag.

Mazel Tov 2009, Dokumentarfilm von Thomas Bergmann und Mischka Popp.

Meischner, Tatjana 1997: Transgenerationale Kontakte in Rußland und Deutschland: Ist Babuschka anders als Großmutter?. S. 265-282 in: Bernhard Nauck u. Ute Schönpflug (Hg.), Familien in verschiedenen Kulturen. Stuttgart: Enke Verlag.

Mertens, Lothar 1991:Aliya:die Emigration der sowjetischen Juden. Bochum: Brockmeyer.

Merz-Atalik, Kerstin 1997: Aspekte der Beratung türkischer und kurdischer Eltern von Kindern mit Behinderungen. Gemeinsam leben, 5:16-21.

Messmer, Matthias 1998: Antisemitismus in Rußland, der Ukraine und Litauen-eine vergleichende Studie. S.1-40 in Berichte des Bundesinstitutes für ostwissenschaftliche und internationale Studien Nr 7.

Migration und Bevölkerung. Ein Projekt des Netzwerks Migration in Europa, der Bundeszentrale für politische Bildung und des Hamburgischen WeltWirtschaftInstituts. Newsletter 6/2005, http://www.migration-info.de., Stand: Juni 2006.

Moldenhauer, Harald/Stolberg, Eva-Maria 1993: Chronik der UdSSR. München.

Müller-Dietz, Heinz 1986: Gesundheitswesen. S. 140-150 in Hellmuth G. Bütow (Hg.), Länderbericht Sowjetunion. München: Carl Hanser Verlag.

Muszynska, Magdalena 2008: Women´s employment and union dissolution in a changing socio-economic context in Russia. Demographic research, Arbeitspapier, Max Planck Institute for Demographic Research.

Nagode, Claudia 2002: Grenzenlose Konstruktionen- konstruierte Grenzen? Behinderung und Geschlecht aus Sicht von Lehrerinnen in der Integrationspädagogik. Hamburg.

Netzwerk Migration und Behinderung: http://handicap-net.de, Stand: Januar 2010.

Neufeld, Ingemarie 1992: Sozialarbeit und Sozialpädagogik in Rußland. Osteuropa. Zeitschrift für Gegenwartsfragen des Ostens. 7/92: 1050-1061.

Neumann, Johannes 1999: 40 Jahre Normalisierungsprinzip- von der Variabilität eines Begriffs. Geistige Behinderung, Heft 1: 3-20.

Nippert, Irmgard 1988: Die Geburt eines behinderten Kindes. Belastung und Bewältigung aus der Sicht betroffener Mütter und ihrer Familien, Stuttgart.

Oevermann, Ullrich 1993: Die objektive Hermeneutik als unverzichtbare methodologische Grundlage für die Analyse von Subjektivität. Zugleich eine Kritik der Tiefenhermeneutik. S. 106-189 in: T.Jung, und S. Müller-Dohm (Hg.), „Wirklichkeit" im Deutungsprozeß. Frankfurt a.M.: Suhrkamp.

Osterkamp, Rigmar 2002: Die wirtschaftliche Entwicklung in Russland seit 1991. S. 215-230 in: Reinhard C. Meier-Walser/Bernd Rill (Hg.), Russland. Kontinuität, Konflikt und Wandel. München: Sonderausgabe Politische Studien Hanns Seidel Stiftung.

Paetz, Andreas 1996: Die Israelitische Erziehungsanstalt für geistig zurückgebliebene Kinder in Beelitz. S. 311- 34 in: Sieglind Ellger-Rüttgardt (Hg.), Verloren und Un-Vergessen. Jüdische Heilpädagogik in Deutschland. Weinheim: Deutscher Studien Verlag.

Pflegestufe Info: (http://www.pflegestufe.info/pflege/pflegebedarf.html, Stand: Sep.2008).

Poltawez, Natalija /Rivin, Ilya 2006: Russische Zuwandererfamilien mit behinderten Kindern – Schwierigkeiten, Erwartungen, Perspektiven. Unveröffentlichte Diplomarbeit an der FH Düsseldorf, Fachbereich Sozialkulturwissenschaft.

Powell, Justin J.W./Wagner, Sandra 2001: Daten und Fakten zu Migrantenjugendlichen an Sonderschulen in der Bundesrepublik Deutschland. Selbstständige Nachwuchsgruppe Working Paper 1/2001. Berlin: Max-Planck-Institut für Bildungsforschung.

Pryzborski, Aglaya /Wohlrab-Sahr 2008: Qualitative Sozialforschung: ein Arbeitsbuch. München: Oldenbourg.

Psychrembel 1994: Medizinisches Wörterbuch. Hamburg: Nikol Verlagsgesellschaft mbH.

Putzger Historischer Weltatlas 2001:192. Berlin: Cornelsen Verlag.

Quertani, Mustapha 1994: Behinderung in der Dritten Welt unter besonderer Berücksichtigung der Stellung Behinderter im Islam; dargestellt am Beispiel des nordafrikanischen Raumes (Tunesien, Algerien, Marokko). Behindertenpädagogik, 4/33: 389-403.

Rehbein, Boike 2006: Die Soziologie Pierre Bourdieus. Konstanz: UVK Verlagsgesellschaft mbH.

Röskau-Rydel, Isabel 1999: Deutsche Geschichte im Osten Europas. Berlin: Siedler.

Rohleder, Magret 1977: Die Herkunftsfamilie als Lebensraum für erwachsene Geistigbehinderte. Bildung und Erziehung, 4: 306- 314.

Rosenthal, Gabriele 2005: Interpretative Sozialforschung. Weinheim und München: Juventa Verlag.

Ruban, Maria 1983: Wandel der Arbeits- und Lebensbedingungen in der Sowjetunion 1955-1980. Aus Politik und Zeitgeschichte, Beilage zur Wochenzeitung das Parlament, B7/83: 21-33.

Ruban, Maria 1984: Entwicklungstendenzen der sowjetischen Wirtschaft. S. 16-24 in: 3. Deutsch – amerikanische Konferenz des Sozialwissenschaftlichen Forschungsinstituts der Konrad-Adenauer –Stiftung. Melle: Verlag Ernst Knoth.

Ruban, Maria 1986: Kapitel IV.1 Bevölkerung. S.55-70 in : Hellmuth G. Bütow (Hg.) Sowjetunion Länderbericht. München – Wien: Hanser.

Rüßler, Harald 2000: Berufliche Integrationsprobleme hochqualifizierter Zuwanderer. Das Beispiel der jüdischen Kontingentflüchtlinge aus den GUS-Staaten. ZAR 6/2000: 268-273.

Russische Internetquelle: http://www.arsvest.ru/archive/issue665/right/view6218.html, Stand: Oktober 2008

Russische Internetquelle: http://www.voanews.com/russian/archive/ 2005-04/2005-04-26-voa5.cfm?renderforprint=1&textonly, Stand Oktober 2008

Ryvkina, Rozalina V. 1997: Jews in present-Day Russia. Sociological Research, 6/36: 6-23.

Saporoshez, A.W/Markowa, T.A. 1980: Erziehung in Krippe und Kindergarten in der Sowjetunion. Wissenschaftliches Forschungsinstitut für Vorschulerziehung der Akademie der pädagogischen Wissenschaften der UDSSR, Berlin: Volk und Wissen, Volkseigener Verlag.

Schädler, Johannes 2002: Paradigmenwechsel in der Behindertenhilfe unter Bedingungen institutioneller Beharrlichkeit. Strukturelle Voraussetzungen der Implementation Offener Hilfen für Menschen mit geistiger Behinderung, Dissertation Universität Siegen.

Schatz, Günther 1987: Wie verändern sich Beziehungen zur Umwelt durch die Existenz eines geistig behinderten Kindes? Geistige Behinderung, 4: 237-246.

Scherbow, Sergei/Van Vianen, Harrie 2004: Marriage in Russia: A reconstruction. Demographic Research, 10/2: 27-60.
Schnell, Rainer/Hill, Paul/Esser, Elke 1993: Methoden der empirischen Sozialforschung. München: R. Oldenbourg Verlag

Schönfelder, Bruno 1990: Zur Lage der Alten, Kranken und Behinderten in der Sowjetunion. Osteuropa, Zeitschrift für Gegenwartsfragen des Ostens. 3/40: 229-239.

Schwingel, Markus 1995: Pierre Bourdieu zur Einführung. Hamburg: Junius Verlag GmbH.

Schütz, Alfred 1972: Der Fremde. S. 53-69 in: ders., Gesammelte Aufsätze, Bd.2: Studien zur soziologischen Theorie. Den Haag: Niejhoff.

Seifert, Monika 1989: Geschwister in Familien mit geistig behinderten Kindern. Eine praxisbezogene Studie. Bad Heilbrunn: Verlag Julius Klinkhardt.

Seifert, Monika 2001: Zur Rolle der Familie im Kontext von Autonomie und Abhängigkeit geistig behinderter Menschen. Geistige Behinderung 3/01: 247-261.

Seifert, Monika 2003: Mütter und Väter von Kindern mit Behinderung. Herausforderungen- Erfahrungen- Perspektiven. S.43-59 in: Udo Wilken, Barbara Jeltsch-Schudel (Hg.), Eltern behinderter Kinder. Empowerment Kooperation-Beratung. Stuttgart: Kohlhammer.

Siegert, Manuel 2008: Schulische Bildung von Migranten in Deutschland. Working Paper 13. Bundesamt für Migration und Flüchtlinge Nürnberg.

Simon, Gerhard 1982: Russen und Nichtrussen in der sowjetischen Gesellschaft. Aus Politik und Zeitgeschichte, Beilage zur Wochenzeitung das Parlament: 26-44.

Simon, Gerhard u. Nadja 1993: Verfall und Untergang des sowjetischen Imperiums, München.

Simon, Gerhard 2000: Rußland –ein Kultur am Rande Europas. S.11-23 in: Bundesinstitut für ostwissenschaftliche und internationale Studien (Hg.), Köln.

Simon, Gerhard 2002: Gorbatschow-Totengräber der Sowjetunion? S.201-211 in: Reinhard C. Meier-Walser/Bernd Rill, Russland. Kontinuität, Konflikt und Wandel. München: Hans Seidel Stiftung.

Sinus Sociovision 2008: Zentrale Ergebnisse der Sinus-Studie über Migranten-Milieus in Deutschland. Angefordert über: http://www.sociovision.de/presse/pressearchiv.html, Stand: Januar 2008.

Slezkine, Yuri 2006: Das jüdische Jahrhundert. Göttingen: Vandenhoeck & Ruprecht GmbH & CO. KG.

Somlai, Petér 1997: Die Familie in mittel- und osteuropäischen Ländern. S. 68-79 in: Laszlo A. Vaskkovics (Hg), Familienleitbilder und Familienrealitäten. Opladen: Leske und Budrich.

Sozialverband VDK Deutschland: http://www.vdk.de, Stand: Sep. 2008.

Speck, Otto/Thurmair, Martin 1989: Fortschritte in der Frühförderung entwicklungsgefährdeter Kinder. München: Ernst Reinhardt GmbH & Co.

Speck, Otto (2007): Geistige Behinderung. S.136-137 in Georg Theunissen, Wolfram Kulig u. Kerstin Schirbort (Hg.), Handlexikon Geistige Behinderung. Stuttgart.

Stölting, Erhard 1990: Eine Weltmacht zerbricht. Nationalitäten und Religionen der UDSSR. Frankfurt a. Main.

Süddeutsche Zeitung vom 4.3.2009, Nr.52, Seite 3.

Tatzer, Ernst/Schubert, Maria/Groh, Christoph 1985: Behinderung des Kindes – Herauforderung für die Familie. Geistige Behinderung, 3: 193-199.

Temkina, Anna/Grigor'ev, Vitaliy 1997: Rußland als Transformationsgesellschaft: Konzepte und Diskussionen. S. 10-47 in: Ingrid Oswald u.a.(Hg), Sozialwissenschaft in Russland, Band 2. Berliner Debatte Wissenschaftsverlag.

Theiß, Denise 2005: Selbstwahrgenommene Kompetenz und soziale Akzeptanz bei Personen mit geistiger Behinderung. Bad Heilbrunn: Verlag Julius Klinkhardt.

Theunissen, Georg 2002: Empowerment und Heilpädagogik. Zeitschrift für Heilpädagogik, 5: 178-182.

Titma, Mikk/Saar, Ellu 1999: Die Wahl des Zeitpunktes von Heirat und Geburt von Kindern in der ehemaligen Sowjetunion. S. 217-247 in: Bernhard Nauck u. Ute Schönpflug (Hg): Familien in verschiedenen Kulturen. Stuttgart: Enke Verlag.

Turenko, N. 1985: Das krippenungeeignete Kind. Sowjetische Vorschuleinrichtungen − Ideal und Wirklichkeit. Osteuropa-Archiv, Mai A261-266.

Treibel, Annette 2008: Von der exotischen Person zur gesellschaftlichen Normalität : Migrantinnen in der soziologischen Forschung und Lehre. S. 141-169 in: Gudrun Hentgens/Volker Hinnenkamp/Almut Zwengel (Hg.), Migrations- und Integrationsforschung in der Diskussion. Biografie, Sprache und Bildung als zentrale Bezugspunkte. Wiesbaden: Verlag für Sozialwissenschaften.

Wachtel, Grit 2007: Familie. S.112-114 in: Georg Theunissen, Wolfram Kulig u. Kerstin Schirbort (Hg.): Handlexikon Geistige Behinderung. Stuttgart.

Wagner-Stolp, Wilfried 2007: Sehr normal und doch verschieden. Zur Situation von Familien mit behinderten Kindern. Newsletter der Bundesvereinigung Lebenshilfe e.V. vom 31.01.2007, http://www. lebenshilfe.de/content/stories/index.cfm?key=2910, Stand Oktober 2008.

Waldschmidt, Anne 2004: Selbstbestimmung als behindertenpolitisches Paradigma − Perspektiven der Disability Studies. http://www.behinderte.de/disabilitystudies/polzeit20030813.htm, Stand Oktober 2008.

Weber, Max 1920: Gesammelte Aufsätze zur Religionssoziologie. Tübingen: Mohr Siebeck.

Welitschko, Olga 1991: Die russisch-orthodoxe Kirche und die sozialen Probleme des 20. Jahrhunderts. S. 85-94 in: Winfried R. Garscha /Stefan Weigang (Hg.), Arbeiterbewegung - Kirche − Religion. REIHE: ITH-Tagungsberichte : Veröffentlichungen des Ludwig Boltzmann Instituts für Geschichte der Arbeiterbewegung. Bd. 27 Wien: Europa Verlag.

Wernet, Andreas 2006: Einführung in die Interpretationstechnik der Objektiven Hermeneutik. Wiesbaden: Verlag für Sozialwissenschaften.

Westphal, Manuela 2000: Familienorientierung im Kontext kultureller und geschlechtlicher Differenzen. S.185-200 in: Hansjosef Buchkremer/Wolf-Dietrich Bukow/Micheaela Emmerich (Hg.), Die Familie im Spannungsfeld globaler Mobilität. Zur Konstruktion ethnischer Minderheiten im Kontext der Familie. Hemsbach: Leske+Budrich.

Wiedemann, Peter 1995: Gegenstandsnahe Theoriebildung. S. 440-445 in: Uwe Flick, Ernst v. Kardorff, Heiner Keupp, Lutz v. Rosenstiel und Stephan Wolff (Hg.), Handbuch Qualitative Forschung. Weinheim: Beltz Verlag.

Von Wolffersdorff-Ehlert, Christain 1995: Zugangsproblem bei der Erforschung von Randgruppen. S. 388-391 in: Uwe Flick, Ernst v. Kardorff, Heiner Keupp, Lutz v. Rosenstiel und Stephan Wolff (Hg.), Handbuch Qualitative Forschung. Weinheim: Beltz Verlag.

Zdravomyslova, Olga 1996: Die Privatisierung des Lebensstils in Rußland. S. 55-66 in: Wolfgang Glatzer (Hg.), Lebensverhältnisse in Osteuropa: prekäre Entwicklungen und neue Konturen. Frankfurt: Campus Verlag.

ZWST:
http://www.zwst.org/cms/documents/133/de_DE/zwst_behindertenhilfe_strategie2009.pdf.,Stand November 2008.

Centaurus Buchtipp

Katja Nowacki (Hrsg.)

Pflegekinder

Vorerfahrungen, Vermittlungsansätze und Konsequenzen

Gender and Diversity, Band 4
2012, ca. 250 S., br.,
ISBN 978-3-86226-124-6, **€ 22,80**
Erscheint vsl. im März 2012

Kinder, die aufgrund traumatischer Erfahrungen in Pflegefamilien vermittelt werden weisen Risikofaktoren für die weitere Entwicklung auf. Deshalb ist es besonders wichtig, genau zu erheben, was die Kinder erlebt haben um eine bessere Einschätzung ihres Verhaltens zu erlangen und sie gezielt in Familien vermitteln zu können. Im ersten Beitrag werden Daten zu Vorerfahrungen von Pflegekindern in ihren Herkunftsfamilien vorgestellt und die sozialpädagogischen sowie sozialpolitischen Konsequenzen diskutiert. Der zweite Beitrag enthält eine Umfrage verschiedener Jugendämter der Region Ruhrgebiet zu ihren Vorgehensweisen bei der Vermittlung von Pflegekindern. Im Ergebnis wird deutlich, dass unterschiedliche Ansätze und Vorgehensweisen in der Vermittlung existieren. Dies wird im Hinblick auf die Notwendigkeit eines einheitlichen Vorgehens besprochen. Im dritten Beitrag werden die Voraussetzungen auf Seiten der Pflegeeltern und ihre Einflussmöglichkeiten auf die Entwicklung der Pflegekinder genauer untersucht. Hier wird insbesondere aus bindungstheoretischer Sicht der Blick auf die familiären Zusammenhänge geworfen.

www.centaurus-verlag.de

Centaurus Buchtipps

Verena Jacob
Die Bedeutung des Islam für Jugendliche aus der Türkei in Deutschland
Empfehlungen für die Soziale Arbeit in der Jugendhilfe
Migration und Lebenswelten, Bd. 4, 2011, 168 S.,
ISBN 978-3-86226-096-6, € **19,80**

Sarah Hege
Mehr als Geld
Motive und Strukturen der Unterstützung subsaharischer Herkunftsländer durch migrierte Landsleute
Migration und Lebenswelten, Bd. 3, 2011, 138 S.,
ISBN 978-3-86226-094-2, € **18,80**

Viviane Nabi Acho
Elternarbeit mit Migrantenfamilien
Wege zur Förderung der nachhaltigen und aktiven Beteiligung von Migranteneltern an Elternabenden und im Elternbeirat
Migration und Lebenswelten, Bd. 2, 2011, 138 S.,
ISBN 978-3-86226-039-3, € **17,80**

„[…] stellt eine große Hilfe für alle Lehrkräfte dar, die einen besseren Zugang zu ihren Schüler/innen aus Migrantenfamilien erreichen wollen."
Amrei Stupperich, in: Praxis Politik, Oktober, Ausgabe 5/2011, S. 57.

Fabian Frank
Soziale Netzwerke von (Spät-)Aussiedlern
Eine Analyse sozialer Unterstützung aus sozialarbeiterischer Perspektive
Migration und Lebenswelten, Bd. 1, 2011, 120 S.,
ISBN 978-3-86226-037-9, € **16,80**

Lisa Heite
Bürgerschaftliches Engagement älterer Menschen im Stadtteil
Gleiche Beteiligungschancen und Mitgestaltungsmöglichkeiten für alle?
Gender and Diversity, Bd. 5, 2012, ca. 125 S.,
ISBN 978-3-86226-132-6, € **18,80**

Ilhami Atabay
Die Kinder der »Gastarbeiter«
Familienstrukturen türkeistämmiger MigrantInnen zweiter Generation
Münchner Studien zur Kultur- und Sozialpsychologie, Bd. 20, 2. üb. U. erg. Aufl. 2011, 195 S.,
ISBN 978-3-86226-016-4, € **19,90**

Ilhami Atabay
»Ist dies mein Land?«
Migration und Identität bei türkeistämmigen Kindern und Jugendlichen
Münchner Studien zur Kultur- und Sozialpsychologie, Bd. 21, 2. üb. U. erg. Aufl. 2012, 120 S.,
ISBN 978-3-86226-017-1, € **15,90**

Informationen und weitere Titel unter **www.centaurus-verlag.de**